IMMANUEL KANT

Die Religion innerhalb der Grenzen der bloßen Vernunft

Mit einer Einleitung und Anmerkungen
herausgegeben von

Bettina Stangneth

FELIX MEINER VERLAG
HAMBURG

PHILOSOPHISCHE BIBLIOTHEK BAND 545

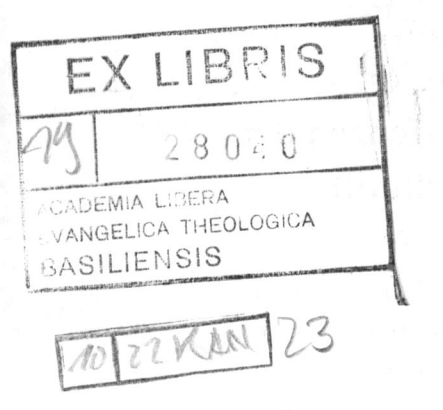

Bibliographische Information der Deutschen Nationalbibliothek

Die Deutsche Nationalbibliothek verzeichnet diese Publikation in der Deutschen Nationalbibliographie; detaillierte bibliographische Daten sind im Internet über ‹http://portal.dnb.de› abrufbar.
ISBN 978-3-7873-3314-1

2., durchgesehene Auflage 2017

© Felix Meiner Verlag GmbH, Hamburg 2003. Alle Rechte vorbehalten. Dies gilt auch für Vervielfältigungen, Übertragungen, Mikroverfilmungen und die Einspeicherung und Verarbeitung in elektronischen Systemen, soweit es nicht §§ 53 und 54 UrhG ausdrücklich gestatten. Satz: H & G Herstellung, Hamburg. Druck und Bindung: Hubert & Co., Göttingen. Gedruckt auf alterungsbeständigem Werkdruckpapier, hergestellt aus 100% chlorfrei gebleichtem Zellstoff. Printed in Germany. *www.meiner.de*

Inhalt

»Kants schädliche Schriften«. Eine Einleitung	IX
Woellner und das »Religionsedikt«	XVII
Die Immediate Examinations-Kommission	XXX
Kant und die Zensoren.	XXXIV
Kant und Woellner	XLI
Regentenwillkür, Rechtswege und Öffentlichkeit	LIII
Zugänge zur »Religion«	LIX
Zur Textgeschichte	LXI
A. Die bisherigen Ausgaben	LXI
B. Rezensionen und frühe Reaktionen	LXV
C. Zu dieser Edition	LXXIII

IMMANUEL KANT
Die Religion innerhalb der Grenzen der bloßen Vernunft

Vorrede zur ersten Auflage (1793)	3
Vorrede zur zweiten Auflage (1794)	14
Inhalt	17
ERSTES STÜCK	19
Von der *Einwohnung des bösen Prinzips* neben dem guten: oder *über das radikale Böse* in der menschlichen Natur	21
Anmerkung	25

I. Von der ursprünglichen Anlage zum Guten
     in der menschlichen Natur 30
 II. Von dem Hange zum Bösen in der
     menschlichen Natur 34
III. Der Mensch ist von Natur böse 39
 IV. Vom Ursprunge des Bösen in der
     menschlichen Natur 49

Allgemeine Anmerkung [Von Gnadenwirkungen] 57

ZWEITES STÜCK 71
Von dem Kampf des guten Prinzips, mit dem bösen,
um die Herrschaft über den Menschen 73

Erster Abschnitt
Vom Rechtsansprache des guten Prinzips auf die
Herrschaft über den Menschen 77

 a) Personifizierte Idee des guten Prinzips 77
 b) Objektive Realität dieser Idee 80
 c) Schwierigkeiten gegen die Realität
    dieser Idee und Auflösung derselben 86

Zweiter Abschnitt
Von dem Rechtsansprache des bösen Prinzips
auf die Herrschaft über den Menschen
und dem Kampf beider Prinzipien
mit einander 103

Allgemeine Anmerkung [Von Wundern] 111

DRITTES STÜCK 121
Der Sieg des guten Prinzips über das böse
und die Gründung eines Reichs Gottes
auf Erden 123

Erste Abteilung
Philosophische Vorstellung des Sieges des guten
Prinzips unter Gründung eines Reichs Gottes
auf Erden 126
   I. Von dem ethischen Naturzustande 126
  II. Der Mensch soll aus dem ethischen Natur-
     zustande herausgehen, um ein Glied eines
     ethischen gemeinen Wesens zu werden 128
 III. Der Begriff eines ethischen gemeinen Wesens
     ist der Begriff von einem *Volke Gottes* unter
     ethischen Gesetzen 130
 IV. Die Idee eines Volks Gottes ist (unter
     menschlicher Veranstaltung) nicht anders als
     in der Form einer Kirche auszuführen 133
  V. Die Konstitution einer jeden Kirche geht
     allemal von irgend einem historischen
     (Offenbarungs-) Glauben aus, den man
     den Kirchenglauben nennen kann, und dieser
     wird am besten auf eine heilige Schrift
     gegründet 137
 VI. Der Kirchenglaube hat zu seinem höchsten
     Ausleger den reinen Religionsglauben 147
VII. Der allmähliche Übergang des Kirchen-
     glaubens zur Alleinherrschaft des reinen
     Religionsglaubens ist die Annäherung
     des Reichs Gottes 154

Zweite Abteilung
Historische Vorstellung der allmählichen Gründung der
Herrschaft des guten Prinzips auf Erden 167

Allgemeine Anmerkung [Von Geheimnissen] 187

VIII   Inhalt

VIERTES STÜCK 201
Vom Dienst und Afterdienst unter der Herrschaft des
guten Prinzips, oder: Von Religion und Pfaffentum 203

Erster Teil
Vom Dienst Gottes in einer Religion überhaupt 206

Erster Abschnitt
Die christliche Religion *als natürliche* Religion 211

Zweiter Abschnitt
Die christliche Religion *als gelehrte* Religion 219

Zweiter Teil
Vom Afterdienst Gottes in einer statutarischen
Religion 226

§ 1 Vom allgemeinen subjektiven Grunde des
   Religionswahnes 227
§ 2 Das dem Religionswahne entgegengesetzte
   moralische Prinzip der Religion 230
§ 3 Vom Pfaffentum als einem Regiment im
   Afterdienst des guten Prinzips 236
§ 4 Vom Leitfaden des Gewissens in
   Glaubenssachen 250

Allgemeine Anmerkung [Von Gnadenmitteln] 258

Anmerkungen des Herausgebers 275

Bibelstellenregister 305

Personenregister 321

Sachregister 325

»Kants schädliche Schriften«.
Eine Einleitung

Skandalschriften teilen mit sogenannten Schlagworten das Schicksal einer eher launisch zu nennenden Rezeption: Sind sie zunächst in aller Munde und erscheinen in entsprechend hoher Auflage, kommen sie ebenso schnell in den Ruf, »altmodisch« zu sein und das aus genau demselben Grunde, der sie anfangs zu populär machte. Eben die zunächst so unterhaltsamen ironischen Anspielungen, polemischen Literaturhinweise und so manche Replik auf das allgemeine Gerede, die ihre erste Attraktivität in der breiten Öffentlichkeit ausgemacht hatten, verlieren schnell an Reiz. Wer interessiert sich noch für die Spötteleien über einen König und seine Vorliebe für Geisterseher, kruden Aberglauben und dunkelste Schwärmerei, wenn der König längst tot ist oder für bissige Seitenhiebe auf Zensoren und eine Zensurpraxis, die der Vergangenheit angehören? Es dauert nicht lang, und genau die Schrift, die immer noch mit dem Etikett »skandalös« behaftet ist, beginnt die Leser folgender Generationen zu enttäuschen, weil eben aus ihren Augen jedes Moment des Skandalösen fehlt: Bekanntes ist weder neu noch sensationell.

Genau diese Entwicklung mit all ihren Folgen für die Einschätzung der Schrift läßt sich in der Rezeption der *Religion innerhalb der Grenzen der bloßen Vernunft* gründlich studieren: Die Rezeption begann zunächst mit heftigem Geschrei, das Kant auf seine nüchterne Art mit dem Satz »Ich gebe viel Anlaß zu reden« umschrieb.[1] Das kann nun auch gar nicht verwundern, denn ein Text von Kant zum Thema Religion wurde seit der Verschärfung der Religionspolitik neugierig erwartet. Die Öffentlichkeit erwartete sich viel von der Stellungnahme des

---

[1] Vorarbeiten zur *Religion, AA*, XXIII, 103.

Philosophen aus Königsberg in einer erbittert geführten Debatte über Christentum und Naturalismus, staatliche Reglementierung und Meinungsfreiheit, in der sich die Diskussion über gesellschaftliche Umwälzungen wie in einem Brennglas bündelte. Man hatte sogar versehentlich eine anonym erschienene Schrift Fichtes schon für das neue Kantbuch gehalten.[2] Unter den philosophisch Interessierten hatte Kant seinerseits große Erwartungen auf sein nächstes großes Werk nach den *Kritiken* geweckt, endet doch die Vorrede der *Kritik der Urteilskraft* 1790 mit dem berühmten Versprechen, nun nach dem Abschluß des Kritischen Geschäfts »ungesäumt zum doktrinalen [zu] schreiten« (BX [V,170][3]). Was würde, ja was könnte überhaupt noch kommen nach den *Kritiken*, die das Philosophieverständnis so gründlich verändert hatten? Und wie kam man überhaupt aus der Kritischen Philosophie zu einer doktrinalen? In dem vielzitierten Brief an C. F. Stäudlin charakterisiert Kant kurz nach dem Erscheinen der Schrift ausdrücklich die *Religion* selbst als nächsten Schritt seiner Gesamtentwurfs: »Mein schon seit geraumer Zeit gemachter Plan der mir obliegenden Bearbeitung des Feldes der reinen Philosophie ging auf die Auflösung der drei Aufgaben: 1) Was kann ich wissen? (Metaphysik) 2) Was soll ich tun (Moral) 3) Was darf ich hoffen? (Religion); welcher zuletzt die vierte folgen sollte: Was ist der Mensch? (Anthropologie; über die ich schon seit mehr als 20 Jahren jährlich ein Collegium gelesen habe). – Mit beikommender

---

[2] *Versuch einer Kritik aller Offenbarung*, 1791. Das Gerücht stammte von G. Hufeland und mußte von Kant selbst entlarvt werden (beides im *Intelligenzblatt*, der Beilage zur *Allgemeinen Litteratur Zeitung* aus Jena, Juni und August 1792).

[3] Hinter Seitenangaben wie diesen verbirgt sich in dieser Edition durchgängig die Seitenzählung der maßgeblichen Originalausgabe (zitiert nach A oder B) gefolgt von der Fundstelle in der *Akademie-Ausgabe* in eckigen Klammern.

Schrift: *Religion innerhalb den* [!] *Grenzen etc.* habe ich die dritte Abteilung meines Plans zu vollführen gesucht«.[4] Der ersten Erleichterung nach dem Erscheinen der Schrift folgt jedoch eine allgemeine Verwirrung, die Reaktionen[5] reichen von Euphorie bis Entsetzen und spalten die Lager, was – ebenso wie der tagespolitische Hintergrund preußischer Zensurpraxis – die Diskussion belebt. Eine neue Auflage schon nach einem Jahr und zahlreiche Raubdrucke belegen das Interesse, das bis zum Tod Kants 1804 anhalten wird. Danach jedoch folgte eine lange Zeit des weitgehenden Desinteresses. Erst das letzte Jahrhundert[6] erarbeitete sich einen eigenständigen Blick auf die philosophische Schlagkraft der ehemaligen Skandalschrift. Dieses Interesse an den systematischen Fragen der *Religion innerhalb der Grenzen der bloßen Vernunft* hat dabei in zumindest zweifacher Hinsicht mit Hindernissen zu kämpfen: Zum einen sind es eben die zeitgebundenen Anspielungen und verdeckten Quellen, die sich meist nur umständlich in ihrer Vielschichtigkeit entschlüsseln lassen, zum anderen aber ist es ein verengter Zugriff allein auf die Thematik, mit der Kant zu seiner Zeit eben den Skandal auslöste, nämlich die Frage nach dem Zusammenhang von Christlichem Glauben und Kritischer Philosophie. Beide Hin-

---

[4] Brief Kant an Stäudlin v. 4.5.1793. Die erste Auflage der *Religion* erschien zur Ostermesse 1793.
[5] Vgl. R. Malter, *Zeitgenössische Reaktionen auf Kants Religionsphilosophie*, in: A. J. Bucher u.a. (Hrsg.): *bewußt sein. Georg Funke zu eigen*, Bonn 1975, 145–167. S. u. *Rezensionen und frühe Reaktionen.*
[6] Auf eine Bibliographie wird in dieser Ausgabe verzichtet, denn zum einen wäre sie schon mit dem Erscheinen der Edition nicht mehr aktuell, zum anderen sind Publikationen und weitere Bibliographien zu älterer Literatur zu Kant durch die beeindruckende Arbeit von Rudolf Malter (und in Folge Margit Ruffing) leicht bibliographierbar: Rudolf Malter / Margit Ruffing (hg.), *Kant-Bibliographie: 1945–1990*, Frankfurt a.M. 1999. Aktualisierungen von Margit Ruffing finden sich in den *Kant-Studien*.

dernisse hängen in diesem Fall eng zusammen, denn genau die Verengung auf einen religionsphilosophischen oder -geschichtlichen Zugriff ist eine Projektion unserer Zeit. Für Kant und seine Zeitgenossen waren die Fragen um Vernunftreligion, Naturalismus und Christentum keine Frage individueller Befindlichkeiten oder gewisser gesellschaftlicher Einflüsse, sondern eine Sache der Politik. »Schwärmerei«, »Aberglauben« und »Pfaffentum« sind vor diesem Hintergrund bedeutend mehr als Namen für gesellschaftliche Subkulturen. Sie verweisen in das Verständnis von Gesellschaft, Rechtsstaat und internationaler Politik[7] selbst und zwar zu einer Zeit, in der – wie wohl in keiner anderen zuvor – über politische Veränderungen und die Sicherung der Menschen- und Bürgerrechte nachgedacht wurde. Im Jahr 1794, in dem der preußische König Friedrich Wilhelm II. Zensurmaßnahmen gegen Kant befiehlt, wird im Frankreich der Revolution offiziell das Christentum samt seinen offiziellen Vertretern abgeschafft (und das durchaus auch auf blutige Weise), statt dessen eine »Kultur der Vernunft« ausgerufen und unter Robespierre ein »Fest des höchsten Wesens« zelebriert. Wer am Ende des 18. Jahrhunderts über Religion innerhalb der Grenzen der bloßen Vernunft schreibt, pflegt nicht (jedenfalls nicht in erster Linie) eine persönliche Vorliebe aus Kindertagen oder nörgelt gar nur an allerlei unverständlichen kirchlichen Institutionen und religiösen Riten herum, sondern betreibt nichts anderes als Gesellschaftstheorie unter einem gar nicht zu überschätzenden politischen Zugriff. Wer sich diese Zusammenhänge erschließen will, kommt ohne ein Wissen um den geschichtlichen Horizont nicht aus.

---

[7] Kant spricht in der *Religion* erstmals vom »ewigen Frieden« und definiert den Begriff des äußeren Rechts.

Diese Ausgabe legt deshalb auch mit der Einleitung den Schwerpunkt[8] auf die Bereitstellung von Materialen zum historischen und literarischen Hintergrund der *Religion*.[9] Dabei geht es ausdrücklich nicht darum, mit dem Nachweis von Quellen der Kantischen Schrift auch die Originalität oder auch nur die Eigenständigkeit abzusprechen. Ebensowenig impliziert der Aufweis von Anspielungen auf Zeitumstände des späten 18. Jahrhunderts allein einen vermeintlich mangelnden systematischen Gehalt. Nicht jedes Zitat ist schon eine Zustimmung. Nicht alles, das als Antwort auf Fragen einer bestimmten Zeit verstanden werden kann, ist schon deshalb auch zeitgebunden. Aber gerade derjenige, der systematische Fragen an philosophische Texte stellen möchte, ist auf historische Hintergrundinformationen angewiesen. Gerade, wenn man auf der Suche nach der Originalität des Kantischen Denkens ist, wird es wichtig, Kants eigene Gedanken von denen, mit denen er zitierend spielt, zu unterscheiden.[10] In diesen Zu-

---

[8] Diesem Zugriff folgt auch diese Einleitung, in der auf Beschreibungen von Aufbau und Inhalt der Schrift ebenso verzichtet wird, wie auf eine Würdigung oder sonstige systematische Verortungen. Wer dennoch von einem Herausgeber zu wissen verlangt, wie er selbst denn nun die herausgegebene Schrift verstehe, sei auf meine beiden diesbezüglichen Versuche verwiesen: *Kultur der Aufrichtigkeit. Zum systematischen Ort von Kants »Religion innerhalb der Grenzen der bloßen Vernunft«*, Würzburg 2000 und – in einem weiteren Zugriff – *Antisemitische und antijudaistische Motive bei Immanuel Kant?*, in: H. Gronke u.a. (Hrsg.), *Antisemitismus bei Kant und anderen Denkern der Aufklärung*, Würzburg 2001, 11–124.

[9] Selbstverständlich handelt es sich hier um ein unvollständiges Projekt. Wir werden weitere Quellen finden und neue Hintergründe entdecken. Entsprechend dankbar ist der Hrsg. für jeden weiterführenden Hinweis!

[10] In der *Religion* läßt sich die Bedeutung der literarischen Hintergründe in Kleinigkeiten wie in großen Zusammenhängen besonders deutlich zeigen: Da entpuppt sich zum Beispiel ein Satz, den man gemeinhin als typische Kantformulierung zitiert (»Aus krummen Holze ließe sich nichts gerades machen«) bei genauerem Hinsehen als Bibelanspielung oder – systematisch offensichtlich weitreichender –

sammenhang der historischen Hintergründe gehören nicht nur Sacherläuterungen zu einzelnen Textpassagen, sondern auch die Rekonstruktion des äußeren Rahmens der *Religion*, nämlich Kants Auseinandersetzung mit der Zensur.

Zu Kants *Religion* gehört eine hartnäckige Legende, nämlich die vom armen kleinen alten Professor in Königsberg, der geradezu unversehens von einem reaktionären Minister namens Woellner und dessen Inquisitionsbehörde ausgebremst wurde und – mit einem Bein immer schon »in Cassation« – auf aussichtslosem Posten für die Meinungsfreiheit stritt, bis eben ein Handschreiben des Königs (oder ein doch vom Königs unterschriebenes) ihn einstweilen schachmatt setzte. Und wie es mit Legenden zu sein pflegt, beruht auch die Hartnäckigkeit dieser Legende offenbar darauf, daß sie ein irritierendes Gemisch aus Wahrheit und Mythos ist. Je mehr wir aber über die historischen Zusammenhänge wissen, desto weniger spricht dafür, daß die bisher erzählte Geschichte von Kants Auseinandersetzung mit der Zensur stimmt.[11] Wer sich auf die Suche nach den Fakten hinter den Geschichtchen begibt, muß in diesem Fall vor allem bemerken, daß die

die angeblich Kantische »merkwürdige Antinomie« (B 169) erweist sich als polemischer Rekurs auf eine im 18. Jahrhundert vieldiskutierte Theorie eines heute allgemein vergessenen Theologen.

[11] Die hier vorgelegte Rekonstruktion der Zusammenhänge wurde durch die Hilfe von Prof. Peter Krause (Trier) möglich, der in seinem ungemein dichten und materialreichen Aufsatz *Mit Kants schädlichen Schriften muß es auch nicht länger fortgehen. Trägt die Ära Woellner ihren Namen zu Recht?* (2001) den entscheidenden Puzzlestein zur Korrektur bisheriger Darstellungen geliefert hat. Die nachgewiesene Opposition zwischen Woellner und der Immediats-Examinations-Kommission machte eben den Perspektivenwechsel möglich, der alle mir bekannten Studien über die Thematik in einem entscheidenden Punkt korrigiert und sie damit auch auf neue Weise fruchtbar macht. Ich danke Prof. Krause ausdrücklich für ein engagiertes Gespräch, das mir geholfen hat, bloß vermutete historische und juristische Zusam-

Legende um »Kant und die Zensur«[12] fest in einer viel größeren Legende verwurzelt ist, die sich unter dem Namen »Woellnerisches Religionsedikt« verbirgt. Dieser Name wurde zum Inbegriff der rückständigen Religions- und Zensurpolitik unter Friedrich Wilhelm II., ausgeführt von ihrem Architekten und Vollstrecker, dem Namenspaten Johann Christoph Woellner. Genau in dieser Verkürzung eines Zeitraums von immerhin elf Jahren Regierungszeit auf ein einziges Edikt und eine einzige Person haben wir es jedoch mit einer Vereinfachung zu tun, die den komplexen Zusammenhängen nicht ansatzweise gerecht wird und darüber hinaus den Blick auf die Umstände verfälscht, unter denen Kant schrieb und auf die er sich gerade mit der *Religion* auch ausdrücklich bezieht. Wenn wir also die historischen Anspielungen und die zeitgeschichtliche Bedeutung der Kantischen Schriften ebenso wie Kants Verhalten in der Auseinandersetzung mit der Zensur verstehen wollen, kommen wir

menhänge klarer zu sehen! (Der Aufsatz findet sich in dem Sammelband von Jörg Wolff, *Stillstand, Erneuerung und Kontinuität. Einsprüche zur Preußenforschung*, Bern, Berlin u.w. 2001, 87–141.)

[12] Als Spezialliteratur zum Thema ohne Problematisierung der Rolle Woellners sind zu nennen: E. Fromm, *Immanuel Kant und die preussische Zensur. Nebst kleineren Beiträgen zur Lebensgeschichte Kants*, Hamburg / Leipzig 1894; E. Arnoldt, *Beiträge zu dem Material der Geschichte von Kants Leben und Schriftstellertätigkeit in Bezug auf seine »Religionslehre« und seinen Konflikt mit der preussischen Regierung*, in: *Altpreussische Monatsschrift*, Neue Folge 34, 1897, 345–408, 603–636, 1898, 1–48 (und Nachdrucke 1898, 1909); W. Dilthey, *Der Streit Kants mit der Censur über das Recht freier Religionsforschung. Drittes Stück der Beiträge aus den Rostocker Kanthandschriften*. In: AGP 3, 1890, 418–450. (Nachdruck in ds., *Gesammelte Werke*, Bd. IV, 1921); Werner Sellnow, *Die Auseinandersetzung Kants mit der feudal-absolutistischen Zensur*, in: *Wissenschaftliche Zeitschrift der Humboldt-Universität Berlin*, Gesellschafts- und Sprachwissenschaftliche Reihe 1968, 431–448 (mit einigen Datierungsfehlern), Jan Rachold, *Kant und die preußische Zensur*, in: D. Edmunds (Hrsg.), *Immanuel Kant und die Berliner Aufklärung*, Wiesbaden 2000, 116–132, sowie nahezu alle Einleitungen voriger Herausgeber der *Religion* (s. Zur Textgeschichte).

nicht umhin, wenigstens die Hauptpersonen und die wesentlichen Ereignisse dieser Zeit näher zu betrachten und zwar in dem Licht, daß die neuere Forschung auf diese Zeit wirft.[13]

Die Geschichte der Religionspolitik Friedrich Wilhelms II. allein in ihren wesentlichen Zügen zu rekonstruieren, ist ein Puzzlespiel mit recht vielen Teilen. Die ersten finden sich schon weit vor dem Regierungsantritt, und nahezu jeder der vielen Beteiligten wäre eine eigene Studie wert. Wenn dennoch die Chance besteht, daß die folgende Rekonstruktion nicht mit dem Charme eines Telefonbuchs verschreckt, dann verdanken wir das den pittoresken und geradezu absurden Elementen der Geschichte selbst. Man hat schon zu Kants Zeiten – trotz und wohl auch wegen der realpolitischen Folgen – laut darüber gelacht. Versuchen wir also bei aller historischen Rekonstruktion auch, uns in die Lage zu versetzen, das Echo dieses Lachens in Kants *Religion* hörbar zu machen!

---

[13] Neben der entscheidenden Arbeit von Krause ist insbesondere noch die Habilschrift von Udo Krolzik, *Das Wöllnerische Religionsedikt* zu nennen, die zwar ebenfalls die Opposition zwischen Woellner, dem König und der IEK verkennt, aber präzise die Haltung des Oberkonsistoriums rekonstruiert und eine Vielzahl an Fakten zu dem meist etwas nachlässig behandelten Zensuredikt vorstellt. (Habilschrift Theologische Fakultät Hamburg Oktober 1998, WEB-Veröffentlichung fachpublikation.de, copyright 1999). Für die Hintergründe des Rosenkreuzerordens s. Christopher McIntosh, *The Rose Cross and the Age of Reason. Eighteenth-Century Rosencrucianism in Central Europe and its Relationship to the Enlightment*, Leiden, New York, Köln 1992 (=Brill's Studies in Intellectual History vol. 29), 125, der neuere Quellen anbringt, als der in vielen Details ungenaue, durchweg deutlich »blumige«, aber immer noch absolut unverzichtbare Paul Schwartz, *Der erste Kulturkampf in Preußen um Kirche und Schule* (1788–1798), Berlin 1925 (= *Monumenta Germaniae Paedagogica* Bd. LVIII).

Woellner und das »Religionsedikt«

Johann Christoph Woellner war 56 Jahre alt, als er seinem 44 Jahre alten König Friedrich Wilhelm II. das *Religionsedikt* zur Veröffentlichung vorlegte. Beide verband schon eine lange Beziehung, die sicher auch zeitweise an eine Freundschaft erinnert hatte. Was sie aber vor allem verband, war eine tiefe und persönliche Abneigung gegen den zwei Jahre zuvor verstorbenen großen König Friedrich II. von Preußen. Das ebenso persönliche und allgemein bekannte Urteil des großen Friedrich über die beiden war allerdings auch nicht schmeichelhaft: »Der Wölner ist ein betriegerischer, und intriganter Pfaffe, weiter nichts«,[14] und Friedrich Wilhelm sei »ungeschickt in allem, was er tut, ungehobelt, halsstarrig, launenhaft, ein Wüstling, verdorben in seinen Sitten, töricht und widerwärtig, das ist er, nach der natur gemalt«.[15] Während die Probleme des neuen Königs mit seinem Onkel jedoch wohl vorrangig persönliche waren, hatte Woellner schon eine ganz andere Bekanntschaft mit den negativen Seiten des friderizianischen Systems gemacht: Er kam aus ausgesprochen bescheidenen Verhältnissen und hatte es durch die Protektion eines adeligen Gönners außergewöhnlich schnell zu einer eigenen Pfarrstelle gebracht, aber diese Stelle nach vier Jahren aufgegeben, um auf einem gepachteten Landgut sehr erfolgreich Landwirtschaft zu betreiben. Als er dann jedoch 1766 die Tochter seines Gönners heiratete, bekam Woellner die volle Macht des absolutistischen Herrschers zu spüren. Da die Ehe aus zeitlichen

---

[14] Eine der gefürchteten Randnotizen und zwar auf der Anfrage des Oberst v. Forcade nach einer möglichen Adelung Woellners. In: Borchardt, Georg (Hrsg.), *Die Randbemerkungen Friedrichs des Großen*, Potsdam o.J., Bd. I, 10. (vgl. P. Schwartz, *Der erste Kulturkampf in Preußen um Kirche und Schule* (1788–1798), Berlin 1925, 36.

[15] *Politische Correspondenz Friedrichs des Großen*, hrsg. v. der Preußischen Akademie der Wissenschaften. Bearbeitet v. G. B. Volz, Bd. 1, Berlin 1905, 30, 261.

Gründen nicht mehr verhindert werden konnte, wurde seine Frischangetraute kurzerhand nach Berlin transportiert, wo man vier Wochen lang versuchte, ihr das Geständnis zu entlocken, in die so unstandesgemäße Ehe gezwungen oder doch wenigstens gelockt worden zu sein. Als sich die Verbindung auf diesem Wege nicht legal annullieren ließ, stellte Friedrich II. kurzerhand sämtlichen Besitz des Paares unter Zwangsverwaltung, konfiszierte das Vermögen und verweigerte bis zu seinem Tod 1786 jegliches Entgegenkommen. Woellner bekam seine Güter erst mit der Thronbesteigung von Friedrich Wilhelm II. zurück. Es ist nicht sicher, ob es diese Erfahrungen des willkürlichen großen Friedrichs waren, die Woellner einen anderen Weg versuchen ließen, um mehr Einfluß (nicht zuletzt über das eigene Leben) zu gewinnen: Er knüpfte Kontakte mit Berliner Geheimorden. Um 1766 wurde er *Freimaurer* und machte dort mit seinem Talent als charismatischer Redner schnell Karriere. Als sich in den kommenden Jahren dann der elitärere Orden der *Rosenkreuzer* (seit 1777 nur für Freimaurer zugänglich) etablierte, ließ sich Woellner von Herzog Friedrich August v. Braunschweig für diese Verbindung anwerben, der dringend »Magister«, also Oberhauptsdirektoren, für eine straffere Organisation in Berlin suchte. Woellner bekam den Posten und wurde damit Oberaufseher von 26 Zirkeln. Die frühen Quellen dieses Ordens sind ebenso obskur wie die unterschiedlichsten Absichten seiner Mitglieder. Sicher ist aber, daß sich die Rosenkreuzer ab 1777 auf die »Erbauung des Reiches Christi« in Form einer durchaus irdischen Theokratie (kein unwesentliches Wort in Kants *Religion*) konzentrierten. In einer hermetischen, durch Wunderglauben, Mystifikation und die Vorliebe für allerlei dunkle Rituale geprägten Bilderwelt fühlten sich Anhänger eines orthodoxen Christentums offenbar ebenso wohl wie diejenigen, die wir heute Esoteriker nennen, also ein Haufen Schwärmer mit dem Hang zur spiritualistischen Naturbetrachtung, Mesmers magnetisierenden Wunderheilern und Geistersehern. Woellner selbst gehörte eindeutig zur ersten Fraktion, und auch das in einer gemäßigten Form, aber seine Stellung im Orden verschaffte ihm einen bedeutenden Einfluß, der ihn unverhofft mit Friedrich Willhelm zusammenbrachte.

1781 hatte wiederum Friedrich August v. Braunschweig (der im Orden »Rufus« hieß) es geschafft, den Thronfolger mit seiner Vorliebe für außerordentliche Sinnesreize jeder Art für den Orden zu werben. Dabei konnte er auf einen weiteren Verbündeten zurückgreifen, der schon seit 1778 ein ganz besonderes Verhältnis zu Friedrich Wilhelm aufgebaut hatte: Johann Rudolf Bischoffswerder.[16] Der Kronprinz hatte ihn während der Bayrischen Erbfolgekriege kennengelernt und Bischoffswerder wurde bei der Gelegenheit unmittelbarer »Zeuge« (wenn auch wohl mit einem sehr kreativen Anteil) der ersten persönlichen Begegnung Friedrich Wilhelms mit Jesus Christus.[17] Seit diesem wahrlich begeisternden Erlebnis wich Bischoffs-

---

[16] (1741–1803). Die Schreibweisen variieren: Bischoffwerder, Bischofswerder. Bischoffswerder hat offenbar später versucht, eine Legende seiner Fähigkeiten als großer Kriegsmann des siebenjährigen Krieges zu erschaffen. Tatsache ist aber, daß 1787, als er als ständiger Begleiter des neugekrönten Königs auch öffentlich in Erscheinung trat, zwar jedermann von seinem mystischen Theater, aber niemand etwas von eventuellen Heldentaten wußte: »Von seinen militärischen Kenntnissen ist zwar eigentlich nichts bekannt geworden, aber wohl, daß er jederzeit ein eifriger Rosenkreuzer und ein Busenfreund des berüchtigten Schröpfers [ein offenbar ungemein geschickter Taschenspieler vom Schlage Cagliostros] war [...] Man zählt ihn unter die sogenannten jesuitischen Freimaurer und Geisterseher, die wie man behauptet, nach einem weit aussehenden politischen Systeme arbeiten.« (s. die anonym erschienenen *Geheime Briefe über die Preußische Staatsverfassung seit Thronbesteigung Friedrich Wilhelms des Zweyten*, Utrecht 1787 von A. H. v. Borcke).

[17] Wer Freude an kruden Geisterschern und den abenteuerlichsten Séancen hat, dem sei Schwartz, *Kulturkampf* ..., a. a. O., ausdrücklich empfohlen, der ausführlich auf die wundersamen Begegnungen Friedrich Wilhelms eingeht.

werder ebensowenig von der Seite des kommenden Königs wie die Geistererscheinungen. Seine Empfehlung des Rosenkreuzerordens hat seine Wirkung jedenfalls nicht verfehlt. In einem feierlichen Initiationsritus wurde Friedrich Wilhelm im August 1781 als »Ormesus« in die Bruderschaft aufgenommen, und das von genau drei Ober-Rosenkreuzern: Herzog Friedrich August, Bischoffswerder (»Farferus«) und Woellner (»Heliconus«).[18] Wenn der Herzog wirklich geplant haben sollte, eine Theokratie in Preußen zu errichten, dann war diese Anwerbung zweifellos ein riesiger Fortschritt. Jedenfalls wurden Bischoffswerder (und in einem zunächst bescheidenen Umfang auch Woellner) eingesetzt, um den Thronerben zum Wunschkandidaten eines Regenten für diese Staatsform zu machen. In den Jahren bis zur Thronbesteigung werden Friedrich Wilhelm nicht nur feierlichst und in symbolisch aufgeladenen Ritualen allerlei Weisungen zu seiner himmlischen Weisung unterbreitet, sondern Woellner erarbeitet auch eigens Vorlesungen für den Prinzen, von denen er einige selbst von 1783 an halten wird. Diese Vorlesungen sind nun allerdings keinesfalls in erster Linie Religionsdingen gewidmet. Im Gegenteil! Woellner liest über wirklich alles, was zum Verständnis der Staatsverwaltung gehört: Finanzwirtschaft, Sozialpolitik, Verkehrswesen, Agrarwirtschaft, Verwaltungswesen u. v. m. Bailleu hat den Staats- und Gesellschaftsentwurf Woellners die »wohl schärfste Kritik des fridericianischen Systems« genannt, »die damals geschrieben worden ist, und zugleich ein in die Zukunft weit vorausgreifendes, kühnes, grundstürzendes Reformprogramm«.[19] Schon in diesen Jahren zeigt sich allerdings ein gravierendes Problem:

---

[18] Woellner führte später im Orden auch den Namen »Chrysophiron«, unter dem er auch veröffentlichte.

[19] P. Bailleu, Art. »Woellner«, in: *ADB*, Bd. 44, Berlin 1898, 152. – Als Woellner die Skripte nach seiner Entlassung zurück erbat, wurden ihm diese Bitte übrigens verweigert.

Friedrich Wilhelm interessiert sich offenbar nur für die Religionsdinge und ist für andere regierungstechnische Fragen nur schwer zu begeistern. Andererseits muß es Woellner gelungen sein, den Kronprinzen von seinen eigenen Fähigkeiten zu überzeugen, denn als Friedrich II. 1786 stirbt, bekommt Woellner nicht nur seinen Besitz zurück und erhält endlich auch einen Adelstitel, sondern bekommt auch den Posten des Geheimen Oberfinanzrates und wird so etwas wie der Kabinetts- und Premierminister des neuen Königs. Eine durchaus besondere Genugtuung mag es gewesen sein, daß er auch zum Nachlaßordner der Schriften von Friedrich dem Großen wurde und als besondere Anerkennung die kostbaren Flöten behalten durfte. Jedenfalls »verdanken« wir Woellner eine der unseriösesten Ausgaben der Nachgelassenen Schriften.[20] Die ökonomischen Talente Woellners wurden hingegen durchweg anerkannt, denn er setzte konsequent die erarbeiteten Reformen in Verwaltung, Handel und Verkehrsplanung um, auch wenn sein Traumberuf wohl ein anderer war. Erst am 3. Juli 1788 kam der König dem Wunsch seines Ordensbruders nach, entließ Karl Abraham v. Zedlitz (dem Kant die *Kritik der reinen Vernunft* gewidmet hatte) in eine bescheidenere Position und ernannte Woellner zum »Wirklichen Geheimen Staats- und Justizminister und Chef des geistlichen Departements in lutherischen und katholischen Angelegenheiten«. Sechs Tage später trat das berüchtigte *Religionsedikt* in Kraft, das Woellners Namen selbst zum Schlagwort der Geschichte machen sollte. Mit Recht hat man in Woellners Vorlesung *Abhandlung über die Religion*[21] für den Prinzen

---

[20] Und das auch angesichts der bis heute nur desaströs zu nennenden Ausgaben der Werke von Friedrich II. So etwas wie eine historisch-kritische Ausgabe sucht man jedenfalls vergeblich.

[21] Ein gekürzter Abdruck dieses Textes findet sich in P. Schwartz, *Kulturkampf* ..., 73–92. Oberkonsistorialrat J. J. Spalding, der eine Abschrift besaß, sorgte offenbar dafür, daß der Text schon früh allgemein bekannt wurde.

von 1785 die Vorlage für das Edikt entdeckt und Woellner als den Verfasser ausgemacht.

Das *Edikt, die Religionsverfassung in den preußischen Staaten betreffend*[22] ist ein in vieler Hinsicht merkwürdiges und unzeitgemäßes Dokument, das zumindest zwei schwer vereinbare Tendenzen zusammenzuführen sucht: Einerseits – das ist das reaktionäre Moment – ist es ausdrücklich gegen die Religionspolitik Friedrichs II. gerichtet, weil sich der neue König ausdrücklich als christlicher Herrscher vorstellt, der es zum Staatsanliegen erklärt, »darauf bedacht zu sein, dass in den preussischen Landen die christliche Religion der protestantischen Kirche in ihrer alten ursprünglichen Reinigkeit und Echtheit erhalten und zum Theil wiederhergestellet werde« (*Vorrede*) und sich gegen »Socinianer, Deisten, Naturalisten und andere Secten« (§ 7) ausspricht, also insbesondere gegen die Aufklärungstheologie und die sog. Neologen. Mit der Verpflichtung der Lehrer und Prediger auf die »symbolischen Bücher«[23] zielte das Edikt konsequent auf die Rückkehr zu einem altgläubigen Christentum. Andererseits aber – und das ist das häufig übersehene fortschrittliche Moment – verpflichtet sich der Regent mit dem Edikt ebenso ausdrücklich, »völlige Gewissensfreiheit« zu gewähren, wenn auch mit der Einschränkung, daß Theologen in Ausübung ihres Amtes ihre Glaubenszweifel oder abweichende Lehren nicht ihrerseits predigen oder verbreiten dürfen. Es ist vom Tag der Veröffentlichung des Ediktes an viel über die

[22] Vgl. *Novum Corpus Constitutionum Brandenburgico-Prussicarum*, Bd. VIII, 2175. Urkunde 237. Königliches Edikt, Potsdam 9. Juli 1788, in: *Publikationen aus den K. Preussischen Staatsarchiven*, Leipzig 1893, Bd. 35, 250–257.

[23] Unter den »Symbolischen Büchern« versteht man die konfessionskonstitutiven Auslegungsschriften, also im Fall der protestantischen Kirche die beiden Katechismen Luthers, die Augsburger Konfession samt Apologie, die Schmalkaldischen Artikel und die Konkordienformel, für die lutherische Konfession den sog. Heidelberger Katechismus.

eindeutig vorliegenden rückständigen Inhalte geschrieben worden. Zunächst einmal ist es jedoch ein Faktum, daß mit dem Edikt erstmals in Preußen die Gewissensfreiheit überhaupt rechtlich gesichert wurde. Selbstverständlich war Friedrich II. mit seiner Gleichgültigkeit in allen Religionsdingen und seiner so fortschrittlichen Toleranz *de facto* weit über die Inhalte des *Religionsediktes* hinausgegangen; *de jure* aber bestand für eine tolerante Behandlung oder die Wahrung der Gewissensfreiheit nicht die geringste Rechtssicherheit. Von Rechts wegen galt immer noch das Zensuredikt von 1749 (in der präzisierten Fassung von 1772), das unter Friedrich dem Großen nur nicht angewendet wurde, der also auch die Pressefreiheit selbst nur tolerierte, aber keineswegs statuiert hatte. Dem entgegen sicherte das *Religionsedikt* erstmals wenigstens den Rechtsanspruch auf Gewissensfreiheit sogar für der christlichen Religion verpflichtete Theologen. In den Augen der Zeitgenossen jedoch hinkte diese Reform der Zeit und der Gewohnheit an eine neue Praxis soweit hinterher, daß dieser juristische Fortschritt nur noch als Rückschritt verstanden werden konnte. Auch die Tatsache, daß Woellner in seiner Argumentation sogar eindeutig auf Formulierungen Immanuel Kants und seinen doch so berühmten Aufsatz *Was ist Aufklärung?* zurückgreift, ist offenbar durchweg übersehen worden. Es hätte die Chance gegeben, das Edikt positiv auf die zukunftweisenden Elemente hin auszulegen, nur das diese »Zukunft« faktisch schon Vergangenheit war. Die Veränderungen in der europäischen Gesellschaft insgesamt waren zu weit fortgeschritten, um in dem Zugeständnis eines längst etablierten Selbstverständnisses noch eine Reform zu sehen.

Mit der Veröffentlichung des Edikts am 9.7.1788 brach jedenfalls ein Sturm der Entrüstung los, der zumindest Woellner völlig überrascht haben dürfte. Vor allem aber kam der Sturm von nahezu allen Seiten. Die Zeitschriften und Buchhandlungen waren schlagartig voll von Verrissen, Polemiken, Einwänden (und wenigen Erwiderungen), juristischen Vorbehalten und vor allem deutlichem Unmut, der auch eindeutige Angriffe auf den König selbst enthielt.[24] Gleichzeitig aber kam ein heftiger Gegenwind von genau der Institution, auf die Woellner zur Durchführung des Gesetzes aber angewiesen gewesen wäre: vom Oberkonsistorium. Das Oberkonsistorium als anerkanntes Organ der aufgeklärten absolutistischen Rechtsprechung war zuständig für die Aufsicht über die Zensur, die üblicherweise die Bücher-Konsistorien und insbesondere Universitäten übernahmen. Außer in Fällen der Majestätsbeleidigung gab es gewöhnlich keinerlei Eingriffe in die Publikationsfreiheit und das Oberkonsistorium war im wesentlichen selbst mit Aufklärungstheologen besetzt, die umgehend und offenbar durchaus wohlinszeniert Konsequenzen zogen: W. Abr. Teller, Propst von Köln und einer der prominentesten Geistlichen, bittet um Dispens von der Pflicht zu predigen, weil er nicht mehr predigen könne, ohne gegen das Edikt zu verstoßen. Außerdem formuliert er mit seinen ebenso prominenten Kollegen J.J. Spalding, J.S. Ditrich, A. Fr. Büsching und Fr. S. G. Sack »Besorgnisse«,[25] die mit Erlaubnis des Königs direkt an diesen adressiert werden und in denen die fünf Oberkonsistorialräte detailliert erläutern, warum das Religionsedikt mit der Verpflichtung auf die Symbolischen Bücher mehr Schaden als Nutzen bringen werde. Mit Ausnahme des als konservativ bekannten J. E. Silberschlag waren diese Besorgnisse von allen Räten unterschrieben. Daß sich die Theologen direkt auf § 7 der Edikts bezogen, konnte nicht

---

[24] Die Literatur wurde so unübersichtlich, daß es schon 1793 eine umfangreiche Sammelrezension gab: H. Ph. C. Henkes *Beurteilung aller Schriften, welche durch das Königliche Preußische Religionsedikt und durch andere damit zusammenhängende Religionsverfügungen veranlaßt sind*, Kiel 1793.

[25] *Alleruntertänigste Anzeige der Besorgnisse, die einige in dem am 9. Juli erlassenen Edikt, die Religionsverfassung betreffend, enthaltenden Vermerke bei uns geweckt haben*, dat. 10.9.1788.

überraschen, denn sie hatten sich alle an der seit den 70er Jahren heftig geführten Debatte[26] um den Geltungsanspruch der Symbolischen Bücher beteiligt, die Fr. W. Lüdke mit seiner Schrift *Vom falschen Religionseifer* (1767) ausgelöst hatte, in der er erläuterte, warum seiner Meinung nach Lehrer sehr wohl von theologischen Lehrsätzen abweichen dürften und die Verpflichtung auf Symbole einer vertretbaren Lehre widersprach. Und die Erfahrungen dieser Debatte ließen sich nun direkt in dem Widerspruch gegen das Edikt verwenden: Eine bestimmte Form des Glaubens (wie Konfessionen und ihre Satzungen) als Veranstaltung der Menschen in der Geschichte könne nicht dieselbe Autorität haben wie das Wort Gottes und die Bibel. Versuche man die Reihenfolge umzudrehen, wären die Folgen für den Frieden zwischen den Konfessionen und für den Seelenfrieden der Geistlichen und ihrer Gemeinden unabsehbar. In jedem Fall aber würde das *Religionsedikt* dazu führen, daß man die angedrohten Strafen auch verhängen müßte, was letztlich – als jederzeit zweifelhafte Entscheidung – dem Ansehen des Königs selbst schaden würde. Die Folgen wären Unruhen und Rückkehr zum Gewissenszwang. Friedrich Wilhelm II. reicht das Schreiben noch am selben Tag mit der Bemerkung weiter, es »mit den beyden Ministres des Geistlichen Departements durchzugehen, und diese Leute zu rechte zu weisen«. Dazu solle man sich auf das Edikt stützen, »davon nicht ein Haar breit abgewichen werden muß«. Außerdem sei dem Oberkonsistorium mitzuteilen, daß bei weiteren Nachfragen der Dienstweg einzuhalten sei[27] – mit anderen Worten: Die Räte hätten sich in Zukunft an Woellner zu halten. Als

---

[26] E. Hirsch, *Geschichte der neueren evangelischen Theologie im Zusammenhang mit der allgemeinen Bewegung des europäischen Denkens*, 5 Bde, Gütersloh 1975. Bd. IV, 102–105

[27] GStA Merseburg Rep 47 Tit 1 Heft 33, 28. S.a. Schwartz, *Kulturkampf...*, a.a.O., Anhang.

Spalding von dieser Reaktion des Königs hörte, legte auch er sein Predigtamt demonstrativ nieder.[28]

Die Opposition der Oberkonsistoriums konnte in der Öffentlichkeit nicht unbemerkt bleiben und hat offensichtlich die öffentliche Debatte ihrerseits verschärft, denn schließlich war es nicht weniger als die Exekutive, die dem Gesetz abhanden kam: ein sichtbarer Widerstand der Zensoren gegen die Zensur. Sofern man also nicht den Fehler beging, sich eine direkte Majestäts- oder Ministerbeleidigung zu schulden kommen zu lassen, sah man gute Chancen, von Verfolgung unbehelligt zu bleiben. Diese faktische Unwirksamkeit des Edikts überraschte die Autoren und führte zu vielfältigen Gerüchten: »Dem Vernehmen nach«, schreibt die *Gothaer Gelehrte Zeitung* vom September '88, »ist dem preußischen Religionsedikt vom 9. Julius, durch ein königliches Reskript an den Staatsrath, die gesetzliche Kraft wieder genommen worden. Keiner von den Predigern, die Dimißion ansuchten, hat sie erhalten, auch ist sonst noch keine Wirkung jedes Edikts sichtbar geworden. Man schreibt diese den vereinigten edlen Bemühungen der berühmten und aufgeklärten Minister zu, die der König gebilligt und befolgt haben soll«. J. Chr. Berens schreibt im Oktober an Immanuel Kant: »Der vormalige Ministre de la parole de Dieu hat als jetziger Religionsminister in Politik gepfuschert. Sein Edikt ist aber nicht von dem geringsten Effekt. Spalding und Teller haben freier wie jemals von der Kanzel geredet. Diedrich [offensichtlich Oberkonsistorialrat Ditrich] hat neulich ein Kind nach einem freien Ritual getauft, wobei der Minister Wöllner Gevatter war«.[29] Spalding erwägt in seiner Autobiographie, also im Rückblick auf die Ereig-

---

[28] Über den Zeitpunkt ist sich die Forschung unsicher. Es könnte vor, aber auch erst nach der auch schriftlichen Zurechtweisung der Oberkonsistorialräte durch den König gewesen sein. Vgl. dazu U. Krolzik, *Das Wöllnerische Religionsedikt*, Kap 3.2.3.

[29] Brief vom 25.10.1788.

nisse, daß es Woellner vielleicht gar nicht um eine Durchsetzung der restriktiven Elemente des Edikts gegangen sein könnte oder das vielleicht auch »nachher die merklich gewordenen Urtheile, Gesinnungen und Bewegungen des Publikums einige Bedenken und Scheu erregt haben mögen, die angekündigte Strenge zur Ausführung zu bringen«.[30] Offenbar herrschte allgemein eine große Unsicherheit darüber, wer hier für die Unwirksamkeit des Ediktes verantwortlich ist. Da Friedrich Wilhelm II. sich ausgesprochen liebenswürdig geben konnte und darüber hinaus von Anfang an befürchtet wurde, daß der König über die Rosenkreuzer manipuliert wurde, lag es näher, in Woellner den Urheber von Restriktionen zu sehen.[31] Die weitere Entwicklung legt aber nahe, daß es genau umgekehrt war. Jedenfalls nahm die Kritik an dem Edikt so beängstigende Folgen an, daß man sich noch im selben Jahr 1788 zu einem *Erneuerten Zensuredikt* gezwungen sah.[32] Und genau bei diesem »man« wird die Sachlage wieder unübersichtlich. Sicher ist, daß Woellner das Gesetz nicht entworfen oder aufgesetzt hat. Der König hatte schon in seinem Schreiben vom 10.9. die berühmt gewordene Bemerkung gemacht, daß die »Preßfreiheit in Berlin in Preßfrechheit ausartet, und die Büchercensur völlig eingeschlafen ist, mithin gegen das Edict allerlei aufrührerische Scharteken gedruckt werden«, so daß nicht ausgeschlossen werden kann, daß der Plan zu dem Zensuredikt

---

[30] J. J. Spalding, *Lebensbeschreibung von ihm selbst aufgesetzet und herausgegeben mit einem Zusatze von dessen Sohne Georg Ludewig Spalding.* Halle 1804, 121.

[31] Diese Verschleierung von Verantwortlichkeiten galt als nützliches Mittel, das hohe Amt der Königs nicht durch niedere Alltagsdinge zu belasten, ein Verfahren, dessen sich Herrscher bekanntlich in jeder Zeit gern bedient haben, weil kaum etwas mögliche Rebellionen so im Zaum hält wie der Spruch »Wenn das der König wüßte,...«. (Schon v. Borcke, a. a. O., äußert 1787 genau diesen Satz, 79).

[32] Abgedruckt in *Novum Corpus Constitutionem Monarchicarum*, Bd. 8, 2339–2350.

ebenfalls älter war. Auch der Nachweis allein, daß zu einer königlichen Anordnung ein Konzept des Ministers vorausging, reicht nicht aus, um die Anordnung selbst Woellner zuzuschreiben. »Es ist vielmehr für die Zeit typisch, daß sich die preußischen Herrscher auch dann den Entwurf einer Kabinettsorder von dem Ressortverantwortlichen anfertigen ließen, wenn sie sich selbst zum Edikt entschlossen hatten.« In einem Gutachten vom 12.12.1788 äußert der Minister jedenfalls gravierende Einwände gegen ein solches Zensuredikt.[33] Sicher ist, daß Woellner gegenüber Zensur als politischem Instrument ausgesprochen skeptisch war. Als der König Jahre später endlich auf eine verschärfte Zensurpraxis drängt, wird Woellner ihm ausgerechnet mit einer Formulierung antworten, die wir auch in Kants *Religion* finden: »Gott kann doch nicht mehr von uns fordern, als wir nach unseren Kräften und nach den jedesmaligen Umständen thun können. Das Übrige ist seine Sache.«[34]

Festzustellen ist, daß auch das Zensuredikt vom 19.12.1788 keine neuen Einschränkungen der Meinungsfreiheit mit sich brachte. Die Autoren, die wie K. Fr. Bahrdt oder H. Würtzer harte Strafen verbüßen mußten, wurden – wie schon vor dem Religionsedikt üblich – ausschließlich wegen grober Majestäts- oder Beamtenbeleidigung verurteilt. Die öffentliche Diskussion über das Edikt selbst bleibt ebenso unbehelligt wie die Schriften der Aufklärer. Einerseits kann das auch nicht verwundern, denn es waren schließlich die alten Institutionen, die für die Zensurpraxis

---

[33] S. a. *ADB*. S. außerdem das sehr frühe Urteil über Woellner in Baur, *Allgemeines Historisches Handwörterbuch*, 1803.

[34] Schreiben Woellners vom 19.3.1794, zit. bei M. Philippson, *Geschichte des Preußischen Staatswesens vom Tode Friedrichs des Großen bis zu den Freiheitskriegen*, Band 2, Leipzig 1882, 155 (fälschlich datiert auf den 19. Mai). – Erinnert die Formulierung Woellners ohnehin schon deutlich an das berühmte Kant-Diktum, daß wer etwas tun soll, es auch können muß, so ist doch die große Nähe zu *Religion*, B145 [103] bemerkenswert.

zuständig waren. Andererseits aber machte Woellner offenbar auch keinerlei Anstalten, nun seinerseits Druck auszuüben oder gar neue Institutionen zu schaffen. Schon 1789 verbreitet sich das Gerücht, der König sei mit Minister Woellner unzufrieden. J. G. C. Chr. Kiesewetter, den Kant nach Woellner gefragt hatte, berichtete seinem Lehrer im Dezember: »Woellners Ansehen soll nicht mehr so ganz fest stehen, doch werden wie bei einer Veränderung nicht viel gewinnen«[35]. Ob es sich nun nur um ein Gerücht handelte, weil man das Ausbleiben einer Zensurverschärfung eben (fälschlich) auf die Opposition des Königs zurückführte, ob die Tatsache eine Rolle spielte, daß Woellner seine Aktivitäten im Rosenkreuzer-Orden mit der Stillstandsverordnung von 1787 einschränkte oder ob dem König wirklich schon jetzt die Wirkungslosigkeit seiner Verordnungen mißfielen, ist nicht eindeutig zu belegen. Wenn man die weitere Entwicklung berücksichtigt, liegt aber nahe, das die Entfremdung zwischen Woellner und seinem Ordensbruder, dem König, zu diesem Zeitpunkt begann, denn der so laute öffentliche Streit um das Edikt hatte eines deutlich gezeigt: Man hatte in jedem Fall die Stimmung der Zeit falsch eingeschätzt. Die Betroffenen wehrten sich und das mit neuen Mitteln, nämlich nicht nur auf juristischen Wegen, indem man die Rechtmäßigkeit der Religionspolitik und damit die Richtlinienkompetenz eines weltlichen Herrschers in Glaubensfragen überhaupt in Frage stellte, sondern auch auf dem neuen Weg der Öffentlichkeit. Die Oberkonsistorialräte selbst veröffentlichten ihre Bedenken und vor allem ihre eigene Methode im Umgang mit der Zensur selbst[36] und beteiligten sich maßgeblich an der Konstitution einer neuen und ernstzunehmenden

---

[35] Kiesewetter an Kant vom 15.12.1789.
[36] Siehe W. A. Teller, *Wohlgemeinte Erinnerungen an ausgemachte aber doch leicht z. vergessende Wahrheiten auf Veranlassung des Königl. Edicts die Religionsverfassung in den Preussischen Staaten betreffend*, Berlin 1788; ds. A. Fr. Büsching, *Untersuchung, wann u. durch wen der freien ev-luth. Kirche*

Macht im Staat, der kritischen Öffentlichkeit, also einem Gemeinwesen, das sich aus dem Willen zur eigenen Meinung konstituierte. Es ist genau das, was Kant in seiner *Religion* das »philosophierende und überhaupt vernünftig nachdenkende gemeine Wesen« (B119) nennen wird, um es mit der Idee des »ethisch gemeinen Wesens« und der Idee einer Kirche überhaupt zu vergleichen. Das aber genau diese Macht einen König im Jahr 1789 tief beunruhigen mußte, kann ebenfalls niemanden überraschen, denn eben dieselbe Öffentlichkeit begeisterte sich nun auch noch für die Französische Revolution. Der in diesem Zusammenhang nur verständliche Wunsch nach einer wirksamen Zensur brauchte dann aber eine ausführende Institution, denn das Oberkonsistorium war offensichtlich nicht gewillt, die gängige Praxis zu ändern. Es ist allgemein bekannt, daß die sog. Immediate Examinations-Kommission (IEK) diesen Mißstand beheben sollte und damit ausdrücklich gegen das untätige Oberkonsistorium gegründet wurde. Weniger bekannt ist, daß sie schon in der Konstitution auch gegen einen anderen gerichtet war, nämlich den untätigen Minister Woellner.

Die Immediate Examinations-Kommission

Die Vorgeschichte der Immediats-Examinations-Kommission gehört zweifellos zu den abenteuerlichsten Kapiteln der Geschichte. Christopher McIntosh[37] hat zurecht von einer »distinctly *opera buffa* note« gesprochen, die wirklich einfach in aller Erbärmlichkeit nur umwerfend

---

die symbol. Schriften zuerst aufgelegt worden, 1789. Vgl. a. die Gemeinschaftsproduktion *Neue Festpredigten. Von J. J. Spalding, W. A. Teller und F. S. G. Sack*, Halle 1792.

[37] Christopher McIntosh, *The Rose Cross and the Age of Reason. Eighteenth-Century Rosencrucianism in Central Europe and its Relationship to the Enlightment,* Leiden, New York, Köln 1992 (=Brill's Studies in Intellectual History vol. 29), 125.

komisch wäre, wenn sie keine politischen Folgen gehabt hätte. In der Phase der zunehmenden Distanz zwischen Friedrich Wilhelm II. und Woellner ergriff wieder der Mann die Initiative, den wir ebenfalls schon aus Friedrich Wilhelm Ordensinitiation kennen, nämlich Johann Rudolf Bischoffswerder. Auf der Heeresinspektion im August 1790 nach Schlesien nutzte Bischoffswerder das Vertrauen des Königs, um Woellners Einfluß gründlich auszuschalten. Im Gegensatz zu Woellner, der zwar altgläubig war, aber doch mit den rationalistischen Tendenzen sympathisierte, hatte Bischoffswerder von 1778 an durch seine eigene Vorliebe für Übersinnliches aller Art auf den König gewirkt. Jedenfalls war er jederzeit klug genug, gerade nicht an die Tugend des Königs zu appellieren, was bei dem auch gemessen an seiner Zeit exzessiven Lebensstil von Friedrich Wilhelm II. sowieso ein vergebliches Unterfangen gewesen wäre, und sich statt dessen auf dessen Vorliebe für dunkle Rituale und Gespräche mit der Geisterwelt zu konzentrieren. Höchstwahrscheinlich war es schon 1778 (und zwar ebenfalls in Schlesien) so ein Taschenspielertrick gewesen, der den Kronprinzen für die Rosenkreuzer erwärmte, aber nun fuhr man schwere Geschütze auf. Bischoffswerder geleitete seinen König zu einem seherischen Medium, das eigentlich ein junges Mädchen war. Dieses Mädchen lebte in der Obhut eines leidenschaftlichen Mesmeristen, der es mit Hilfe des ausgesprochen modischen »animalischen Magnetismus« von einer nervösen Krankheit zu heilen versucht hatte. Seit dieser Behandlung hatte sich das ursprünglich harmlose Mädchen in ein Medium verwandelt, das nicht nur seinerseits auch gleich sich und den Mesmeristen geheilt hatte, sondern in Trance Heilmethoden für Kranke vorhersagte und – zuzüglich einiger Orakelsprüche – schnell eine Berühmtheit geworden war, was dem so selbstlosen Helfer und zukünftigen Beschützer der »wundertätigen Jungfrau« zu einem ebenso ansehnlichen Geschäft verhalf. Einer der ersten erfolgreichen Patienten der Somnambulen war ein gewisser Heinrich Sigismund Oswald, der dann im Gegenzug dem Mädchen zu der Erleuchtung verhalf, daß kein anderer als Gott selbst in Trance mit ihr redete und sie also in Wahrheit auch eine Hellsichtige war. Oswald seinerseits hatte nun einen Schwiegervater, ebenfalls ein Rosenkreuzer, den er zur ersten spiritistischen Sitzung mit dem König am 26. August 1790 mitbrachte und der offenbar große religionspolitische Ambitionen hatte: Hermann Daniel Hermes. Als die Hellsichtige nun in Trance fiel,[38] erleichterte sie zunächst einmal das Gewissen des Königs mit der frohen Botschaft, er brauche sich keine Sorgen um sein Sündenregister zu machen, denn Gott habe ihm ohnehin alles vergeben, worauf der König sichtlich bewegt reagiert haben soll. Bei dieser Gelegenheit unterbreitete das Medium Friedrich Wilhelm II. dann auch gleich, daß er sich des anwesenden Hermes anzunehmen habe, was der König versprach. Bischoffswerder überbrachte Hermes dann die frohe Botschaft, daß er als neuer Oberkonsistorialrat zukünftig schon vorsorglich über ein Gehalt von 400 Talern verfügen könne. In weiteren Sitzungen, an denen auch die Rosenkreuzer Gottlob Friedrich Hillmer und der preußische Außenminister K. v. Haugwitz teilnahmen, erfuhr der König dann überraschenderweise auch noch, daß er von Feinden umgeben wäre und nur hier wahre Freunde hätte, denen zu vertrauen nicht nur klug, sondern auch gleich ein Ratschlag Gottes wäre. In der letzten Sitzung vor der Abreise, die im Haus des frischgebackenen Oberkonsistorialrats Hermes stattfand, schrieb dann ein in

---

[38] Alle Sitzungen wurden von Oswald auf Wunsch des Königs protokolliert und bildeten u.a. die Grundlage für die gründliche Untersuchung dieser Zusammenhänge unter Friedrich Wilhelm III. Die Aussagen von Hermes und Hillmer sprechen – ebenso wie die Protokolle – Bände (vgl. dazu die Abdrucke bei Schwartz, *Kulturkampf*..., a.a.O., 172 ff., 467. Schwartz entgeht aber vollkommen, daß Woellner mit der Geisterseher-Inszenierung offenbar nichts zu tun hat und die einzigen, die ihn belasten, ausgerechnet Hermes und Hillmer sind.

Trance gefallenes Mädchen offenbar auch noch in vermeintlich göttlicher Vision die Namen all der Männer auf einen Zettel, die der König als seine Vertrauten zu betrachten habe.

Als der König nach Berlin zurückkam, blieb Woellner nur noch festzustellen, daß die Zeiten sich geändert hatten. Auf königlichen Befehl hatte er Hermes um Vorschläge zur Stärkung der orthodoxen Elemente im Klerus zu bitten, der dem König umgehend sein *Schema Examinis Candidatorum S. S. Ministerii rite instituendi* vorlegt, das eine zentrale Prüfstelle für das Examen zum Prediger vorschlug. Der König ließ das Schema umgehend drucken, so daß dem übergangenen Oberkonsistorium nur noch der Protest blieb. Oswald, der in der Zwischenzeit zum Geheimrat aufgestiegen und den Posten als Vorleser beim König hatte, versorgte den König mit den entscheidenden Nachrichten vom Medium, das er regelmäßig besuchte.[39] Am 24. März 1791 sagte das Mädchen voraus, Hermes wäre der Mann der Stunde, um das Oberkonsistorium an seine Pflicht zu erinnern und dem Unwesen in Religionsdingen zu steuern, weil der König voll hinter ihm stünde und ihn demnächst berufen würde; am 29. März ließ Gott dem König durch sein Medium ausrichten, daß G. Fr. Hillmer unbedingt auch nach Berlin müsse. Daraufhin rief der König den ebenfalls zum Oberkonsistorialrat ernannten Hillmer samt Hermes nach Berlin und erteilte ihnen den Auftrag, eine neue Behörde zu konzipieren. Im August lag der Entwurf für die Kommission vor, und Woellner konnte aus der Fülle von Einwänden, die er gegen den Entwurf schrieb, offenbar nur auf die Namensgebung der Kommission einwirken, die Hermes so gern »Ober-Religions-Kollegium« genannt hätte. Schon am 31.8. erteilte der König förmlich die Instruktion und mit

---

[39] Oswald protokollierte auch diese Sitzungen, allerdings völlig ohne Zeugen, was aber beim König nicht den geringsten Verdacht erzeugte.

dem 1.9.1791 trat die Immediate Examinations-Kommission unter Hermes (als Präsident der IEK) und Hilmer den Dienst an. Als drittes Mitglied wurde zunächst das einzige konservative Mitglied des Oberkonsistoriums J. E. Silberschlag berufen, der sich schon geweigert hatte, die »Besorgnisse« an den König das Edikt betreffend zu unterzeichnen. Da Silberschlag aber schon am 22.11. starb, rückt sein langjähriger strenggläubiger Intimfreund Th. C. G. Woltersdorf(f) auf die Stelle des dritten IEK-Mitgliedes auf. Wie es je zu der Meinung kommen konnte, die Kommission sei jederzeit Woellner direkt unterstellt, bleibt sicher Geheimnis der Geschichte.[40] Tatsächlich jedenfalls stand die IEK nie unter dem Vorsitz des Ministers, führte ein eigenes Siegel und war ausschließlich dem König gegenüber zur Rechenschaft verpflichtet. Woellner selbst nahm an den Sitzungen der IEK erst teil, als der König ihm im März 1794 die Weisung dazu erteilte und ihn zum Anfertigen von Sitzungsprotokollen anwies. Mit der Gründung der IEK begann eindeutig ein neues Kapitel in der Religionspolitik unter Friedrich Wilhelm II.: »Die neuen geistlichen Räthe, Hermes, Hillmer und Woltersdorf, waren dem, wie es Eiferern vorkommen mochte, viel zu nachsichtigen Woellner als eine Immediatexaminationscommission an die Seite gestellt.«[41]

Kant und die Zensoren

Die Tatsache, daß wir es also in der Religionspolitik ab 1791 mit vier Institutionen zu tun haben, nämlich dem König, Woellner, dem Oberkonsistorium und der IEK,

---

[40] Kein Geheimnis allerdings ist, daß Hermes Woellner in den Verhören nach dem Tod Friedrich Wilhelms II. zu seinen eigenen Gunsten belastet hat.
[41] So schon das zeitgenössische Fazit von A. H. Niemeyer, *Leben, Charakter und Verdienste Johann August Nösselts*, Halle 1809, 50.

die sich keineswegs einig sind und auch nicht generell in Absprache handeln, ist für das Verständnis des Themas »Kant und die Zensur« von weitreichender Bedeutung. Die Rekonstruktion, wer im Einzelnen für jeweilige Entscheidungen die Verantwortung trägt, wird dadurch nicht leichter, daß auch den Gremien untereinander offenbar nicht immer klar war, wer hier was wollte, weil letztlich keinem die wirklichen Allianzen klar waren. So hielt sich im Oberkonsistorium zäh die Meinung, daß der König selbst überhaupt keine so strikten religionspolitischen Ambitionen habe, das Engagement also wesentlich von Woellner ausginge, was dann auch die zeitweise falsche Einschätzung der IEK durch das Oberkonsistorium selbst erklärt. Kants Probleme jedenfalls beginnen erst mit der Gründung der IEK im Jahr 1791. Natürlich kann es nicht überraschen, daß den IEK-Mitglieder insbesondere der Autor der populären Schrift *Träume eines Geistersehers* ein Dorn im Auge war. Die skurrilen Treffen des Königs mit der Geisterwelt und der Einfluß seiner hofeigenen Geisterseher war schon seit dem Amtsantritt 1786 öffentlich bekannt[42] und blieb auch in ihrer weiteren Entwicklung nie ein Geheimnis. Kant, der außerdem keine Gottesdienste besuchte und sich nun auch noch für die Französische Revolution begeisterte, konnte vor diesem Hintergrund nur als ausgesprochen gefährlicher Gegner wahrgenommen werden, zumal schwer abschätzbar war, wie sich seine Vorbild-Funktion für die *Aufklärer* allgemein auswirken würde. Schon im Juni macht das Gerücht die Runde, Woltersdorff wolle Kant Schreibverbot erteilen. Wieder ist es Kants Schüler J. G. C. Chr. Kiesewetter, der seinem Lehrer von dem Gerede berichtet und ein Bild seiner Ein-

---

[42] v. Borcke, *Geheime Briefe* ... a. a. O. und eine Fülle ähnlicher Publikationen. Insbesondere die Periodika sind voll von Kritik für die Personen, die man gerade als Beeinflusser des Königs ausgemacht hatte (allen voran Nicolais *Allgemeine Deutsche Bibliothek*). Nur dem König selbst gelingt es, meist in einem positiven Licht zu erscheinen.

drücke zeichnet: »Man erzählt hier allgemein (die Sache ist freilich nur Erdichutng und kann nur Erdichtung sein), der neue OK Woltersdorf habe es beim König dahin zu bringen gewußt, daß man Ihnen das fernere Schreiben untersagt habe, und ich bin selbst bei Hofe dieser Erzählung halber befragt worden. – Mit Woellner habe ich neuerlich gesprochen, er machte mich durch Lobeserhebungen schamrot und stellte sich, als wäre er mir sehr gewogen, aber ich traue ihm nicht. Man ist jetzt beinahe überzeugt, daß er selbst als Instrument von andren gebraucht wird, die ihn zwingen, Dinge zu tun, die er sonst nicht tun würde. Dem Könige ist der Herr Jesus schon einigemal erschienen, und man sagt, er werde ihm in Potsdam eine eigene Kirche bauen. Schwach ist er jetzt an Leib und Seele, er sitzt ganze Stunden und weint. [...] Man erwartet ein neues Religionsedikt, und der Pöbel murrt [...]; er fühlt hierbei zum ersten Male, daß es Dinge gibt, die kein Fürst gebieten kann, und man hat sich zu hüten, daß der Funke nicht zündet«.[43] Die Abneigung von Wolterdorff gegen Kants Schriften ist auf jeden Fall kein Gerücht, sondern eine Tatsache. Schon im nächsten Jahr veröffentlichte er selbst eine ausdrücklich Anti-Kant-Schrift *Über gesunde Vernunft*, die der tradierten Meinung, Wolterdorff sei ein eifernder strenggläubiger Pfaffe keineswegs widerspricht. Sicher erhielt das Gerücht um das Kantverbot auch durch die neuen Richtlinien für Zeitschriftenkritik Nahrung. Die IEK begann noch im September, das Oberkonsistorium auch faktisch zu entmachten, indem sie die Zeitungszensur an sich riß. Hatte die Zensur der Periodika bisher der Landesjustiz unterstanden (und auch das nur, wenn keine Universität in der Nähe war), beanspruchte das IEK jetzt die Kontrolle über das Medium des öffentlichen Meinungsaustausches für sich. In einer Zeit, in der individueller Meinungsaustausch in Briefen eine teure und langwierige Angelegen-

---

[43] Kiesewetter an Kant, 14.6.1791, AA XI, 265.

heit war und so etwas wie Tagungen aufgrund der Länge der Wege gar nicht in Frage kam, war der Gedankenaustausch der Gelehrten auf dieses Medium angewiesen und in der Tat bleibt uns heute nur der neidische Blick auf eine Zeit, in der ein Aufsatz bis zu seiner Veröffentlichung gewöhnlich nur zwei Wochen brauchte. Genau dieses lebendige Netzwerk der Kommunikation, in dem schließlich auch die Diskussion des Edikts (und die der Französischen Revolution) stattfand, nahm die IEK unter die zensorische Lupe. Hillmer, der beim König sogar vorschlug, alle Periodika »philosophischen und moralischen Inhalts« ganz verbieten zu lassen,[44] nannte dann auch dem Herausgeber der *Berlinischen Monatsschrift* ein konkretes Beispiel, »was er künftig nicht gestatten werde«, und das war Kants Aufsatz *Über das Mißlingen aller philosophischen Versuche in der Theodizee* von 1791.[45] Kant waren diese Umstände bekannt, als er Biester das Erste Stück der *Religion* unter dem Titel *Über das radikale Böse* schickte, und man kann sich des Eindrucks nicht erwehren, daß Kant der kommenden Konfrontation nicht nur nicht auswich, sondern sie provozierte.

Der äußere Verlauf des Zensurstreits ist hinlänglich bekannt und entsprechend schnell erzählt: Kant überläßt Biester im Frühjahr 1792 den Aufsatz *Über das radikale Böse* für die *Berlinische Monatsschrift* unter der Voraussetzung, daß dieser vor der Veröffentlichung die Druckerlaubnis aus Berlin einholt. Der Aufsatz wird in Berlin von Hillmer gelesen und für ediktkonform erklärt, »weil er, nach sorgfältiger Durchlesung, diese Schrift, wie die übrigen [!] Kantischen, nur nachdenkenden, untersuchungs- und unterscheidungsfähigen Gelehrten, nicht aber allen Le-

---

[44] Brief an Friedrich Wilhelm II. vom 14.10.1791 (s. E. Fromm, a. a. O., 19).
[45] Nach einem Bericht im Kantnachruf des Herausgebers J. E. Biester in der *Neuen Berlinischen Monatsschrift*, Bd. 11, April 1804, 277–291.

sern überhaupt, bestimmt u. genießbar finde«.[46] Der Text erscheint dann in der Aprilausgabe der Zeitschrift. Trotz Biesters wiederholter Empfehlung, künftige Aufsätze nicht mehr in Berlin zur Zensur vorzulegen, bleibt Kant auch für das Zweite Stück bei seiner Bedingung. Der neue Text geht entsprechend zwei Monate später zur IEK und fällt durch. Hillmer teilt Biester am 14.6. mit, »da es ganz in die bibl. Theologie einschlage, habe er es, seiner Instruktion gemäß, mit seinem Kollegen Hen. Hermes gemeinschaftl. durchgelesen, u. da dieser sein Imprimatur verweigere, trete er diesem bei«. Auf Nachfrage von Biester nach dem Grund, antwortet Hermes: »Das Rel. Edikt sei hierbei seine Richtschnur, weiter könne er sich nicht darüber erklären«.[47] Biester beschließt, sich nicht damit abzufinden, »daß ein Hillmer u. Hermes sich anmaßen wollen, der Welt vorzuschreiben, ob sie einen Kant lesen soll oder nicht« (ds.), und schreibt am 20. Juni direkt an den König, was aber an dem Druckverbot nichts ändert, denn der Staatsrat lehnt die Beschwerde im Juli ab.[48] Kant bittet daraufhin um Rücksendung des Manuskripts »auf meine Kosten«, da seiner Meinung nach »der Urteilsspruch ... Ihrer drei Glaubensrichter unwiderruflich zu sein scheint« und er von dem Text umgehend »einen anderen Gebrauch« zu machen gedenke.[49] Zur quasi nachträglichen Entschuldigung setzt Kant als Begründung für seinen Wunsch um ein Imprimatur der IEK hinzu, daß er seinen Aufsatz nicht mit geschwärzten Abschnitten hätte veröffentlicht sehen wollen und daher vorher Gewißheit haben wollte. Im Rückblick wird Kant es anders formulieren: Er habe keinen »literarischen Schleichweg« ein-

---

[46] Brief von Biester an Kant v. 6.3.1792.
[47] Brief von Biester an Kant v. 18.6.1792.
[48] Vgl. W. Dilthey, *Der Streit Kants mit der Zensur über das Recht freier Religionsforschung*, in: ds., Gesammelte Schriften, Bd. IV, Berlin 1921, 290 ff.
[49] Brief von Kant an Biester v. 30.7.1792.

schlagen wollen.⁵⁰ Kant veröffentlicht daraufhin zur Ostermesse 1793 die komplette *Philosophische Religionslehre* unter dem offenbar erst kurzfristig formulierten Titel *Die Religion innerhalb der Grenzen der bloßen Vernunft* bei dem Verlag Nicolovius in Königsberg. Als eigenständige Publikation war diese Schrift zwar nach Zensuredikt § 3 ebenfalls der Zensur vorzulegen, aber als Schrift eines Universitätsangehörigen reichte für die Druckerlaubnis nach § 4.2 die Fakultät, zu deren Gebiet das Buch thematisch gehörte. Kant läßt seine Zeitgenossen lange im unklaren darüber, bei welcher Universität er sich dafür um eine Unbedenklichkeitsbescheinigung bemühen will. Göttingen (wo Stäudlin der Theologischen Fakultät vorsteht) und Halle sind im Gespräch. Kant hätte ebensogut in Königsberg selbst nachfragen können, aber offenbar verzichtete Kant darauf aus Rücksicht auf seine Kollegen und insbesondere seinen eigenen Schüler Chr. J. Kraus, der in dem betreffenden Zeitraum Dekan der Philosophischen Fakultät war. Statt dessen wendet er sich im August 1792 zunächst an die Theologische Fakultät in Königsberg, um sich bescheinigen zu lassen, daß es sich nicht um eine theologische Schrift handele, die Zensur also allein einer Philosophischen Fakultät zustünde.⁵¹ Diese Bescheinigung erhält Kant (was nicht zuletzt ein Affront für Hermes ist, dem als Zensor für theologische Schriften damit gründlich jede Kompetenz abgesprochen wird) und wendet sich daraufhin an die Philosophische Fakultät der Universität Jena für die abschließende Druckerlaubnis. Diese Entscheidung liegt schon deshalb nahe, weil der Band bei Göpfert in Jena gedruckt wurde. Der Absatz des Buches ist – was nach dem Zensurstreit nicht verwundern kann – enorm und enttäuscht die Neugierigen nicht, denn Kant

---

[50] L. E. Borowski, *Darstellung des Lebens und Charakters Immanuel Kants, Königsberg 1804*, in: F. Groß (Hg.), *Immanuel Kant. Sein Leben in Darstellungen von Zeitgenossen*, Berlin o.J., 103.
[51] Briefentwurf an die Theologische Fakultät, AA XI, 358.

geht in der Vorrede ausdrücklich auf den Zensurfragen ein. Außerdem ziehen sich Anspielungen auf das Religionsedikt, die Religionspolitik, Schwärmerei, Pfaffentum und Aberglauben durch den ganzen Text.[52] Eine zweite, deutlich erweiterte Auflage erschien im nächsten Jahr ebenfalls bei Nicolovius, die ebenfalls noch 1794 wieder aufgelegt werden mußte (neben einer Vielzahl illegaler Drucke). Erst im Oktober 1794 erhielt Kant dann ein königliches Handschreiben, ausgefertigt von Woellner, das Kant später in der Einleitung des *Streit der Fakultäten* selbst veröffentlichen wird und in dem man ihm vorwirft, seine »Philosophie zu Entstellung und Herabwürdigung manchen Haupt- und Grundlehren der heiligen Schrift und des Christenthums« mißbraucht zu haben. Dieses Handschreiben nennt ausdrücklich die *Religion* und »andere kleinere Abhandlungen« und fordert den Philosophen auf, zu diesem Vorwurf Stellung zu nehmen, da ihm im Wiederholungsfalle »unangenehme Verfügungen« drohten. Kant widerspricht dem Vorwurf mit einem Brief, den er dann ebenfalls später an gleicher Stelle veröffentlichen wird, entschieden, verkündet aber, »daß ich mich fernerhin aller öffentlichen Vorträge die Religion betreffend, es sei die natürliche oder geoffenbarte, sowohl in Vorlesungen als in Schriften gänzlich enthalten werde« (AA, VII, 6). An diese Zusage hielt sich Kant denn auch in konsequenter (juristisch-korrekter) rechtsbürgerlicher Interpretation der Weisung als Befehl königlicher Willkür nur bis zum Tod von Friedrich Wilhelm II., weil die einzige Legitimation einer willkürlichen Anordnung in der Monarchie die Person des jeweiligen Königs ist.[53] Da der

---

[52] In den Sachanmerkungen dieser Edition wird auf die eindeutigen Textstellen und ihren Bezug im Einzelnen hingewiesen.

[53] Es kann nicht übersehen werden, daß diese Trennung von Amt und Person genau dem entspricht, was Kant in seinem Aufsatz *Was ist Aufklärung?* zur Unterscheidung von Amtsperson (dem Beamten) und Privatperson ausführt (und was sich im übrigen im Religionsedikt selbst findet): In Ausübung des Dienstes hat man sich seiner

Nachfolger Friedrich Wilhelm III. die Weisung nicht wiederholte, war Kant nicht mehr an den Machtspruch des verstorbenen Königs gebunden.

Kant und Woellner

Kant geht also in der Auseinandersetzung mit dem königlichen Machtspruch den formal-juristischen Weg. Dafür konnte sich Kant auf Verbündete im Rechtssytem selbst stützen, nämlich die Mitglieder des Oberkonsistoriums, die, wenn auch weitgehend durch die IEK entmachtet, dennoch genügend Einfluß hatten, um dem IEK nun ihrerseits juristische Steine in den Weg zu legen. Außerdem waren die Universitäten nur bedingt bereit, die IEK anzuerkennen, und ließen es ebenfalls immer wieder auf den formal-juristischen Streit ankommen. Letztendlich produzierte die IEK dann zwar Unmengen an Verordnungen, Eingaben und Instruktionen, aber es ist doch schwer zu übersehen, daß wirkliche Erfolge ausblieben. Trotz aller Bemühungen von Hermes und Hillmer, ihren Einflußbereich auszudehnen, gelang es ihnen nicht, dem König wirkliche Erfolge vorzuweisen. Das lag offenbar daran, daß Kant recht unverhofft neben den Oberkonsistorialräten und den Gelehrten noch einen anderen Verbündeten hatte, der sich als verheerender Sand im Getriebe der obersten geistlichen Behörde erwies: Johann Christoph Woellner. Hatte der schon vor 1791 keinerlei Verfolgungs-

Privatmeinung zu enthalten und wenn diese von der Dienstpflicht zu weit abweicht, ggf. sein Amt niederzulegen. Das galt nicht nur für Theologen, sondern genauso für das höchste Amt im Staat. Wenn der König diese Konsequenz nicht zog, lag die Freiheit der Bürger darin, seinen Amtsmißbrauch auch juristisch als Willkür zu verstehen und damit die Geltung eines Willkürbefehl wenigstens zeitlich zu begrenzen. Deutlicher ist kaum zum Ausdruck zu bringen, wie weit sich das späte 18. Jahrhundert von einem feudalistischen Rechtsverständnis entfernt hatte.

eifer an den Tag gelegt, scheint er sich seit der Gründung der IEK auf das systematische Ausbremsen der reaktionären Kräfte konzentriert zu haben. Es häufen sich die Beschwerden, er tue nicht, was er zu tun hätte, was nicht zuletzt durch den umtriebigen Hermes schließlich auch bis zum König vordringt. Zu einer weiteren Entfremdung zwischen den einstigen Verbündeten mag auch die Tatsache beigetragen haben, daß Woellner ausdrücklich von einem Krieg mit Österreich gegen Frankreich abgeraten hatte und auch noch den Einfluß über den Rosenkreuzer-Orden in Berlin verloren hatte, der schon 1792 offiziell aufgelöst worden war. Die Mahnungen des Königs, wenigstens in Sachen der Religion mehr Eifer an den Tag zu legen, werden stetig schärfer, worauf Woellner nicht mehr tut, als den König seiner beständigen Arbeit in der Sache zu versichern. Faktisch jedoch verschleppte er Verfahren oder verzögerte Maßnahmen solange, bis sie gegenstandslos wurden.[54] Als dann Hermes einen Bericht über die geradezu erschreckenden Zustände an Schulen und Universitäten direkt an den König, also über Woellners Kopf hinweg, schickte, wurde Friedrich Wilhelm II. schlagartig klar, daß sein Minister offenbar jahrelang nichts erreicht hatte. Hermes nutzt die selbsteingefädelte Gunst der Stunde, um für sich und Hillmer die Posten als Oberschulräte und damit die Ausweitung des IEK auch noch zur obersten Schulbehörde vorzuschlagen, was der König ohne jede Rücksprache mit Woellner genehmigte. An Woellner erging der königliche Befehl, ab sofort zur Steigerung seines Eifers an allen Sitzungen der Examinationskommission teilzunehmen und ausführliche Protokolle der Sitzungen für den König anzufertigen. Schon eine Woche nach der ersten Sitzung eskalierte der Streit

---

[54] Vgl. dazu Krause, a. a. O., 104, der insbesondere auf Woellners Rolle im Fall des Zopfschulzen eingeht, dessen Verfahren Woellner um ganze drei Jahre aufhielt und auch Beispiele aus dem Umgang mit der Quäkergemeinde anführt.

zwischen Friedrich Wilhelm II. und Woellner zu einem Hagel von Ermahnungsschreiben. Wie gravierend der Stimmungswechsel war, läßt sich an einem Brief des Königs an die Gräfin Lichtenau (»der schönen Wilhelmine«) ablesen: »Die Berichte des Examinations=Commission sind so abscheulich, das ich so gleich enderung treffen mus. Woellner hat mir belogen ich habe ihn so oft den Winter gefragt, und er sagte es ginge alles gut, er ist kleinmütig furchtsam und eitel, ich werde ihm das baudepartement wegnehmen das er desto mehr das andre vor sich sieht und hilft das nicht so mus er fort«.[55] Was genau sich Friedrich Wilhelm II. unter »das andre« vorstellt, ist einem listenartigen Handschreiben an Woellner vom 30. März 1794 zu entnehmen, das eine Reihe von unabgeschlossenen Fällen enthält, die er Woellner dringend abzuarbeiten empfiehlt: »Alle dieses unwesen Recomandire ad bene Notandum und mus dieses unwesen den absolut gesteuret werden, ehe werden wir nicht wieder gute freunde«.[56] Der für unseren Zusammenhang wesentliche Satz fällt auf Seite 3: »Wegen der Universitäten [...] zu Königsberg Hasse [J. G. Hasse, ein Tischgenosse Kants und Prof. in Köngsberg] der ein haupt Neologe desgleichen mit Kanten schädlichen schriften mus es auch nicht lenger fort gehen«. Die Vermahnung des ehemaligen Königsgünstlings machte ebenso schnell die Runde wie sich herumsprach, daß es nun für Kant gefährlich werden könnte. Borowski berichtet von Kants Befürchtungen, Amt und Gehalt zu verlieren oder bei Androhung von Beugehaft mit einer Aufforderung zum Widerruf konfrontiert zu werden. »Er sprach darüber zu mir in großer Ruhe«.[57] Diese Gelassenheit findet sich ebenso in einem Brief an Biester, der Kant

---

[55] Zit. bei Krause, a. a. O., 97.
[56] Die Abschrift und Beschreibung des Dokuments s. b. Krause, a. a. O., 87 ff., der auch den Fällen nachgeht, auf die hier nicht eingegangen werden soll.
[57] Borowski, a. a. O.

offenbar seinerseits über drohende Gefahren informiert hatte: »Ich danke für die mir erteilte Nachricht und überzeugt, jederzeit gewissenhaft und gesetzmäßig gehandelt zu haben, sehe ich dem Ende dieser sonderbaren Veranstaltungen ruhig entgegen. Wenn neue Gesetze das *gebieten*, was meinen Grundsätzen nicht entgegen ist, so werde ich sie ebenso pünktlich befolgen; eben das wird geschehen, wenn sie bloß *verbieten* sollten, seine Grundsätze ganz, wie ich bisher getan habe (und welches mir keinesweges Leid tut), bekannt werden zu lassen. – Das Leben ist kurz, vornehmlich das, was nach schon verlebten 70 Jahren übrig bleibt; um das sorgenfrei zu Ende zu bringen, wird sich doch wohl ein Winkel der Erde auffinden lassen. Wenn Sie etwas, das kein Geheimnis ist, aber uns hiesiges Ort doch nur spät oder unzuverlässig bekannt wird, mir, wenn es mich interessieren könnte, mitteilen wollen, wird es mir angenehm sein«.[58] Kant schrieb diesem Brief im Mai, also immerhin sieben Wochen nach dem königlichen Schreiben an Woellner. Das ist gemessen an der (für uns heute erstaunlichen) Schnelligkeit bei der Durchsetzung von Weisungen im 18. Jahrhundert eine ausgesprochen lange Zeit, und Kant mochte sich mit Recht fragen, warum er noch nichts gehört hatte. Am 17. Juli kommentiert Kant Gerüchte um eine mögliche Amtsenthebung, er habe bisher »keine Aufforderung zum Widerruf« erhalten, »folglich ist auch kein Entsezungsurtehl von meiner Stelle, auf höchsten Befehl an mich ergangen«[59] – und es sollte auch nie eines kommen, ebensowenig wie ein Druck- oder Verkaufsverbot Kantischer Schriften oder auch nur der *Religion*, was aber der Lebendigkeit des Gerüchts keinerlei Abbruch tat.[60] Was kam,

---

[58] Brief an Biester v. 18.5.1794.
[59] Brief an Campe v. 16.7.1794.
[60] 1799 findet es sich in einem Beitrag zum Leben Kants, der bis in die frühen Biographien fortlebt: »Er war einst in den Verdacht gebracht worden, als behaupte er Grundsätze, welche dem Staate Ge-

kam erst ein halbes Jahr später und zwar in Form der vielzitierten königlichen Vermahnung vom 1. Oktober 1794. Wir haben heute gute Gründe, davon auszugehen, daß Kant die Verzögerung der Maßnahmen gegen ihn, ebenso wie die vergleichsweise harmlose Abmahnung, Woellner zu verdanken hat. In Berlin nämlich geht er Fall »Kantens schädliche Schriften« zunächst den üblichen behördlichen Gang: Die IEK beschließt in ihrer, von Wollner protokollierten, Sitzung vom 2. April, also zwei Tage nach der Königlichen Vermahnung Woellners, scharfe Maßnahmen gegen die vom König in seiner Liste genannten Personen. Die Initiative dafür geht – wie offenbar auch schon das Schreiben des Königs selbst – von Hermes aus.[61] Da die Ausführung der beschlossenen Maßnahmen aber Woellner allein übernimmt, kommt es zu keinerlei Maßnahmen gegen Kant. Die Reskripte an die beiden ebenfalls genannten Professoren aus Halle, A. H. Niemeyer und J. A. Nösselt, fallen knapp aus. Die Reglementierung von

---

fahr drohten! […] Es wurde der Obrigkeit in Königsberg ein Befehl zugeschickt, ihn diese Grundsätze öffentlich abläugnen zu lassen, und im Falle der Weigerung ihn damit zu bedrohen, daß ihm seine Professur, wovon er sein ganzes Auskommen hatte, genommen, oder sogar aus den preußischen Landen verwiesen werden sollte, Se. Majestät der König, sagte der Philosoph, mag über mich beschließen, was er für gut befindet; aber mich verpflichten, abzuläugnen, wovon mir mein Gewissen Zeugniß gibt, und was ich für Wahrheit halte, das kann ich nie! – Der selige König, nachdem er von dieser Antwort und von der Standhaftigkeit des Philosophen benachrichtigt worden, nahm den Befehl zurück und versichertete ihm seine Achtung.« (*Kants Leben in einem Briefe*, Altenburg 1799). – Krause erwägt, daß es sich hier um ein gezielt gestreutes Gerücht der IEK oder des Königs selbst handeln könnte. Mir scheint allerdings ebenso wahrscheinlich, daß diese Geschichte einfach dem Publikumsgeschmack eher entsprach als die recht nüchterne Wirklichkeit. Mit einem Wort: Klatsch verkaufte sich jederzeit gut.

[61] G. Hoffmann, *Hermann Daniel Hermes, der Günstling Woellners. Ein Lebensbild*. Sonderabdruck aus dem Correspondenzblatt des Vereins für Geschichte der evangelischen Kirche Schlesiens, Liegnitz 1914, 106 u. 109.

Hasse scheint Woellner ganz verweigert zu haben, denn die Kommission sieht sich gezwungen, Hasse selbst abzumahnen, obwohl ihr dazu jede Legitimation fehlt. Friedrich Wilhelm II. seinerseits (d. h. in diesem Fall durch Hermes »motiviert«) engagiert sich mit weiteren Kabinettsordern, die alle der Verschärfung der Zensurmaßnahmen gelten: Weitere potentielle Zensurkandidaten kommen auf die Liste (darunter mit Teller auch der wohl prominenteste Oberkonsistorialrat), das Oberkonsistorium wird in seinem Prüfungsrecht weiter beschnitten, Teller verliert das Recht der Prediger-Ordination zugunsten von Woltersdorff. Außerdem wird die *Allgemeine Deutsche Bibliothek*, die gelehrte Zeitschrift von Fr. Nicolai, für die Woellner selbst in jungen Jahren Artikel geschrieben hat, verboten[62]. Woellner selbst verweigert offenbar die verordneten Kontrollbesuche der Schulen und Universitäten in Halberstadt und Magdeburg, die an seiner Stelle die frischernannten Oberschulräte Hermes und Hillmer voll Tatendrang antreten, nur um diese Besuchsreise dann ebenso schnell auf unbestimmte Zeit auszusetzen, nachdem Studenten aus Halle den Herren in einer deutlich handgreiflichen Demonstration zu nahe kamen und die Inspektoren zur höchst überstürzten Abreise bei Nacht und Nebel veranlaßten, worüber sich die gelehrte Öffentlichkeit köstlich amüsiert. Woellner, der keine Audienz beim König mehr bewilligt bekommt und sein Amt als

---

[62] Gegen dieses Verbot geht der Staatsrat allerdings mit juristischen Mitteln vor und setzt sich beim König durch. Da Nicolai außerdem die Redaktion an einen auswärtigen Verleger abgibt, fällt die Zeitschrift strenggenommen auch nicht mehr unter preußische Zensurvorschriften, was aber nicht hindert, ihm dennoch im Falle von zukünftigen staats- und religionsfeindlichen Artikeln Haft anzudrohen. (Vgl. die Texte bei Kraus, a. a. O., aber auch Nicolais eigenen Bericht in der Vorrede zu Band 56 der *Neuen allgemeinen deutschen Bibliothek*, Berlin u. Stettin 1801, erstes Stück, 5–40, der insbesondere auf die abstrusen Verschwörungstheorien der Zeit um Freimaurer, Rosenkreuzer und Jesuiten eingeht.)

Hofbauintendant[63] samt dem dazugehörigen Gehalt ersatzlos verliert, schreibt nun seinerseits am 26.4. eine Beschwerde über Hermes und die IEK an den König, in der er sein Unverständnis für das Wüten der Kommission formuliert und den König ausdrücklich vor ihrem schädlichen Einfluß warnt. Nach dem Tumult in Halle nimmt er kein Blatt mehr vor den Mund: »Hermes [hat sich] leider! durch seinen aufgeblasenen Stolz und durch sein Poltern auf der Kanzel, so ofte er gepredigt, sich alle Menschen in Berlin zu Feinden gemacht. Alle meine Ermahnungen haben weiter nichts vermocht, als daß er mich am Ende bei E. K. M. verleumdet hat.« Der Aufruhr in Halle sei nur verständlich, weil sich »nämlich hier [in Halle] der Ruf verbreitet, als ob diese Männer es unternommen hätten, ihre Privatmeinungen über religiöse Gegenstände anderen Lehrern als Gesetze vorzuschreiben, alle Bücher, wodurch ihre Meinung widerlegt würde, zu verbieten und ein Inquisitionsgericht aufzurichten«.[64] Aber Woellner findet kein Gehör. Ihm bleibt nur noch, die Maßnahmen gegen Kant hinauszuzögern, solange es geht. Die Zeit von einem halben Jahr mag einem Menschen unseres Jahrhunderts für Antworten von Behörden und anderen behördengleichen Institutionen völlig normal erscheinen, für das Preußen des 18. Jahrhunderts sind sie eindeutig ein Skandal für sich, und es bleibt in der Tat nur der Schluß übrig, daß dieser atypische Zeitverzug »nur durch äußerstes Sträuben erklärt werden« kann.[65] Als Woellner dann – offenbar unter vehementem Druck durch Friedrich Wilhelm II. – am 1. Oktober das Reskript unterschreibt, fällt es auffällig vage aus. »Wir verlangen des ehsten Eure gewissenhafte Verantwortung, und gewärtigen Uns von Euch, bey Vermeidung Unserer höchsten Ungnade, daß Ihr Euch künf-

---

[63] Eben das »baudepartement«, von dem der König in seinem Brief an Gräfin Lichtenau (a. a. O.) spricht.
[64] A. H. Niemeyer, Leben, Charakter ..., a. a. O., 141ff.
[65] Krause, a. a. O., 128 n.

tighin Nichts dergleichen werdet zuschulden kommen lassen sondern vielmehr Eurer Pflicht gemäß, Euer Ansehen und Eure Talente dazu anwenden, daß unsere landesväterliche Intention je mehr und mehr erreicht werde; widrigenfalls Ihr Euch bey fortgesetzter Renitenz, unfehlbar unangenehmer Verfügungen zu gewärtigen habt.« Ein konkrete Androhung enthält das Schreiben definitiv nicht, ebensowenig wie das Schreibverbot, das Kant sich dann allerdings selbst ausdrücklich auferlegt, eine Reaktion, die ebenso typisch für die Zeit[66] wie juristisch klug angelegt ist. Wenn darüber hinaus nicht ausgeschlossen werden kann, daß Kant in der Zwischenzeit von Woellners mißlicher Lage gehört hatte,[67] könnte ihm auch klar gewesen sein, daß sich hier eine Möglichkeit bot, die Auseinandersetzung zu einem Ende zu bringen, mit dem er leben konnte, weil ein besserer Abschluß in der Regierungszeit Friedrich Wilhelms II. nicht zu erreichen war. Seine eigene Aussage, wonach ihm ein Schreib- und Vorlesungsverbot in religionsphilosophischer Hinsicht »keinesweges Leid tut«,[68] muß denn auch nicht angezweifelt werden: Kant war 1794 siebzig Jahre alt, die Zeit seiner Vorlesungen neigte sich sowieso dem Ende (Kant wird zwei Jahre später seine letzte halten), die Lesungen über Religionsphilosophie gehörten anscheinend auch nicht

---

[66] Krause weist zurecht darauf hin, daß auch Niemeyer auf das Reskript mit dem Verbot, nach seiner eigenen Dogmatik zu lehren, mit einem vollständigen Verzicht auf alle Dogmatikvorlesungen reagiert hat. Schon Spalding, Büsching und Teller hatten auf das *Religionsedikt*, das sie doch zunächst einmal gar nicht direkt betraf, mit der Niederlegung ihrer Predigertätigkeit reagiert. Offenbar war eine solche Boykott-Haltung die angemessene Reaktion, um eigene Stärke und Unabhängigkeit zu demonstrieren.

[67] Noch 1793 empfiehlt Kant dem Studenten G. H. L. Nicolovius noch: »Mittlerweile würde die Bekanntschaft mit dem Staatsminister, Hrn. v. Wöllner, Ihnen auch vorteilhaft sein [...] Hiezu habe ich zwar keinen Weg einer unmittelbaren Empfehlung, ich würde sie aber doch über [...] Hrn Geheimen Rat Simpson [...] versuchen«.

[68] A.a. O. Brief an Biester v. 18.5.1794.

zu den gut besuchten Veranstaltungen[69] und öffentlich hatte er das wesentliche zum Thema gesagt.[70] Außerdem wurde keines seiner Bücher verboten,[71] sein Gehalt blieb ihm ohne jede Kürzung erhalten (Woellner selbst hatte Kant im März 1789 eine Gehaltszulage genehmigt) und sein Ansehen war, wenn auch nicht beim König, so doch in der Welt, durch die Zensuraffäre nur gestiegen. Da Kant darüber hinaus sein Publikationsverbot gerade nicht auf die Philosophie der Politik erweiterte, obwohl gar nicht ausgeschlossen werden kann, daß es auch Kants

---

[69] Der zeitgenössische Kant-Biograph R. B. Jachmann berichtet uns darüber (*Immanuel Kant, Sein Leben in Darstellungen von Zeitgenossen*, a. a. O., 134): »Durch seine Vorlesungen über rationale Theologie wollte er vorzüglich zu einer vernünftigen Aufklärung in Sachen der Religion beitragen, daher er dies Kollegium am liebsten las, wenn viele Theologen seine Zuhörer waren. In einem halben Jahr fanden sich nur so wenige Zuhörer für diese Vorlesung, daß er sie schon aufgeben wollte; als er aber erfuhr, daß die versammelten Zuhörer fast alle Theologen waren, las er sie doch gegen ein geringes Honorar.«
[70] Dafür spricht auch, daß sich Kant nach Abschluß der *Religion* vorzüglich zwei Themengebieten zuwendet: Der Theorie der Politik (und des Rechtsstaates) und den theoretischen Fragen eines Zusammenhanges von theoretischer und praktischer Vernunft im *Opus Postumum*. Entsprechend finden sich auch in den Nachgelassenen Notizen der späteren Zeit wenige Bemerkungen zur Religionsphilosophie im Sinne einer Auseinandersetzung mit ausdrücklich christlichen Lehren. Daß beide Themengebiete in der *Religion* selbst als Übergang von der Kritik zur Doktrin angelegt ist, kann und soll hier nicht erläutert werden. Vgl. Bettina Stangneth, *Kultur der Aufrichtigkeit*, a. a. O., insb. Kap. VI.
[71] Das soll allerdings nicht heißen, daß die IEK nicht weiterhin versucht hätte, Kants *Religion* doch noch zu verbieten. Es existiert ein Reskript auf Spezialbefehl an das Ostpreußische Staatsministerium vom 14. Oktober 1795, also fast genau ein Jahr nach Kants Antwortschreiben, das verbieten soll, die *Religion* »als Grundlage bei Vorlesungen zu gebrauchen« (AA, XIII, 3/1), das erstaunlicherweise von Woellner mit »Hillmer« gezeichnet ist. Krause erwägt den tatsächlich naheliegenden Gedanken, daß Woellner zu dieser Zeit aufgrund seiner unkooperativen Haltung schon nicht mehr eigenmächtig zeichnen durfte. (Krause, a. a. O., 129 n).

Hochachtung für Friedrich den Großen, besonders aber seine deutliche Sympathie für die Französische Revolution war, die den Zensoren, wenigstens aber dem König, ausgesprochen mißfallen mußte, konnte das Kapitel »Philosophische Religionslehre« getrost als abgeschlossen abgehakt werden.[72]

Für Johann Christoph Woellner ging die Angelegenheit weniger glimpflich aus, und bevor wir noch einmal kritisch nach Kants eher merkwürdigem Verhalten in der Zensuraffäre fragen, soll wenigstens ein kurzer Blick auf den weiteren Werdegang des Mannes geworfen werden, mit dem Kant deutlich mehr verband, als seine Biographen bisher zur Kenntnis genommen haben.[73] Seit dem ungnädigen Schreiben von Friedrich Wilhelm II. im März 1794 gelingt es Woellner nicht mehr, die Differenzen mit dem ehemaligen »guten Freund« zu bereinigen: Alle seine Verteidigungen und Versuche, sich gegen die Unterstellungen von Hermes zu wehren, bringen keinen Erfolg. Die von Anfang an bestehende Opposition der Oberkonsistoriums trägt ihren Teil, den Beschuß des Ministers noch zu erhöhen. Er verliert nicht nur das Einkommen als Hofbauintendant, sondern erhält auch in den nächsten Jahren weder Gehaltszulagen noch – wie seine Kollegen – Güterschenkungen im Süden Preußens. Statt dessen werden seine Kompetenzen zunehmend beschnitten, so daß er die kommenden Maßnahmen der Zensurverschärfung noch nicht einmal mehr bremsen konnte.[74] Zwar sind die ökonomischen Qualitäten Woellners weiterhin gefragt,

---

[72] Auch der *Streit der Fakultäten* ist hier als Gegenargument schwer haltbar, denn es handelt sich gerade im ersten Teil zu Streit mit der theologischen Fakultät doch wohl eher um einen juristischen Streit der Zuständigkeiten, der damit aber ebenfalls in die Theorie des Rechtsstaates fällt. Kants eigene Thematisierung der Zensurproblematik setzt die Schrift jedenfalls ausdrücklich in diesen Kontext.

[73] Vgl. hierzu wesentlich Bailleus Artikel in der *ADB*, a. a. O.

[74] Vgl. A. Lotz, *Geschichte des Deutschen Beamtentums*, Berlin 1909, der Woellner ab 1794 für faktisch handlungsunfähig erklärt (217).

der trotz seiner eigenen Opposition gegen den 1. Koalitionskrieg von 1792 an mit der Geldbeschaffung für die militärischen Ausgaben betraut war und höchstwahrscheinlich sind es genau diese Fähigkeiten, die ihm überhaupt seine Stellung am Hof erhalten. Mit flehentlichen Briefen versucht Woellner alles, um beim König wieder Gehör zu finden, die ihm nicht mehr einbringen werden, als den Ruf bei der Nachwelt, eine erbärmliche Hofschranze zu sein. Den Mitgliedern der IEK geht es, jedenfalls was die Achtung des Königs angeht, allerdings auch nicht mehr besonders, denn nachdem Woellner ohne Kompetenzen ist, fällt die auch weiterhin anhaltende Erfolglosigkeit der zensorischen Maßnahmen ganz auf Hermes und seine Kollegen selbst zurück.[75] Am 9. September 1796 erhalten auch sie eine ausgesprochen scharfe Ermahnung von Friedrich Wilhelm II., ihre Amtsführung ließe zu wünschen übrig. Als der König 1797 stirbt, erhält Woellner vom neuen König Friedrich Wilhelm III. den Auftrag, die IEK aufzulösen und das Oberkonsistorium wieder im vollen Sinne ins Amt zu setzen, was ihm eine Genugtuung gewesen sein dürfte. Während jedoch Hermes[76] und Hillmer mit einer Pension in Rente geschickt werden und

---

[75] Zwischenzeitlich hatte die »wundertätige Jungfrau« sich aus schlichter Geldgier bei Friedrich Wilhelm II. die Glaubwürdigkeit verspielt, weil sie statt der Pension von sowieso schon großzügigen 20 Talern gern 5000 Taler Mitgift gehabt hätte. Die Gräfin Lichtenau machte dem König klar, daß hier wohl Betrug vorlag, allerdings nur, um dann extra für den König selbst Geister zu beschwören, wenn auch für eher private Belange. Damit wurde aber nicht nur Oswald faktisch degradiert, sondern auch der Einfluß Bischoffwerders nicht zuletzt durch die außenpolitischen Mißerfolge geringer. Gerade in dieser Zeit zeigt sich jedoch die ganz eigenständige Motivation des Königs in religiösen Angelegenheiten, zu der auch dessen schlechter Gesundheitszustand und der Gedanke an das eigene »Sterbebette« beigetragen haben mögen.

[76] Die in der Literatur (z. B. dem *RGG*) bisweilen zu findende Behauptung, Hermes sei nach der Entlassung Woellners zurückgetreten, ist unglaubwürdig, da Woellner erst nach der Auflösung der IEK ent-

Woltersdorff sogar sein Amt behalten darf, wird Woellner am 11. März 1798 »ungnädig«, also ohne irgendwelche Abfindungen oder Pensionszusagen, entlassen. Er zieht sich auf sein Landgut zurück, auf dem er bis zum Tod 1800 mit seiner Frau unter zunehmender Geldnot lebt. Die weinerlichen und kriecherischen Bittbriefe um Pension und Anerkennung am Hofe haben seinen Ruf des würdelosen Pfaffen besiegelt. Die Verwandten seiner adeligen Frau werden nach seinem Tod die Briefe von Friedrich Wilhelm II. sowie andere Schriften aus seinem Nachlaß größtenteils vernichten, um dem Hause Hohenzollern nicht zu schaden. So gesehen ist es ein Gewinn für die Geschichtsforschung, daß Woellner auch auf wiederholte Anfragen keines seiner Vorlesungsmanuskripte zu Staats- und Finanzwesen zurück bekam. Einer der wenigen Zeitzeugen, die Woellner in einem wenigstens ansatzweise positiven Licht erscheinen lassen, ist Immanuel Kant, der ihn als einen »Geistlichen« beschreibt, »dem man billigerweise auch keine anderen, als auf seine innere Überzeugung sich gründende gut gemeinte Absichten unterzulegen Ursache hat.«[77] – Und wie heißt es in der *Metaphysik der Sitten*? »Die Billigkeit (objectiv betrachtet) ist keineswegs ein Grund zur Aufforderung bloß an die ethische Pflicht anderer (ihr Wohlwollen und Gütigkeit), sondern der, welcher aus diesem Grunde etwas fordert, fußt sich auf sein Recht, nur daß ihm die für den Richter erforderlichen Bedingungen mangeln, nach welchen dieser bestimmen könnte, wie viel, oder auf welche Art dem Anspruche desselben genug getan werden könne.«[78]

---

lassen wurde, damit aber in jedem Fall auch erst nach Hillmer. Daß Hermes selbst diese Version allerdings besser gefallen hätte, liegt nahe.

[77] *Streit der Fakultäten*, Vorrede (AA, VI, 5), in der Kant im folgenden nicht nur den Briefwechsel mit Woellner zitiert, sondern sich auch ausgesprochen direkt mit der IEK auseinandersetzt.

[78] *MdS* (R), AA, VI, 234.

Regentenwillkür, Rechtswege und Öffentlichkeit

Kants nüchterne Reaktion auf das königliche Reskript und sein Umgang mit dem, was er dann schlicht »eine gewisse Handelssperre für Religionsmaterien«[79] nannte, hat immer wieder Befremden ausgelöst. Schon einigen seiner Zeitgenossen war diese Haltung Kants nicht revolutionär genug. 1788 hatte J. Chr. Berens Kant gegenüber geäußert, wie er sich ein Symbol der Meinungsfreiheit vorstellte: »Aber inbesonderheit sind Sie der Mann, der uns das Kleinod der Denkfreiheit bewahren müßte, wenn sie angefochten werden dürfte«.[80] Biester schreibt, nachdem er Kants Erwiderung gelesen hat: »Sie ist edel, männlich, würdig, gründlich. – Nur muß es wohl jeder bedauern, daß Sie […] das Versprechen freiwillig ablegen: über Religion […] nichts mehr zu sagen. Sie bereiten damit den Feinden der Aufklärung einen großen Triumph, u. der guten Sache einen empfindlichen Verlust. Auch dünkt mich, hätten Sie dies nicht nötig gehabt. Sie konnten auf eben die philosophische und anständige Weise, ohne welche Sie überhaupt nichts schreiben, […] noch immer fortfahren, über die nämlichen Dinge zu reden; wobei Sie freilich vielleicht wieder über einzelne Fälle sich zu verteidigen würden gehabt haben. Oder Sie konnten auch künftig bei Ihren Lebzeiten schweigen; ohne jedoch den Menschen die Freude zu machen, sie von der Furcht vor ihrem Reden zu entbinden.«[81] Offenbar hätte man lieber einen Märtyrer der Freiheit gesehen, der bis zum letzten Atemzug, auch mit mehr als einem Bein im Gefängnis, seiner Überzeugung nicht abschwört oder auch einen heroisch schweigenden Kant samt dem (auch verlegerisch) so nützlichen Spekulieren über vermeintlich anonyme Kantische Schriften. Aber der Geheimniskrämerei war Kant aus

---

[79] Brief an Schiller v. 30.3.1795.
[80] Berens an Kant v. 25.10.1788.
[81] Brief Biester an Kant v. 17.12.1794.

Prinzip abgeneigt und zur Figur eines Rebellen mit dem Schwert in der Hand war er schon von seiner Natur her nicht geeignet, ganz abgesehen davon, daß man einem Kant sicherlich unterstellen kann, seinerseits aus mehr als Klugheitsüberlegungen gehandelt zu haben.

Kants Verhalten bei der Veröffentlichung der *Religion* ist in vielerlei Hinsicht merkwürdig. Man hat sich von jeher gefragt, warum er ausgerechnet das Werk in Einzelfolgen veröffentlichen wollte, das er Stäudlin gegenüber als Antwort auf die dritte seiner berühmten Fragen – *Was darf ich hoffen?* – ankündigte. Dieses Verhalten wird noch seltsamer, wenn man die Zensurfrage bedenkt. Bei einem Angehöriger einer Universität wäre für die Zensur einer eigenständigen Publikation nur die Universität zuständig gewesen, mit der Kant nie Zensurschwierigkeiten gehabt hatte. Da auch das Zensuredikt von 1788 hier die Kompetenzen beim Alten ließ, wäre jede Veröffentlichung außerhalb der Periodika unproblematisch gewesen. Bei einer stückweisen Veröffentlichung in der *Berlinischen Monatsschrift* aber führte der Weg nach 1791 direkt zur IEK. Und es wird noch seltsamer: Nach der Übernahme der Zensur durch Hermes, Hillmer und Woltersdorff entschieden sich mehrere Herausgeber von Periodika, der Zensur von vornherein aus dem Weg zu gehen, indem sie ihren Druckort ins Ausland verlegten. Auch Biester hatte das mit der *Berlinischen Monatsschrift* getan und war schon Anfang 1792 nach Jena umgezogen, denn die dort zuständige Universität stand unter dem wesentlichen Einfluß von nicht zuletzt Goethe und Schiller. Damit blieb zwar immer noch die Gefahr der – von Kant ja auch erwähnten – Nachzensur beim Import der Zeitschrift nach Preußen, aber da in diesem Fall die Exemplare zumeist schon versandt und vor allem bezahlt waren, war das verlegerische Risiko geringer (von der Möglichkeit einer Verhaftung mal abgesehen). Kant jedoch bestand im Frühjahr 1792 darauf, seinen Aufsatz *Über das radikale Böse* trotzdem und in jedem Fall der IEK zur Begutachtung vorzulegen. So gesehen ist es keineswegs überraschend, daß Kant mit der Zensur Probleme bekommen sollte, sondern es dürfte vor allem ihn überrascht haben, daß er sie ausgerechnet mit dem *Ersten Stück* ganz gegen jede Wahrscheinlichkeit nicht bekam. Die Frage von Peter Krause stellt sich nämlich in der Tat: »Warum [waren] der Aufsatz über die Theodizee und das zweite Stück der Religion innerhalb der Grenzen der bloßen Vernunft anstößig […], das erste Stück aber nicht?« (Krause, a. a. O., 121). Krauses erste Vermutung, daß Hillmer vielleicht bei der Durchsicht des *Ersten Stücks* Hermes übergangen habe, der daraufhin bei dem *Zweiten Stück* den Ton angab, ist angesichts Hillmers eigener deutlicher Aussagen über den *Theodizee*-Aufsatz nicht überzeugend. Ebensowenig überzeugend ist aber Hillmers Begründung für das Imprimatur des Ersten Stücks, mit der er erstaunlicherweise alle Kantischen Schriften für wissenschaftlich und damit allgemein ungefährlich erklärt, hatte er doch nur wenige Monate zuvor eindeutig eine dieser Schriften selbst zum Prototyp der künftig verbotenen Schriften erklärt. Der Gedanke, man habe sich vielleicht einfach nicht gleich mit einem Kant anlegen wollen, scheint angesichts der folgenden Ereignisse auch abwegig, ebenso wie die Überlegung, der Text sei eben nicht genau genug gelesen worden. Immerhin stand gerade Kant auf der schwarzen Liste der Zensoren von Anfang an recht weit oben. Es könnte sein, daß Hillmer sich von der Tatsache, daß Immanuel Kant bei ihm um ein Imprimatur ersuchte, obwohl er es nach der Rechtslage nicht hätte tun müssen, geschmeichelt fühlte. Es könnte aber auch sein, daß der Aufsatz *Über das radikale Böse,* der sich ja durchaus gegen ein Großteil der optimistischen und den Menschen idealisierenden Aufklärungstheologie richtete, auf irgendeine Weise in das mystische und dunkle Christentumsverständnis eines Rosenkreuzers paßte. Viel interessanter aber als die Frage, was ein Zensor gedacht haben mag, der in der Aufklärung durchaus nicht ohne eigene Gründe eine Gefahr für das Seelenheil der Menschen sah,[82] für die er sich auf seine Weise verantwortlich fühlte, ist aber eine andere Frage: Warum entscheidet sich ein Mensch, der nach allem Wissen (und in diesem Wissen auch noch bestätigt von anderen) davon ausgehen muß, daß ihm die IEK eine Druckerlaubnis verweigern wird, für die Publikationsform in Aufsätzen und schickt dann auch noch im selben Wissen genau diesen Aufsatz trotzdem an genau diese Institution, obwohl er das von Rechts wegen nicht notwendig muß? Wenigstens eines scheint als Antwort jedenfalls auszuschließen zu sein: Naivität. Denn dafür hat Kant im Zensurstreit eindeutig zu überlegt und klug agiert.

Einen möglichen Schlüssel zum Verständnis bietet der Zugriff über die erste Frage, nämlich die nach der Veröffentlichungsweise über die *Berlinische Monatsschrift*. Kant hatte gleich nach Gründung der Zeitschrift 1783 immer wieder Aufsätze dort publiziert und diese Praxis bis zur Einstellung 1796 beibehalten, getreu seiner Gewohnheit,

---

[82] Eine der größten Gefahren in der Beurteilung des Verhaltens der IEK-Mitglieder liegt zweifellos darin, in ihnen einfach verbohrte Spinner zu sehen, die als selbststilisierte Engel des Lichts eigentlich nur verschwörerische, machtbesessene Dunkelmänner sind. Natürlich trägt das Verhalten insbesondere von Hermes Züge der Selbstüberschätzung, die gewöhnlich der Paranoia eigen sind, aber das darf nicht davon ablenken, daß selbstverständlich auch Hermes, Hillmer und Woltersdorff bei all ihrem Eifer positive Ziele verfolgten. Die durchweg revolutionäre Stimmung Ende des 18. Jahrhunderts barg Gefahren, die niemand in ihren kurzfristigen Folgen abschätzen konnte. Wer in dieser Situation auf die Idee kommt, daß Aufklärungstheologen zur Verunsicherung der Menschen beitragen, weil sie ein ihnen vom Staat verliehenes Amt (das Evangelium zu predigen) verwenden, um von der Kanzel beispielsweise Kant zu verkünden, liegt damit schließlich gar nicht so falsch. Wem der eigene Mut fehlt, den Schritt über den Abgrund zur Praxis der Autonomie zu gehen, wird jederzeit auch andere vor dem Abgrund beschützen wollen, der für ihn nur Schrecken birgt, da er doch nicht weiß, was dahinter ist.

einem Verleger möglichst treu zu bleiben.[83] Da Kant selbst mit Vorliebe Zeitschriften las, dürfte seine Motivation wenigstens zweifach gewesen sein. Zum einen war die Veröffentlichung in einer Zeitschrift modern (und Kant hatte in vielen Dingen Freude an Neuerungen) und ein schneller Publikationsweg, zum anderen aber wollte er sich gerade dem Projekt, dem er soviel zutraute, nicht entziehen: der öffentlichen Debatte als Spiegel kritischer Öffentlichkeit selbst. Er vertrat schließlich eine Theorie des politischen Engagements durch Publizität, und wenn die Zeit nach dem Religionsedikt wenigstens etwas Positives gezeigt hatte, dann doch, daß eben dieses Engagement funktionierte. Man konnte Reformen bewirken oder doch wenigstens Rückschritte aufhalten, wenn man Öffentlichkeit herstellte, wo jemand lieber Geheimnisse gehabt hätte, und Mündigkeit bewies sich auch im Gemeinwesen in dem Mut, selbst zu denken, und das bitte hörbar. Wenn aber auch ein Untertan Verantwortung für die Gesellschaft zu tragen hat, weil die Pflicht, bessere Menschen zu werden, von der in der *Religion* so viel die Rede sein wird, immer auch ein gemeinsames Bemühen ist, dann hat der Untertan auch die beiden Wege zu nutzen, die ihm dafür zur Verfügung stehen, nämlich die Publizität einerseits, um niemanden ›unwidersprochen lauter Unsinn reden zu lassen‹ (AA,VIII, 251), und den Gerichtshof andererseits, um auch für das Recht zu kämpfen, das einem zusteht. In einem Staat, der sich dem Ideal des Rechtsstaates annähert, zeigt sich das Recht genau dann, wenn man Widersprüche aufzeigt, und so ließ sich eben auch die Unangemessenheit der Anmaßungen des IEK gerade dadurch zeigen, daß man auf dem formaljuristischen Weg am Ende doch erreichte, was man erreichen wollte: zu Publizieren. Und genau diesen Weg durch alle Instan-

---

[83] Vgl. dazu allgemein P. Weber, *Kant und die »Berlinische Monatsschrift«*, in: Dina Edmunds, *Immanuel Kant und die Berliner Aufklärung*, Wiesbaden 2000, 60–79.

zen ist Kant im Falle der *Religion* gegangen, bis der Widerspruch unübersehbar war. Mehr noch! Er ist ihn so öffentlich wie möglich gegangen. Daß Kant diesen Weg ausgerechnet mit dem Buch geht, das wie kein anderes den Versuch darstellt, sich über das exemplarische Prinzip in der Weiterentwicklung der Persönlichkeit Klarheit zu verschaffen und das die Bedeutung der Beispiele für die Entwicklung einer Gemeinschaft über den Rechtsstaat hinaus als ethischer Gemeinschaft thematisiert, ist im höchsten Maße konsequent. Hier zeigt jemand sich und jedem, der es sehen will, daß die Theorie zur Praxis taugt, indem er ein Beispiel gibt und damit zeigt, wie tragfähig das neue aufgeklärte Selbstverständnis des Menschen als mündiger Bürger schon ist, aber ebenso markiert, wo das politische System reformbedürftig und einem vernünftigen Wesen unangemessen ist. Zu genau der Zeit, in der die von Kant so geschätzte Französische Revolution sich in ein Unrechtssytem wandelt und durch Gewalt zur neuen Schreckensherrschaft wird, demonstriert Kant die Möglichkeiten des Rechtswegs und seine im Absolutismus noch bestehende Grenze: Den despotischen, willkürlichen Machtspruch eines absolutistischen Herrschers, gegen den das bisherige Rechtssytem keine Handhabe bietet, weil der Absolutismus eben auch den unvernünftigen Wünschen des Menschen unter der Krone rechtsähnliche Macht verleiht, die mit dem Amt des Königs vor der Vernunft gar nicht vereinbar waren. Zwischen der Idee des Rechtsstaates und dem derzeit herrschenden positiven Recht stand sichtbar die Regentenwillkür. Die letzten Jahre des 18. Jahrhunderts, davon war Kant überzeugt, waren die Zeit der bisher größten Freiheit der Menschen in ihrem Denken ebenso wie ihren Möglichkeiten, die Welt gemeinsam zu gestalten. Diese Freiheit galt es zu pflegen und mit ihren eigenen Mitteln zu verteidigen. Für das Recht kämpft man, indem man sich an das hält, was schon Recht ist, denn schließlich ist das Recht nicht weniger als das »Heilige, was in der Welt ist« (*Religion*, B 240 n). Der

Fortschritt im Selbstanspruch eines Gemeinwesens beginnt mit dem eigenen Willen, Fortschritte des Gemeinwesens überhaupt zu sehen und sie dadurch zu achten, daß man sie nutzt.

Zugänge zur »Religion«

Die *Religion innerhalb der Grenzen der bloßen Vernunft* ist ein ungemein vielschichtiges Werk und das auch gemessen an der ohnehin großen Komplexität Kantscher Schriften überhaupt. Eigentlich kann das jedoch nicht überraschen, denn in diesem Buch treffen sich gleich mehrere, je für sich genommen schon ausgesprochen komplexe Ebenen: Zunächst einmal handelt es sich um die erste große Publikation Kants nach den kritischen Schriften, die den Übergang zur doktrinalen Philosophie markieren soll, was mitten in die Problematik philosophisch-systematischen Fragens überhaupt führt. Damit setzt die *Religion* aber wenigstens eine gewisse Übersicht über die drei *Kritiken* voraus, um ihren systematischen Gehalt zu rekonstruieren und sie für eigene Fragen fruchtbar zu machen. In der Schrift fließen Fragen der theoretischen und praktischen Vernunft und der Urteilskraft zusammen, was ebenso eine neue Perspektive auf den Entwurf der *Kritiken* selbst eröffnet. Außerdem handelt es sich um einen Text zum Thema »Religion«, in dem sowohl von Vernunftglaube und Offenbarungsglaube die Rede ist, als auch von einer Vielzahl positiver Religionssysteme samt ihren rituellen Symbolen und Institutionen, allen voran dem Christentum und der christlichen Kirche. So betrachtet erschließt sich die *Religion* Kants ebenso als kritische Prüfung einer historischen Religion, die durchgängig mit biblischen Sprachgebrauch und christlichen Bildern spielt und ein Dialog mit theologischen Gedankengebäuden und Lehrstücken ist. Die *Religion* verstanden als kritische Untersuchung des Christentums schließt ebenfalls eine Kritik an den kirchlichen Institutionen und ihren Repräsentanten ein und ist somit ebenso als Problematisierung des Verhältnisses von Religion und Öffentlichkeit zu lesen. Als Beitrag zur Diskussion des späten 18. Jahrhundert im Kontext einer grundsätzlich angelegten Debatte über Menschenrechte, Bürgerpflichten, Rechtsstaat und Regierungsformen erweitert sich genau diese Institutionenkritik jedoch zur Frage nach der Möglichkeit, menschliche Gemeinschaft über rechtsstaatliche Kategorien hinaus zu denken. Ausgehend von der Frage nach dem Verhältnis von Kirche und Staat entwickelt Kant die Frage nach dem Verhältnis von rechtlichbürgerlicher Gesellschaft und einem ethischen gemeinen Wesen, was den Kantschen Begriff der *Religion* wenigstens in die Nähe ideologiekritischer Überlegungen rückt. Es sind also wenigstens vier Themengebiete, die in der *Religion* Kants aufeinandertreffen: Das grundsätzliche Problem des philosophischen Selbstverständnisses überhaupt, die Möglichkeit einer »Philosophischen Religionslehre« im Besonderen, der Komplex theologischer und kirchenhistorischer Fragen und die gesellschaftspolitische Fragestellungen der Bedingungen und Grenzen menschlicher Gemeinschaft. Neben dieser thematischen Dichte der *Religion* trägt noch ein weiteres Element zur Vielschichtigkeit der Schrift bei, nämlich die Entscheidung Kants, selbst in den sprachlichen Formulierungen und in der Wahl seiner Beispiele in viel höherem Maße auf die Diskussion seiner Zeit zu reagieren, als er es in seinen kritischen Schriften getan hatte. Die berühmte Fußnote zu Schiller, die sich antiker Mythologie bedient, ist ebenso ein Beispiel dafür wie die Bezüge zum Religionsedikt und die vielfältigen Rückgriffe auf die Geschichte der Religionen vom Prälaten bis zum Schamanen, vom tibetanischen Gebetsrad bis zum Fetischzauber und von Brahma bis Zarathustra. Jeder, der sich aus welcher Fragerichtung und mit welchem Interesse auch immer Kants *Religion innerhalb der Grenzen der bloßen Vernunft* nähert, wird bei intensiverer Lektüre auf die vielen Ebenen möglicher Zugänge stoßen. Wenn es gelingt, mit den erläuternden Anmerkungen zu historischen und literarischen Hintergründen in Einleitung und Anhang dieser Ausgabe die Interpretationen vor schnellen Vereinfachungen zu schützen und das Bewußtsein des vielfältigen Reichtums dieser Schrift wach zu halten, haben die Beigaben zu dieser Edition ihren Zweck erfüllt.

Zur Textgeschichte

A. Die bisherigen Ausgaben

1792 Über das radicale Böse in der menschlichen Natur. In: *Berlinische Monatsschrift*, April 1792, 323–385 (Warda 137).

1792 Über das radicale Böse in der menschlichen Natur. [Seperatdruck, 46 S., ohne Angabe von Ort und Drucker], 1792 (Warda 138).

1793 Die Religion innerhalb der Grenzen der bloßen Vernunft. Vorgestellt von Immanuel Kant. Königsberg, bey Friedrich Nicolovius. 1793. XX, (2), 296 S. (Reprint: Erlangen 1985) [in der Forschung zitiert als A] (Warda 141).

1794 Die Religion innerhalb der Grenzen der bloßen Vernunft. Vorgestellt von Immanuel Kant. Zweyte vermehrte Auflage. Königsberg, bey Friedrich Nicolovius. 1794. XXVI, (4), 314 S. [in der Forschung zitiert als B] (Warda 145).

Im gleichen Jahr erschien ein »unveränderter« Nachdruck (Warda 146), erkennbar an Seite B XXV, Zeile 12, »kennen« statt (richtig) »können«.

Nachdrucke. Schon 1793 erschienen zwei unauthorisierte Nachdrucke in Frankfurt / Leipzig (XX S., 1 Bl., 296 S., Warda 142; XXII, 1 Bl., 248 S., Warda 143) und Neuwied (282 S., Warda 144). 1794 erschienen

Nachdrucke der Zweiten Auflage mit dem Zusatz »Neue Auflage« Frankfurt / Leipzig (Warda 147).

1794 Grillo, F. (Bearbeitung), Aphoristische Darstellung der Religion innerhalb der Grenzen der bloßen Vernunft des Hrn. Im. Kant, Rostock, Leipzig 1794.

1796 Reiner, G.L. (190-Seiten-Auszug): Kants Theorie der einen moralischen Religion, mit Rücksicht auf das Christenthum, kurz dargestellt (Anonym publiziert), Riga bey Hartknoch 1796 und Nachdrucke Frankfurt a. M. / Leipzig 1796 (Reprint: Brüssel 1968)[84], Köln 1797. Dasselbe erschien als Nachdruck, aber mit der Angabe Kants als Autor: Kant, J., Theorie der reinmoralischen Religion. Mit Rücksicht auf das reine Christentum. Elberfeld, Comptoir für Litteratur, 1798. – Der Band wurde häufig fälschlich unter »Remer« bibliographiert.

1838 Karl Rosenkranz (Hrsg.) Band 10 in: Immanuel Kant's Sämmtliche Werke. Hrsg. von Karl Rosenkranz u. Friedrich Wilhelm Schubert, Leipzig 1838, S. 1–247.

1839 G. Hartenstein (Hrsg.) Band 6 in: Immanuel Kant's Werke, sorgfältig revidierte Gesamtausgabe in zehn Bänden, Hrsg. von G. Hartenstein, Leipzig 1839, S. 159–389.

1867 G. Hartenstein (Hrsg.) Band 6, in: Immanuel Kant's Sämmtliche Werke. In chronologischer Reihenfolge. Hrsg. v. G. Hartenstein, Leipzig 1868, S. 95–301.

1869 Die Religion ... Hrsg. u. erläutert von J. H. v. Kirchmann. Berlin (Heimann) 1869 (= Philosophische Bibliothek Bd. 17), (1875²).

---

[84] Dazu: Adolf Dyroff, Über Reiners Bearbeitung der Kantischen Schrift »Religion innerhalb der Grenzen der blossen Vernunft«, in: Kant-Studien 40, 1935, 270–276.

1879 Die Religion ... Hrsg. v. Karl Kehrbach, Leipzig o.J. (Bd. 1231/32 in Ph. Reclams Universalbibliothek) [folgt A].

1903 Die Religion ... Hrsg. von Karl Vorländer, Leipzig 1903 (= Philosophische Bibliothek Bd. 45).

1907 Georg Wobbermin / Ewald Frey (Hrsg.) Band 6 in: Kants gesammelte Schriften. Hrsg. von der Königlich Preußischen Akademie der Wissenschaften [*Akademie-Ausgabe*], Berlin 1907 (2. Auflage 1914), S. 1–202; Anm. S. 497–516. (Reprint: Berlin 1961 u.ö., Paperback: Berlin 1968 nach der Ausgabe von 1907).

1914 Arthur Buchenau (Hrsg.) Bd. 6 in: Immanuel Kants Werke. In Gemeinschaft mit H. Cohen, A. Buchenau, O. Buek, A. Görland, B. Kellermann hrsg. von Ernst Cassirer. Berlin 1914. S. 139–353, Lesarten S. 520–530.

1919 Die Religion ... Hrsg. von Karl Vorländer, Leipzig 1919 (= 4. Auflage des Bandes PhB 45). Die Auflage enthält weitreichende Korrekturen der vorherigen von 1903.

1921 Felix Gross (Hrsg.) Band 6 in: Immanuel Kant's sämtliche Werke in sechs Bänden. Großherzog-Wilhelm-Ernst-Ausgabe, Leipzig 1921, S. 401–634.

1922 Deycke, Georg (Bearbeitung), Die Religion ... als Prüfung tätiger Vernunft in neues, reines Deutsch übertragen, Band 3 in: Immanuel Kant in neue Form gebracht, Lübeck: Coleman 1922. 211 S.

~1925 August Messer (Hrsg.) Band 3 in: Kants Werke in drei Bänden. Mit Zugrundelegung der Ausgabe der Preußischen Akademie der Wissenschaften hrsg. von August Messer., Berlin, Leipzig o.J., S. 9–210. [Auf dieser Grundlage erschien ein Auszugband: Kants Ethik und Religionsphilosophie, Ausgewählte Abschnitte ... hrsg. von August Messer, Stuttgart o.J. (Um 1930)]

1956 Wilhelm Weischedel (Hrsg.) Band 4 in: Immanuel Kant. Werke in sechs Bänden. Hrsg von Wilhelm Weischedel. Wiesbaden 1956 (Frankfurt/Main 1983), S. 647–879. [Text- und Seitenidentisch mit Band 8 in: Immanuel Kant. Werke in zwölf Bänden. Frankfurt/Main (Suhrkamp) 1968 u.ö. und mit Band 7 in: Immanuel Kant. Werke in zehn Bänden. Darmstadt 1968 u.ö.]

1974 Die Religion ... Mit Nachwort, Anhang und Sachregister hrsg. von Rudolf Malter, Stuttgart 1974 (1981^2) (= Reclams Universalbibliothek Nr. 1231/31/21a/32b).

1981 Die Religion ... in: Immanuel Kant, Schriften zur Religion. Hrsg. und eingeleitet von Martina Thom, Berlin (Union Verlag VOB) 1981, S. 91–267. [folgt der Akademieausgabe]

1990 Die Religion ... Hrsg. v. Karl Vorländer. Mit einer Einleitung von Hermann Noack und einer Bibliographie von Heiner Klemme. Hamburg: Felix Meiner Verlag, 1990.

1995 Die Religion ..., Köln, Könemann, 1995. [folgt der Akademieausgabe]

1997 Kant im Kontext plus. Werke auf CD-ROM. (Hrsg. Karsten Worm), Berlin 1997. Überarbeitete und erweiterte Fassung: Kant im Kontext 2000. Werke, Nachlass und Briefwechsel auf CD-ROM (1. Teilfassung), CD-ROM für Windows ab 95. Verlag: Karsten Worm, Berlin (Infosoftware) 2001. [folgt weitgehend der Akademieausgabe, Abweichungen sind vorhanden, aber nicht ausgewiesen].

B. Rezensionen und frühe Reaktionen

Diese Zusammenstellung zeitgenössischer Rezensionen und Reaktionen beruht wesentlich auf dem *Allgemeinen Repertorium der Literatur* von J. S. Ersch (Weimar 1799) und der *German Kantian Bibliography* von E. Adickes (1895–1896). Die Angaben wurden vervollständigt, ggf. korrigiert und heutigen Anforderungen an Titelangaben angepaßt. Bei Ersch finden sich alle Angaben unter der Listennummer 823. Die Numerierung von Adickes findet sich in runden Klammern hinter dem Titel. Nachweisbare Namen von Rezensenten stehen in eckigen Klammern.

Die beigegebenen Kommentare zu den mir bisher bekannten Rezensionen verstehen sich als erste Orientierung für die eigene Lektüre und sollen bei den z.T. schwer zu bekommenden Texten die eigene Auswahl erleichtern.

Zur ersten Auflage (A)

Allgemeine Bibliothek der biblischen Litteratur, Hrsg. v. Joh. G. Eichhorn, Bd. 5, Zweites Stück, Leipzig 1793, 216–220

Zitaten-Anthologie mit wenigen distanzierenden Zwischenbemerkungen. Kant »such[t] …, die kritische Philosophie mit der biblischen Theologie in schwesterliche Verträglichkeit zu kommen« (216).

Allgemeine Literatur-Zeitung, hrsg. v. Ch. G. Schütz, F. J. Bertuch und G. Hufeland, No. 86–90, Jena 1794, 681–688, 689–695, 697–704, 705–712, 713–715 (Adickes 276)

Eine sehr eigenständige und substanzreiche Auseinandersetzung mit Kant, die zum Ende allerdings in der Ausarbeitung nachlässiger wird. Der Rezensent erläutert seine Auffassung, die Religion sei eine »neue Lehre der mit sich selbst einigen philosophierenden Vernunft« (683). Die vier Parerga wären hingegen als eigene »Philosophie der Religion« zu lesen (709).

Allgemeines Magazin für kritische und populäre Philosophie, Bd. 2, Erstes Stück, Breßlau-Leipzig 1794, 196–204 (Adickes 1170)

Substanzreiche Rezension. Die »Kritik«, verstanden als Zwei-Kausalitäten-Lehre, sei der »Schlüssel« (202) zu dem Werk, »worin der Urheber eines philosophischen Systems seine religiösen Lehrsätze selbst darstellt« (197). Kant argumentiere sowohl gegen Supernaturalisten als auch »Glückseligkeitsphilosophen« und »die Schaar der Aufklärer« (198), indem er deren Streit auf der Basis der Kritiken erkläre und überwinde. Außerdem liefere das Werk »neue Aufklärungen über das Wesen der praktischen Vernunft« und überzeuge insbesondere durch Kants »vortreffliche Grundsätze über die Schriftauslegung« (204).

Annalen der neuesten theologischen Litteratur und Kirchengeschichte, 5. Jahrgang, Rinteln (Leipzig, Barth) 1793, 449–453 (Adickes 1129)

Zitaten-Anthologie mit wenigen Zwischenbemerkungen: Kant entwikkele »zum Teil ganz neue Ideen über das Verhältnis der Moral zur Religion, und der biblischen Theologie zur philosophischen« (449).

Erfurtische gelehrte Zeitung, hrsg. v. J. Fr. Froriep, 39. und 40. Stück, Erfurt 1793, 306–309, 313–314 (Adickes 1056)

Rezension mit sehr präzisen Interpretationen zum Ersten Stück, die dann aber im Niveau stark abfällt. Kant habe »nach seinen Grundsätzen gezeigt, wie ... Theologie auf Philosophie gepfropft werden müsse« (306). Daher sei die Religion eine »philosophische Religionslehre« (306).

Gemeinnützige Betrachtung(en) der neuesten Schriften, welche Religion, Sitten und Besserung des menschlichen Geschlechts betreffen, Hrsg. v. G. Fr. Seiler, 2. Stück, 2. Abteilung, Erlangen 1793, 323–384 (Adickes 1121) [vermutlich Seiler]

Über weite Strecken langatmige Auseinandersetzung eines bekennenden Protestanten (Seiler selbst?), der Kants Religion offensichtlich als provozierend empfindet. Außerdem Überlegungen zur Bibelinterpretaionstheorie (375–384). Der Rezensent sieht die Sinnlichkeit von Kant zu hoch geschätzt (327ff.) und wirft Kant vor, er habe die gänzliche Unentbehrlichkeit des Christentums insbesondere für Frauen vernachlässigt (361). Insge-

samt eine zeitgeschichtlich sehr interessante Rezension, besonders auch in den Aussagen zum Judentum (353ff.).

Göttingische Anzeigen von gelehrten Sachen, unter der Aufsicht der königl. Gesellschaft der Wissenschaften hrsg. v. J. Fr. Schleuser und C. Fr. Stäudlin, 153.–199. Stück, Göttingen 1973, 1529–1536, 1611–1616, 1825–1837, 1985–2000 (Adickes 1059) [Verfasser: C. F. Stäudlin]

Eine Inhaltsangabe mit interessanten Leseperspektiven. Stäudlin konstatiert, »daß er [Kant] auch hier ganz seine eigene Bahn geht, und neue Entdeckungen auf dem Gebiete der Philosophie macht« (1529). Insgesamt sei die Religion die Antwort auf Kants Frage »Was darf ich hoffen?« (ds.). Warnend merkt Stäudlin an, daß »allein ... nicht alles Schriftauslegung ist, was in diesem Buche dafür angesehen werden könnte« (1531).

Göttingische Bibliothek der neuesten theologischen Literatur, Göttingen 1794, Bd. I, I 45–55.
Zitaten-Anthologie.

Gothaische gelehrte Zeitungen, Bd. 1, Gotha 1794, 81–88, 91–96 (Adickes 1165)

Substanzreicher, kommentierender Auszug mit einer starken Betonung der Parerga. Der Verfasser ist »begeistert« (95) und faßt zusammen: »da denken wir uns die Menschheit als Person, welche uns zum Moralischguten auffordert, und der Glaube an sie ist der Glaube an die Forderung des Moralgesetzes. (So wenigstens glaubt Recens. die kantische Vorstellung ... aufgefaßt und wiedergegeben zu haben).« (88).

Neue allgemeine deutsche Bibliothek, hrsg. v. Fr. Nicolai, Bd. 16, Erstes Stück, Kiel 1795, 127–163 (Adickes 1437) [Verfasser: G. E. Schulze] – Erschien im gleichen Jahr als Einzelpublikation: Schulze, G. E., Einige Bemerkungen über Kants philosophische Religionslehre, Kiel 1795 [Adickes 1438]

Eigenständige Auseinandersetzung auf hohem Niveau, die allerdings nichts zum Vierten Stück enthält. Die Religion sei eine philosophische Religionslehre, die aber nichts wesentlich neues enthalte (128), aber außergewöhnlich deutlich Aberglaube und Religion trenne. Schulze kritisiert ausführlich Kants Benutzung der Biblischen Schriften als mißverständlich

(144), fordert deutlichere Aussagen zur Bibelbenutzung und gibt zu, die Pflicht zum »ethisch gemeinen Wesen« »durchaus nicht verstanden« zu haben (148).

Litterarische Denkwürdigkeiten oder Nachrichten von neuen Büchern und kleinen Schriften besonders der chursächsischen Universitäten, Schulen und Lande (Nachfolger von *Neue Leipziger gelehrte Anzeigen oder Nachrichten* (1789–1791), die wiederum Nachfolger der Zeitschrift *Neue Leipziger gelehrte Zeitungen* 1785–1787 ist), Bd. 2, 36. Stück, Leipzig 1793, 283–290 (Adickes 1068)

Eine unkritische Vorstellung der Themen.

Neues theologisches Journal, hrsg. v. H. E. G. Paulus, Bd. 1, 5. Stück, Nürnberg 1793, 418–456 (Adickes 1074) [Verfasser höchstwahrscheinlich C. F. Ammon]

Eine ausgesprochen oberflächliche Anthologie von Zitaten mit dem Ziel zu belegen, daß die Religion eine »Religionslehre« im Sinne einer »reinen christlichen Wahrheit« sei (422).

Neueste critische Nachrichten, hrsg. v. J. G. P. Möller, 29. Stück, Greifswald 1793, 225–229. [Die Rezension ist leicht zugänglich in der Akademie-Ausgabe, AA, XXIII, 520–23]

Kritische Rezension mit dem Vorbehalt des Rezensenten, »daß es ihm nicht immer hat gelingen wollen, den Verfasser mit sich selbst zu vereinigen und ihm in seinen Beweisen zu folgen« (226). Insgesamt sei die Religion »nichts mehr ... als Beantwortung der Frage: wie ist das kirchliche System der Dogmatik in seinen Begriffen und Lehrsätzen nach reiner (theoretischer und praktischer) Vernunft möglich?« (226). Vgl. Kants Reaktion in der zweiten Auflage, B XXIV und 20 e.

Oberdeutsche allgemeine Litteraturzeitung, hrsg. v. Lorenz Hübner, Bd. 2, Salzburg-München 1793, II 816–822 (Adickes 1076)

Eher kurzgeratene Nacherzählung der Schrift in Kantzitaten mit einigen erläuternden Bemerkungen zum Titel, den der Rezensent gegen den Vorwurf verteidigt, Kant wolle »den förmlichen Naturalismus öffentlich predigen«. Als wirklich anstößig empfindet der ausgesprochen vorsichtig formu-

lierende Rezensent allerdings die vier Allgemeinen Anmerkungen (Parerga): »Da in diesen Bemerkungen ... manchen Behauptungen vorkommen, die mit den Dogmen mancher Religionsparteyen nicht so ganz harmonieren, so hätte der Rez. gewünscht, Hr. Kant hätte sie wenigstens in diesem Buche weggelassen, besonders da das Wesentliche dabey gar nichts verloren häte«. Allerdings wird die Lektüre ausdrücklich empfohlen und insbesondere die »jugendliche Kraft« der Schrift betont.

Oberdeutsche allgemeine Litteraturzeitung, hrsg. v. Lorenz Hübner, Bd. 1, Salzburg-München 1794, I 457–472 (Adickes 1188b)

Es handelt sich ausdrücklich um eine zweite Rezension der ersten Auflage in derselben Zeitung, die den Herausgebern angesichts der heftigen Diskussion um das Werk angebracht schien

Ausführliche Auseinandersetzung auf hohem Niveau mit einer lesenswerten, sprachlich meist eigenständigen Zusammenfassung der Schrift. Der Rezensent liest die Religion konsequent unter der Fragestellung: »Sind auch nach der Kantischen Philosophie Religionslehren möglich? Welche? Wie weit reichen sie innerhalb der Grenzen der bloßen Vernunft? Ist auch nach der Vernunft selbst noch Raum für positive? In wie ferne?« und kommt zu dem Schluß, daß es gerade der Vorzug der Kritischen Philosophie Kants sei, für Religionsideen offen zu bleiben. Kritisiert wird allenfalls die »Darstellungsart«, die zu Mißdeutungen verleiten könne. Der Rez. empfiehlt die Schrift entsprechend auch »nur für strenge Selbstdenker«.

Philosophisches Journal für Moralität, Religion und Menschenwohl, Hrsg. v. K. Chr. E. Schmid, F. W. D. Snell, Bd. 2, 1. Heft, Jena 1793, 121–129 (Adickes 1080)

Kurze Darstellung der wesentlichen Inhalte. Der Rezensent hält die Schrift »zunächst ... freylich nur für die kleinere Anzahl derer bestimmt, die diese tiefsinnige Philosophie des Vf. durch sorgfältiges Studium seiner frühern Schriften schon eingeweiht und mit seiner unübertrefbar genauen und bestimmten Sprache vertraut sind«, empfiehlt aber eine anschaulichere Fassung ausdrücklich als Leitfaden für Lehrer der christlichen Religion. Hervorgehoben werden ausdrücklich die »festen sehr zeitmässigen und durchdachten Bemerkungen über Censur«.

Zur zweiten Auflage (B)

Ephemeriden der neuesten theologischen Literatur und Kirchengeschichte, Hrsg. von J. O. Thiess, Schleswig 1795, II 1–7 und 222. (Adikes 1537)

Göttingische Bibliothek der neuesten theologischen Litteratur, hrsg. v. J. Fr. Schleuser und C. Fr. Stäudlin, Bd. 1, Göttingen 1795, 45–55 (Adickes 1148b)
Zitat-Anthologie ohne ersichtlichen Nutzen, allerdings mit einigen zeitgeschichtlich aufschlußreichen Nebenbemerkungen zu der »allgemeinen Sensation«, die das Buch in Deutschland bei Freunden und Gegnern der Kantischen Philosophie erregt habe.

Neue allgemeine deutsche Bibliothek, Bd. 17, 1. Stück, Kiel 1795, 159–163 (Adickes 1439) (Verfasser offenbar G. E. Schulze)
Verzeichnet einige Zusätze von B, läßt allerdings interessanterweise die Asträa-Anmerkung weg (B 295). Die Forderung aus der Rezension zur ersten Auflage (s. o.) nach einer Interpretationstheorie für den Bibelgebrauch wird wiederholt.

Neues Journal für Prediger, Bd. 8. (= Journal für Prediger, Bd. 28), hrsg. v. Ch. Ch. Sturm, D. G. Niemeyer, H. B. Wognitz, Halle 1794, 204–233 (Adickes 1169g) (Ersch: »Neues J. f. Ph.[!] 8.II.204–233«)
Zitaten-Anthologie ohne Kommentar.

Neues theologisches Journal, hrsg. v. H. E. G. Paulus, Bd. 3, 6. Stück, Nürnberg 1794, 490–500 (Adickes 1143) [Verfasser: C. F. Ammon].
Eigenständige Auseinandersetzung mit Kants Bibelexegese.

Neueste critische Nachrichten, 7. Stück, Greifswald 1795, 49–51.
Bericht der Wirkung der ersten Rezension von 1793 auf die zweite Auflage (vgl. B XXIV, 20 e) und Verteidigung gegen Kant.

Philosophisches Journal, Hrsg. v. Abicht, Intelligenzblatt, Bd. 1, Erlangen 1794, 282–294, 348–363 (Adickes 1140), Nachdruck Brüssel 1970.
Verzeichnet alle wesentlichen erweiterten und neuen Anmerkungen der zweiten Auflage.

Preussisches Archiv, hrsg. von der königlichen Deutschen Gesellschaft in Königsberg, Königsberg 1795, 6. Jahrgang, Bd. 1, 303–304.
Eine bloße Anzeige.

»Z. f. P. 96. S. 421–427«
Bisher nicht bibliographierbare Angabe bei J. S. Ersch.

Weitere frühe Reaktionen

Zu den ersten persönlichen Reaktionen vgl. die Briefe an Kant, AA XI, 436 ff., u.a. von Fichte, Kiesewetter, Biester, Bouterwek, Hippel, Ammon, Mellin, Erhard und Reinhold.

(Anonym), Über Kants philosophische Religionslehre. In einem Briefe an einen Freund. Würzburg 1793.

Ascher, Samuel, Eisenmenger der Zweite, Berlin 1794.
Der direkte Anlaß für Ascher ist Fichtes Beitrag zur Bestätigung der Urteile des Publikums über die französische Revolution. Dabei widmet er sich ausführlich Kants Darstellung des Judentums in der Religion (12–79).

Jachmann, R. B., Prüfung der Kantischen Religionsphilosophie in Hinsicht auf die ihr beygelegte Aehnlichkeit mit dem reinen Mystizismus. Mit einer Einleitung von Kant. Königsberg 1800.
Reaktion auf Wilman, s.u.

Rätze, J. G., Betrachtungen über die Kantische Religion innerhalb der Grenzen der bloßen Vernunft, nebst einer

Abhandlung über den Skeptizismus überhaupt und über den Kantischen Skeptizismus insbesondere, Chemnitz 1794.

[Sattler, B. (anonym)], Wahres Verhältnis der Kantischen Philosophie zur christlichen Religion und Moral nach dem nunmehr redlich gethanen Geständnisse selbst des Hrn. Kant und seiner eifrigsten Anhänger, allen redlichen Christen zum reifen Bedacht vorgestellt vom Verf. des Anti-Kants, München 1794.

Storr, G. Chr., Annotationes quaedam theologicae ad philosophicam Kantii de religione doctrinam. Tübingen 1793.
Erschien im folgenden Jahr als deutsche Übersetzung: G. Ch. Storr's Bemerkungen über Kants philosophische Religionslehre aus dem Lateinischen nebst einigen Bemerkungen des Übersetzers [F. G. Süsskind), Tübingen 1794. Vgl. Kants Reaktion in der zweiten Auflage, BXXIV [13].

[Niethammer, Fr. I. (anonym)], Über Religion als Wissenschaft, zur Bestimmung des Inhalts der Religionen und der Behandlungsart ihrer Urkunden, Neustrelitz 1795.

Peutinger, U., Religion, Offenbarung und Kirche. In der reinen Vernunft aufgesucht, Salzburg 1795.

[Schulze, G. F. (anonym)], Einige Bemerkungen über Kants philosophische Religionslehre, Kiel 1795.

Unger, S. G., Zweifel und Erinnerungen gegen Hrn. Jm. Kants philosophische Religionslehre, Halberstadt 1795.

Über die sittliche Würde der Religion. Eine erläuternde Darstellung von Kants philosophsicher Religionslehre, Leipzig 1796.
Versuch einer historisch-kritischen Darstellung des bisherigen Einflusses der Kantischen Philosophie auf alle Zweige der wissenschaftlichen und praktischen Theologie. Zweiter Theil oder erste Fortsetzung. Helwingsche Hofbuchhandlung, Hannover 1798

Wilman, C. A., De similitudine inter Mysticismum purum et Kantianam religionis doctrinam, Halis Saxonum 1797
Darauf reagiert Jachmann (s. o.) und Kant selbst im Streit der Fakultäten.

C. Zu dieser Edition

Am Seitenrand der vorliegenden Edition sind die Paginierungen der zweiten Originalausgabe (B) von 1794 und in eckigen Klammern die der Akademie-Ausgabe zu finden. Der jeweilige Seitenumbruch ist durch einen Seitentrennstrich | im laufenden Text markiert. Kants eigene Anmerkungen zum Text werden mit arabischen Zahlen gezählt. Die Erläuterungen des Herausgebers sind am Seitenrand mit einem Asterisk * gekennzeichnet, der auf den Anhang verweist. Die wichtigsten Varianten der A-Auflage und Handschriften, Konjekturen und Textrevisionen früherer Editionen sowie die Übersetzungen der fremdsprachlichen Zitate finden sich unter Angabe der Zeile am Fuß der Seite.

Die unmittelbare Grundlage für die vorliegende Edition ist die B-Auflage der *Religion* von 1794, die gegenüber der A-Auflage von 1793 deutlich erweitert und von Kant autorisiert ist. Im Zweifel wurde der erhaltenen Handschrift zum *Ersten Stück* allerdings der Vorzug gegeben. Die Interpunktion wurde beibehalten und nur dort geändert bzw. ergänzt, wo sie offensichtlich falsch ist.[85] Die Orthographie wurde vorsichtig unter weitgehender Erhaltung des Lautstandes modernisiert. Im Unterschied zu der Edition Karl Vorländers in Band 45 der *Philosophischen Bibliothek* wurde auf Eingriffe in die Grammatik ganz verzichtet.

---

[85] Wobbermins Einschätzung, die Zeichensetzung sei regellos, teile ich – wie die meisten modernen Herausgeber – nicht.

Der gesamte Editionstext wurde mit dem Vorabdruck des *Ersten Stücks* in der *Berlinischen Monatsschrift*, der A-Auflage und den Ausgaben von Wobbermin, Buchenau, Vorländer, Weischedel und Malter verglichen. Alle wesentlichen Abweichungen zu diesen Ausgaben sind in den Lesarten verzeichnet.

Bedauerlicherweise ist heute nur noch die Handschrift zum *Ersten Stück* von 1792 erhalten.[86] Sie ist allerdings von Kant selbst sowohl inhaltlich als auch orthographisch korrigiert. Seine Modernisierungen wurden, sofern nicht schon im Original-Druck, für diese Edition ebenfalls durchgehend übernommen. Frühere Herausgeber hatten noch die Möglichkeit, in die zwischenzeitlich verschollenen Manuskripte für das *Zweite, Dritte* und z.T. *Vierte Stück* Einsicht zu nehmen. Insbesondere Buchenau hat die Abweichungen dieser Handschriften sehr genau dokumentiert (leider weist der Abdruck der Lesarten in der Cassirer-Ausgabe jedoch ein paar offensichtliche Lücken auf). Entsprechende Abweichungen wurden ebenfalls in den Lesarten verzeichnet und ggf. zur Korrektur herangezogen.

Die schon in den 90er Jahren des 18. Jahrhunderts erstellten Druckfehler-Verzeichnisse[87] enthalten ebenso wie die neueren Editionen insgesamt nur wenige weitreichende Textänderungen. Die Lesarten dokumentieren auch diese.

Die vorliegende Edition enthält zwei eigenmächtige Texteingriffe: S. 101,26–28 wurde ein logisches Subjekt

---

[86] Das Manuskript befindet sich heute im *Archiv hlavního m sta Prahi* (Hauptstadtarchiv Prag) unter der Signatur AMP, sbírka rukopis , rkp. . 7965.

[87] Schon beide Originaldrucke enthalten jeweils ein Druckfehler-Verzeichnis. Weiterhin erschienen im *Intelligenzblatt* der *Allgemeinen Deutschen Literaturzeitung* vom 22. Juni 1793 »Berichtigungen« (S. 488) und im *Neuen theologischen Journal*, 1797, Bd. IX, 303 f. ein »Verzeichnis der Druck- und Schreibfehler in der Schrift Religion etc.«

ergänzt und S. 234,21 f. ersetzt eine kontextbegründete Wortumstellung die z. T. massiven Texteingriffe früherer Herausgeber. Ansonsten konnten im Zuge der Nachweise historischer Zitat-Quellen Kants einige Textunsicherheiten geklärt und entsprechende spätere Texteingriffe zurückgenommen werden (z. B. 149,22: *Bedas* statt *Vedas*). Sämtliche Korrekturen sind am Fuß der Seite kommentiert und die Texteingriffe darüber hinaus im Text selbst eindeutig kenntlich gemacht.

Alle dieser Studienausgabe beigegebenen Register wurden für diese Edition neu erstellt. Hinweise zu Konzeption und Zitierweise finden sich jeweils vor den Registern

Ich danke Frau Alena Richterova für das Auffinden der richtigen Adresse, dem *Archiv hlavního m sta Prahi* (Hauptstadtarchiv Prag) für die Anfertigung und Zusendung einer Kopie des *Religion*s-Manuskripts und der *Marktkirche Goslar* für die Möglichkeit, ein Exemplar der Bibelausgabe Kants ausführlich einzusehen. Vor allem sei Wolfgang Bartuschat für seine Unterstützung und seine grundsätzlichen editions- und editorenkritischen Bemerkungen gedankt, außerdem Reinhard Brandt (Marburg), Peter Krause (Trier), Giovanni Sala (München) und Werner Stark (Marburg) für ihre freundlichen weiterführenden Hinweise und die spannenden Nachfragen zur richtigen Zeit. Ein ganz besonderer Dank gilt aber Jens-Sören Mann vom Meiner Verlag, der auch setzerischen Zumutungen wie Endlos-Anmerkungen, Fußnoten zu Fußnoten und einem zuweilen am Satzprogramm herummosernden Herausgeber jederzeit mit ebensoviel Sachkenntnis wie Humor begegnete.

Hamburg, Januar 2003   *Bettina Stangneth*

IMMANUEL KANT

Die Religion innerhalb der Grenzen der bloßen Vernunft

Die

Religion

innerhalb der Grenzen

der bloßen Vernunft.

Vorgestellt

von

Immanuel Kant.

Königsberg,

bey Friedrich Nicolovius.

1793.

| Vorrede zur ersten Auflage

* Die Moral, sofern sie auf dem Begriffe des Menschen, als eines freien, eben darum aber auch sich selbst durch seine Vernunft an unbedingte Gesetze bindenden Wesens, gegründet ist, bedarf weder der Idee eines anderen Wesens über ihm, um seine Pflicht zu erkennen, noch einer anderen Triebfeder als des Gesetzes selbst, um sie zu beobachten. Wenigstens ist es seine eigene Schuld, wenn sich ein solches Bedürfnis an ihm vorfindet, dem aber alsdann auch durch nichts anderes abgeholfen werden kann; weil, was nicht aus ihm selbst und seiner Freiheit entspringt, keinen Ersatz für den Mangel seiner Moralität abgibt. – Sie bedarf also zum Behuf ihrer selbst (sowohl objektiv, was das Wollen, als subjektiv, was | das Können betrifft) keineswegs der Religion, sondern, vermöge der reinen praktischen Vernunft, ist sie sich selbst genug. – Denn da ihre Gesetze durch die bloße Form der allgemeinen Gesetzmäßigkeit der danach zu nehmenden Maximen, als oberster (selbst unbedingter) Bedingung aller Zwecke, verbinden: so bedarf sie überhaupt gar keines materialen Bestimmungsgrundes der freien Willkür,[1] das ist | keines

---

[1] Diejenigen, denen der bloß formale Bestimmungsgrund (der Gesetzlichkeit) überhaupt, im Begriff der Pflicht zum Bestimmungsgrunde, nicht genügen will, gestehen dann doch, daß dieser nicht in der auf eigenes Wohlbehagen gerichteten Selbstliebe angetroffen werden könne. Da bleiben aber alsdann nur zwei Bestimmungsgründe übrig, einer, der rational ist, nämlich eigene Vollkommenheit, und ein anderer, der empirisch ist, fremde Glückseligkeit. – Wenn sie nun unter der ersteren nicht schon die

---

22 formale] Wobbermin, Buchenau, Vorländer: formale; A, B, Rosenkranz, Weischedel: fremde
24 dann] Vorländer: denn

[4] Zwecks, weder um, was Pflicht | sei, zu erkennen, noch dazu, daß sie ausgeübt werde, anzutreiben: sondern sie kann gar wohl und soll, wenn es auf Pflicht ankommt, von allen Zwecken abstrahieren. So bedarf es zum Beispiel, um zu wissen: ob ich vor Gericht in meinem Zeugnisse wahrhaft oder bei Abforderung eines mir anvertrauten fremden Guts treu sein soll (oder auch kann), gar nicht der Nachfrage nach einem Zweck, den ich mir, bei meiner Erklärung, zu bewirken etwa vorsetzen möchte, denn das ist gleichviel, was für einer es sei; vielmehr ist der, welcher, indem ihm sein Geständnis rechtmäßig abgefordert wird, noch nötig findet, sich nach irgend einem Zwecke umzusehen, hierin schon ein Nichtswürdiger.

Obzwar aber die Moral zu ihrem eigenen Behuf keiner Zweckvorstellung bedarf, die vor der Willlensbestimmung vorhergehen müßte, so kann es doch wohl sein, daß sie auf einen solchen Zweck eine notwendige Beziehung habe, nämlich, nicht als auf den Grund, sondern als auf

moralische, die nur eine einzige sein kann, verstehen (nämlich einen dem Gesetze unbedingt gehorchenden Willen), wobei sie aber im [4] Zirkel | erklären würden, so müßten sie die Naturvollkommenheit des Menschen, sofern sie einer Erhöhung fähig ist, und deren es viel geben kann (als Geschicklichkeit in Künsten und Wissenschaften, Geschmack, Gewandtheit des Körpers u. d. g.), meinen. Dies ist aber jederzeit nur bedingterweise gut, das ist, nur unter der Bedingung, daß ihr Gebrauch dem moralischen Gesetze (welches allein unbedingt gebietet) nicht widerstreite; also kann sie, zum Zwecke gemacht, nicht Prinzip der Pflichtbegriffe sein. Eben dasselbe gilt auch BV von dem auf Glückseligkeit anderer Menschen gerichteten Zwecke. | Denn eine Handlung muß zuvor an sich selbst nach dem moralischen Gesetze abgewogen werden, ehe sie auf die Glückseligkeit anderer gerichtet wird. Dieser ihre Beförderung ist also nur bedingterweise Pflicht, und kann nicht zum obersten Prinzip moralischer Maximen dienen.

16-18 daß sie ... habe] A: daß sie zu einem dergleichen in notwendiger Beziehung stehe die notwendigen Folgen der Maximen, die jenen gemäß genommen werden. – Denn ohne alle Zweckbeziehung kann gar keine Willensbestimmung im Menschen statt finden, weil sie nicht ohne alle Wirkung sein kann, deren Vorstellung, wenn gleich nicht als Bestimmungsgrund der Willkür und als ein in der Absicht vorhergehender Zweck, doch, als Folge von ihrer Bestimmung durchs Gesetz, zu einem Zwekke muß aufgenommen werden können (*finis in consequentiam veniens*), ohne welchen eine Willkür, die sich keinen, weder objektiv noch subjektiv bestimmten Gegenstand (den sie hat, oder haben sollte) zur vorhabenden Handlung hinzudenkt, zwar w i e sie, aber nicht w o h i n sie zu wirken habe, angewiesen, sich selbst nicht Genüge tun kann. So bedarf es zwar für die Moral zum Rechthandeln keines Zwecks, sondern das Gesetz, welches die formale Bedingung des Gebrauchs | der Freiheit überhaupt enthält, ist ihr genug. Aber aus der Moral geht doch ein Zweck | hervor; denn es kann der Vernunft doch unmöglich gleichgültig sein, wie die Beantwortung der Frage ausfallen möge: w a s d a n n a u s d i e s e m u n s e r e m R e c h t h a n d e l n h e r a u s k o m m e, und worauf wir, gesetzt auch, wir hätten dieses nicht völlig in unserer Gewalt, doch als auf einen Zweck unser Tun und Lassen richten könnten, um damit wenigstens zusammen zu stimmen. So ist es zwar nur eine Idee von einem Objekte, welches die formale Bedingung aller Zwecke, wie wir sie haben sollen, (die Pflicht) und zugleich alles damit zusammenstimmende Bedingte aller derjenigen Zwecke, die wir haben, (die jener ihrer Beobachtung angemessene Glückseligkeit) zusammen vereinigt in sich enthält, das ist, die Idee eines höchsten Guts in der Welt, zu dessen Möglichkeit wir ein höheres, moralisches, heiligstes und allvermögendes Wesen annehmen müssen, das allein

[5]

B VII

---

1 jenen] Wobbermin erwägt: jenen Gesetzen; Vorländer erwägt: jener Moral
20 dann] Vorländer: denn
32 müssen] A: müßten

beide Elemente desselben vereinigen kann; aber diese Idee ist (praktisch betrachtet) doch nicht leer; weil sie unserem natürlichen Bedürfnisse, zu allem unseren Tun und Lassen im ganzen genommen irgend einen Endzweck, der von der Vernunft gerechtfertigt werden kann, zu denken, abhilft, welches sonst ein Hindernis der moralischen Entschließung sein würde. Aber, was hier das Vornehmste ist, diese Idee geht aus der Moral hervor, und ist nicht die Grundlage derselben; ein Zweck, welchen sich zu machen schon sittliche Grundsätze voraussetzt. Es kann also der Moral nicht gleichgültig sein, ob sie sich den Begriff von einem Endzweck aller Dinge (wozu zusammen zu stimmen zwar die Zahl ihrer Pflichten nicht vermehrt, aber doch ihnen einen besonderen Beziehungspunkt der Vereinigung aller Zwecke verschafft) mache, oder nicht; weil dadurch allein der Verbindung der Zweckmäßigkeit aus Freiheit mit Zweckmäßigkeit der Natur, deren wir gar nicht entbehren können, objektiv praktische Realität verschafft werden kann. Setzt einen Menschen, der das moralische Gesetz verehrt und sich den Gedanken beifallen läßt (welches er schwerlich vermeiden kann), welche Welt er wohl, durch die praktische Vernunft geleitet, e r s c h a f f e n würde, wenn es in seinem Vermögen wäre, und zwar so, daß er sich selbst als Glied in dieselbe hineinsetzte, so würde er sie nicht allein gerade so wählen, als es jene moralische Idee vom höchsten Gut mit sich bringt, wenn | ihm bloß die Wahl überlassen wäre, sondern er würde auch wollen, daß eine Welt überhaupt existiere, weil das moralische Gesetz will, daß das höchste durch uns mögliche Gut bewirkt werde, ob er sich gleich nach dieser Idee selbst in Gefahr sieht, für seine Person an Glückseligkeit | sehr einzubüßen, weil es möglich ist, daß er vielleicht der Forderung der letzteren, welche die Vernunft zur Bedingung macht, nicht adäquat sein dürfte; mithin würde er dieses Urteil ganz par-

---

34 Urteil] Zusatz von B

teilos, gleich als von einem Fremden gefällt, doch zugleich für das seine anzuerkennen sich durch die Vernunft genötigt fühlen, wodurch der Mensch das in ihm moralisch gewirkte Bedürfnis beweist, zu seinen Pflichten sich noch einen Endzweck, als den Erfolg derselben, zu denken.

Moral also führt unumgänglich zur Religion, wodurch sie sich zur Idee eines machthabenden moralischen Gesetzgebers außer dem Menschen erweitert,[1] in dessen Willen dasjenige Endzweck (der Weltschöpfung) ist, was zugleich der Endzweck des Menschen sein kann und soll.

---

[1] Der Satz: es ist ein Gott, mithin es ist ein höchstes Gut in der Welt, wenn er (als Glaubenssatz) bloß aus der Moral hervorgehen soll, ist ein synthetischer *a priori*, der, | ob er gleich nur in praktischer Beziehung angenommen wird, doch über den Begriff der Pflicht, den die Moral enthält (und der keine Materie der Willkür, sondern bloß formale Gesetze derselben voraussetzt), hinausgeht, und aus dieser also analytisch nicht entwickelt werden kann. Wie ist aber ein solcher Satz *a priori* möglich? Das Zusammenstimmen mit der bloßen Idee eines moralischen Gesetzgebers aller Menschen ist zwar mit dem moralischen Begriffe von Pflicht überhaupt identisch, und sofern wäre der Satz, der diese Zusammenstimmung gebietet, analytisch. Aber die Annehmung seines Daseins sagt mehr als die bloße Möglichkeit eines solchen Gegenstandes. Den Schlüssel zur Auflösung dieser Aufgabe, so viel ich davon einzusehen glaube, kann ich hier nur anzeigen, ohne sie auszuführen.

Zweck ist jederzeit der Gegenstand einer Zuneigung, das ist, einer unmittelbaren Begierde zum Besitz einer Sache, vermittelst seiner Handlung; so wie das Gesetz (das praktisch gebietet) ein Gegenstand der Achtung ist. Ein objektiver Zweck (d.i. derjenige, den wir haben sollen) ist der, welcher uns von der bloßen Vernunft als ein solcher aufgegeben wird. Der Zweck, welcher die unumgängliche und zugleich zureichende Bedingung aller | übrigen enthält, ist der Endzweck. Eigene Glückseligkeit ist der subjektive Endzweck vernünftiger Weltwesen (den jedes derselben vermöge seiner von sinnlichen Gegenständen abhängigen Natur hat, und von dem es

---

32-33 unumgängliche und zugleich zureichende Bedingung aller] A: unausbleibliche Bedingung, und zugleich zureichende aller

Wenn die Moral an der Heiligkeit ihres Gesetzes einen Gegenstand der größten Achtung erkennt, | so stellt sie auf der Stufe der Religion an | der höchsten, jene Gesetze vollziehenden Ursache einen Gegenstand der Anbetung vor, und erscheint in ihrer Majestät. Aber alles, auch das Erhabenste, | verkleinert sich unter den Händen der Menschen, wenn sie die | Idee desselben zu ihrem Gebrauch verwenden. Was nur sofern wahrhaftig verehrt werden

ungereimt wäre, zu sagen: daß man ihn haben solle), und alle praktischen Sätze, die diesen Endzweck zum Grunde haben, sind synthetisch aber zugleich em|pirisch. Daß aber jedermann sich das höchste, in der Welt mögliche Gut zum Endzwecke machen solle, ist ein synthetischer praktischer Satz *a priori*, und zwar ein objektivpraktischer durch die reine Vernunft aufgegebener, weil er ein Satz ist, der über den Begriff der Pflichten in der Welt hinausgeht, und eine Folge derselben (einen Effekt) hinzutut, der in den moralischen Gesetzen nicht enthalten ist, und daraus also analytisch nicht entwickelt werden kann. Diese nämlich gebieten schlechthin, es mag auch der Erfolg derselben sein, welcher er wolle, ja sie nötigen sogar, davon gänzlich zu abstrahieren, wenn es auf eine besondere Handlung ankommt, und machen dadurch die Pflicht zum Gegenstande der größten Achtung, ohne uns einen Zweck (und Endzweck) vorzulegen und aufzugeben, der etwa die Empfehlung derselben und die Triebfeder zur Erfüllung unserer Pflicht ausmachen müßte. Alle Menschen könnten hieran auch genug haben, wenn sie (wie sie sollten) sich bloß an die Vorschrift der reinen Vernunft im Gesetz hielten. Was brauchen sie den Ausgang ihres moralischen Tuns und Lassens zu wissen, den der Weltlauf herbeiführen wird? Für sie ist's genug, daß sie ihre Pflicht tun; es mag nun | auch mit dem irdischen Leben alles aus sein, und wohl gar selbst in diesem Glückseligkeit und Würdigkeit vielleicht niemals zusammentreffen. Nun ist's aber eine von den unvermeidlichen Einschränkungen des Menschen und seines (vielleicht auch aller anderen Weltwesen) praktischen Vernunftvermögens, sich bei allen Handlungen nach dem Erfolg aus denselben umzusehen, um in diesem etwas aufzufinden, was zum Zweck für ihn dienen und auch die Reinigkeit der Absicht beweisen könnte, welcher in der Ausübung (*nexu effectivo*) zwar das letzte, in der Vorstellung aber und der Absicht (*nexu finali*) das erste ist. An diesem Zwecke nun, wenn er gleich durch die bloße Vernunft ihm vorgelegt wird, sucht der Mensch etwas, was er lieben kann; das Gesetz, also, was

kann, als die Achtung dafür frei ist, wird | genötigt, sich
nach solchen Formen zu bequemen, denen man nur durch
Zwangsgesetze Ansehen verschaffen kann, und was sich
von selbst der öffentlichen Kritik jedes Menschen bloß-
stellt, das muß sich einer Kritik, die Gewalt hat, d. i. einer
Zensur unterwerfen.

Indessen, da das Gebot: gehorche der Obrigkeit! doch
auch moralisch ist, und die Beobachtung desselben, wie
die von allen Pflichten, zur Religion gezogen werden
kann, so geziemt einer Abhandlung, welche dem bestimmten Begriffe der letzteren gewidmet ist, selbst ein
Beispiel dieses Gehorsams | abzugeben, der aber nicht
durch die Achtsamkeit bloß auf das Gesetz einer einzigen

ihm bloß Achtung einflößt, ob es zwar jenes als Bedürfnis nicht
anerkennt, erweitert sich doch zum Behuf desselben zur Aufnehmung des moralischen Endzwecks der Vernunft unter seine Bestimmungsgründe, das ist, der Satz: mache das höchste in der Welt mögliche Gut zu deinem Endzweck; ist ein synthetischer Satz *a priori*, der
durch das moralische Gesetz selbst eingeführt wird, und wodurch
gleichwohl die praktische Vernunft sich über das letztere erweitert,
welches dadurch möglich ist, daß jenes auf die Natureigenschaft des
Menschen, sich zu allen Handlungen noch außer dem Gesetz noch
einen Zweck denken zu müssen, bezogen wird (welche Eigenschaft
desselben ihn zum Gegenstande der Erfahrung macht), und ist
(gleichwie die theoretischen und dabei synthetischen Sätze *a priori*)
nur dadurch mög|lich, daß er das Prinzip *a priori* der Erkenntnis der
Bestimmungsgründe einer freien Willkür in der Erfahrung überhaupt enthält, sofern diese, welche die Wirkungen der Moralität in
ihren Zwecken darlegt, dem Begriff der Sittlichkeit, als Kausalität in
der Welt, objektive, obgleich nur praktische Realität verschafft. –
Wenn nun aber die strengste Beobachtung der moralischen | Gesetze
als Ursache der Herbeiführung des höchsten Guts (als Zwecks) gedacht werden soll: so muß, weil das Menschenvermögen dazu nicht
hinreicht, die Glückseligkeit in der Welt einstimmig mit der Würdigkeit glücklich zu sein zu bewirken, ein allvermögendes moralisches
Wesen als Weltherrscher angenommen werden, unter dessen Vorsorge dieses geschieht, d. i. die Moral führt unausbleiblich zur Religion.

22 noch außer] fehlt bei Vorländer

Anordnung im Staat, und blind in Ansehung jeder anderen, sondern nur durch vereinigte Achtung für alle vereinigt bewiesen werden kann. Nun kann der Bücher richtende Theolog entweder als ein solcher angestellt sein, der bloß für das Heil der Seelen, oder auch als ein solcher, der zugleich für das Heil der Wissenschaften Sorge zu tragen hat; der erste Richter bloß als Geistlicher, der zweite zugleich als Gelehrter. Dem letzteren als Gliede einer öffentlichen Anstalt, der (unter dem Namen einer Universität) alle Wissenschaften zur Kultur und zur Verwahrung gegen Beeinträchtigungen anvertraut sind, liegt es ob, die Anmaßungen des ersteren auf die Bedingung einzuschränken, daß seine Zensur keine Zerstörung im Felde der Wissenschaften anrichte, und wenn beide biblische Theologen sind, so wird dem letzteren als Universitätsgliede von derjenigen Fakultät, welcher diese Theologie abzuhandeln aufgetragen worden, die Oberzensur zukommen; weil, was die erste Angelegenheit (das Heil der Seelen) betrifft, beide einerlei Auftrag haben; was aber die zweite (das Heil der Wissenschaften) anlangt, der Theolog als Universitätsgelehrter noch eine besondere Funktion zu verwalten hat. Geht man von dieser Regel ab, so muß es endlich dahin kommen, wo es schon sonst (zum Beispiel zur Zeit des Galileo) gewesen ist, nämlich, daß der biblische Theolog, um den Stolz der Wissenschaften zu demütigen und sich selbst die Bemühung mit denselben zu ersparen, wohl gar in die Astronomie oder andere Wissenschaften, z. B. die alte Erdgeschichte, Einbrüche wagen, und, wie diejenigen Völker, die in sich selbst entweder nicht Vermögen, oder auch nicht Ernst genug finden, sich gegen besorgliche Angriffe zu verteidigen, alles um sich her in Wüstenei verwandeln, alle Versuche des menschlichen Verstandes in Beschlag nehmen dürfte.

Es steht aber der biblischen Theologie im Felde der Wissenschaften eine philosophische Theologie gegenüber, die das anvertraute Gut einer anderen Fakultät ist. Diese, wenn sie nur innerhalb der Grenzen der bloßen Vernunft

bleibt, und | zur Bestätigung und Erläuterung ihrer Sätze B XVI
die Geschichte, Sprachen, Bücher aller Völker, selbst die
Bibel benutzt, aber nur für sich, ohne diese Sätze in die biblische Theologie hineinzutragen, und dieser ihre öffentlichen Lehren, dafür der Geistliche privilegiert ist, ab-
ändern zu wollen, muß volle Freiheit haben, sich, so weit,
als ihre Wissenschaft reicht, auszubreiten; und obgleich,
wenn ausgemacht ist, daß der erste wirklich seine Grenze
überschritten, und in die biblische Theologie Eingriffe
getan habe, dem Theologen (bloß als Geistlichen betrachtet) das Recht der Zensur nicht bestritten werden kann, so
kann doch, sobald jenes noch bezweifelt wird, und also
die Frage eintritt, ob jenes durch eine Schrift, oder einen
anderen öffentlichen Vortrag des Philosophen geschehen
sei, nur dem biblischen Theologen, als Gliede seiner
Fakultät, die Oberzensur zustehen, weil dieser auch das
zweite Interesse des gemeinen Wesens, nämlich den Flor
der Wissenschaften, zu besorgen angewiesen, und ebenso
gültig als der erstere angestellt worden ist.| B XVII
Und zwar steht in solchem Falle dieser Fakultät, nicht
der philosophischen, die erste Zensur zu; weil jene allein
für gewisse Lehren privilegiert ist, diese aber mit den ihrigen ein offenes freies Verkehr treibt, daher nur jene darüber Beschwerde führen kann, daß ihrem ausschließlichen Rechte Abbruch geschehe. Ein Zweifel wegen des
Eingriffs aber ist, ungeachtet der Annäherung beider
sämtlicher Lehren zueinander, und der Besorgnis des
Überschreitens der Grenzen von Seiten der philosophischen Theologie, leicht zu verhüten, wenn man nur erwägt, daß dieser Unfug nicht dadurch geschieht, daß der
Philosoph von der biblischen Theologie etwas entlehnt,
um es zu seiner Absicht zu brauchen (denn die letztere
wird selbst nicht in Abrede sein wollen, daß sie nicht vie-

26-27 beider sämtlicher Lehren] Vorländer: sämtlicher Lehren beider

les, was ihr mit den Lehren der bloßen Vernunft gemein ist, überdem auch manches zur Geschichtskunde oder Sprachgelehrsamkeit und für deren Zensur Gehöriges enthalte); gesetzt auch, er brauche das, was er aus ihr borgt, in einer der | bloßen Vernunft angemessenen, der letzteren aber vielleicht nicht gefälligen Bedeutung; sondern nur sofern er in diese etwas hineinträgt, und sie dadurch | auf andere Zwecke richten will, als es dieser ihre Einrichtung verstattet. – So kann man z. B. nicht sagen, daß der Lehrer des Naturrechts, der manche klassische Ausdrücke und Formeln für seine philosophische Rechtslehre aus dem Kodex der römischen entlehnt, in diese einen Eingriff tue, wenn er sich derselben, wie oft geschieht, auch nicht genau in demselben Sinn bedient, in welchem sie nach den Auslegern des letzteren zu nehmen sein möchten, wofern er nur nicht will, die eigentlichen Juristen oder gar Gerichtshöfe sollten sie auch so brauchen. Denn, wäre das nicht zu seiner Befugnis gehörig, so könnte man auch umgekehrt den biblischen Theologen oder den statutarischen Juristen beschuldigen, sie täten unzählige Eingriffe in das Eigentum der Philosophie, weil beide, da sie der Vernunft und, wo es Wissenschaft gilt, der Philosophie nicht entbehren können, aus ihr sehr oft, obzwar nur zu ihrem beiderseitigen Behuf, borgen müssen. Sollte es aber bei dem ersteren darauf angesehen sein, mit der Vernunft in Religionsdingen, wo möglich, gar nichts zu schaffen zu haben, so kann man leicht voraussehen, auf wessen Seite der Verlust sein würde; denn eine Religion, | die der Vernunft unbedenklich den Krieg ankündigt, wird es auf die Dauer gegen sie nicht aushalten. – Ich getraue mir sogar in Vorschlag zu bringen: ob es nicht wohlgetan sein würde, nach Vollendung der akademischen Unterweisung in der biblischen Theologie, jederzeit noch eine besondere Vorlesung über die reine philosophische Religionslehre (die sich alles, auch die Bibel, zu Nutze macht), nach einem Leitfaden, wie etwa dieses Buch (oder auch ein anderes, wenn man ein besseres von derselben Art haben kann), als zur vollständigen Ausrüstung des Kandidaten erforderlich, zum Beschlusse hinzuzufügen. – Denn die Wissenschaften gewinnen lediglich durch die Absonderung, sofern jede vorerst für sich ein Ganzes ausmacht, und nur dann allererst mit ihnen der Versuch angestellt wird, sie in Vereinigung zu betrachten. Da mag nun der biblische Theolog mit dem Philosophen einig sein, oder ihn widerlegen zu müssen glauben; wenn er ihn nur hört. Denn so kann er allein wider alle Schwierigkeiten, die ihm dieser machen dürfte, zum voraus bewaffnet sein. Aber diese zu verheimlichen, auch wohl als ungöttlich zu verrufen, ist ein armseliger Behelf, der nicht Stich hält; beide aber zu ver|mischen, und von Seiten des biblischen Theologen nur gelegentlich flüchtige Blicke darauf zu werfen, ist ein Mangel der Gründlichkeit, bei dem | am Ende niemand recht weiß, wie er mit der Religionslehre im ganzen dran sei.

Von den folgenden vier Abhandlungen, in denen ich nun, die Beziehung der Religion auf die menschliche, teils mit guten teils bösen Anlagen behaftete, Natur bemerklich zu machen, das Verhältnis des guten und bösen Prinzips, gleich als zweier für sich bestehender, auf den Menschen einfließender, wirkenden Ursachen vorstelle, ist die erste schon in der Berlinischen Monatsschrift April 1792 eingerückt gewesen, konnte aber wegen des genauen Zusammenhangs der Materien von dieser Schrift, welche in den drei jetzt hinzukommenden die völlige Ausführung derselben enthält, nicht wegbleiben. –

---

28 wegbleiben.] A fährt mit neuem Absatz fort. Die auf den ersten Bogen von der meinigen abweichende Orthographie wird der Leser wegen der Verschiedenheit der Hände, die an der Abschrift gearbeitet haben, und der Kürze der Zeit, die mir zur Durchsicht übrig blieb, entschuldigen.

Vorrede zur zweiten Auflage

In dieser ist, außer den Druckfehlern, und einigen wenigen verbesserten Ausdrücken, nichts geändert. Die neu hinzugekommenen Zusätze sind mit einem Kreuz † bezeichnet unter den Text gesetzt.

Von dem Titel dieses Werkes (denn in Ansehung der unter demselben verborgenen Absicht sind auch Bedenken geäußert worden) merke ich noch an: Da Offenbarung doch auch reine Vernunftreligion in sich wenigstens begreifen kann, aber nicht umgekehrt diese das Historische der ersteren, so werde ich jene als eine weitere Sphäre des Glaubens, welche die letztere, als eine engere, in sich beschließt, (nicht als zwei außer einander befindliche, sondern als konzentrische Kreise) betrachten können, innerhalb deren letzterem der Philosoph sich als reiner Vernunftlehrer (aus bloßen Prinzipien *a priori*) halten, hierbei also von aller Erfahrung abstrahieren muß. Aus diesem Standpunkte kann ich nun auch den zweiten Versuch machen, nämlich von irgend einer dafür gehaltenen Offenbarung auszugehen, und, indem ich von der reinen Vernunftreligion (sofern sie ein für sich bestehendes System ausmacht) abstrahiere, die Offenbarung, als historisches System, an moralische Begriffe bloß fragmentarisch halten und sehen, ob dieses nicht zu demselben reinen Vernunftsystem der Religion zurück führe, welches zwar nicht in theoretischer Absicht (wozu auch die technisch-praktische, der Unterweisungsmethode, als einer Kunstlehre gezählt werden muß), aber doch in moralisch-praktischer Absicht selbständig und

---

4-5 mit einem Kreuz] In dieser Ausgabe sind alle Fußnoten einheitlich gekennzeichnet, da die besondere Kennzeichnung schon in der B-Auflage nicht durchgängig ist. Auf die Zusätze von B wird gesondert hingewiesen.

für eigentliche Religion, die, als Vernunftbegriff, *a priori*
(der | nach Weglassung alles Empirischen übrig bleibt) nur
in dieser Beziehung statt findet, hinreichend sei. Wenn dieses zutrifft, so wird man | sagen können, daß zwischen Vernunft und Schrift nicht bloß Verträglichkeit, sondern auch
Einigkeit anzutreffen sei, so daß, wer der einen (unter Leitung der moralischen Begriffe) folgt, nicht ermangeln
wird, auch mit der anderen zusammen zu treffen. Träfe es
sich nicht so, so würde man entweder zwei Religionen in
einer Person haben, welches ungereimt ist, oder eine Religion und einen Kultus, in welchem Fall, da letzterer
nicht (so wie Religion) Zweck an sich selbst ist, sondern
nur als Mittel einen Wert hat, beide oft müßten zusammengeschüttelt werden, um sich auf kurze Zeit zu verbinden,
alsbald aber wie Öl und Wasser sich wieder von einander
scheiden, und das Reinmoralische (die Vernunftreligion)
obenauf müßten schwimmen lassen.

Daß diese Vereinigung oder der Versuch derselben ein
dem philosophischen Religionsforscher mit vollem Recht
gebührendes Geschäft und nicht Eingriff in die ausschließlichen Rechte des | biblischen Theologen sei, habe
ich in der ersten Vorrede angemerkt. Seitdem habe ich
diese Behauptung in der Moral des sel. Michaelis (erster Teil, S. 5-11), eines in beiden Fächern wohl bewanderten Mannes, angeführt, und durch sein ganzes Werk ausgeübt gefunden, ohne daß die höhere Fakultät darin
etwas ihren Rechten Präjudizierliches angetroffen hätte.

Auf die Urteile würdiger, genannter und ungenannter
Männer, über diese Schrift, habe ich in dieser zweiten
Auflage, da sie (wie alles auswärtige Literarische) in unseren Gegenden sehr spät einlaufen, nicht Bedacht nehmen
können, wie ich wohl gewünscht hätte, vornehmlich in
Ansehung der *Annotationes quaedam theologicae etc.* des
berühmten Herrn D. Storr in Tübingen, der sie mit seinem gewohnten Scharfsinn, zugleich auch mit einem den
größten Dank verdienenden Fleiße und Billigkeit in Prüfung genommen hat, welche zu erwidern ich zwar Vorha-

bens bin, es aber zu versprechen, der Beschwerden wegen, die das Alter, vornehmlich der Bearbeitung abstrakter Ideen, entgegen setzt, mir nicht getraue. – Ei|ne Beurteilung, nämlich die in den Greifswalder N. Crit. Nachrichten 29. Stück, kann ich ebenso kurz abfertigen, als es der Rezensent mit der Schrift selbst getan hat. Denn, sie ist seinem Urteile nach nichts anderes, als Beantwortung der mir von mir selbst vorgelegten Frage: »wie ist das kirchliche System der Dogmatik in seinen Begriffen und Lehrsätzen nach reiner (theor. und prakt.) Vernunft möglich«. – »Dieser Versuch gehe also überall diejenigen nicht an, die sein (K-s) System so wenig kennen und verstehen, als sie dieses zu können verlangen, und für sie also | als nicht existierend anzusehen sei.« – Hierauf antworte ich: Es bedarf, um diese Schrift ihrem wesentlichen Inhalte nach zu verstehen, nur der gemeinen Moral, ohne sich auf die Kritik der p. Vernunft, noch weniger aber der theoretischen einzulassen, und, wenn z. B. die Tugend, als Fertigkeit in pflichtmäßigen **Handlungen** (ihrer Legalität nach) *virtus phaenomenon*, dieselbe aber, als standhafte **Gesinnung** solcher **Handlungen aus Pflicht** (ihrer Moralität wegen) *virtus noumenon* genannt wird, so sind diese Ausdrücke nur | der Schule wegen gebraucht, die Sache selbst aber in der populärsten Kinderunterweisung, oder Predigt, wenn gleich mit anderen Worten, enthalten und leicht verständlich. Wenn man das letztere nur von den zur Religionslehre gezählten Geheimnissen von der göttlichen Natur rühmen könnte, die, als ob sie ganz populär wären, in die Katechismen gebracht werden, späterhin aber allererst in moralische Begriffe verwandelt werden müssen, wenn sie für jedermann verständlich werden sollen!

Königsberg, den 26. Januar 1794.

13 können] Unterscheidungsmerkmal der Auflage B von dem Nachdruck desselben Jahres: B: können. B²: kennen.

Inhalt

Erstes Stück. Von der Einwohnung des bösen Prinzips neben dem Guten; d.i. vom radikalen Bösen in der menschlichen Natur.
S. B 3 / A 3

Zweites Stück. Vom Kampf des guten Princips mit dem bösen, um die Herrschaft über den Menschen. S. B 65 / A 61

Drittes Stück. Vom Sieg des guten Prinzips über das Böse und der Stiftung eines Reichs Gottes auf Erden. S. B 223 / A 209

Viertes Stück. Vom Dienst und Afterdienst der Herrschaft des guten Prinzips, oder von Religion und Pfaffentum. S. B 224 / A 209

---

10 das Böse] A, D, Weischedel, Malter: das Böse; Buchenau, Wobbermin: das bose

Der
Philosophischen Religionslehre
Erstes Stück

| Erstes Stück

Von der *Einwohnung des bösen Prinzips*
neben dem guten:
oder
über das radikale Böse
in der menschlichen Natur

Daß die Welt im Argen liege: ist eine Klage, die so alt ist als die Geschichte, selbst als die noch ältere Dichtkunst, ja gleich alt mit der ältesten unter allen Dichtungen, der Priesterreligion. Alle lassen gleichwohl die Welt vom Guten anfangen: vom goldenen Zeitalter, vom Leben im Paradiese oder von einem noch glücklicheren, in Gemeinschaft mit himmlischen Wesen. Aber dieses Glück lassen sie bald wie einen Traum verschwinden; und nun den Verfall ins Böse (das Moralische, mit welchem das Physische immer | zu gleichen Paaren ging) zum Ärgeren mit akzeleriertem Falle eilen:[1] so daß wir jetzt (dieses Jetzt aber ist so alt, als die Geschichte) in der letzten Zeit leben, der jüngste Tag und der Welt Untergang vor der Tür ist, und in einigen Gegenden von Hindostan der Weltrichter und Zerstörer Ruttren (sonst auch Siba oder Siwen genannt) schon als der jetzt machthabende Gott verehrt wird, nachdem der Welterhalter Wischnu, seines Amts,

[1] Aetas parentum, peior avis, tulit / Nos nequiores, mox daturos / Progeniem vitiosiorem. *Horat.*

2-6 Von ... oder] Zusatz von A, B
17 Jetzt] zu sperren nach Handschrift
25 Aetas...] Übersetzung des Hrsg.: »Das Zeitalter der Eltern, schlechter als das der Vorfahren, hat uns erzeugt, die wir noch schlechter sind, die wir bald eine noch lasterhaftere Nachkommenschaft erzeugen werden.«

das er vom Weltschöpfer Brahma übernahm, müde, es schon seit Jahrhunderten niedergelegt hat.

Neuer, aber weit weniger ausgebreitet, ist die entgegengesetzte heroische Meinung, die wohl allein unter Philosophen, und in unseren Zeiten vornehmlich unter Pädagogen, Platz gefunden hat: daß die Welt gerade | in umgekehrter Richtung, nämlich vom Schlechten zum Besseren, unaufhörlich (obgleich kaum merklich) fortrücke, wenigstens die Anlage dazu in der menschlichen Natur anzutreffen sei. Diese Meinung aber haben sie sicherlich nicht aus der Erfahrung geschöpft, wenn vom Moralisch-Guten oder Bösen (nicht von der Zivilisierung) die Rede ist; denn da | spricht die Geschichte aller Zeiten gar zu mächtig gegen sie; sondern es ist vermutlich bloß eine gutmütige Voraussetzung der Moralisten von Seneca bis zu Rousseau, um zum unverdrossenen Anbau des vielleicht in uns liegenden Keimes zum Guten anzutreiben, wenn man nur auf eine natürliche Grundlage dazu im Menschen rechnen könne. Hierzu kommt noch: daß, da man doch den Menschen von Natur (d.i. wie er gewöhnlich geboren wird) als, dem Körper nach, gesund annehmen muß, keine Ursache sei, ihn nicht auch der Seele nach eben so wohl von Natur für gesund und gut anzunehmen. Diese sittliche Anlage zum Guten in uns auszubilden, sei uns also die Natur selbst beförderlich. *Sanabilibus aegrotamus malis nosque in rectum genitos natura, si sanari velimus, adiuvat,* sagt Seneca.

Weil es aber doch wohl geschehen sein könnte, daß man sich in beider angeblichen Erfahrung geirrt hätte; so ist die Frage: ob nicht ein Mittleres wenigstens möglich sei, nämlich: daß der Mensch in seiner Gattung weder gut noch böse, oder allenfalls auch eines sowohl als das andere, zum Teil gut, zum Teil böse sein könne? – Man nennt aber einen

---

26-27 Sanabilibus] Übersetzung des Hrsg.: »Wir kranken an heilbaren Übeln, und uns, die wir zum Rechten erzeugt sind, hilft die Natur, wenn wir geheilt werden wollen.«

Menschen böse, nicht darum, weil er Handlungen ausübt, welche böse (gesetzwidrig) sind; sondern weil diese so beschaffen sind, daß sie auf böse Maximen in ihm schließen lassen. Nun kann man zwar gesetzwidrige | Handlungen durch Erfahrung bemerken, auch (wenigstens an sich selbst) daß sie mit Bewußtsein gesetzwidrig sind; aber die Maximen kann man nicht beobachten, sogar nicht allemal in sich selbst, mithin das Urteil, daß der Täter ein böser Mensch sei, nicht mit Sicherheit auf Erfahrung gründen. Also müßte sich aus einigen, ja aus einer einzigen mit Bewußtsein bösen Handlung, *a priori* auf eine böse zum Grunde liegende Maxime, und aus dieser auf einen in dem Subjekt allgemein liegenden Grund aller besonderen moralisch-bösen Maximen, der selbst wiederum Maxime ist, schließen lassen, um einen Menschen böse zu nennen.

Damit man sich aber nicht sofort am Ausdrucke Natur stoße, welcher, wenn er (wie gewöhnlich) das Gegenteil des Grundes der Handlungen aus Freiheit bedeuten sollte, mit den Prädikaten moralisch-*g u t* oder böse in geradem Widerspruch stehen würde; so ist zu merken: daß hier unter der Natur des Menschen nur der subjektive Grund des Gebrauchs seiner Freiheit überhaupt (unter objektiven moralischen Gesetzen), der vor aller in die Sinne fallenden Tat vorhergeht, verstanden werde; dieser Grund mag nun liegen, worin er wolle. Dieser subjektive Grund muß aber immer wiederum selbst ein Aktus der Freiheit sein (denn sonst könnte der Gebrauch, oder Mißbrauch der Willkür des Menschen, in Ansehung des sittlichen Gesetzes, ihm nicht zugerechnet werden, und das Gute oder Böse | in ihm nicht moralisch heißen). Mithin kann in keinem die Willkür durch Neigung bestimmenden Objekte, in keinem Naturtriebe, sondern nur in einer Regel, die die Willkür sich selbst für den Gebrauch ihrer Freiheit macht, d. i. in einer Maxime, der Grund des

---

19 gut] zu sperren nach der Handschrift

Bösen liegen. Von dieser muß nun nicht weiter gefragt werden können, was der subjektive Grund ihrer Annehmung, und nicht vielmehr der entgegengesetzten Maxime, im Menschen sei. Denn wenn dieser Grund zuletzt selbst keine Maxime mehr, sondern ein bloßer Naturtrieb wäre; so würde der Gebrauch der Freiheit ganz auf Bestimmung durch Naturursachen zurückgeführt werden können; welches ihr aber widerspricht. Wenn wir also sagen: der Mensch ist von Natur gut, oder, er ist von Natur böse: so bedeutet dieses nun so viel, als: er enthält einen (uns unerforschlichen) ersten Grund[1] der Annehmung guter, oder der Annehmung | böser (gesetzwidriger) Maximen; und zwar allgemein als Mensch, mithin so, daß er durch dieselbe zugleich den Charakter seiner Gattung ausdrückt.

Wir werden also von einem dieser Charaktere (der Unterscheidung des Menschen von anderen möglichen vernünftigen Wesen) sagen: er ist ihm **angeboren**; und

---

[1] Daß der erste subjektive Grund der Annehmung moralischer Maximen unerforschlich sei, ist daraus schon vorläufig zu ersehen: daß, da diese Annehmung frei ist, der Grund derselben (warum ich z. B. eine böse und nicht vielmehr eine gute Maxime angenommen habe) in keiner Triebfeder der Natur, sondern immer wiederum in einer Maxime gesucht werden muß; und, da auch diese eben so wohl ihren Grund haben muß, außer der Maxime aber kein **Bestimmungsgrund** der freien Willkür angeführt werden soll und kann, man in der Reihe der subjektiven Bestimmungsgründe ins Unendliche immer weiter zurück gewiesen wird, ohne auf den ersten Grund kommen zu können.

---

7 Bestimmung] A, Wobbermin, Buchenau, Weischedel, Malter: Bestimmung; B, Vorländer: Bestimmungen. Dem Singular aus A ist der Vorzug zu geben, denn die Betonung liegt auf der zweiten möglichen Bestimmung neben der aus Freiheit.

7 Naturursachen] Handschrift, Vorländer, Wobbermin, Buchenau, Malter: Naturursachen; A, B und Weischedel: Natursachen (Druckfehler). Zuerst verbessert im *N.th.J.*

doch dabei uns immer bescheiden, daß nicht die Natur
die Schuld derselben (wenn er böse ist) oder das Verdienst (wenn er gut ist) trage, sondern daß der Mensch
selbst Urheber desselben sei. Weil aber | der erste Grund [22]
der Annehmung unserer Maximen, der selbst immer
wiederum in der freien Willkür liegen muß, kein Faktum
sein kann, das in der Erfahrung gegeben werden könnte:
so heißt das Gute oder Böse im Menschen (als der subjektive erste Grund der Annehmung dieser oder jener Maxime, in Ansehung des moralischen Gesetzes) bloß in
dem Sinne angeboren, als es vor allem in der Erfahrung
gegebenen Gebrauche der Freiheit (in der frühesten Jugend bis zur Geburt zurück) zum Grunde gelegt wird,
und so, als mit der Geburt zugleich im Menschen vorhanden, vorgestellt wird: nicht daß die Geburt eben die
Ursache davon sei.

Anmerkung

Dem Streite beider oben aufgestellten Hypothesen liegt
ein disjunktiver Satz zum Grunde: der Mensch ist
(von Natur) entweder sittlich gut oder sittlich| B9
böse. Es fällt aber jedermann leicht bei, zu fragen: ob es
auch mit dieser Disjunktion seine Richtigkeit habe; und
ob nicht jemand behaupten könne, der Mensch sei von
Natur keines von beiden; ein anderer aber: er sei beides
zugleich, nämlich in einigen Stücken gut, in anderen
böse. Die Erfahrung scheint sogar dieses Mittlere zwischen beiden Extremen zu bestätigen.

Es liegt aber der Sittenlehre überhaupt viel daran,
keine moralischen Mitteldinge, weder in Handlungen
(*adiaphora*), noch in menschlichen Charakteren, solange
es möglich ist, einzuräumen: weil bei einer solchen

2 derselben] Wobbermin erwägt, Vorländer: desselben
4 erste] zu sperren nach Handschrift

Doppelsinnigkeit alle Maximen Gefahr laufen, ihre Bestimmtheit und Festigkeit einzubüßen. Man nennt gemeiniglich die, welche dieser strengen Denkungsart zugetan sind (mit einem Namen, der einen Tadel in sich fassen soll, in der Tat aber Lob ist): Rigoristen; und so kann man ihre Antipoden Latitudinarier nennen. Diese sind also entweder Latitudinarier der Neutralität, und mögen Indifferentisten, oder der Koalition, und können Synkretisten genannt werden.[1]

---

[1] Wenn das Gute = a ist, so ist sein kontradiktorisch Entgegengesetztes das Nichtgute. Dieses ist nun die Folge entweder eines bloßen Mangels eines Grundes des Guten = 0, oder eines positiven Grundes des Widerspiels desselben = − a. Im letzteren Falle kann das Nichtgute auch das positive Böse heißen. (In Ansehung des Vergnügens und Schmerzens gibt es ein dergleichen Mittleres, so|daß das Vergnügen = a, der Schmerz = − a, und der Zustand, worin keines von beiden angetroffen wird, die Gleichgültigkeit = 0 ist.) Wäre nun das moralische Gesetz in uns | keine Triebfeder der Willkür; so würde Moralischgut (Zusammenstimmung der Willkür mit dem Gesetze) = a, Nichtgut = 0, dieses aber die bloße Folge vom Mangel einer moralischen Triebfeder = a x 0 sein. Nun ist es aber in uns Triebfeder = a; folglich ist der Mangel der Übereinstimmung der Willkür mit demselben (= 0) nur als Folge von einer realiter entgegengesetzten Bestimmung der Willkür, d. i. einer Widerstrebung derselben = − a, d. i. nur durch eine böse Willkür, möglich; und zwischen einer bösen und guten Gesinnung (innerem Prinzip der Maximen), nach welcher auch die Moralität der Handlung beurteilt werden muß, gibt es also nichts Mittleres. Eine moralisch-gleichgültige Handlung (*adiaphoron morale*) würde eine bloß aus Naturgesetzen erfolgende Handlung sein, die also aufs sittliche Gesetz, als Gesetz der Freiheit, in gar keiner Beziehung steht; indem sie kein Faktum ist und in Ansehung ihrer weder Gebot, noch Verbot, noch auch Erlaubnis (gesetzliche Befugnis) statt findet, oder nötig ist.

---

15 Schmerzens] Vorländer: Schmerzes
22 der Mangel] Vorländer: an Mangel
28-33 Eine moralisch-gleichgültige ... nötig ist] Zusatz von B

Die Beantwortung der gedachten Frage nach der rigoristischen Entscheidungsart¹ gründet sich auf | der für die Moral wichtigen Bemerkung: die Freiheit der Willkür ist von der ganz eigentümlichen Beschaf|fenheit,
5 daß sie durch keine Triebfeder zu einer Handlung bestimmt werden kann, als nur sofern der Mensch sie in seine Maxime aufgenommen hat (es sich zur allgemeinen Regel gemacht hat, nach der er sich ver-

¹ Herr Prof. Schiller mißbilligt in seiner mit Meisterhand
10 verfaßten Abhandlung (Thalia 1793, 3tes Stück) über Anmut und
* Würde in der Moral diese Vorstellungsart der Verbindlichkeit, als ob sie eine karthäuserartige Gemutsstimmung bei sich führe; allein ich kann, da wir in den wichtigsten Prinzipien einig sind, auch in diesem keine Uneinigkeit statuieren; wenn wir uns nur untereinander
15 verständlich machen können. – Ich gestehe | gern: daß ich dem Pflichtbegriffe, gerade um seiner Würde willen, keine Anmut beigesellen kann. Denn er enthält unbedingte Nötigung, womit Anmut in geradem Widerspruch steht. Die Majestät des Gesetzes (gleich dem auf Sinai) flößt Ehrfurcht ein (nicht Scheu, welche zurückstößt,
20 auch nicht Reiz, der zur Vertraulichkeit einladet), welche Achtung des Untergebenen gegen seinen Gebieter, in diesem Fall aber, da dieser in uns selbst liegt, ein Gefühl des Erhabenen unserer eigenen Bestimmung erweckt, was uns mehr hinreißt als alles Schöne. – Aber die Tugend, d. i. die fest gegründete Gesinnung, seine Pflicht genau
25 zu erfüllen, ist in ihren Folgen auch wohltätig, mehr wie alles, was Natur oder Kunst in der Welt leisten mag; und das herrliche Bild der Menschheit, in dieser ihrer Gestalt aufgestellt, verstattet gar wohl die Begleitung der Grazien, die aber, wenn noch von Pflicht allein die Rede ist, sich in ehrerbietiger Entfernung halten. Wird aber auf die
30 anmutigen Folgen gesehen, welche die Tugend, wenn sie überall Eingang fände, in der Welt verbreiten würde, so zieht alsdann die moralisch-gerichtete Vernunft die Sinnlichkeit (durch die Einbildungskraft) mit ins Spiel. Nur nach bezwungenen Ungeheuern wird
* Herkules Musaget, vor welcher Arbeit jene gute Schwestern zu-
35 rückbeben. Diese Begleiterinnen der Venus Urania sind Buhlschwestern im Gefolge der Venus Dione, sobald sie sich ins Geschäft der Pflichtbestimmung einmischen und die Triebfedern dazu hergeben

9 (Schiller-Fußnote)] Zusatz von B

halten will); so allein kann eine Triebfeder, welche sie auch sei, mit der absoluten Spontaneität der Willkür (der Freiheit) zusammen bestehen. Allein das moralische Gesetz ist für sich selbst, im Urteile der Vernunft, Triebfeder und, wer es zu seiner Maxime macht, ist moralisch gut. Wenn nun das Gesetz jemandes Willkür, in Ansehung einer auf dasselbe sich beziehenden Handlung, doch nicht bestimmt; so muß eine ihm entgegengesetzte Triebfeder auf die Willkür desselben Einfluß haben; und, da dieses vermöge der Voraussetzung nur dadurch geschehen kann, daß der Mensch diese (mithin auch die Abweichung vom moralischen Gesetze) in seine Maxime aufnimmt (in welchem Falle er ein böser Mensch ist); so ist seine Gesin|nung in Ansehung des moralischen Gesetzes niemals indifferent (niemals keines von beiden, weder gut, noch böse).

Er kann aber auch nicht in einigen Stücken sittlich gut, in anderen zugleich böse sein. Denn ist er in einem gut, so hat er das moralische Gesetz in seine Maxime aufgenom-

wollen. – Fragt man nun, welcherlei ist die ästhetische Beschaffenheit, gleichsam das |Temperament der Tugend, mutig, mithin fröhlich, oder ängstlich-gebeugt und niedergeschlagen? so ist kaum eine Antwort nötig. Die letztere sklavische Gemütsstimmung kann nie ohne einen verborgenen Haß des Gesetzes statt finden, und das | fröhliche Herz in Befolgung seiner Pflicht (nicht die Behaglichkeit in Anerkennung desselben) ist ein Zeichen der Echtheit tugendhafter Gesinnung, selbst in der Frömmigkeit, die nicht in der Selbstpeinigung des reuigen Sünders (welche sehr zweideutig ist und gemeiniglich nur innerer Vorwurf ist, wider die Klugheitsregel verstoßen zu haben), sondern im festen Vorsatz, es künftig besser zu machen, besteht, der, durch den guten Fortgang angefeuert, eine fröhliche Gemütsstimmung bewirken muß, ohne welche man nie gewiß ist, das Gute auch lieb gewonnen, d.i. es in seine Maxime aufgenommen zu haben.

---

1 will] zu sperren nach Handschrift
9 desselben] Zusatz von B

men; sollte er also in einem anderen Stücke zugleich böse sein, so würde, weil das moralische Gesetz der Befolgung der Pflicht überhaupt nur ein einziges und allgemein ist, die auf dasselbe bezogene Maxime allgemein, zugleich aber nur eine besondere Maxime sein: welches sich widerspricht.[1]

| Die eine oder die andere Gesinnung als angeborene Beschaffenheit von Natur haben, bedeutet hier auch nicht, daß sie von dem Menschen, der sie hegt, gar nicht erworben, d. i. er nicht Urheber sei; sondern, daß sie nur nicht in der Zeit erworben sei (daß er eines oder das andere von Jugend auf sei immerdar). Die Gesinnung, d. i. der erste subjektive Grund der Annehmung der Maximen, kann nur eine einzige sein, und geht allgemein auf den ganzen Gebrauch der Freiheit. Sie selbst aber muß auch durch freie Willkür angenommen worden sein, denn sonst könnte sie nicht zugerechnet werden. Von dieser Annehmung kann nun nicht wieder der subjektive Grund, oder die Ursache, erkannt werden (obwohl danach zu fragen unvermeidlich ist; weil sonst wie-

---

[1] Die alten Moralphilosophen, die so ziemlich alles erschöpften, was über die Tugend gesagt werden kann, haben obige zwei Fragen auch nicht unberührt gelassen. Die erste drückten sie so aus: Ob die Tugend erlernt werden müsse (der Mensch also von Natur gegen sie und das Laster indifferent sei)? Die zweite war: Ob es mehr als eine Tugend gebe (mithin es nicht etwa statt finde, daß der Mensch | in einigen Stücken tugendhaft, in anderen lasterhaft sei)? Beides wurde von ihnen mit rigoristischer Bestimmtheit verneint, und das mit Recht: denn sie betrachteten die Tugend an sich in der Idee der Vernunft (wie der Mensch sein soll). Wenn man dieses moralische Wesen aber, den Menschen in der Erscheinung, d. i. wie ihn uns die Erfahrung kennen läßt, sittlich beurteilen will, so kann man beide angeführte Fragen bejahend beantworten; denn da wird er nicht auf der Waage der reinen Vernunft (vor einem göttlichen Gericht), sondern nach empirischem Maßstabe (von einem menschlichen Richter) beurteilt. Wovon in der Folge noch gehandelt werden wird.

derum eine Maxime angeführt werden müßte, in welche diese Gesinnung aufgenommen worden, die eben so wiederum ihren Grund haben muß). Weil wir also diese Gesinnung oder vielmehr ihren obersten Grund nicht von irgend einem ersten Zeit-Aktus der Willkür ableiten können, so nennen wir sie eine Beschaffenheit der Willkür, die ihr (ob sie gleich in der Tat in der Freiheit gegründet ist) von Natur zukommt. Daß wir aber unter dem Menschen, von dem wir sagen, er sei von Natur gut oder böse, nicht den einzelnen verstehen (da alsdann einer als von Natur gut, der andere als böse angenommen werden könnte), sondern die ganze Gattung zu verstehen befugt sind, kann nur weiterhin | bewiesen werden, wenn es sich in der anthropologischen Nachforschung zeigt, daß die Gründe, die uns berechtigen, einem Menschen einen von beiden Charakteren als angeboren beizulegen, so beschaffen sind, daß kein Grund ist, einen Menschen davon auszunehmen, und er also von der Gattung gelte.

| I.
Von der ursprünglichen Anlage zum Guten in der menschlichen Natur

Wir können sie, in Beziehung auf ihren Zweck, füglich auf drei Klassen, als Elemente der Bestimmung des Menschen, bringen:
1) Die Anlage für die **Tierheit** des Menschen, als eines **lebenden**;
2) Für die **Menschheit** desselben, als eines lebenden und zugleich **vernünftigen**;

---

10 den] Handschrift, A: jeden

Einwohnung des bösen Prinzips 31

3) Für seine **Persönlichkeit**, als eines vernünftigen und zugleich der **Zurechnung fähigen** Wesens.[1]

| 1. Die Anlage für die **Tierheit** im Menschen kann man unter den allgemeinen Titel der physischen und bloß **mechanischen** Selbstliebe, d. i. einer solchen bringen, wozu nicht Vernunft erforderlich wird. Sie ist dreifach: **erstlich**, zur Erhaltung seiner selbst; **zweitens**, zur Fortpflanzung seiner Art, durch den Trieb zum Geschlecht, und zur Erhaltung dessen, was durch Vermischung mit demselben erzeugt wird; **drittens**, zur Gemeinschaft mit anderen Menschen, d. i. der Trieb zur Gesellschaft. – Auf sie können allerlei Laster gepfropft werden (die aber nicht aus jener Anlage, | als Wurzel, von

---

[1] Man kann diese nicht, als schon in dem Begriff der vorigen enthalten, sondern man muß sie notwendig als eine besondere Anlage betrachten. Denn es folgt daraus, daß | ein Wesen Vernunft hat, gar nicht, daß diese ein Vermögen enthalte, die Willkür unbedingt, durch die bloße Vorstellung der Qualifikation ihrer Maximen zur allgemeinen Gesetzgebung zu bestimmen, und also für sich selbst praktisch zu sein: wenigstens so viel wir einsehen können. Das allervernünftigste Weltwesen könnte doch immer gewisser Triebfedern, die ihm von Objekten der Neigung herkommen, bedürfen, um seine Willkür zu bestimmen; hierzu aber die vernünftigste Überlegung, sowohl was die größte Summe der Triebfedern, als auch die Mittel, den dadurch bestimmten Zweck zu erreichen, betrifft, anwenden: ohne auch nur die Möglichkeit von so etwas, als das moralische schlechthin gebietende Gesetz ist, welches sich als selbst, und zwar höchste Triebfeder, ankündigt, zu ahnen. Wäre dieses Gesetz nicht in uns gegeben, wir würden es, als ein solches, durch keine Vernunft herausklügeln, oder der Willkür anschwatzen: und doch ist dieses Gesetz das einzige, was uns der Unabhängigkeit unserer Willkür von der Bestimmung durch alle anderen Triebfedern (unserer Freiheit) und hiermit zugleich der Zurechnungsfähigkeit aller Handlungen bewußt macht.

---

4 den] Handschrift, A, Vorländer, Wobbermin, Buchenau, Malter: den; B, Weischedel: dem

9 zur] Zusatz von B

27 sich als selbst, und zwar höchste] Hartenstein, Kehrbach, Vorländer erwägt: sich selbst und zwar als höchste

selbst entsprießen). Sie können Laster der Rohig|keit der Natur heißen, und werden in ihrer höchsten Abweichung vom Naturzwecke, viehische Laster: der Völlerei, der Wollust, und der wilden Gesetzlosigkeit (im Verhältnisse zu anderen Menschen) genannt.

2. Die Anlagen für die Menschheit können auf den allgemeinen Titel der zwar physischen, aber doch vergleichenden Selbstliebe (wozu Vernunft erfordert wird) gebracht werden; sich nämlich nur in Vergleichung mit anderen als glücklich oder unglücklich zu beurteilen. Von ihr rührt die Neigung her, sich in der Meinung anderer einen Wert zu verschaffen; und zwar ursprünglich bloß den der Gleichheit: keinem über sich Überlegenheit zu verstatten, mit einer beständigen Besorgnis verbunden, daß andere danach streben möchten; woraus nachgerade eine ungerechte Begierde entspringt, sie sich über andere zu erwerben. – Hierauf, nämlich auf Eifersucht und Nebenbuhlerei, können die größten Laster geheimer und offenbarer Feindseligkeiten gegen alle, die wir als für uns fremde ansehen, gepfropft werden: die eigentlich doch nicht aus der Natur, als ihrer Wurzel, von selbst entsprießen; sondern, bei der besorgten Bewerbung anderer zu einer uns verhaßten Überlegenheit über uns, Neigungen sind, sich der Sicherheit halber diese über andere als Vorbauungs|mittel selbst zu verschaffen: da die Natur doch die Idee eines solchen Wetteifers (der an sich die Wechselliebe nicht ausschließt) nur als Triebfeder zur Kultur brauchen wollte. Die Laster, die auf diese Neigung gepfropft werden, können daher auch Laster der Kultur heißen und werden im höchsten Grade ihrer Bösartigkeit (da sie alsdann bloß die Idee eines Maximum des Bösen sind, welches die Menschheit übersteigt), z. B. im Neide, in der Undankbarkeit, der Schadenfreude, u.s.w., teuflische Laster genannt.

3. Die Anlage für die Persönlichkeit ist die Empfänglichkeit der Achtung für das moralische Gesetz, als einer für sich hinreichenden Triebfeder der

Willkür. Die Empfänglichkeit der bloßen Achtung für
das moralische Gesetz in uns wäre das moralische Gefühl,
welches für sich noch nicht einen Zweck der Naturanlage
ausmacht, sondern nur, sofern es Triebfeder der Willkür ist.
Da dieses nun lediglich dadurch möglich wird, daß die freie
Willkür es in ihre Maxime aufnimmt, so ist Beschaffenheit
einer solchen Willkür der gute Charakter; welcher, wie
überhaupt jeder Charakter der freien Willkür, etwas ist, das
nur erworben werden kann, zu dessen Möglichkeit aber
dennoch eine Anlage in unserer Natur vorhanden sein
muß, worauf schlechterdings nichts Böses gepfropft werden kann. Die Idee des moralischen Gesetzes allein, mit
der davon unzertrennlichen Achtung, kann man nicht
füglich eine Anlage für die Persönlichkeit nennen;
sie ist die Persönlichkeit selbst (die Idee der Menschheit
ganz intellektuell betrachtet). Aber, daß wir diese Achtung
zur Triebfeder in unsere Maxime aufnehmen, der subjektive Grund hierzu scheint ein Zusatz zur Persönlichkeit zu
sein, und daher den Namen einer Anlage zum Behuf derselben zu verdienen.

Wenn wir die genannten drei Anlagen nach den Bedingungen ihrer Möglichkeit betrachten, so finden wir, daß
die erste keine Vernunft, die zweite zwar praktische,
aber nur anderen Triebfedern dienstbare, die dritte aber
allein für sich selbst praktische, d.i. unbedingt gesetzgebende Vernunft zur Wurzel habe: Alle diese Anlagen im
Menschen sind nicht allein (negativ) gut (sie widerstreiten
nicht dem moralischen Gesetze), sondern sind auch Anlagen zum Guten (sie befördern die Befolgung desselben).
Sie sind ursprünglich; denn sie gehören zur Möglichkeit
der menschlichen Natur. Der Mensch kann die zwei ersteren zwar zweckwidrig brauchen, aber keine derselben ver-

---

6 ihre] Arnoldt, Vorländer, Wobbermin, Buchenau, Malter: ihre;
Handschrift, A, B, Weischedel: seine
30 ursprünglich | Handschrift, Berlinische Monatsschrift: auch
ursprünglich

tilgen. Unter Anlagen eines Wesens verstehen wir sowohl die Bestandstücke, die dazu erforderlich sind, als auch die Formen ihrer Verbindung, um ein solches Wesen zu sein. Sie sind **ursprünglich**, wenn sie zu der Möglichkeit eines solchen Wesens notwendig gehören; **zufällig** aber, wenn das Wesen auch ohne dieselben an sich möglich wäre. Noch ist zu merken, daß hier von keinen anderen Anlagen die Rede ist, als denen, die sich unmittelbar auf das Begehrungsvermögen und den Gebrauch der Willkür beziehen.

II.
Von dem Hange zum Bösen in der menschlichen Natur

Unter einem **Hange** (*propensio*) verstehe ich den subjektiven Grund der Möglichkeit einer Neigung (habituellen Begierde, *concupiscentia*), sofern sie für die Menschheit überhaupt zufällig ist[1]. Er unterscheidet sich darin von

---

[1] **Hang** ist eigentlich nur die **Prädisposition** zum Begehren eines Genusses, der, wenn das Subjekt die Erfahrung davon gemacht haben wird, **Neigung** dazu hervorbringt. So haben alle rohen Menschen einen Hang zu berauschenden Dingen; denn obgleich viele von ihnen den Rausch gar nicht kennen und also auch gar keine Begierde zu Dingen haben, die ihn bewirken, so darf man sie solche doch nur einmal versuchen lassen, um eine kaum vertilgbare Begierde dazu bei ihnen hervorzubringen. – Zwischen dem Hange und der Neigung, welche Bekanntschaft mit dem Objekt des Begehrens voraussetzt, ist noch der **Instinkt**, welcher ein gefühltes Bedürfnis ist, etwas zu tun oder zu genießen, wovon man noch keinen Begriff hat (wie der Kunsttrieb bei Tieren, oder der Trieb zum Geschlecht). Von der Neigung an ist endlich noch eine Stufe des Begehrungsvermögens, die **Leidenschaft** (nicht der **Affekt**, denn dieser gehört zum Gefühl der Lust und Unlust), welche eine Neigung ist, die die Herrschaft über sich selbst ausschließt.

15 concupiscentia] Zusatz von B
32 (Fußnote)] Zusatz von B

Einwohnung des bösen Prinzips 35

einer Anlage, daß er zwar angeboren sein kann, aber doch nicht als solcher vorgestellt werden darf: sondern auch (wenn er gut ist) als erworben, oder (wenn er böse ist) als von dem Menschen selbst sich zugezogen gedacht werden kann. – Es ist aber hier nur vom Hange zum eigentlich, d.i. zum Moralisch-Bösen, die Rede; welches, da es nur als Bestimmung der freien Willkür möglich ist, diese aber als gut oder böse nur durch ihre Maximen beurteilt werden kann, in dem subjektiven Grunde der Möglichkeit der Abweichung der Maximen vom moralischen Gesetze bestehen muß, und, wenn dieser Hang als allgemein zum Menschen (also als zum Charakter seiner Gattung) gehörig angenommen werden darf, ein natürlicher Hang des Menschen zum Bösen genannt werden wird. – Man kann noch hinzusetzen, daß die aus dem natürlichen Hange entspringende Fähigkeit oder Unfähigkeit der Willkür, das moralische Gesetz in seine Maxime aufzunehmen, oder nicht, das gute oder böse Herz genannt werde.

Man kann sich drei verschiedene Stufen desselben denken. Erstlich, ist es die Schwäche des menschlichen Herzens in Befolgung genommener Maximen überhaupt, oder die Gebrechlichkeit der menschlichen Natur; zweitens, der Hang zur Vermischung unmoralischer Triebfedern mit den moralischen (selbst wenn es in guter Absicht, und unter Maximen des Guten | geschähe), d.i. die Unlauterkeit; drittens, der Hang zur Annehmung böser Maximen, d.i. die Bösartigkeit der menschlichen Natur oder des menschlichen Herzens.

Erstlich, die Gebrechlichkeit (*fragilitas*) der menschlichen Natur ist selbst in der Klage eines Apostels ausgedrückt: Wollen habe ich wohl, aber das Vollbringen fehlt, d.i. ich nehme das Gute (das Gesetz) in die Maxime mei

---

2 als solcher] Handschrift, A. als ein solcher
7 freien] gesperrt nach Handschrift

ner Willkür auf; aber dieses, welches objektiv in der Idee (*in thesi*) eine unüberwindliche Triebfeder ist, ist subjektiv (*in hypothesi*), wenn die Maxime befolgt werden soll, die schwächere (in Vergleichung mit der Neigung).

Zweitens, die Unlauterkeit (*impuritas, improbitas*) des mensch|lichen Herzens besteht darin: daß die Maxime dem Objekte nach (der beabsichtigten Befolgung des Gesetzes) zwar gut und vielleicht auch zur Ausübung kräftig genug, aber nicht rein moralisch ist, d. i. nicht, wie es sein sollte, das Gesetz allein, zur hinreichenden Triebfeder, in sich aufgenommen hat: sondern mehrenteils (vielleicht jederzeit) noch anderer Triebfedern außer derselben bedarf, um dadurch die Willkür zu dem, was Pflicht fordert, zu bestimmen. Mit anderen Worten, daß pflichtmäßige Handlungen nicht rein aus Pflicht getan werden.

| Drittens, die Bösartigkeit (*vitiositas, pravitas*), oder, wenn man lieber will, die Verderbtheit (*corruptio*) des menschlichen Herzens, ist der Hang der Willkür zu Maximen, die Triebfeder aus dem moralischen Gesetz anderen (nicht moralischen) nachzusetzen. Sie kann auch die Verkehrtheit (*perversitas*) des menschlichen Herzens heißen, weil sie die sittliche Ordnung in Ansehung der Triebfedern einer freien Willkür umkehrt, und, obzwar damit noch immer gesetzlich gute (legale) Handlungen bestehen können, so wird doch die Denkungsart dadurch in ihrer Wurzel (was die moralische Gesinnung betrifft) verderbt, und der Mensch darum als böse bezeichnet.

Man wird bemerken: daß der Hang zum Bösen hier am Menschen, auch dem besten (den Handlungen nach), aufgestellt wird, welches auch geschehen muß, wenn die Allgemeinheit des Hanges zum Bösen unter Menschen, oder, welches hier dasselbe bedeutet, daß er mit der menschlichen Natur verwebt sei, bewiesen werden soll.

---

12 anderer] Handschrift, Buchenau, Weischedel: anderer; A, B, Vorländer, Wobbermin: andere

Es ist aber zwischen einem Menschen von guten Sitten (*bene moratus*) und einem sittlich guten Menschen (*moraliter bonus*), was die Übereinstimmung der Handlungen mit dem Gesetz betrifft, kein Unterschied (wenigstens darf kei-
5 ner sein); nur daß sie bei dem einen eben nicht immer, vielleicht n i e, das Gesetz, bei | dem anderen aber es j e d e r z e i t
zur alleinigen und obersten Triebfeder haben. Man kann
* von dem ersteren sagen: er befolge das Gesetz dem B u c h -
s t a b e n nach (d.i. was die Handlung angeht, die das Gesetz
10 gebietet); vom zweiten aber: er beobachte es dem G e i s t e
nach (der Geist des moralischen Gesetzes besteht darin, daß
dieses allein zur Triebfeder hinreichend sei). W a s n i c h t
* a u s d i e s e m G l a u b e n g e s c h i e h t, d a s i s t S ü n d e (der
Denkungsart nach). Denn, wenn andere Triebfedern nötig
15 sind, die Willkür zu g e s e t z m ä ß i g e n Handlungen zu bestimmen, als das Gesetz selbst (z. B. Ehrbegierde, Selbstliebe überhaupt, ja gar gutherziger Instinkt, dergleichen das Mit|leiden ist); so ist es bloß zufällig, daß diese mit dem
Gesetz übereinstimmen: denn sie könnten eben sowohl zur
20 Übertretung antreiben. Die Maxime, nach deren Güte aller moralische Wert der Person geschätzt werden muß, ist also doch gesetzwidrig, und der Mensch ist bei lauter guten Handlungen dennoch böse.

Folgende Erläuterung ist noch nötig, um den Begriff
25 von diesem Hange zu bestimmen. Aller Hang ist entweder physisch, d. i. er gehört zur Willkür des Menschen als Naturwesens; oder er ist moralisch, d. i. zur Willkür desselben als moralischen Wesens gehörig. – Im ersteren Sinne gibt es keinen Hang zum moralisch Bösen; denn

---

6 nie] zu sperren nach Handschrift
12 allein] Handschrift, Berlinische Monatsschrift, Wobbermin, Buchenau: für sich allein.
18 Mitleiden] Vorländer: Mitleid
24 Folgende Erläuterung] Der gesamte Absatz ist im Manuskript ein handschriftlicher Zusatz von Kant selbst.
28 gehörig] B: gehört (Druckfehler)

dieses muß aus der Freiheit entspringen; und ein physischer Hang (der auf sinnliche Antriebe ge|gründet ist) zu irgend einem Gebrauche der Freiheit, es sei zum Guten oder Bösen, ist ein Widerspruch. Also kann ein Hang zum Bösen nur dem moralischen Vermögen der Willkür ankleben. Nun ist aber nichts sittlich- (d.i. zurechnungsfähig-) böse, als was unsere eigene Tat ist. Dagegen versteht man unter dem Begriffe eines Hanges einen subjektiven Bestimmungsgrund der Willkür, der vor jeder Tat vorhergeht, mithin selbst noch nicht Tat ist; da denn in dem Begriffe eines bloßen Hanges zum Bösen ein Widerspruch sein würde, wenn dieser Ausdruck nicht etwa in zweierlei verschiedener Bedeutung, die sich beide doch mit dem Begriffe der Freiheit vereinigen lassen, genommen werden könnte. Es kann aber der Ausdruck von einer Tat überhaupt sowohl von demjenigen Gebrauch der Freiheit gelten, wodurch die oberste Maxime (dem Gesetze gemäß oder zuwider) in die Willkür aufgenommen, als auch von demjenigen, da die Handlungen selbst (ihrer Materie nach, d.i. die Objekte der Willkür betreffend) jener Maxime gemäß ausgeübt werden. Der Hang zum Bösen ist nun Tat in der ersten Bedeutung (*peccatum originarium*) und zugleich der formale Grund aller gesetzwidrigen Tat im zweiten Sinne genommen, welche der Materie nach demselben widerstreitet, und Laster (*peccatum derivativum*) genannt wird; und die erste Verschuldung bleibt, wenn gleich die zweite (aus Triebfedern, die nicht im Gesetz selber bestehen) vielfältig vermieden würde. Je|ne ist intelligibele Tat, bloß durch Vernunft ohne alle Zeitbedingung erkennbar; diese sensibel, empirisch, in der Zeit gegeben (*factum phaenomenon*). Die erste heißt nun vornehmlich in Vergleichung mit der zweiten ein bloßer Hang, und angeboren, weil er nicht ausgerottet werden kann (als wozu die oberste Maxime die des Guten sein müßte, welche aber in jenem Hange selbst | als böse angenommen wird); vornehmlich aber, weil wir davon: warum in uns das Böse gerade die oberste Maxime verderbt habe, obgleich dieses unsere eigene Tat ist, eben so wenig weiter eine Ursache angeben können als von einer Grundeigenschaft, die zu unserer Natur gehört. – Man wird in dem jetzt Gesagten den Grund antreffen, warum wir in diesem Abschnitte gleich zu Anfange die drei Quellen des moralisch Bösen lediglich in demjenigen suchten, was nach Freiheitsgesetzen den obersten Grund der Nehmung oder Befolgung unserer Maximen; nicht, was die Sinnlichkeit (als Rezeptivität) affiziert.

III.
Der Mensch ist von Natur böse

Vitiis nemo sine nascitur. Horat.

Der Satz: der Mensch ist böse, kann nach dem Obigen nichts anderes sagen wollen als: er ist sich des moralischen Gesetzes bewußt, und hat doch die (gelegenheitliche) Abweichung von demselben in seine Maxime aufgenommen. Er ist von Natur böse, heißt so viel als: dieses gilt von ihm in seiner Gattung betrachtet; nicht als ob solche Qualität aus seinem Gattungsbegriffe (dem eines Menschen überhaupt) könne gefolgert werden (denn alsdann wäre sie notwendig), sondern er kann nach dem, wie man ihn durch Erfahrung kennt, nicht anders beurteilt werden, oder man kann es, als subjektiv notwendig, in jedem, auch dem besten Menschen, voraussetzen. Da dieser Hang nun selbst als moralisch böse, mithin nicht als Naturanlage, sondern als etwas, was dem Menschen zugerechnet werden kann, betrachtet werden, folglich in gesetzwidrigen Maximen

---

1 unsere] Vorländer: gerade unsere (Druckfehler)
12 Horat.] Übersetzung des Hrsg.: »Ohne Fehler wird niemand geboren.« (Horaz, Satiren I 3,68)
15 gelegenheitliche] A, B, Wobbermin, Buchenau: gelegenheitliche; Handschrift, Rosenkranz, Vorländer: gelegentliche

der Willkür bestehen muß; diese aber, der Freiheit wegen, für sich als zufällig angesehen werden müssen, welches mit der Allgemeinheit dieses Bösen sich wiederum nicht zusammen reimen will, wenn nicht der subjektive oberste Grund aller Maximen mit der Menschheit selbst, es sei, wodurch es wolle, verwebt und darin gleichsam gewurzelt ist: so werden wir diesen einen natürlichen Hang zum Bösen, und, da er doch immer selbstverschuldet sein muß, ihn selbst ein radikales, angeborenes (nichts destoweniger aber uns von uns selbst zugezogenes) Böse in der menschlichen Natur nennen können.

Daß nun ein solcher verderbter Hang im Menschen gewurzelt sein müsse, darüber können wir uns, bei der Menge schreiender Beispiele, welche uns | die | Erfahrung an den Taten der Menschen vor Augen stellt, den förmlichen Beweis ersparen. Will man sie aus demjenigen Zustande haben, in welchem manche Philosophen die natürliche Gutartigkeit der menschlichen Natur vorzüglich anzutreffen hofften, nämlich aus dem sogenannten Naturstande: so darf man nur die Auftritte von ungereizter Grausamkeit in den Mordszenen auf Tofoa, Neuseeland, den Navigatorsinseln, und die nie aufhörende in den weiten Wüsten des nordwestlichen Amerika (die Kapitän Hearne anführt), wo sogar kein Mensch den mindesten Vorteil davon hat,[1] mit jener Hypothese vergleichen, und man hat Laster der Rohigkeit, mehr als nö-

---

[1] Wie der immerwährende Krieg zwischen den Arathavescau- und den Hundsrippen-Indianern keine andere Absicht, als bloß das Totschlagen hat. Kriegstapferkeit ist die höchste Tugend der Wilden, in ihrer Meinung. Auch im gesitteten Zustande ist sie ein Gegenstand der Bewunderung und ein Grund der vorzüglichen Achtung, die derjenige Stand fordert, bei dem diese das einzige Verdienst ist; und dieses nicht ohne allen Grund in der Vernunft. Denn daß der Mensch etwas haben und sich zum Zweck machen könne, was er noch höher schätzt als sein Leben (die Ehre), wobei er allem Eigennutz entsagt,

12 verderbter] Handschrift: verderblicher; A: verdorbener

tig ist, um | von dieser Meinung abzugehen. Ist man aber B 29
für die Meinung gestimmt, daß sich die menschliche
Natur im gesitteten Zustand (worin sich ihre Anlagen
vollständiger entwickeln können) besser erkennen lasse:
so wird man eine lange melancholische Litanei von Anklagen der Menschheit anhören müssen: von geheimer
Falschheit, selbst bei der innigsten Freundschaft, so daß
die Mäßigung des Vertrauens in wechselseitiger Eröff-
nung auch der besten Freunde zur allgemeinen Maxime
der Klugheit im Umgange gezählt wird; von einem Hange, denjenigen zu hassen, dem man verbindlich ist, worauf ein Wohltäter jederzeit gefaßt sein müsse; von einem
herzlichen Wohlwollen, welches doch die Bemerkung zu-
* läßt, »es sei in dem Unglück unserer besten Freunde etwas,
das uns nicht ganz mißfällt«; und von vielen anderen unter
dem Tugendscheine noch verborgenen, geschweige derjenigen Laster, die ihrer gar nicht hehl haben, weil uns
der schon gut heißt, der **ein böser Mensch von der
allgemeinen Klasse** ist: und er wird an den Lastern
der **Kultur** und **Zivilisierung** (den kränkendsten unter
allen) genug | haben, um sein Auge lieber vom Betragen [34]
der Menschen abzuwenden, damit er sich nicht selbst ein
anderes Laster, nämlich den Menschenhaß, zuziehe. Ist er
aber damit noch nicht zufrieden, so darf er nur den aus
beiden auf wunderliche Weise zusammengesetzten, nämlich den äußeren Völkerzustand in Betrachtung ziehen, da
zivilisierte Völkerschaften gegeneinander im Verhältnisse

beweist doch eine gewisse Erhabenheit in seiner Anlage. Aber man
sieht doch an der Behaglichkeit, womit die Sieger ihre Großtaten
(des Zusammenhauens, Niederstoßens ohne Verschonen u. d. g.) prei-
sen, daß bloß ihre Überlegenheit und die Zerstörung, welche sie bewirken konnten, ohne einen anderen Zweck, das sei, worauf sie sich
eigentlich etwas zu gute tun.

33 (Fußnote)] Zusatz von B

B 30 des rohen Na|turstandes (eines Standes der beständigen
Kriegsverfassung) stehen, und sich auch fest in den Kopf
gesetzt haben, nie daraus zu gehen; und er wird dem öffentlichen Vorgeben gerade widersprechende und doch
nie abzulegende Grundsätze der großen Gesellschaften,
Staaten genannt,[1] gewahr werden, die noch kein Philosoph mit der Moral hat in Einstimmung bringen, und
doch auch (welches arg ist) keine besseren, die sich mit
B 31 der menschlichen Natur vereinigen ließen, vorschlagen |
können; so daß der philosophische Chiliasm, der
auf den Zustand eines ewigen, auf einen Völkerbund
als Weltrepublik gegründeten, Friedens hofft, eben so
wie der theologische, der auf des ganzen Menschen-

[1] Wenn man dieser ihre Geschichte bloß als das Phänomen der uns
großenteils verborgenen inneren Anlagen der Menschheit ansieht, so
kann man einen gewissen maschinenmäßigen Gang der Natur, nach
Zwecken, die nicht ihre (der Völker) Zwecke, sondern Zwecke der
Natur sind, gewahr werden. Ein jeder Staat strebt, solange er einen
anderen neben sich hat, den er zu bezwingen hoffen darf, sich durch
dieses Unterwerfung zu vergrößern und also zur Universalmonarchie, einer Verfassung, darin alle Freiheit, und mit ihr (was die Folge
derselben ist) Tugend, Geschmack und Wissenschaft erlöschen
müßte. Allein dieses Ungeheuer (in welchem die Gesetze allmählich
ihre Kraft verlieren), nachdem es alle benachbarten verschlungen hat,
löst sich endlich von selbst auf und teilt sich, durch Aufruhr und
Zwiespalt, in viele kleinere Staaten, die, anstatt zu einem Staatenver-
ein (Republik freier verbündeter Völker) zu streben, wiederum ihrerseits jeder dasselbe Spiel von neuem anfangen, um den Krieg (diese
Geißel des menschlichen Geschlechts) ja nicht aufhören zu lassen,
der, ob er gleich nicht so unheilbar böse ist, als das Grab der allgemeinen Alleinherrschaft (oder auch ein Völkerbund, um die Despotie in
keinem Staate abkommen zu lassen), doch, wie ein Alter sagte, mehr
böse Menschen macht, als er deren wegnimmt.

1 Naturstandes] Handschrift, Buchenau: Naturzustandes
1 eines Standes] Handschrift, A: einem Stande
5 großen] Vorländer: größten
33 (Fußnote)] Zusatz von B

geschlechts vollendete moralische Besserung harret, als Schwärmerei allgemein verlacht wird.

Der Grund dieses Bösen kann nun 1) nicht, wie man ihn gemeiniglich anzugeben pflegt, in der Sinnlich-
5 keit des Menschen, und den daraus entspringenden natürlichen Neigungen gesetzt werden. Denn nicht allein, daß diese keine gerade Beziehung aufs Böse haben (vielmehr | zu dem, was die moralische Gesinnung in ihrer [35] Kraft beweisen kann, zur Tugend die Gelegenheit geben);
10 so dürfen wir ihr Dasein nicht verantworten (wir können es auch nicht; weil sie als anerschaffen uns nicht zu Urhebern haben), wohl aber den Hang zum Bösen, der, indem er die Moralität des Subjekts betrifft, mithin in ihm, als einem frei handelnden Wesen angetroffen wird, als selbst
15 verschuldet ihm muß zugerechnet werden können: ungeachtet der tiefen Einwurzelung desselben in die Willkür, wegen welcher man sagen muß, er sei in dem Menschen von Natur anzutreffen. – Der Grund dieses Bösen kann auch 2) nicht in einer Verderbnis der moralisch-gesetz-
20 gebenden Vernunft gesetzt werden: gleich als ob diese das Ansehen des Gesetzes selbst in sich vertilgen und die Verbindlichkeit aus demselben | ableugnen könne; denn das B 32 ist schlechterdings unmöglich. Sich als ein frei handelndes Wesen, und doch von dem, einem solchen angemessenen,
25 Gesetze (dem moralischen) entbunden denken, wäre so viel, als eine ohne alle Gesetze wirkende Ursache denken (denn die Bestimmung nach Naturgesetzen fällt der Freiheit halber weg): welches sich widerspricht. – Um also einen Grund des Moralisch-Bösen im Menschen anzu-
30 geben, enthält die Sinnlichkeit zu wenig; denn sie macht den Menschen, indem sie die Triebfedern, die aus der Freiheit entspringen können, wegnimmt, zu einem bloß Tierischen; eine vom moralischen Gesetze aber freisprechende, gleichsam boshafte Vernunft (ein

---

33 Tierischen] Weischedel: tierischem

schlechthin böser Wille) enthält dagegen zu viel, weil dadurch der Widerstreit gegen das Gesetz selbst zur Triebfeder (denn ohne alle Triebfeder kann die Willkür nicht bestimmt werden) erhoben und so das Subjekt zu einem teuflischen Wesen gemacht werden würde. – Keines von beiden ist aber auf den Menschen anwendbar.

Wenn nun aber gleich das Dasein dieses Hanges zum Bösen in der menschlichen Natur, durch Erfahrungsbeweise des in der Zeit wirklichen Widerstreits der menschlichen Willkür gegen das Gesetz, dargetan werden kann, so lehren uns diese doch nicht die eigentliche Beschaffenheit desselben, und den Grund dieses Widerstreits; sondern diese, weil sie eine Beziehung | der freien Willkür (also einer solchen, deren Begriff nicht empirisch ist) auf das moralische Gesetz als Triebfeder (wovon der Begriff gleichfalls rein intellektuell ist) betrifft, muß aus dem Begriffe des Bösen, sofern es nach Gesetzen der Freiheit (der Verbindlichkeit und Zurechnungsfähigkeit) möglich ist, *a priori* erkannt werden. Folgendes ist die Entwickelung des Begriffs.

| Der Mensch (selbst der ärgste) tut, in welchen Maximen es auch sei, auf das moralische Gesetz nicht gleichsam rebellischerweise (mit Aufkündigung des Gehorsams) Verzicht. Dieses dringt sich ihm vielmehr kraft seiner moralischen Anlage unwiderstehlich auf; und wenn keine andere Triebfeder dagegen wirkte, so würde er es auch als hinreichenden Bestimmungsgrund der Willkür in seine oberste Maxime aufnehmen, d. i. er würde moralisch gut sein. Er hängt aber doch auch, vermöge seiner gleichfalls schuldlosen Naturanlage, an den Triebfedern der Sinnlichkeit, und nimmt sie (nach dem subjektiven Prinzip der Selbstliebe) auch in seine Maxime auf. Wenn er diese aber, **als für sich allein hinreichend** zur Bestimmung

---

15 wovon] Handschrift, A, Vorländer, Wobbermin, Buchenau: wovon; B, Weischedel: worin (wohl Druckfehler in B)
26 Bestimmungsgrund] Vorländer: Bewegungsgrund
32 zur] Handschrift, A: zu

der Willkür, in seine Maxime aufnähme, ohne sich an's moralische Gesetz (welches er doch in sich hat) zu kehren: so würde er moralisch böse sein. Da er nun natürlicherweise beide in dieselbe aufnimmt, da er auch jede für sich, wenn sie allein wäre, zur Willensbestimmung hinreichend finden würde, so würde er, wenn der Un|terschied der Maximen bloß auf den Unterschied der Triebfedern (der Materie der Maximen), nämlich, ob das Gesetz, oder der Sinnenantrieb eine solche abgeben, ankäme, moralisch gut und böse zugleich sein; welches sich (nach der Einleitung) widerspricht. Also muß der Unterschied, ob der Mensch gut oder böse sei, nicht in dem Unterschiede der Triebfedern, die er in seine Maxime aufnimmt (nicht in dieser ihrer Materie), sondern in der Unterordnung (der Form derselben) liegen: welche von beiden er zur Bedingung der anderen macht. Folglich ist der Mensch (auch der beste) nur dadurch böse, daß er die sittliche Ordnung der Triebfedern, in der Aufnehmung derselben in seine Maximen, umkehrt: das moralische Gesetz zwar neben dem der Selbstliebe in dieselbe aufnimmt; da er aber inne wird, daß eines neben dem anderen nicht bestehen kann, sondern eines dem anderen als seiner obersten Bedingung untergeordnet werden müsse, er die Triebfeder der Selbstliebe und ihre Neigungen zur Bedingung der Befolgung des moralischen Gesetzes macht, da das letztere vielmehr als die oberste Bedingung der Befriedigung der ersteren in die allgemeine Maxime der Willkür als alleinige Triebfeder aufgenommen werden sollte.

Bei dieser Umkehrung der Triebfedern durch seine Maxime, wider die sittliche Ordnung, können die Handlungen dennoch wohl so gesetzmäßig ausfallen, als | ob sie aus echten Grundsätzen entsprungen wären: wenn die

---

24 Triebfeder] Vorländer versehentlich: Triebfedern
24 ihre] Handschrift, A: ihrer

Vernunft die Einheit der Maximen überhaupt, welche dem moralischen | Gesetze eigen ist, bloß dazu braucht, um in die Triebfedern der Neigung, unter dem Namen Glückseligkeit, Einheit der Maximen, die ihnen sonst nicht zukommen kann, hinein zu bringen (z. B. daß die Wahrhaftigkeit, wenn man sie zum Grundsatze annähme, uns der Ängstlichkeit überhebt, unseren Lügen die Übereinstimmung zu erhalten und uns nicht in den Schlangenwindungen derselben selbst zu verwickeln); da dann der empirische Charakter gut, der intelligibele aber immer noch böse ist.

Wenn nun ein Hang dazu in der menschlichen Natur liegt, so ist im Menschen ein natürlicher Hang zum Bösen; und dieser Hang selber, weil er am Ende doch in einer freien Willkür gesucht werden muß, mithin zugerechnet werden kann, ist moralisch böse. Dieses Böse ist **radikal**, weil es den Grund aller Maximen verdirbt; zugleich auch als natürlicher Hang, durch menschliche Kräfte nicht zu **vertilgen**, weil dieses nur durch gute Maximen geschehen könnte, welches, wenn der oberste subjektive Grund aller Maximen als verderbt vorausgesetzt wird, nicht statt finden kann; gleichwohl aber muß er zu **überwiegen** möglich sein, weil er in dem Menschen als frei handelndem Wesen angetroffen wird.

Die Bösartigkeit der menschlichen Natur ist also nicht sowohl **Bosheit**, wenn man dieses Wort in | strenger Bedeutung nimmt, nämlich als eine Gesinnung (subjektives **Prinzip** der Maximen), das **Böse als Böses** zur Triebfeder in seine Maximen aufzunehmen (denn die ist teuflisch); sondern vielmehr **Verkehrtheit** des Herzens, welches nun, der Folge wegen, auch ein **böses Herz** heißt, zu nennen. Dieses kann mit einem, im allgemeinen guten Willen zusammen bestehen; und entspringt aus der

---

22-23 gleichwohl aber ... sein] Handschrift: gleichwohl aber zu überwinden möglich sein muß

Gebrechlichkeit der menschlichen Natur, zur Befolgung seiner genommenen Grundsätze nicht stark genug zu sein, mit der Unlauterkeit verbunden, die Triebfedern (selbst gut beabsichtigter Handlungen) nicht nach morali-
scher Richtschnur von einander abzusondern, und daher zuletzt, wenn es hoch kommt, nur auf die Gemäßheit derselben mit dem Gesetz, und nicht auf die Ableitung von demselben, d. i. auf dieses als die alleinige Triebfeder zu sehen. Wenn hieraus nun gleich nicht eben immer eine
gesetzwidrige Handlung und ein Hang dazu, d. i. das Laster, entspringt; so ist die Denkungsart, sich die Abwesenheit desselben schon für Angemessenheit der Gesinnung zum Gesetze der Pflicht (für Tugend) auszulegen (da hierbei auf die Triebfeder in der Maxime gar
nicht, sondern nur auf die Befolgung des Gesetzes dem Buchstaben nach, gesehen wird), selbst schon eine radikale Verkehrtheit im menschlichen Herzen zu nennen.

| Diese angeborene Schuld (*reatus*), welche so genannt wird, weil sie sich so früh, als sich nur immer der Gebrauch der Freiheit im Menschen äußert, wahrnehmen
läßt, und nichts destoweniger doch aus der Freiheit entsprungen sein muß, und daher zugerechnet werden kann, kann in ihren zwei ersteren Stufen (der Gebrechlichkeit, und der Unlauterkeit) als unvorsätzlich (*culpa*), in der dritten aber als vorsätzliche Schuld (*dolus*) beurteilt werden;
und hat zu ihrem Charakter eine gewisse Tücke des menschlichen Herzens (*dolus malus*), sich wegen seiner eigenen guten oder bösen Gesinnungen selbst zu betrügen, und, wenn nur die Handlungen das Böse nicht zur Folge haben,
was sie nach ihren Maximen wohl haben könnten, sich seiner Gesinnung wegen nicht zu beunruhigen, sondern vielmehr vor dem Gesetze gerechtfertigt zu halten. Daher rührt die Gewissensruhe so vieler (ihrer Meinung nach

---

1 zur] B: zu (Druckfehler)
14 in] fehlt bei Vorländer

gewissenhafter) Menschen, wenn sie mitten unter Handlungen, bei denen das Gesetz nicht zu Rate gezogen ward, wenigstens nicht das Meiste galt, nur den bösen Folgen glücklich entwischten, und wohl gar die Einbildung von Verdienst, keiner solcher Vergehungen sich schuldig zu fühlen, mit denen sie andere behaftet sehen: ohne doch nachzuforschen, ob es nicht bloß etwa Verdienst des Glücks sei, und ob nach der Denkungsart, die sie in ihrem Inneren wohl aufdecken könnten, wenn sie nur wollten, nicht gleiche Laster von ihnen verübt worden wären, wenn nicht Unvermögen, Temperament, Erziehung, Umstände der Zeit und des Orts, die in Versuchung führen, | (lauter Dinge, die uns nicht zugerechnet werden können) davon entfernt gehalten hätten. Diese Unredlichkeit, sich selbst blauen Dunst vorzumachen, welche die Gründung echter moralischer Gesinnung in uns abhält, erweitert sich denn auch äußerlich zur Falschheit und Täuschung anderer; welche, wenn sie nicht Bosheit genannt werden soll, doch wenigstens Nichtswürdigkeit zu heißen verdient, und liegt in dem radikalen Bösen der menschlichen Natur, welches (indem es die moralische Urteilskraft in Ansehung dessen, wofür man einen Menschen halten solle, verstimmt, und die Zurechnung innerlich und äußerlich ganz ungewiß macht) den faulen Fleck unserer Gattung ausmacht, der, solange wir ihn nicht herausbringen, den Keim des Guten hindert, sich, wie er sonst wohl tun würde, zu entwickeln.

Ein Mitglied des englischen Parlaments stieß in der Hitze die Behauptung aus: »Ein jeder Mensch hat seinen Preis, für den er sich weggibt.« Wenn dieses wahr ist (welches denn ein jeder bei sich ausmachen mag); wenn es überall keine Tugend gibt, für die nicht ein Grad der | Versuchung gefunden werden kann, der vermögend ist, sie zu

---

1 gewissenhafter] mit Handschrift, Buchenau: gewissenhafter; A, B, Vorländer, Wobbermin, Weischedel: gewissenhaften
19 liegt] Zusatz der Drucke. Fehlt in der Handschrift
22 solle] Buchenau erwägt: sollte

stürzen; wenn, ob der böse oder gute Geist uns für seine Partei gewinne, es nur darauf ankommt, wer das Meiste bietet, und die prompteste Zahlung leistet: so möchte wohl vom Menschen allgemein wahr sein, was der Apostel sagt: »Es ist hier kein Unterschied, sie sind allzumal Sünder – es ist Keiner, der Gutes tue (nach dem Geiste des Gesetzes), auch nicht einer.«[1]

IV.
Vom Ursprunge des Bösen in der menschlichen Natur

Ursprung (der erste) ist die Abstammung einer Wirkung von ihrer ersten, d. i. derjenigen Ursache, welche nicht wiederum Wirkung einer anderen Ursache | von der-

---

[1] Von diesem Verdammungsurteile der moralisch richtenden Vernunft ist der eigentliche Beweis nicht in diesem, sondern dem vorigen Abschnitte enthalten; dieser enthält nur die Bestätigung desselben durch Erfahrung, welche aber nie die Wurzel des Bösen, in der obersten Maxime der freien Willkür in Beziehung aufs Gesetz, aufdecken kann, die, als intelligibele Tat, vor aller Erfahrung vorhergeht. – Hieraus, d. i. aus der Einheit der obersten Maxime, bei der Einheit des Gesetzes, worauf sie sich bezieht, läßt sich auch einsehen: warum der reinen intellektuellen Beurteilung des Menschen der Grundsatz der Ausschließung des Mittleren zwischen Gut und Böse zum Grunde liegen müsse; indessen daß der empirischen Beurteilung aus sensibiler Tat (dem wirklichen Tun und Lassen) der Grundsatz untergelegt werden kann: daß es ein Mittleres zwischen diesen Extremen gebe, einerseits ein Negatives der Indifferenz, vor aller Ausbildung, andererseits ein Positives der Mischung, teils gut, teils böse zu sein. Aber die letztere ist nur Beurteilung der Moralität des Menschen in der Erscheinung, und ist der ersteren im Endurteile unterworfen.

15 dem] (nach Kants Verbesserung der) Handschrift, Buchenau: dem; A, B, alle weiteren Herausgeber: im
29 nur] Handschrift, A: nur die
30 ist] Zusatz von B

selben Art ist. Er kann entweder als **Vernunft-** oder als **Zeitursprung** in Betrachtung gezogen werden. In der ersten Bedeutung wird bloß das **Dasein** der Wirkung betrachtet; in der zweiten das **Geschehen** derselben, mithin sie als Begebenheit auf ihre Ursache **in der Zeit** bezogen. Wenn die Wirkung auf eine Ursache, die mit ihr doch nach Freiheitsgesetzen verbunden ist, bezogen wird, wie das mit dem moralisch Bösen der Fall ist: so wird die Bestimmung der Willkür zu ihrer Hervorbringung nicht als mit ihrem Bestimmungsgrunde in der Zeit, sondern bloß in der Vernunftvorstellung, verbunden gedacht und kann nicht als von irgend einem **vorhergehenden** Zustande abgeleitet werden; welches allemal geschehen muß, wenn die böse Handlung | als **Begebenheit** in der Welt auf ihre Naturursache bezogen wird. Von den freien Handlungen, als solchen, den Zeitursprung (gleich als von Naturwirkungen) zu suchen, ist also ein Widerspruch; mithin auch von der moralischen Beschaffenheit des Menschen, sofern sie als zufällig betrachtet wird, weil diese den Grund des **Gebrauchs** der Freiheit bedeutet, welcher (so wie der Bestimmungsgrund der freien Willkür überhaupt) lediglich in Vernunftvorstellungen gesucht werden muß.

Wie nun aber auch der Ursprung des moralischen Bösen im Menschen immer beschaffen sein mag, so ist doch unter allen Vorstellungsarten von der Verbreitung und Fortsetzung desselben durch alle Glieder unserer Gattung und in allen Zeugungen, die unschicklichste: es sich als durch **Anerbung** von den ersten Eltern auf uns gekommen vorzustellen; denn man kann vom Moralisch-Bösen eben das sagen, was der Dichter vom Guten sagt: – *Genus,*

---

4 betrachtet] fehlt in der Handschrift

12 als] fehlt bei Vorländer und Weischedel ohne Begründung

31 Genus...] Übersetzung des Herausgebers: »Geschlecht, Vorfahren und das, was wir nicht selbst getan haben, halte ich kaum für das Unsere.«

* *et proavos et quae non fecimus ipsi, Vix ea nostra puto.*[1] — |

Noch ist zu merken: daß, wenn wir dem Ursprunge des Bösen nachforschen, wir anfänglich noch nicht den Hang dazu (als *peccatum in potentia*) in Anschlag bringen, son-
5 dern nur das wirkliche Böse gegebener Handlungen, nach seiner inneren Möglichkeit, und dem, was zur Ausübung derselben in der Willkür zusammenkommen muß, in Betrachtung ziehen.

| Eine jede böse Handlung muß, wenn man den Ver-
10 nunftursprung derselben sucht, so betrachtet werden, als ob der Mensch unmittelbar aus dem Stande der Unschuld in sie geraten wäre. Denn: wie auch sein voriges Verhalten

---

[1] Die drei sogenannten oberen Fakultäten (auf hohen Schulen) würden, jede nach ihrer Art, sich diese Vererbung verständlich ma-
15 chen: nämlich, entweder als **Erbkrankheit**, oder **Erbschuld**, oder **Erbsünde**. 1. Die **Medizinische Fakultät** würde sich das erbliche Böse etwa wie den Bandwurm vorstellen, von welchem wirklich einige Naturkündiger der Meinung sind, daß, da er sonst weder in einem Elemente außer uns, noch (von derselben Art) in ir-
20 gend einem anderen Tiere angetroffen wird, er schon in den ersten Eltern gewesen sein müsse. 2. Die **Juristenfakultät** würde es als die rechtliche Folge der Antretung einer uns von diesen hinterlassenen, aber mit einem schweren Verbrechen belasteten, **Erbschaft** ansehen (denn geboren werden ist nichts anderes, als den Gebrauch
25 der Güter der Erde, sofern sie zu unserer Fortdauer unentbehrlich sind, erwerben). Wir müssen also Zahlung leisten (büßen), und werden am Ende doch (durch den Tod) aus diesem Besitze geworfen. Wie recht ist von Rechts wegen! 3. Die **Theologische Fakultät** würde dieses Böse als persönliche Teilnehmung unserer ersten Eltern
30 an dem **Abfall** eines verworfenen Aufrührers ansehen: entweder daß wir (obzwar jetzt dessen unbewußt) damals selbst mitgewirkt
* haben; oder nur jetzt, unter seiner (als Fürsten dieser Welt) Herrschaft geboren, uns die Güter derselben mehr als den Oberbefehl des himmlischen Gebieters gefallen lassen, und nicht Treue | genug be-
35 sitzen, uns davon loszureißen, dafür aber künftig auch sein Los mit ihm teilen müssen.

---

6 nach seiner] Handschrift, Buchenau: seiner inneren Möglichkeit nach

gewesen sein mag, und welcherlei auch die auf ihn einfließenden Naturursachen sein mögen, imgleichen ob sie in oder außer ihm anzutreffen seien: so ist seine Handlung doch frei, und durch keine dieser Ursachen bestimmt, kann also und muß immer als ein ursprünglicher Gebrauch seiner Willkür beurteilt werden. Er sollte sie unterlassen haben, in welchen Zeitumständen und Verbindungen er auch immer gewesen sein mag; denn durch keine Ursache in der Welt kann er aufhören, ein frei handelndes Wesen zu sein. Man sagt zwar mit Recht: dem Menschen werden auch die aus seinen ehemaligen freien, aber gesetzwidrigen Handlungen entspringenden Folgen zugerechnet; dadurch aber will man nur sagen: man habe nicht nötig, sich auf diese Ausflucht einzulassen und auszumachen, ob die letzteren frei sein mögen, oder nicht, weil schon in der geständlich freien Handlung, die ihre Ursache war, hinreichender Grund der Zurechnung vorhanden ist. Wenn aber jemand bis zu einer unmittelbar bevorstehenden freien Handlung auch noch so böse gewesen wäre (bis zur Gewohnheit als anderer Natur): so ist es nicht allein seine Pflicht gewesen, besser zu sein; sondern es ist jetzt noch seine Pflicht, sich zu bessern: er muß es also auch können, und ist, wenn er es nicht tut, der Zurechnung in dem Augenblicke der Handlung eben so fähig und unterworfen, als ob er, mit der natürlichen Anlage zum Guten (die von der Freiheit unzertrennlich ist) begabt, aus dem Stande der Unschuld zum Bösen übergeschritten wäre. – Wir können also nicht nach dem Zeitursprunge, sondern müssen bloß nach dem Vernunftursprunge dieser Tat fragen, um danach den Hang, d. i. den subjektiven allgemeinen Grund der Aufnehmung einer Übertretung in unsere Maxime, wenn ein solcher ist, zu bestimmen und womöglich zu erklären.

---

3 seien] verbessert von Vorländer; Hs, A, B, Weischedel: sein; Buchenau, Wobbermin: sind

Hiermit stimmt nun die Vorstellungsart, deren sich die Schrift bedient, den Ursprung des Bösen als einen An fang desselben in der Menschengattung zu schildern, ganz wohl zusammen; indem sie ihn in einer Geschichte vorstellig macht, wo, was der Natur | der Sache nach (ohne auf Zeitbedingung Rücksicht zu nehmen) als das Erste gedacht werden muß, als ein solches der Zeit nach erscheint. Nach ihr fängt das Böse nicht von einem zum Grunde liegenden Hange zu demselben an (weil sonst der Anfang desselben nicht aus der Freiheit entspringen würde), sondern von | der Sünde (worunter die Übertretung des moralischen Gesetzes als göttlichen Gebotes verstanden wird); der Zustand des Menschen aber, vor allem Hange zum Bösen, heißt der Stand der Unschuld. Das moralische Gesetz ging, wie es auch beim Menschen, als einem nicht reinen, sondern von Neigungen versuchten, Wesen sein muß, als Verbot voraus (I. Mose II, 16. 17). Anstatt nun diesem Gesetze als hinreichender Triebfeder (die allein unbedingt gut ist, wobei auch weiter kein Bedenken stattfindet), geradezu zu folgen, sah sich der Mensch doch noch nach anderen Triebfedern um (III, 6), die nur bedingterweise (nämlich, sofern dem Gesetze dadurch nicht Eintrag geschieht) gut sein können, und machte es sich, wenn man die Handlung als mit Bewußtsein aus Freiheit entspringend denkt, zur Maxime, dem Gesetze der Pflicht nicht aus Pflicht, sondern auch allenfalls aus Rücksicht auf andere Absichten zu folgen. Mithin fing er damit an, die Strenge des Gebotes, welches den Einfluß jeder anderen Triebfeder ausschließt, zu bezweifeln, hernach den Gehorsam gegen dasselbe zu einem

6 Zeitbedingung] in alten Drucken (Hartenstein, Kirchmann) der Druckfehler: Zeitbestimmung
9 (weil ...)] Klammersetzung nach Kants Verbesserung in der Handschrift
20 geradezu] Handschrift, Vorländer, Wobbermin, Buchenau: geradezu zu folgen; A, B: gerade zu folgen

bloß (unter dem Prinzip der Selbstliebe) bedingten eines Mittels her|ab zu vernünfteln[1], woraus dann endlich das Übergewicht der sinnlichen Antriebe über die Triebfeder aus dem Gesetz in die Maxime zu handeln aufgenommen und so gesündigt ward (III, 6). *Mutato nomine de te fabula narratur.* Daß wir es täglich eben so machen, mithin »in Adam alle gesündigt haben« und noch sündigen, ist aus dem Obigen klar; nur daß bei uns schon ein angeborener Hang zur Übertretung, in dem ersten Menschen aber kein solcher, sondern Unschuld, der Zeit nach, vorausgesetzt wird, mithin die Übertretung bei diesem ein **Sündenfall** heißt: statt daß sie bei uns, als aus der schon angeborenen Bösartigkeit unserer Natur erfolgend, vorgestellt wird. Dieser Hang aber bedeutet nichts weiter, als daß, wenn wir uns auf die Erklärung des Bösen, seinem **Zeitanfange** nach, einlassen wollen, wir bei jeder vorsätzlichen Übertretung die Ursachen in einer vorigen Zeit unseres Lebens bis zurück in diejenige, wo der Ver|nunft|gebrauch noch nicht entwickelt war, mithin bis zu einem Hange (als natürliche Grundlage) zum Bösen, welcher darum angeboren heißt, die Quelle des Bösen verfolgen müßten: welches bei dem ersten Menschen, der schon mit völligem Vermögen seines Vernunftgebrauches vorgestellt wird, nicht nötig,

---

[1] Alle bezeugte Ehrerbietung gegen das moralische Gesetz, ohne ihm doch, als für sich hinreichender Triebfeder, in seiner Maxime das Übergewicht über alle anderen Bestimmungsgründe der Willkür einzuräumen, ist geheuchelt und der Hang dazu innere Falschheit, d. i. ein Hang, sich in der Deutung des moralischen Gesetzes zum Nachteil desselben selbst zu belügen (III, 5); weswegen auch die Bibel (christlichen Anteils) den Urheber des Bösen (der in uns selbst liegt) den Lügner von Anfang nennt, und so den Menschen in Ansehung dessen, was der Hauptgrund des Bösen in ihm zu sein scheint, charakterisiert.

5-6 Mutato...] Übersetzung des Herausgebers: »Unter verwandeltem Namen wird in der Fabel von Dir erzählt.« (Horaz, *Satiren* I 1, 69-70)

auch nicht tunlich ist; weil sonst jene Grundlage (der böse Hang) gar anerschaffen gewesen sein müßte; daher seine Sünde, unmittelbar als aus der Unschuld erzeugt, aufgeführt wird. – Wir müssen aber von einer moralischen Beschaffenheit, die uns soll zugerechnet werden, keinen Zeitursprung suchen; so unvermeidlich dieser auch ist, wenn wir ihr zufälliges Dasein erklären wollen (daher ihn auch die Schrift, dieser unserer Schwäche gemäß, so vorstellig gemacht haben mag).

Der Vernunftursprung aber dieser Verstimmung unserer Willkür in Ansehung der Art, subordinierte Triebfedern zu oberst in ihre Maximen aufzunehmen, d. i. dieses Hanges zum Bösen, bleibt uns unerforschlich, weil er selbst uns zugerechnet werden muß, folglich jener oberste Grund aller Maximen wiederum die Annehmung einer bösen Maxime erfordern würde. Das Böse hat nur aus dem Moralisch-Bösen (nicht den bloßen Schranken unserer Natur) entspringen können; und doch ist die ursprüngliche Anlage (die auch kein anderer als der Mensch selbst verderben konnte, wenn diese Korruption ihm soll zugerechnet werden) | eine Anlage zum Guten; für uns ist also kein begreiflicher Grund da, woher das moralische Böse in uns zuerst gekommen sein könne. – Diese Unbegreiflichkeit, zusamt der näheren Bestimmung der Bösartigkeit unserer Gattung, drückt die Schrift in der Geschichtserzählung[1] dadurch aus,

---

[1] Das hier Gesagte muß nicht dafür angesehen werden, als ob es Schriftauslegung sein solle, welche außerhalb der Grenzen der Befugnis der bloßen Vernunft liegt. Man kann sich über die Art erklären, wie man sich einen historischen Vortrag moralisch zu Nutze macht, ohne darüber zu entscheiden, ob das auch der Sinn des Schriftstellers sei, oder wir ihn nur hineinlegen: wenn er nur für sich und ohne allen historischen Beweis wahr, dabei aber zugleich der einzige ist, nach welchem wir aus einer Schriftstelle für uns etwas zur Besserung ziehen können, die sonst nur eine unfruchtbare Vermehrung unserer historischen Erkenntnis sein würde. Man muß

---

25 der] Handschrift, A: jener

daß sie das Böse zwar im Weltanfange doch noch nicht im Menschen, sondern in einem | Geiste von ursprünglich erhabnerer Bestimmung voranschickt: wodurch also der erste Anfang alles Bösen überhaupt als für uns unbegreiflich (denn woher bei jenem Geiste das Böse?), der Mensch | aber nur als durch Verführung ins Böse gefallen, also nicht von Grund aus (selbst der ersten Anlage zum Guten nach) verderbt, sondern als noch einer Besserung fähig, im Gegensatze mit einem verführenden Geiste, d.i. einem solchen Wesen, dem die Versuchung des Fleisches nicht zur Milderung seiner Schuld angerechnet werden kann, vorgestellt, und so dem ersteren, der bei einem verderbten Herzen doch immer noch einen guten Willen hat, Hoffnung einer Wiederkehr zu dem Guten, von dem er abgewichen ist, übrig gelassen wird.

nicht ohne Not über etwas, und das historische Ansehen desselben streiten, was, ob es so, oder anders verstanden werde, nichts dazu beiträgt, ein besserer Mensch zu werden, wenn, was dazu beitragen kann, auch ohne historischen Beweis erkannt wird, und gar ohne ihn erkannt werden muß. Das historische Erkenntnis, welches keine innere, für jedermann gültige Beziehung hierauf hat, | gehört unter die Adiaphora, mit denen es jeder halten mag, wie er es für sich erbaulich findet.

2 erhabnerer] Handschrift, A, Vorländer, Wobbermin, Buchenau: erhabnerer; B hat Druckfehler: erhabner (Weischedel folgt B). Die Textstelle wurde von Kant selbst schon in der Handschrift verbessert.
22 für] fehlt in Handschrift

Allgemeine Anmerkung
Von der Wiederherstellung der
ursprünglichen Anlage zum Guten
in ihre Kraft
[Von Gnadenwirkungen]

Was der Mensch im moralischen Sinne ist, oder werden soll, gut oder böse, dazu muß er sich selbst machen, oder gemacht haben. Beides muß eine Wirkung seiner freien Willkür sein; denn sonst könnte es ihm nicht zugerechnet werden, folglich er weder moralisch gut noch böse sein. Wenn es heißt: er ist gut geschaffen, so kann das nichts mehr bedeuten, als er ist zum Guten erschaffen, und die ursprüngliche Anlage im Menschen ist gut; der Mensch ist es selber dadurch noch nicht, sondern, nachdem er die Triebfedern, die diese Anlage enthält, in seine Maxime aufnimmt, oder nicht (welches seiner freien Wahl gänzlich über|lassen sein muß), macht er, daß er gut oder böse wird. Gesetzt, zum Gut- oder Besserwerden sei noch eine übernatürliche Mitwirkung nötig, so mag diese nur in der Verminderung der Hindernisse bestehen, oder auch positiver Beistand sein: der Mensch muß sich doch vorher würdig machen, sie zu empfangen, und diese Beihilfe annehmen (welches nichts Geringes ist), d. i. die positive Kraftvermehrung in seine Maxime aufnehmen, wodurch es allein möglich wird, daß ihm das Gute zugerechnet, und er für einen guten Menschen erkannt werde.

Wie es nun möglich sei, daß ein natürlicherweise böser Mensch sich selbst zum guten Menschen mache, das übersteigt alle unsere Begriffe; | denn wie kann ein böser Baum gute Früchte bringen? Da aber doch nach dem vor-

---

1 Allgemeine] Handschrift und in Folge A haben hier als Überschrift noch die Kapitelziffer V.
5 [...]] Von Kant vorgeschlagener Titel dieser ersten Anmerkung, also des ersten der vier (im Original klein gedruckten) Parerga der Religion innerhalb der Grenzen der bloßen Vernunft. Vgl. B 63.

her abgelegten Geständnisse ein ursprünglich (der Anlage nach) guter Baum arge Früchte hervorgebracht hat[1] und der Verfall vom Guten ins Böse (wenn man wohl bedenkt, daß dieses aus der Freiheit entspringt) nicht begreiflicher ist, als das Wiederaufstehen aus dem Bösen zum Guten: so | kann die Möglichkeit des letzteren nicht bestritten werden. Denn ungeachtet jenes Abfalls erschallt doch das Gebot: wir sollen bessere Menschen werden, unvermindert in unserer Seele; folglich müssen wir es auch können, sollte auch das, was wir tun können, für sich allein unzureichend sein, und wir uns dadurch nur eines für uns unerforschlichen höheren Beistandes empfänglich machen. – Freilich muß hierbei vorausgesetzt werden, daß ein Keim des Guten in seiner ganzen Reinigkeit übrig geblieben, nicht vertilgt oder verderbt werden konnte, welcher gewiß nicht die Selbstliebe[2] sein kann; die, als Prin|zip

---

[1] Der der Anlage nach gute Baum ist es noch nicht der Tat nach; denn wäre er es, so könnte er freilich nicht arge Früchte bringen; nur, wenn der Mensch die für das moralische Gesetz in ihn gelegte Triebfeder in seine Maxime aufgenommen hat, wird er ein guter Mensch (der Baum schlechthin ein guter Baum) genannt.

[2] Worte, die einen zwiefachen ganz verschiedenen Sinn annehmen können, halten öfters die Überzeugung aus den klarsten Gründen lange Zeit auf. Wie Liebe überhaupt, so kann auch Selbstliebe in die des Wohlwollens und des Wohlgefallens (*benevolentiae et complacentiae*) eingeteilt werden, und beide müssen (wie sich von selbst versteht) vernünftig sein. Die erste in seine Maxime aufnehmen, ist natürlich (denn wer wird nicht wollen, daß es ihm jederzeit wohl ergehe?). Sie ist aber sofern vernünftig, als teils in Ansehung des Zwecks nur dasjenige, was mit dem größten und dauerhaftesten Wohlergehen zusammen bestehen kann, teils zu jedem dieser Bestandstücke der Glückseligkeit die tauglichsten Mittel gewählt werden. Die Vernunft vertritt hier nur die Stelle einer Dienerin der natürlichen Neigung; die Maxime aber, die man deshalb annimmt, hat gar keine Beziehung auf Moralität. Wird sie aber zum unbedingten

---

26 und beide] Handschrift, A, Vorländer, Wobbermin, Buchenau: und beide; B, Weischedel: auch beide

Allgemeine Anmerkung

aller unserer Maximen angenommen, gerade die Quelle alles Bösen ist.

| Die Wiederherstellung der ursprünglichen Anlage zum Guten in uns ist also nicht Erwerbung einer ver-
5 lorenen Triebfeder zum Guten; denn diese, die in der Achtung fürs moralische Gesetz besteht, haben wir nie verlieren können, und wäre das letztere möglich, so würden wir sie auch nie wiedererwerben. Sie ist also nur die Herstellung der Reinigkeit desselben, als obersten
10 Grundes aller unserer Maximen, nach welcher dasselbe

Prinzip der Willkür gemacht, so ist sie die Quelle eines unabsehlich großen Widerstreits gegen die Sittlichkeit. – Eine | vernünftige Liebe des Wohlgefallens an sich selbst kann nun entweder so verstanden werden, daß wir uns in jenen schon genannten, auf Befriedi-
15 gung der Naturneigung abzweckenden Maximen (sofern jener Zweck durch Befolgung derselben erreicht wird) wohlgefallen; und da ist sie mit der Liebe des Wohlwollens gegen sich selbst einerlei; man gefällt sich selbst, wie ein Kaufmann, dem seine Handlungsspekulationen gut einschlagen, und der sich wegen der dabei genomme-
20 nen Maximen seiner guten Einsicht erfreut. Allein die Maxime der Selbst|liebe des unbedingten (nicht von Gewinn oder Verlust als den Folgen der Handlung abhängenden) Wohlgefallens an sich selbst würde das innere Prinzip einer, allein unter der Bedingung der Unterordnung unserer Maximen unter das moralische Gesetz uns
25 möglichen Zufriedenheit sein. Kein Mensch, dem die Moralität nicht gleichgültig ist, kann an sich ein Wohlgefallen haben, ja gar ohne ein bitteres Mißfallen, an sich selbst, sein, der sich solcher Maximen bewußt ist, die mit dem moralischen Gesetze in ihm nicht übereinstimmen. Man könnte diese die Vernunftliebe seiner selbst nennen,
30 welche alle Vermischung anderer Ursachen der Zufriedenheit aus den Folgen seiner Handlungen (unter dem Namen einer dadurch sich zu verschaffenden Glückseligkeit) mit den Triebfedern der Willkür verhindert. Da nun das letztere die unbedingte Achtung fürs Ge-

---

12 Eine] Handschrift: Die
17 Wohlwollens] Handschrift, A, Vorländer, Wobbermin, Buchenau: Wohlwollens; B, Weischedel: Wohlgefallens
21 als] Handschrift, A: aus
29 diese] Vorländer, Wobbermin erwägen: dieses

nicht bloß mit anderen Triebfedern verbunden, oder wohl gar diesen (den Neigungen) als Bedingungen untergeordnet, sondern in seiner ganzen Reinigkeit als für sich zureichende Triebfeder der Bestimmung der Willkür in dieselbe aufgenommen werden soll. Das ursprünglich Gute ist die Heiligkeit der Maximen in Befolgung seiner Pflicht; wodurch der Mensch, der diese Reinigkeit in seine Maxime aufnimmt, obzwar darum noch nicht selbst heilig (denn zwischen der Maxime und der Tat ist noch ein großer Zwischenraum), dennoch auf dem Wege dazu ist, sich ihr im unendlichen Fortschritt zu nähern. Der zur Fertigkeit gewordene feste Vorsatz in Befolgung seiner Pflicht heißt auch Tugend, der Legalität nach als ihrem empirischen Charakter (*virtus phaenomenon*).

setz bezeichnet, warum will man durch den Ausdruck einer vernünftigen, aber nur unter der letzteren Bedingung moralischen Selbstliebe sich das deutliche Verstehen des Prinzips unnötigerweise erschweren, indem man sich im Zirkel herumdreht (denn man kann sich nur auf moralische Art selbst lieben; sofern man sich seiner Maxime bewußt ist, die Achtung fürs Gesetz zur höchsten Triebfeder seiner | Willkür zu machen)? Glückseligkeit ist, unserer Natur nach, für uns, als von Gegenständen der Sinnlichkeit abhängige Wesen, das erste und das, was wir unbedingt begehren. Eben dieselbe ist unserer Natur nach (wenn man überhaupt das, was uns angeboren ist, so nennen will), als mit Vernunft und Freiheit begabter Wesen, bei weitem nicht das erste, noch auch unbedingt ein Gegenstand unserer Maximen; sondern dieses ist die Würdigkeit glücklich zu sein, d.i. die Übereinstimmung aller unserer Maximen mit dem moralischen Gesetze. Daß diese nun objektiv die Bedingung sei, unter welcher der Wunsch der ersteren allein mit der gesetzgebenden Vernunft zusammenstimmen kann, darin besteht alle sittliche Vorschrift; und in der Gesinnung, auch nur so bedingt zu wünschen, die sittliche Denkungsart.

7 Pflicht; wodurch] Handschrift, Wobbermin: mithin bloß aus Pflicht

19 nur auf moralische Art] Handschrift, A: auf moralische Art nur

Sie hat also die beharrliche Maxime gesetzmäßiger Handlungen; die Triebfeder, deren die Willkür hierzu bedarf, mag man nehmen, woher man wolle. Daher wird Tugend in diesem Sinne nach und nach erworben, und heißt einigen eine lange Gewohnheit (in Beobachtung des Gesetzes), durch die der Mensch vom Hange zum Laster durch allmähliche Reformen seines Verhaltens und Befestigung seiner Maximen in einen entgegengesetzten Hang übergekommen ist. Dazu ist nun nicht eben eine Herzensänderung nötig; sondern nur eine Änderung der Sitten. Der Mensch findet sich tugendhaft, wenn er sich in Maximen, seine Pflicht zu beobachten, befestigt fühlt; obgleich nicht aus dem obersten Grunde aller Maximen, nämlich aus Pflicht; sondern der Unmäßige z. B. kehrt zur Mäßigkeit um der Gesundheit, der Lügenhafte zur Wahrheit um der Ehre, der Ungerechte zur bürgerlichen Ehrlichkeit um der Ruhe oder des Erwerbs willen, u.s.w. zurück. Alle nach dem gepriesenen Prinzip der Glück|seligkeit. Daß aber jemand nicht bloß ein gesetzlich, sondern ein moralisch guter (Gott wohlgefälliger) Mensch, d.i. tugendhaft nach dem intelligibelen Charakter (*virtus noumenon*), werde, welcher, wenn er etwas als Pflicht erkennt, keiner anderen Triebfeder weiter bedarf, als dieser Vorstellung der Pflicht selbst: das kann nicht durch allmähliche Reform, solange die Grundlage der Maximen unlauter bleibt, sondern muß durch eine Revolution in der Gesinnung im Menschen (einen Übergang zur Maxime der Heiligkeit derselben) bewirkt werden; und er kann ein neuer Mensch nur durch eine Art von Wiedergeburt gleich als durch eine neue Schöpfung (Ev. Joh. III, 5; verglichen mit I. Mos. I, 2) und Änderung des Herzens werden.

16 Wahrheit] Handschrift, A: Wahrhaftigkeit
18 zurück] Zusatz von B
19-22 Daß aber ... werde] Handschrift, A: Um aber nicht bloß ein ... zu werden

Wenn der Mensch aber im Grunde seiner Maximen verderbt ist, wie ist es möglich, daß er durch eigene Kräfte diese Revolution zu Stande bringe, und von selbst ein guter Mensch werde? Und doch gebietet die Pflicht es zu sein, sie gebietet uns aber nichts, als was uns tunlich ist. Dieses ist nicht anders zu vereinigen, als daß die Revolution für die Denkungsart, die allmähliche Reform aber für die Sinnesart (welche jener Hindernisse entgegengestellt), notwendig, und daher auch dem Menschen möglich sein muß. Das ist: wenn er den obersten Grund seiner Maximen, wodurch er ein böser Mensch war, durch eine einzige unwandelbare Entschließung umkehrt (und hiermit einen neuen Menschen anzieht): so ist er sofern, dem Prinzip und der Denkungsart nach, ein fürs Gute empfängliches Subjekt; aber nur in kontinuierlichem Wirken und Werden ein guter Mensch: d. i. er kann hoffen, daß er bei einer solchen Reinigkeit des Prinzips, welches er sich zur obersten Maxime seiner Willkür genommen hat, und der Festigkeit desselben, sich auf dem guten (obwohl schmalen) Wege eines beständigen **Fortschreitens** vom Schlechten zum Besseren befinde. Dies ist für denjenigen, der den intelligibelen Grund des Herzens (aller Maximen der Willkür) durchschauet, für den also diese Unendlichkeit des Fortschrittes Einheit ist, d. i. für Gott so viel, als wirklich ein guter (ihm gefälliger) Mensch sein; und in sofern kann diese Veränderung als Revolution betrachtet werden; für die Beurteilung der Menschen aber, die sich und die Stärke ihrer Maximen nur nach der Oberhand, die sie über Sinnlichkeit in der Zeit gewinnen, schätzen können, ist sie nur als ein immer

---

21-25 Dies ist ... so viel als] Handschrift: Welches für ... durchschauete ... so viel ist, als

29 Sinnlichkeit] Hartenstein, Vorländer: die Sinnlichkeit

30 ff. ist sie ... anzusehen] Handschrift: welche Veränderung sofern als Revolution betrachtet werden, für die Beurteilung ... können, nur als ... angesehen werden kann

fortdauerndes Streben zum Besseren, mithin als allmähliche Reform des Hanges zum Bösen, als verkehrter Denkungsart, anzusehen.

Hieraus folgt, daß die moralische Bildung des Menschen nicht von der Besserung der Sitten, sondern von der Umwandlung der Denkungsart, und von Gründung eines Charakters anfangen müsse; ob man | zwar gewöhnlicherweise anders verfährt, und wider Laster einzeln kämpft, die allgemeine Wurzel derselben aber unberührt läßt. Nun ist selbst der eingeschränkteste Mensch des Eindruckes einer desto größeren Achtung für eine pflichtmäßige Handlung fähig, je mehr er ihr in Gedanken andere Triebfedern, die durch Selbstliebe auf die Maxime der Handlung Einfluß haben könnten, entzieht; und selbst Kinder sind fähig, auch die kleinste Spur von Beimischung unechter Triebfedern aufzufinden: da dann die Handlung bei ihnen augenblicklich allen moralischen Wert verliert. Diese Anlage zum Guten wird dadurch, daß man das Beispiel selbst von guten Menschen (was die Gesetzmäßigkeit derselben betrifft) anführt, und seine moralischen Lehrlinge die Unlauterkeit mancher Maximen aus den wirklichen Triebfedern ihrer Handlungen beurteilen läßt, unvergleichlich kultiviert, und geht allmählich in die Denkungsart über: so daß Pflicht bloß für sich selbst in ihren Herzen ein merkliches Gewicht zu bekommen anhebt. Allein tugendhafte Handlungen, so viel Aufopferung sie auch gekostet haben mögen, bewundern zu lehren, ist noch nicht die rechte Stimmung, die das Gemüt des Lehrlings fürs moralisch Gute erhalten soll. Denn so tugendhaft jemand auch sei, so ist doch alles, was er immer Gutes | tun kann, bloß Pflicht; seine Pflicht aber tun, ist nichts mehr, als das tun, was in der gewöhnlichen sittlichen Ordnung ist, | mithin nicht bewundert zu werden verdient. Vielmehr ist diese Bewunderung eine Abstimmung unseres Gefühls für Pflicht, gleich als ob es etwas Außerordentliches und Verdienstliches wäre, ihr Gehorsam zu leisten.

Aber eines ist in unserer Seele, welches, wenn wir es gehörig ins Auge fassen, wir nicht aufhören können, mit der höchsten Verwunderung zu betrachten, und wo die Bewunderung rechtmäßig, zugleich auch seelenerhebend ist; und das ist: die ursprüngliche moralische Anlage in uns überhaupt. — Was ist das (kann man sich selbst fragen) in uns, wodurch wir, von der Natur durch so viel Bedürfnisse beständig abhängige Wesen, doch zugleich über diese in der Idee einer ursprünglichen Anlage (in uns) so weit erhoben werden, daß wir sie insgesamt für nichts, und uns selbst des Daseins für unwürdig halten, wenn wir ihrem Genusse, der uns doch das Leben allein wünschenswert machen kann, einem Gesetze zuwider nachhängen sollten, durch welches unsere Vernunft mächtig gebietet, ohne doch dabei weder etwas zu verheißen noch zu drohen? Das Gewicht dieser Frage muß ein jeder Mensch von der gemeinsten Fähigkeit, der vorher von der Heiligkeit, die in der Idee der Pflicht liegt, belehrt worden, der sich aber nicht bis zur Nachforschung des Begriffes der Freiheit, welcher allererst aus diesem Gesetze | hervorgeht[1], versteigt, innigst fühlen; und

[1] Daß der Begriff der Freiheit der Willkür nicht vor dem Bewußtsein des moralischen Gesetzes in uns vorhergehe, sondern nur aus der Bestimmbarkeit unserer Willkür durch dieses, als ein unbedingtes Gebot, geschlossen werde, davon kann man sich bald überzeugen, wenn man sich fragt: ob man auch gewiß und unmittelbar sich eines Vermögens bewußt sei, jede noch so große Triebfeder zur Übertretung (*Phalaris licet imperet ut sis falsus, et admoto dictel perjuria tauro.*) durch festen Vorsatz überwältigen zu können. Jedermann wird gestehen müssen: er wisse nicht, ob, wenn ein solcher Fall einträte, er nicht in seinem Vorsatz wanken würde. Gleichwohl aber gebietet ihm die Pflicht unbedingt: er solle ihm treu bleiben; und hieraus schließt er mit Recht: er müsse es auch können, und seine Willkür sei also frei. Die, welche diese unerforschliche Eigenschaft als ganz begreiflich vorspiegeln, machen durch das Wort Determinismus (dem Satze

25 und] fehlt in B
27 Phalaris...] Übersetzung des Hrsg.: »Mag auch Phalaris dir befehlen zu lügen und dir vor dem herbeigeschleppten Stier einen Meineid gebieten.«

selbst | die Unbegreiflichkeit dieser eine göttliche Abkunft verkündigenden Anlage muß auf das Gemüt bis zur Begeisterung wirken, und es zu den Aufopferungen stärken, welche ihm die Achtung für seine Pflicht nur auferlegen mag. Dieses Gefühl der Erhabenheit seiner moralischen Bestimmung öfter rege zu machen, ist als Mittel der Erweckung sittlicher Gesinnungen vorzüglich anzupreisen, weil es dem angeborenen Hang zur Verkehrung der Triebfedern in den Maximen unserer Willkür gerade entgegen wirkt, um in der unbedingten Achtung fürs Gesetz, als der höchsten Bedingung aller zu nehmenden Maximen, die ursprüngliche sittliche Ordnung unter den Triebfedern, und hiermit die Anlage zum Guten im menschlichen Herzen, in ihrer Reinigkeit wiederherzustellen.

der Bestimmung der Willkür durch innere hinreichende Gründe) ein Blendwerk, gleich als ob die Schwierigkeit darin bestände, diesen mit der Freiheit zu vereinigen, woran doch niemand denkt; sondern: wie der Prädeterminism, nach welchem willkürliche Handlungen als Begebenheiten ihre bestimmenden Gründe in der vorhergehenden Zeit haben (die mit dem, was sie in sich hält, nicht mehr in unserer Gewalt ist), mit der Freiheit, nach welcher die Handlung sowohl als ihr | Gegenteil in dem Augenblicke des Geschehens in der Gewalt des Subjekts sein muß, zusammen bestehen könne: das ist's, was man einsehen will und nie einsehen wird.

Den Begriff der Freiheit mit der Idee von Gott, als einem notwendigen Wesen, zu vereinigen, hat gar keine Schwierigkeit; weil die Freiheit nicht in der Zufälligkeit der Handlung (daß sie gar nicht durch Gründe determiniert | sei), d.i. nicht im Indeterminism (daß Gutes oder Böses zu tun Gott gleich möglich sein müsse, wenn man seine Handlung frei nennen sollte), sondern in der absoluten Spontaneität besteht, welche allein beim Prädeterminism Gefahr läuft, wo der Bestimmungsgrund der Handlung in der vorigen Zeit ist, mithin so, daß jetzt die Handlung nicht mehr in meiner Gewalt, sondern in der Hand der Natur ist, mich unwiderstehlich bestimmt; da dann, weil in Gott keine Zeitfolge zu denken ist, diese Schwierigkeit wegfällt.

25 Den] Handschrift, A, Wobbermin, Vorländer, Buchenau: Den; B, Weischedel: Der
25-36 Den Begriff...] Zusatz von B

Aber dieser Wiederherstellung durch eigene Kraftanwendung steht ja der Satz von der angeborenen Verderbtheit der Menschen für alles Gute gerade entgegen? Allerdings, was die Begreiflichkeit, d. i. unsere | Einsicht von der Möglichkeit derselben betrifft, wie alles dessen, was als Begebenheit in der Zeit (Veränderung) und sofern nach Naturgesetzen als notwendig, und dessen Gegenteil doch zugleich unter moralischen Gesetzen als durch Freiheit möglich vorgestellt werden soll; aber der Möglichkeit dieser Wiederherstellung selbst ist er nicht entgegen. Denn wenn das moralische Gesetz gebietet, wir sollen jetzt bessere Menschen sein; so folgt unumgänglich, wir müssen es auch können. Der Satz vom angeborenen Bösen ist in der moralischen Dogmatik von gar keinem Gebrauch: denn die Vorschriften derselben enthalten eben dieselben Pflichten, und bleiben auch in derselben Kraft, ob ein angeborener Hang zur Übertretung in uns sei, oder nicht. In der moralischen Asketik aber will dieser Satz mehr, | aber doch nichts mehr sagen, als: wir können, in der sittlichen Ausbildung der anerschaffenen moralischen Anlage zum Guten, nicht von einer uns natürlichen Unschuld den Anfang machen, sondern müssen von der Voraussetzung einer Bösartigkeit der Willkür in Annehmung ihrer Maximen der ursprünglichen sittlichen Anlage zuwider anheben, und, weil der Hang dazu unvertilgbar ist, mit der unablässigen Gegenwirkung gegen denselben. Da dieses nun bloß auf eine ins Unendliche hinausgehende Fortschreitung vom Schlechten zum Besseren führt, so folgt: daß die Umwandlung der Gesinnung des bösen | in die eines guten Menschen in der Veränderung des obersten inneren Grundes der Annehmung aller seiner Maximen dem sittlichen Gesetze gemäß zu setzen sei, sofern dieser neue Grund (das neue Herz) nun selbst unveränderlich

2-3 Verderbtheit] Vorländer: Verdorbenheit

ist. Zur Überzeugung aber hiervon kann nun zwar der
Mensch natürlicherweise nicht gelangen, weder durch
unmittelbares Bewußtsein, noch durch den Beweis seines bis dahin geführten Lebenswandels; weil die Tiefe
5 des Herzens (der subjektive erste Grund seiner Maximen)
ihm selbst unerforschlich ist; aber auf dem Weg, der dahin führt, und der ihm von einer im Grunde gebesserten
Gesinnung angewiesen wird, muß er hoffen können,
durch eigene Kraftanwendung zu gelangen: weil er ein
10 guter Mensch werden soll, aber nur nach demjenigen,
was ihm als von ihm selbst getan zugerechnet werden
kann, als moralisch-gut zu beurteilen ist.

Wider diese Zumutung der Selbstbesserung bietet nun
die zur moralischen Bearbeitung von Natur verdrossene
15 Vernunft unter dem Vorwande des natürlichen Unvermögens allerlei unlautere Religionsideen auf (wozu gehört: Gott selbst das Glückseligkeitsprinzip zur obersten
Bedingung seiner Gebote anzudichten). Man kann aber
alle Religionen in die der Gunstbewerbung (des blo-
20 ßen Kultus) und die moralische, d.i. die Religion des
guten Lebenswan|dels, einteilen. Nach der ersteren B62
schmeichelt sich entweder der Mensch: Gott könne ihn
wohl ewig glücklich machen, ohne daß er eben nötig
habe, ein besserer Mensch zu werden (durch Er-
25 lassung seiner Verschuldungen); oder auch, wenn ihm
dieses nicht möglich zu sein scheint: Gott könne ihn
wohl zum besseren Menschen machen, ohne daß
er selbst etwas mehr dabei zu tun habe, als darum zu bitten; welches, da es vor einem allsehenden Wesen nichts
30 weiter ist als wünschen, eigentlich nichts getan sein
würde: denn wenn es mit dem bloßen Wunsch ausge-
richtet wäre, so würde jeder Mensch gut sein. Nach der
moralischen Religion aber (dergleichen unter allen | öf- [52]
fentlichen, die es je gegeben hat, allein die christliche ist)
35 ist es ein Grundsatz: daß ein jeder, so viel, als in seinen
Kräften ist, tun müsse, um ein besserer Mensch zu wer-
* den; und nur alsdann, wenn er sein angeborenes Pfund

nicht vergraben (Lucä XIX, 12-26), wenn er die ursprüngliche Anlage zum Guten benutzt hat, um ein besserer Mensch zu werden, er hoffen könne, was nicht in seinem Vermögen ist, werde durch höhere Mitwirkung ergänzt werden. Auch ist es nicht schlechterdings notwendig, daß der Mensch wisse, worin diese bestehe; vielleich gar unvermeidlich, daß, wenn die Art, wie sie geschieht, zu einer gewissen Zeit offenbart worden, verschiedene Menschen zu einer anderen Zeit sich verschie|dene Begriffe, und zwar mit aller Aufrichtigkeit, davon machen würden. Aber alsdann gilt auch der Grundsatz: »Es ist nicht wesentlich, und also nicht jedermann notwendig zu wissen, was Gott zu seiner Seligkeit tue, oder getan habe«; aber wohl, **was er selbst zu tun habe**, um dieses Beistandes würdig zu werden.[1]

---

[1] Diese allgemeine Anmerkung ist die erste, von den vieren, deren eine jedem Stücke dieser Schrift angehängt ist, und welche die Aufschrift führen könnten: 1) von Gnadenwirkungen, 2) Wundern, 3) Geheimnissen, 4) Gnadenmitteln. – Diese sind gleichsam Parerga der Religion innerhalb der Grenzen der reinen Vernunft; sie gehören nicht innerhalb derselben, aber stoßen doch an sie an. Die Vernunft im Bewußtsein ihres Unvermögens, ihrem moralischen Bedürfnis ein Genüge zu tun, dehnt sich bis zu überschwenglichen Ideen aus, die jenen Mangel ergänzen könnten, ohne sie doch als einen erweiterten Besitze sich zuzueignen. Sie bestreitet nicht die Möglichkeit oder Wirklichkeit der Gegenstände derselben, aber kann sie nur nicht in ihre Maximen zu denken und zu handeln aufnehmen. Sie rechnet sogar darauf, daß, wenn in dem unerforschlichen Felde des Übernatürlichen noch etwas mehr ist, als sie sich verständlich machen kann, was aber doch zu Ergänzung des moralischen Unvermögens notwendig wäre, dieses ihrem guten Willen auch unerkannt zustatten kommen werde, mit einem Glauben, den man den (über die Möglichkeit desselben) reflektierenden nennen könnte, weil der dogmatische, der sich als ein Wissen ankündigt, ihr unaufrichtig oder vermessen vorkommt; denn die Schwierigkeiten gegen das, was für sich selbst (prak-

---

1 Lucä XIX, 12-26] A, B, alle Ausgaben: 12-16; nach Handschrift (und auch inhaltlich allein sinnvoll): Lk 19, 12-26

tisch) fest steht, wegzuräumen ist, wenn sie transzendente Fragen betreffen, nur ein Nebengeschäft (Parergon). Was den Nachteil aus diesen, auch moralisch-transzendenten, Ideen anlangt, wenn wir sie in die Religion | einführen wollten, so ist die Wirkung davon, nach der Ordnung der vier obbenannten Klassen: 1) der vermeinten inneren Erfahrung (Gnadenwirkungen) Schwärmerei, 2) der angeblichen äußeren Erfahrung (Wunder) Aberglaube, 3) der gewähnten Verstandeserleuchtung in Ansehung des Übernatürlichen (Geheimnisse) Illuminatism, Adeptenwahn, 4) der gewagten Versuche aufs Übernatürliche hin zu wirken (Gnadenmittel), Thaumaturgie, lauter Verirrungen einer über ihre Schranken hinausgehenden Vernunft, und zwar in vermeintlich moralischer (gottgefälliger) Absicht. – Was aber diese allgemeine Anmerkung zum ersten Stück gegenwärtiger Abhandlung besonders betrifft, so ist die Herbeirufung der Gnadenwirkungen von der letzteren Art und kann nicht in die Maximen der Vernunft aufgenommen werden, wenn diese sich innerhalb ihrer Grenzen hält; wie überhaupt nichts Übernatürliches, weil gerade bei diesem aller Vernunftgebrauch aufhört. – Denn, sie theoretisch woran kennbar zu machen (daß sie Gnaden-, nicht innere Naturwirkungen sind), ist unmöglich, weil unser Gebrauch des Begriffs von Ursache und Wirkung über Gegenstände der Erfahrung, mithin über die Natur hinaus nicht erweitert werden kann; die Voraussetzung aber einer praktischen Benutzung dieser Idee ist ganz sich selbst widersprechend. Denn, als Benutzung würde sie eine Regel von dem voraussetzen, was wir (in gewisser Absicht) Gutes selbst zu tun haben, um etwas zu erlangen; eine Gnadenwirkung aber zu erwarten, bedeutet gerade das Gegenteil, nämlich, daß das Gute (das moralische) nicht unsere, sondern die Tat eines anderen Wesens sein werde, wir also nur durch Nichtstun allein erwerben können, welches sich widerspricht. Wir können sie also, als etwas Unbegreifliches, einräumen, aber sie, weder zum theoretischen noch praktischen Gebrauch, in unsere Maxime aufnehmen.

32 (Fußnote)] Zusatz von B

Der
Philosophischen Religionslehre
Zweites Stück

Zweites Stück

Von dem Kampf des guten Prinzips, mit dem bösen, um die Herrschaft über den Menschen

Daß, um ein moralisch guter Mensch zu werden, es nicht genug sei, den Keim des Guten, der in unserer Gattung liegt, sich bloß ungehindert entwickeln zu lassen, sondern auch eine in uns befindliche entgegenwirkende Ursache des Bösen zu bekämpfen sei, das haben, unter allen alten Moralisten, vornehmlich die Stoiker durch ihr Losungswort Tugend, welches (sowohl im Griechischen als Lateinischen) Mut und Tapferkeit bezeichnet, und also einen Feind voraussetzt, zu erkennen gegeben. In diesem Betracht ist der Name Tugend ein herrlicher Name, und es kann ihm nicht schaden, daß er oft prahlerisch gemißbraucht, und (so wie neuerlich das Wort Aufklärung) bespöttelt wor|den. – Denn den Mut auffordern, ist schon zur Hälfte so viel, als ihn einflößen; dagegen die faule sich selbst gänzlich mißtrauende und auf äußere Hilfe harrende kleinmütige Denkungsart (in Moral und Religion) alle Kräfte des Menschen abspannt, und ihn dieser Hilfe selbst unwürdig macht.

Aber jene wackeren Männer verkannten doch ihren Feind, der nicht in den natürlichen bloß undisziplinierten, sich aber unverhohlen jedermanns Bewußtsein offen darstellenden Neigungen zu suchen, sondern ein gleichsam unsichtbarer, sich hinter Vernunft verbergender Feind, und darum desto gefährlicher ist. Sie boten die Weisheit gegen die Torheit auf, die sich von Neigungen bloß unvorsichtig täuschen läßt, anstatt sie wider die Bosheit (des menschlichen Herzens) aufzurufen, die mit seelenverderbenden Grundsätzen die Gesinnung insgeheim untergräbt.[1]

| Natürliche Neigungen sind, an sich selbst betrachtet, gut, d. i. unverwerflich, und es ist nicht allein vergeblich, sondern es wäre auch schädlich und | tadelhaft, sie ausrotten zu wollen; man muß sie vielmehr nur bezähmen, damit sie sich untereinander nicht selbst auf-

---

[1] Diese Philosophen nahmen ihr allgemeines moralisches Prinzip von der Würde der menschlichen Natur, der Freiheit (als Unabhängigkeit von der Macht | der Neigungen) her; ein besseres und edleres konnten sie auch nicht zum Grunde legen. Die moralischen Gesetze schöpften sie nun unmittelbar aus der auf solche Art allein gesetzgebenden und durch sie schlechthin gebietenden Vernunft, und so war objektiv, was die Regel betrifft, und auch subjektiv, was die Triebfeder anlangt, wenn man dem Menschen einen unverdorbenen Willen beilegt, diese Gesetze unbedenk|lich in seine Maximen aufzunehmen, alles ganz richtig angegeben. Aber in der letzteren Voraussetzung lag eben der Fehler. Denn so früh wir auch auf unseren sittlichen Zustand unsere Aufmerksamkeit richten mögen, so finden wir: daß mit ihm es nicht mehr *res integra* ist, sondern daß wir davon anfangen müssen, das Böse, was schon Platz genommen hat (es aber, ohne daß wir es in unsere Maxime aufgenommen hätten, nicht würde haben tun können) aus seinem Besitz zu vertreiben: d. i. das erste wahre Gute, was der Mensch tun kann, sei, vom Bösen auszugehen, welches nicht in den Neigungen, sondern in der verkehrten Maxime und also in der Freiheit selbst zu suchen ist. Jene erschweren nur die Ausführung der entgegengesetzten guten Maxime; das eigentliche Böse aber besteht darin, daß man jenen Neigungen, wenn sie zur Übertretung anreizen, nicht widerstehen will, und diese Gesinnung ist eigentlich der wahre Feind. Die Neigungen sind nur Gegner der Grundsätze überhaupt (sie mögen gut oder böse sein), und sofern ist jenes edelmütige Prinzip der Moralität als Vorübung (Disziplin der Neigungen) zur Lenksamkeit des Subjekts durch Grundsätze vorteil-

---

7 untereinander ..., sondern] Handschrift, A: nicht untereinander selbst aufreiben, und
11 konnten] Handschrift: könnten
17 letzteren] Handschrift, A, Vorländer, Wobbermin, Buchenau: letzteren; B, Weischedel: letzten

reiben, sondern zur Zusammenstimmung in einem Ganzen, Glückseligkeit genannt, gebracht werden können. Die Vernunft aber, die dieses ausrichtet, heißt Klugheit. Nur das Moralisch-Gesetzwidrige ist an sich selbst böse,
schlechterdings verwerflich und muß ausgerottet werden; die Vernunft aber, die das lehrt, noch mehr aber, wenn sie es auch ins Werk richtet, verdient allein den Namen der Weisheit, in Vergleichung mit welcher das Laster zwar auch Torheit genannt werden kann, aber nur alsdenn,
wenn die Vernunft genugsam Stärke in sich fühlt, um es (und alle Anreize dazu) zu verachten, und nicht bloß als ein zu fürchtendes Wesen zu hassen, und sich dagegen zu bewaffnen.

| Wenn der Stoiker also den moralischen Kampf des [59]
Menschen bloß als Streit mit seinen (an sich unschuldigen) Neigungen, sofern sie als Hindernisse der Befolgung seiner Pflicht überwunden werden müssen, dachte: so konnte er, weil er kein besonderes positives (an sich böses) Prinzip annimmt, die Ursache der Übertretung nur in der
Unterlassung setzen, jene zu bekämpfen; da aber diese Unterlassung selbst pflichtwidrig (Übertretung), nicht bloßer Naturfehler ist, und nun die Ursache derselben nicht wiederum (ohne im Zirkel zu erklären) in den Neigungen, sondern nur | in dem, was die Willkür, als freie B71
Willkür, bestimmt (im inneren ersten Grunde der Maxi-

haft. Aber sofern es spezifische Grundsätze des Sittlich-Guten sein sollen und es gleichwohl als Maxime nicht sind, so muß noch ein anderer Gegner derselben im Subjekt vorausgesetzt werden, mit dem die Tugend den Kampf zu bestehen hat, ohne welche alle Tu-
★ genden zwar nicht, wie jener Kirchenvater will, glänzende Laster, aber doch glänzende Armseligkeiten sein würden; weil dadurch zwar öfters der Aufruhr gestillt, der Aufrührer selbst aber nie besiegt und ausgerottet wird.

24 als freie Willkür] fehlt bei Vorländer
26 spezifische] Weischedel: spezifisch (Druckfehler)

men, die mit den Neigungen im Einverständnisse sind), gesucht werden kann, so läßt sich's wohl begreifen, wie Philosophen, denen ein Erklärungsgrund, welcher ewig in Dunkel eingehüllt bleibt,[1] und obgleich unumgänglich, dennoch unwillkommen ist, den eigentlichen Gegner des Guten verkennen konnten, mit dem sie den Kampf zu bestehen glaubten.

Es darf also nicht befremden, wenn ein Apostel diesen unsichtbaren, nur durch seine Wirkungen auf uns kennbaren, die Grundsätze verderbenden Feind, als außer uns, und zwar als bösen Geist vorstellig macht: »Wir haben nicht mit Fleisch und Blut (den natürlichen Neigungen), sondern mit Fürsten und Gewaltigen – mit bösen Geistern zu kämpfen.« Ein Ausdruck, der nicht, um unsere Erkenntnis über die Sinnenwelt hinaus zu erweitern, sondern nur um den Begriff des für uns Unergründlichen, für den praktischen Gebrauch anschaulich zu machen, angelegt zu sein scheint; denn übrigens ist es

---

[1] Es ist eine ganz gewöhnliche Voraussetzung der Moralphilosophie, daß sich das Dasein des Sittlich-Bösen im Menschen gar leicht erklären lasse, und zwar aus der Macht der Triebfedern der Sinnlichkeit einerseits und aus der Ohnmacht der Triebfeder der Vernunft (der Achtung fürs Gesetz) andererseits, d. i. aus Schwäche. Aber alsdann müßte sich das Sittlich-Gute (in der moralischen Anlage) an ihm noch leichter erklären lassen, denn die Begreiflichkeit des einen ist ohne die des anderen gar nicht denkbar. Nun ist aber das Vermögen der Vernunft, durch die bloße Idee eines Gesetzes über alle entgegenstrebenden Triebfedern Meister zu werden, schlechterdings unerklärlich; also ist es auch unbegreiflich, wie die der Sinnlichkeit über eine mit solchem Ansehen gebietende Vernunft Meister werden können. Denn wenn alle Welt der Vorschrift des Gesetzes gemäß verführe, so würde man sagen, daß alles nach der natürlichen Ordnung zuginge, und niemand würde sich einfallen lassen, auch nur nach der Ursache zu fragen.

---

4 und] Zusatz von B
29 auch] fehlt in Handschrift

zum Behuf des letzteren für uns einerlei, ob wir den Verführer bloß in uns selbst, oder auch außer uns | setzen, weil die Schuld uns im letzteren Falle um nichts minder trifft, als im ersteren, als die wir von ihm nicht verführt werden würden, wenn wir mit ihm nicht im geheimen Einverständnisse wären.[1] – Wir wollen diese ganze Betrachtung in zwei Abschnitte einteilen.

| Erster Abschnitt
Von dem Rechtsanspruche des
guten Prinzips auf die Herrschaft
über den Menschen

a) Personifizierte Idee des guten Prinzips

Das, was allein eine Welt zum Gegenstande des göttlichen Ratschlusses, und zum Zwecke der Schöpfung machen kann, ist die Menschheit (das vernünftige Weltwesen überhaupt) in ihrer moralischen ganzen Vollkommenheit, wovon als oberster Bedingung, die Glückseligkeit die unmittelbare Folge in dem Willen des

---

[1] Es ist eine Eigentümlichkeit der christlichen Moral: das Sittlich-Gute vom Sittlich-Bösen nicht wie den Himmel von der Erde, sondern wie den Himmel von der Hölle unterschieden vorzustellen; eine Vorstellung, die zwar bildlich und als solche empörend, nichtsdestoweniger aber ihrem Sinn nach philosophischrichtig ist. – Sie dient nämlich dazu zu verhüten: daß das Gute und Böse, das Reich des Lichtes und das Reich der Finsternis, nicht als aneinander grenzend und durch allmähliche Stufen (der größeren und minderen Helligkeit) sich ineinander verlierend gedacht, sondern durch eine unermeßliche Kluft | voneinander getrennt vorgestellt werde. Die gänzliche Ungleichartigkeit der Grundsätze, mit denen man unter einem oder dem anderen dieser zwei Reiche Untertan sein kann, und zugleich die Gefahr, die mit der Einbildung von einer nahen Verwandtschaft der Eigenschaften, die zu einem oder dem anderen qualifizieren, verbunden ist, berechtigen zu dieser Vorstellungsart, die bei dem Schauderhaften, das sie in sich enthält, zugleich sehr erhaben ist.

höchsten Wesens ist. – Dieser allein Gott wohlgefällige Mensch »ist in ihm von Ewigkeit her«; die Idee desselben geht von seinem Wesen aus; er ist sofern kein erschaffenes Ding, sondern sein eingeborener Sohn; »das Wort (das Werde!), durch welches alle anderen Dinge sind, und ohne das nichts existiert, was gemacht ist«; (denn um seinet-, d. i. des vernünftigen Wesens in der Welt willen, | so wie es seiner moralischen Bestimmung nach gedacht werden kann, ist alles gemacht). – »Er ist der Abglanz seiner Herrlichkeit.« – »In ihm hat Gott die Welt geliebt«, und nur in ihm und durch An|nehmung seiner Gesinnungen können wir hoffen, »Kinder Gottes zu werden«; u.s.w.

Zu diesem Ideal der moralischen Vollkommenheit, d. i. dem Urbilde der sittlichen Gesinnung in ihrer ganzen Lauterkeit uns zu erheben, ist nun allgemeine Menschenpflicht, wozu uns auch diese Idee selbst, welche von der Vernunft uns zur Nachstrebung vorgelegt wird, Kraft geben kann. Eben darum aber, weil wir von ihr nicht die Urheber sind, sondern sie in dem Menschen Platz genommen hat, ohne daß wir begreifen, wie die menschliche Natur für sie auch nur habe empfänglich sein können, kann man besser sagen: daß jenes Urbild vom Himmel zu uns herabgekommen sei, daß es die Menschheit angenommen habe (denn es ist nicht eben sowohl möglich, sich vorzustellen, wie der von Natur böse Mensch das Böse von selbst ablege, und sich zum Ideal der Heiligkeit erhebe, als daß das letztere die Menschheit (die für sich nicht böse ist) annehme, und sich zu ihr herablasse). Diese Vereinigung mit uns kann also als ein Stand der Erniedrigung des Sohnes Gottes angesehen werden, wenn wir uns jenen göttlich gesinnten Menschen, als Urbild für uns, so vorstellen, wie er, obzwar selbst hei|lig, und als solcher zu keiner Erduldung von Leiden

28-29 und ... herablasse] Zusatz von B
29 also] Zusatz von B

verhaftet, diese gleichwohl im größten Maße übernimmt, um das Weltbeste zu befördern; dagegen der Mensch, der nie von Schuld frei ist, wenn er auch dieselbe Gesinnung angenommen hat, die Leiden, die ihn, auf welchem Wege es auch sei, treffen mögen, doch als von ihm verschuldet ansehen kann, mithin sich der Vereinigung seiner Gesinnung mit einer solchen Idee, obzwar sie ihm zum Urbilde dient, unwürdig halten muß.

Das Ideal der Gott wohlgefälligen Menschheit (mithin einer moralischen Vollkommenheit, so wie sie an einem von Bedürfnissen und Neigungen abhängigen Weltwesen möglich ist) können wir uns nun nicht anders denken, als unter der Idee eines Menschen, der nicht allein alle Menschenpflicht selbst auszuüben, zugleich auch durch Lehre und Beispiel das Gute in größtmöglichem Umfange um sich auszubreiten, sondern auch, obgleich durch die größten Anlockungen versucht, dennoch alle Leiden bis zum schmählichsten Tode um des Weltbesten willen, und selbst für seine Feinde, zu übernehmen bereitwillig wäre. – Denn der Mensch kann sich keinen Begriff von dem Grade und der Stärke einer Kraft, dergleichen die einer moralischen Gesinnung ist, machen, als wenn er sie mit Hindernissen ringend, und unter den größtmöglichen Anfechtungen dennoch überwindend sich vorstellt.

| Im praktischen Glauben an diesen Sohn Gottes (sofern er vorgestellt wird, als habe er die menschliche Natur angenommen) kann nun der Mensch hoffen, Gott wohlgefällig (dadurch auch selig) zu werden; d. i. der, welcher sich einer solchen moralischen Gesinnung bewußt ist, daß er glauben und auf sich gegründetes Vertrauen setzen kann, er würde unter ähnlichen Versuchungen und Leiden (so wie sie zum Probierstein jener Idee gemacht werden) dem Urbilde der Menschheit un-

---

1 diese] Handschrift, A: sie
4 ihn] Handschrift, A, B, Weischedel: ihm; Vorländer, Wobbermin, Buchenau: ihn

wandelbar anhängig, und seinem Beispiele in treuer Nachfolge ähnlich bleiben, ein solcher Mensch, und auch nur der allein, ist befugt, sich für denjenigen zu halten, der ein des göttlichen Wohlgefallens nicht unwürdiger Gegenstand ist.

b) Objektive Realität dieser Idee

Diese Idee hat ihre Realität in praktischer Beziehung vollständig in sich selbst. Denn sie liegt in unserer moralisch gesetzgebenden Vernunft. Wir sollen ihr gemäß sein, und wir müssen es daher auch können. Müßte man die Möglichkeit, ein diesem Urbilde gemäßer Mensch zu sein, vorher beweisen, wie es bei Naturbegriffen unumgänglich notwendig ist (damit wir nicht Gefahr laufen, durch leere Begriffe hingehalten zu werden), so würden wir eben sowohl auch Bedenken tragen müssen, selbst dem moralischen Gesetze das Ansehen einzuräumen, unbedingter und doch | hinreichender Bestimmungsgrund unserer Willkür zu sein; denn wie es möglich sei, daß die bloße Idee einer Gesetzmäßigkeit überhaupt eine mächtigere Triebfeder für dieselbe sein könne, als alle nur erdenkliche, die von Vorteilen hergenommen werden, das kann weder durch Vernunft eingesehen, noch durch Beispiele der Erfahrung belegt werden, weil, was das erste betrifft, das Gesetz unbedingt gebietet, und das zweite anlangend, wenn es auch nie einen Menschen gegeben hätte, der diesem Gesetze unbedingten Gehorsam geleistet hätte, die objektive Notwendigkeit, ein solcher zu sein, doch unvermindert und für sich selbst einleuchtet. Es bedarf also keines Beispiels der Erfahrung, um die Idee eines Gott moralisch wohlgefälligen Menschen für uns zum Vorbilde zu machen; sie liegt als ein solches schon in unserer Vernunft. – Wer aber, um einen Menschen für ein

20-21 erdenkliche] Vorländer: erdenklichen

solches mit jener Idee übereinstimmendes Beispiel zur Nachfolge anzuerkennen, noch etwas mehr, als was er sieht, d.i. mehr als einen gänzlich untadelhaften, ja, so viel als man nur verlangen kann, verdienstvollen Lebenswandel, wer etwa außerdem noch Wunder, die durch ihn oder für | ihn geschehen sein müßten, zur Beglaubigung fordert: der bekennt zugleich hierdurch seinen moralischen Unglauben, nämlich den Mangel des Glaubens an die Tugend, den kein auf Beweise durch Wunder gegründeter Glaube (der nur historisch ist) ersetzen kann; weil nur der Glaube an die praktische Gültigkeit je|ner Idee, die in unserer Vernunft liegt (welche auch allein allenfalls die Wunder als solche, die vom guten Prinzip herkommen möchten, bewähren, aber nicht von diesen ihre Bewährung entlehnen kann), moralischen Wert hat.

Eben darum muß auch eine Erfahrung möglich sein, in der das Beispiel von einem solchen Menschen gegeben werde (soweit als man von einer äußeren Erfahrung überhaupt Beweistümer der inneren sittlichen Gesinnung erwarten und verlangen kann); denn, dem Gesetz nach, sollte billig ein jeder Mensch ein Beispiel zu dieser Idee an sich abgeben; wozu das Urbild immer nur in der Vernunft bleibt; weil ihr kein Beispiel in der äußeren Erfahrung adäquat ist, als welche das Innere der Gesinnung nicht aufdeckt, sondern darauf, obzwar nicht mit strenger Gewißheit, nur schließen läßt (ja selbst die innere Erfahrung des Menschen an ihm selbst läßt ihn die Tiefen seines Herzens nicht so durchschauen, daß er von dem Grunde seiner Maximen, zu denen er sich bekennt, und von ihrer Lauterkeit und Festigkeit durch Selbstbeobachtung ganz sichere Kenntnis erlangen könnte).

Wäre nun ein solcher wahrhaftig göttlich gesinnter Mensch zu einer gewissen Zeit gleichsam vom Himmel auf die Erde herabgekommen, der durch Lehre, Lebens-

---

6 sein müßten] Zusatz von B

wandel und Leiden das Beispiel eines Gott wohl|gefälli-Menschen an sich gegeben hätte, soweit als man von äußerer Erfahrung nur verlangen kann (indessen, daß das Urbild eines solchen immer doch nirgend anders, als in unserer Vernunft zu suchen ist), hätte er durch alles dieses ein unabsehlich großes moralisches Gute in der Welt durch eine Revolution im Menschengeschlechte hervorgebracht: so würden wir doch nicht Ursache haben, an ihm etwas anderes, als einen natürlich gezeugten Menschen anzunehmen (weil dieser sich doch auch verbunden fühlt, selbst ein solches Beispiel an sich abzugeben), obzwar dadurch eben nicht schlechthin verneint würde, daß er nicht auch wohl ein übernatürlich erzeugter Mensch sein könne. Denn in praktischer Absicht kann die Voraussetzung des letzteren uns doch nichts vorteilen; weil das Urbild, welches wir dieser Erscheinung unterlegen, doch immer in uns (obwohl natürlichen Menschen) selbst gesucht werden muß, dessen Dasein | in der menschlichen Seele schon für sich selbst unbegreiflich genug ist, daß man nicht eben nötig hat, außer seinem übernatürlichen Ursprunge ihn noch in einem besonderen Menschen hypostasiert anzunehmen. Vielmehr würde die Erhebung eines solchen Heiligen über alle Gebrechlichkeit der menschlichen Natur der praktischen Anwendung der Idee desselben auf unsere Nachfolge nach allem, was wir einzusehen vermögen, eher im Wege sein. Denn, wenn gleich jenes Gott wohlgefälligen Menschen Natur in so weit, als menschlich, gedacht würde: daß er mit | eben denselben Bedürfnissen, folglich auch denselben Leiden, mit eben denselben Naturneigungen, folglich auch eben solchen Versuchungen zur Übertretung, wie wir behaftet, aber doch sofern als übermenschlich gedacht würde, daß nicht etwa errungene, sondern angeborene unveränderliche Reinigkeit des Willens ihm schlechterdings keine Übertretung möglich sein ließe; so würde diese Distanz

20 ihn] Wobbermin: es (bezogen auf »Urbild«; Bezug auf »der übernatürliche Mensch« ist aber möglich)

vom natürlichen Menschen dadurch wiederum so unendlich groß werden, daß jener göttliche Mensch für diesen nicht mehr zum Beispiel aufgestellt werden könnte. Der letztere würde sagen: man gebe mir einen ganz heiligen Willen,
5 so wird alle Versuchung zum Bösen von selbsten an mir scheitern; man gebe mir die innere vollkommenste Gewißheit, daß, nach einem kurzen Erdenleben, ich (zufolge jener Heiligkeit) der ganzen ewigen Herrlichkeit des Himmelreichs sofort teilhaftig werden soll, so werde ich alle Leiden,
10 so schwer sie auch immer sein mögen, bis zum schmählichsten Tode nicht allein willig, sondern auch mit Fröhlichkeit übernehmen, da ich den herrlichen und nahen Ausgang mit Augen vor mir sehe. Zwar würde der Gedanke: daß jener göttliche Mensch im wirklichen Besitze dieser Hoheit und
15 Seligkeit von Ewigkeit war (und sie selbst nicht allererst durch solche Leiden verdienen durfte), daß er sich derselben für lauter Unwürdige, ja sogar für seine Feinde willig entäußerte, um sie vom ewigen Verderben zu erretten, unser Gemüt zur Bewunderung, Liebe und Dankbarkeit gegen |
20 ihn stimmen müssen; imgleichen würde die Idee eines Verhaltens nach einer so vollkommenen Regel der Sittlichkeit für uns allerdings auch als Vorschrift zur Befolgung geltend, er selbst aber nicht als Beispiel der Nachahmung, mithin auch nicht als Beweis der Tunlichkeit und Erreich-
25 barkeit eines so reinen und hohen moralischen Guts für uns, uns vorgestellt werden können.[1]

[1] Es ist freilich eine Beschränktheit der menschlichen Vernunft, die doch einmal von ihr nicht zu trennen ist: daß wir uns keinen moralischen Wert von Belange an | den Handlungen einer Person denken
30 können, ohne zugleich sie, oder ihre Äußerungen auf menschliche Weise vorstellig zu machen; obzwar damit eben nicht behauptet werden will, daß es an sich κατ' ἀλήθειαν auch so bewandt sei; denn wir bedürfen, um uns übersinnliche Beschaffenheiten faßlich zu machen, immer einer gewissen Analogie mit Naturwesen. So legt ein philoso-
35 phischer Dichter dem Menschen, sofern er einen Hang zum Bösen in

30 ohne] Handschrift: ohne uns

| Eben derselbe göttlichgesinnte, aber ganz eigentlich menschliche Lehrer würde doch nichts destoweniger | von sich, als ob das Ideal des Guten in ihm leibhaftig (in

sich zu bekämpfen hat, selbst darum, wenn er ihn nur zu überwältigen weiß, einen höheren Rang auf der moralischen Stufenleiter der Wesen bei, als selbst den Himmelsbewohnern, die, vermöge der Heiligkeit ihrer Natur, über alle mögliche Verleitung weggesetzt sind. (Die Welt mit ihren Mängeln – ist besser als ein Reich von willenlosen Engeln. Haller.) – Zu dieser Vorstellungsart bequemt sich auch die Schrift, um die Liebe Gottes zum menschlichen Geschlecht uns ihrem Grade nach faßlich zu machen, indem sie ihm die höchste Aufopferung beilegt, die nur ein liebendes Wesen tun kann, um selbst Unwürdige glücklich zu machen (»Also hat Gott die Welt geliebt«, u.s.w.): ob wir uns gleich durch die Vernunft keinen Begriff davon machen können,| wie ein allgenugsames Wesen etwas von dem, was zu seiner Seligkeit gehört, aufopfern, und sich eines Besitzes berauben könne. Das ist der Schematism der Analogie (zur Erläuterung), den wir nicht entbehren können. Diesen aber in einen Schematism der Objektbestimmung (zur Erweiterung unseres Erkenntnisses) zu verwandeln ist Anthropomorphism, der in moralischer Absicht (in der Religion) von den nachteiligsten Folgen ist. – Hier will ich nur noch beiläufig anmerken, daß man im Aufsteigen vom Sinnlichen zum Übersinnlichen zwar wohl schematisieren (einen Begriff durch Analogie mit etwas Sinnlichem faßlich machen), schlechterdings aber nicht nach der Analogie von dem, was dem ersteren zukommt, daß es auch dem letzteren beigelegt werden müsse, schließen (und so seinen Begriff erweitern) könne, und dieses zwar aus dem ganz einfachen Grunde, weil ein solcher Schluß wider alle Analogie laufen würde, der daraus, weil wir ein Schema zu einem Begriffe, um ihn uns verständlich zu machen (durch ein Beispiel zu belegen), notwendig brauchen, die Folge ziehen wollte, daß es auch notwendig dem Gegenstande selbst, als sein Prädikat zukommen müsse. Ich kann nämlich nicht sagen: so wie ich mir die Ursache einer Pflanze (oder jedes organischen Geschöpfes und überhaupt der zweckvollen Welt) nicht anders faßlich machen kann, als nach der Analogie eines Künstlers in Beziehung auf sein Werk (eine Uhr), nämlich dadurch, daß ich ihr Verstand beilege: so muß auch die Ursache selbst (der Pflanze, der Welt überhaupt) Verstand haben; d.i.

12 liebendes] Handschrift, A: liebend
32 sein] Vorländer: ein (wohl Druckfehler)

Lehre und Wandel) dargestellt würde, mit Wahrheit | reden [66]
können. Denn er würde alsdann nur von der Gesinnung
sprechen, die er sich selbst zur Regel seiner Handlungen
macht, die er aber, da er sie als Beispiel für andere, nicht
5 für sich selbst sichtbar machen kann, nur durch seine Leh-
* ren und Handlungen äußerlich vor Augen stellt: »Wer unter
* euch kann mich einer Sünde zeihen?« Es ist aber der Billigkeit gemäß, das untadelhafte Beispiel eines Lehrers zu dem,
was er lehrt, wenn dieses ohnedem für jedermann Pflicht
10 ist, keiner anderen als der lautersten Gesinnung desselben
anzurechnen, wenn man keine Beweise des Gegenteils hat.
Eine solche Gesinnung, mit allen, um des Weltbesten willen, übernommenen Leiden, in dem Ideale der Menschheit
gedacht, ist nun für alle Menschen zu allen Zeiten und in
15 allen Welten, vor der obersten Gerechtigkeit vollgültig:
wenn der Mensch die seinige derselben, wie er es tun soll,
ähnlich macht. Sie wird freilich immer eine Gerechtigkeit
bleiben, die nicht die unsrige ist, sofern diese in einem jener
Gesinnung völlig und ohne Fehl gemäßen Lebenswandel
20 bestehen müßte. Es muß aber doch eine Zueignung | der B84
ersteren um der letzten willen, wenn diese mit der Gesinnung des Urbildes vereinigt wird, möglich sein, obwohl
sie sich begreiflich zu machen noch großen Schwierigkeiten unterworfen ist, die wir jetzt vortragen wollen.

25 ihr Verstand beizulegen, ist nicht bloß eine Bedingung meiner Faßlichkeit, sondern der Möglichkeit Ursache zu sein selbst. Zwischen
dem Verhältnisse eines Schema zu seinem Begriffe und den Ver-
hältnisse eben dieses Schema des | Begriffs zur Sache selbst ist gar B83
keine Analogie, sondern ein gewaltiger Sprung (μετάβασις εἰς ἄλλο
30 γένος), der gerade in den Anthropomorphism hineinführt, wovon ich
die Beweise anderwärts gegeben habe.

12 allen] Handschrift, Vorländer: allem
13 übernommenen] B: übernommen (Druckfehler)
29-30 μετάβασις εἰς ἄλλο γένος | Übersetzung des Hrsg.: Über-
gang in eine andere Gattung

c) Schwierigkeiten gegen die Realität dieser Idee
und Auflösung derselben

Die erste Schwierigkeit, welche die Erreichbarkeit jener
Idee, der Gott wohlgefälligen Menschheit in uns, in Beziehung auf die Heiligkeit des Gesetzgebers, bei dem
Mangel unserer eigenen Gerechtigkeit zweifelhaft macht,
ist folgende. Das Gesetz sagt: »Seid heilig (in eurem Lebenswandel), wie euer Vater im Himmel heilig ist«; denn
das ist das Ideal des Sohnes Gottes, welches uns zum Vorbilde aufgestellt ist. Die Entfernung aber des Guten, was
wir in uns bewirken sollen, von dem Bösen, wovon wir
ausgehen, ist unendlich, und sofern, was die Tat, d. i. die
Angemessenheit des Lebenswandels zur Heiligkeit des
Gesetzes betrifft, in keiner Zeit erreichbar. Gleichwohl
soll die sittliche Beschaffenheit des Menschen mit ihr
übereinstimmen. Sie muß also in der Gesinnung, in der
allgemeinen und lauteren Maxime der Übereinstimmung
des Verhaltens mit demselben, als dem Keime, woraus alles Gute entwickelt werden soll, gesetzt werden, die von
einem heiligen Prinzip ausgeht, welches der | Mensch in
seine oberste Maxime aufgenommen hat. Eine Sinnesänderung, die auch möglich sein | muß, weil sie Pflicht ist.
– Nun besteht die Schwierigkeit darin, wie die Gesinnung
für die Tat, welche jederzeit (nicht überhaupt, sondern
in jedem Zeitpunkte) mangelhaft ist, gelten könne. Die
Auflösung derselben aber beruht darauf, daß die letztere
als ein kontinuierlicher Fortschritt von mangelhaftem
Guten zum Besseren ins Unendliche nach unserer Schätzung, die wir in den Begriffen des Verhältnisses der Ursache und Wirkungen unvermeidlich auf Zeitbedingungen
eingeschränkt sind, immer mangelhaft bleibt; so, daß wir

21-22 Eine Sinnesänderung, die] Handschrift: Welche Sinnesänderung
28 nach] Handschrift: zwar nach
29-30 Ursache] Vorländer erwägt: Ursachen

das Gute in der Erscheinung, d. i. der Tat nach, in uns jederzeit als unzulänglich für ein heiliges Gesetz ansehen müssen; seinen Fortschritt aber ins Unendliche zur Angemessenheit mit dem letzteren, wegen der Gesinnung, daraus er abgeleitet wird, die übersinnlich ist, von einem Herzenskündiger in seiner reinen intellektuellen Anschauung als ein vollendetes Ganze, auch der Tat (dem Lebenswandel) nach, beurteilt denken können,¹ und so der Mensch, uner|achtet seiner beständigen Mangelhaftigkeit, doch überhaupt Gott wohlgefällig zu sein erwarten könne, in welchem Zeitpunkte auch sein Dasein abgebrochen werden möge.

Die zweite Schwierigkeit, welche sich hervortut, wenn man den zum Guten strebenden Menschen in Ansehung dieses moralischen Guten selbst in Beziehung auf die göttliche Gütigkeit betrachtet, betrifft die moralische Glückseligkeit, worunter hier nicht die Versicherung eines immerwährenden Besitzes der Zufriedenheit mit seinem physischen Zustande (Befreiung von Übeln und Genuß immer wachsender Vergnügen), als

---

¹ Es muß nicht übersehen werden, daß hiermit nicht gesagt werden wolle: daß die Gesinnung die Ermangelung des Pflichtmäßigen, folglich das wirkliche Böse in dieser unendlichen Reihe zu vergüten dienen solle (vielmehr wird vorausgesetzt, daß die Gott wohlgefällige moralische Beschaffenheit des Menschen in ihr wirklich anzutreffen sei), sondern: daß die Gesinnung, welche die Stelle der | Totalität dieser Reihe der ins Unendliche fortgesetzten Annäherung vertritt, nur den von dem Dasein eines Wesens in der Zeit überhaupt unzertrennlichen Mangel, nie ganz vollständig das zu sein, was man zu werden im Begriffe ist, ersetze; denn was die Vergütung der in diesem Fortschritte vorkommenden Übertretungen betrifft, so wird diese bei der Auflösung der dritten Schwierigkeit in Betrachtung gezogen werden.

---

16 Gütigkeit] Handschrift, A, Vorländer, Wobbermin, Buchenau: Gütigkeit; B, Weischedel: Glückseligkeit
17 hier] fehlt in Handschrift und A

der physischen Glückseligkeit, sondern von der Wirklichkeit und Beharrlichkeit einer im Guten immer fortrückenden (nie daraus fallenden) Gesinnung verstanden wird, denn das beständige »Trachten nach dem Reiche Gottes«, wenn man nur von der Unveränderlichkeit einer solchen Gesinnung fest versichert wäre, würde eben so viel sein, als sich schon im Besitz dieses Reichs zu wissen, da denn der so gesinnte Mensch schon von selbst vertrauen würde, daß ihm »das übrige alles (was physische Glückseligkeit betrifft) zufallen werde.«

Nun könnte man zwar den hierüber besorgten Menschen mit seinem Wunsche dahin verweisen: »sein (Gottes) Geist gibt Zeugnis unserem Geist u.s.w.«, d. i. wer eine so lautere Gesinnung, als gefordert wird, besitzt, wird von selbst schon fühlen, daß er nie so tief fallen könne, das Böse wiederum lieb zu gewinnen, allein es ist mit solchen vermeinten Gefühlen übersinnlichen Ursprungs nur mißlich bestellt; man täuscht sich nirgends leichter, als in dem, was die gute Meinung von sich selbst begünstigt. Auch scheint es nicht einmal ratsam zu sein, zu einem solchen Vertrauen aufgemuntert zu werden, sondern vielmehr zuträglicher (für die Moralität), »seine Seligkeit mit Furcht und Zittern zu schaffen« (ein hartes Wort, welches, mißverstanden, zur finstersten Schwärmerei antreiben kann), allein, ohne alles Vertrauen zu seiner einmal angenommenen Gesinnung würde kaum eine Beharrlichkeit, in derselben fortzufahren, möglich sein. Dieses findet sich aber, ohne sich der süßen oder angstvollen Schwärmerei zu überliefern, aus der Vergleichung seines bisher geführten Lebenswandels mit seinem gefaßten Vorsatze. — Denn der Mensch, welcher, von der Epoche der angenommenen Grundsätze des Guten an, ein genugsam langes Leben hindurch die Wirkung derselben auf die Tat, d. i. auf seinen zum immer Besseren fortschreitenden Lebenswandel wahrgenommen hat, und daraus auf eine gründliche Besserung in seiner Gesinnung nur vermutungsweise zu schließen Anlaß findet, kann doch auch vernünftigerweise hoffen, daß, da dergleichen Fortschritte, wenn ihr Prinzip nur gut ist, die Kraft zu den folgenden immer noch vergrößern, er in diesem Erdenleben diese Bahn nicht mehr verlassen, sondern immer noch mutiger darauf fortrücken werde, ja, wenn nach diesem ihm noch ein anderes Leben bevorsteht, er unter anderen Umständen allem Ansehen nach doch, nach eben demselben Prinzip, fernerhin darauf fortfahren, und sich dem, obgleich unerreichbaren Ziele der Vollkommenheit immer noch nähern werde, weil er nach dem, was er bisher an sich wahrgenommen hat, seine Gesinnung für von Grunde aus gebessert halten darf. Dagegen der, welcher selbst bei oft versuchtem Vorsatze zum Guten dennoch niemals fand, daß er dabei Stand hielt, der immer ins Böse zurückfiel, oder wohl gar im Fortgange seines Lebens an sich wahrnehmen mußte, aus dem Bösen ins Ärgere, gleichsam als auf einem Abhange, immer tiefer gefallen zu sein, vernünftigerweise | sich keine Hoffnung machen kann, daß, wenn er noch länger hier zu leben hätte, oder ihm auch ein künftiges Leben bevorstände, er es besser machen werde, weil er bei solchen Anzeigen das Verderben, als in seiner Gesinnung gewurzelt, ansehen müßte. | Nun ist das erstere ein Blick in eine unabsehliche, aber gewünschte und glückliche Zukunft, das zweite dagegen in ein ebenso unabsehliches Elend, d. i. beides für Menschen, nach dem, was sie urteilen können, in eine selige oder unselige Ewigkeit; Vorstellungen, die mächtig genug sind, um dem einen Teil zur Beruhigung und Befestigung im Guten, dem anderen zur Aufweckung des richtenden Gewissens, um dem Bösen, so viel möglich noch Abbruch zu tun, mithin zu Triebfedern zu dienen, ohne daß es nötig ist, auch objektiv eine Ewigkeit des Guten oder Bösen für das Schicksal des

---

24 müßte] A: müsse

Menschen **dogmatisch** als Lehrsatz vorauszusetzen[1], mit welchen vermeinten Kennt|nissen und Behauptungen die | Vernunft nur die Schranken ihrer Einsicht überschreitet. Die gute und lautere | Gesinnung (die man einen guten uns regierenden Geist nennen | kann), deren

---

[1] Es gehört unter die Fragen, aus denen der Frager, wenn sie ihm auch beantwortet werden könnten, doch nichts Kluges zu machen verstehen würde (und die man deshalb **Kinderfragen** nennen könnte), auch die: ob die Höllenstrafen endliche, oder ewige Strafen sein werden? Würde das erste gelehrt, so ist zu besorgen, daß manche (so wie alle, die das Fegfeuer glauben, oder jener Matrose in **Moore**'s Reisen) sagen würden: »So hoffe ich, ich werde es aushalten können.« Würde aber das andere behauptet, und zum Glaubenssymbol gezählt, so dürfte gegen die Absicht, die man damit hat, die Hoffnung einer völligen Straflosigkeit nach dem ruchlosesten Leben herauskommen. Denn, da in den Augenblicken der späten Reue am Ende desselben, der um Rat und Trost befragte Geistliche es doch grausam und unmenschlich finden muß, ihm seine ewige Verwerfung anzukündigen, und er zwischen dieser und der völligen Lossprechung kein Mittleres statuiert (sondern entweder ewig, oder gar nicht gestraft), so muß | er ihm Hoffnung zum letzteren machen; d. i. ihn in der Geschwindigkeit zu einem Gott wohlgefälligen Menschen umzuschaffen versprechen; da dann, weil zum Einschlagen in einen guten Lebenswandel nicht mehr Zeit ist, reuevolle Bekenntnisse, Glaubensformeln, auch wohl Angelobungen eines neuen Lebens bei einem etwa noch längeren Aufschub des Endes des gegenwärtigen, die Stelle der Mittel vertreten. – Das ist die unvermeidliche Folge, wenn die **Ewigkeit** des dem hier geführten Lebenswandel gemäßen künftigen Schicksals als **Dogma** vorgetragen, und nicht vielmehr der Mensch angewiesen wird, aus seinem bisherigen sittlichen Zustande sich einen Begriff vom künftigen zu machen, und darauf, als die natürlich vorherzusehenden Folgen desselben **selbst** zu schließen; denn da wird die **Unabsehlichkeit** der Reihe derselben unter der Herrschaft des Bösen für ihn dieselbe moralische Wirkung haben (ihn anzutreiben, das Geschehene, so viel ihm möglich ist, durch Reparation oder Ersatz seinen Wirkungen nach noch vor dem Ende des Lebens ungeschehen zu machen), als von der angekündigten Ewigkeit desselben

---

16 späten] Handschrift, B: späten; A: spätern (Druckfehler)
20 (...)] Zusatz von B; Buchenau ergänzt: gar nicht gestraft *wird*

man sich bewußt ist, führt also | auch das Zutrauen zu ih-
rer Beharrlichkeit und Festigkeit obzwar nur mittelbar bei
sich, und ist der Tröster | (Paraklet), wenn uns unsere
erwartet werden kann: ohne doch die Nachteile des Dogma der letzteren (wozu ohnedem weder Vernunfteinsicht, noch Schriftausle-
gung berechtigt) bei | sich zu führen: da der böse Mensch im Leben
schon zum voraus auf diesen leicht zu erlangenden Pardon rechnet,
oder am Ende desselben es nur mit den Ansprüchen der himmlischen
Gerechtigkeit auf ihn zu tun zu haben glaubt, die er mit bloßen Worten befriedigt, indessen daß die Rechte der Menschen hierbei leer
ausgehen, und niemand das Seine wieder bekommt (ein so gewöhn-
licher Ausgang dieser Art der Expiation, daß ein Beispiel vom Gegenteil beinahe unerhört ist). – Besorgt man aber, daß ihn seine Ver-
nunft durchs Gewissen zu gelinde beurteilen werde, so irrt man |
sich, wie ich glaube, sehr. Denn eben darum, weil sie frei ist, und
selbst über ihn, den Menschen sprechen soll, ist sie unbestechlich,
und wenn man ihm in einem solchen Zustande nur sagt: daß es wenigstens möglich sei, er werde bald vor einem Richter stehen müssen, so darf man ihn nur seinem eigenen Nachdenken überlassen,
welches ihn, aller Wahrscheinlichkeit nach, mit der größten Strenge
richten wird. – Ich will diesem noch ein paar Bemerkungen beifü-
gen. Der gewöhnliche Sinnspruch: Ende gut, alles gut, kann
auf moralische Fälle zwar angewandt werden, aber nur, wenn unter
dem guten Ende dasjenige verstanden wird, da der Mensch ein wahr-
haftig-guter Mensch wird. Aber woran will er sich als einen solchen
erkennen, da er es nur aus dem darauf folgenden beharrlich guten Lebenswandel schließen kann, für diesen aber am Ende des Lebens
keine Zeit mehr da ist? Von der Glückseligkeit kann dieser
Spruch eher eingeräumt werden, aber auch nur in Beziehung auf den
Standpunkt, aus dem er sein Leben ansieht, nicht aus dem Anfange,
sondern dem Ende desselben, indem er von da auf jenen zurück sieht.
Überstandene Leiden lassen keine peinigende Rückerinnerung
übrig, wenn man sich schon geborgen sieht, sondern vielmehr ein
Frohsein, welches den Genuß des nun eintretenden Glücks nur um
desto schmackhafter macht; weil Vergnügen oder Schmerzen (als zur
Sinnlichkeit gehörig), in der Zeitreihe enthalten, mit ihr auch verschwinden, und mit dem nun existierenden Lebensgenuß nicht ein
Ganzes ausmachen, sondern durch diesen, als den nachfolgenden,
verdrängt werden. Wendet man aber denselben Satz auf die Beurteilung des moralischen Werts des bis dahin geführten Lebens an, so
kann der Mensch sehr unrecht haben, es so zu beurteilen, ob er gleich

Fehltritte wegen ihrer Beharrlichkeit besorgt machen. Gewißheit in Ansehung derselben ist dem Menschen weder möglich noch, so viel wir einsehen, moralisch zuträg-

dasselbe mit einem ganz guten Wandel beschlossen hat. Denn das moralisch | subjektive Prinzip der Gesinnung, wonach sein Leben beurteilt werden muß, ist (als etwas Übersinnliches) nicht von der Art, daß sein Dasein in Zeitabschnitte teilbar, sondern nur als absolute Einheit gedacht werden kann, und da wir auf die Gesinnung nur aus den Handlungen (als Erscheinungen derselben) schließen können, so wird das Leben zum Behuf dieser Schätzung nur als Zeiteinheit, d. i. als ein Ganzes, in Betrachtung kommen; da dann die Vorwürfe aus dem ersten Teil des Lebens (vor der Besserung) ebenso laut mitsprechen, als der Beifall im letzteren, und den triumphierenden Ton: Ende gut, alles gut, gar sehr dämpfen möchten. – Endlich ist mit jener Lehre, von der Dauer der Strafen in einer anderen Welt, auch noch eine andere nahe verwandt, obgleich nicht einerlei, nämlich: »daß alle Sünden hier vergeben werden müssen«; daß die Rechnung mit dem Ende des Lebens völlig abgeschlossen sein | müsse, und niemand hoffen könne, das hier Versäumte etwa dort noch einzubringen. Sie kann sich aber eben so wenig, wie die vorige, als Dogma ankündigen, sondern ist nur ein Grundsatz, durch welchen sich die praktische Vernunft im Gebrauche ihrer Begriffe des Übersinnlichen die Regel vorschreibt, indessen sie sich bescheidet: daß sie von der objektiven Beschaffenheit der letzteren nichts weiß. Sie sagt nämlich nur so viel: Wir können nur aus unserem geführten Lebenswandel schließen, ob wir Gott wohlgefällige Menschen sind, oder nicht, und, da derselbe mit diesem Leben zu Ende geht, so schließt sich auch für uns die Rechnung, deren Fazit es allein geben muß, ob wir uns für gerechtfertigt halten können, oder nicht. – Überhaupt, wenn wir statt der konstitutiven Prinzipien der Erkenntnis übersinnlicher Objekte, deren Einsicht uns doch unmöglich ist, unser Urteil auf die regulativen, sich | an dem möglichen praktischen Gebrauch derselben begnügenden Prinzipien einschränkten, so würde es in gar vielen Stücken mit der menschlichen Weisheit besser stehen, und nicht vermeintliches Wissen dessen, wovon man im Grunde nichts weiß, grundlose, obzwar eine Zeitlang schimmernde Vernünftelei zum endlich sich doch einmal daraus hervorfindenden Nachteil der Moralität ausbrüten.

32 regulativen] Verbesserung von Vorländer. Drucke und alle Herausgeber: regulative

lich. Denn (was wohl zu merken ist) wir können dieses Zutrauen nicht auf ein unmittelbares Bewußtsein der Unveränderlichkeit unserer Gesinnungen gründen, weil wir diese nicht durchschauen können, sondern wir müssen allenfalls nur aus den Folgen derselben im Lebenswandel auf sie schließen, welcher Schluß aber, weil er nur aus Wahrnehmungen als Erscheinungen der guten und bösen Gesinnung gezogen worden, vornehmlich die Stärke derselben niemals mit Sicherheit zu erkennen gibt, am wenigsten, wenn man seine Gesinnung gegen das vorausgesehene nahe Ende des Lebens gebessert zu haben meint, da jene empirischen Beweise der Echtheit derselben gar mangeln, indem kein Lebenswandel zur Begründung des Urteilsspruchs unseres moralischen Werts mehr gegeben ist, und Trostlosigkeit (dafür aber die Natur des Menschen bei der Dunkelheit aller Aussichten über die Grenzen dieses Lebens hinaus schon von | selbst sorgt, daß sie nicht in wilde Verzweiflung ausschlage) die unvermeidliche Folge von der vernünftigen Beurteilung seines sittlichen Zustandes ist.

Die dritte und dem Anscheine nach größte Schwierigkeit, welche jeden Menschen, selbst nachdem er den Weg des Guten eingeschlagen hat, | doch in der Aburteilung seines ganzen Lebenswandels vor einer göttlichen Gerechtigkeit als verwerflich vorstellt, ist folgende. – Wie es auch mit der Annehmung einer guten Gesinnung an ihm zugegangen sein mag, und sogar, wie beharrlich er auch darin in einem ihr gemäßen Lebenswandel fortfahre, so fing er doch vom Bösen an, und diese Verschuldung ist ihm nie auszulöschen möglich. Daß er nach seiner Herzensänderung keine neuen Schulden mehr macht, kann er nicht dafür ansehen, als ob er dadurch die alten bezahlt habe. Auch kann er in einem fernerhin geführten guten Lebenswandel keinen Überschuß über das, was er jedesmal an

26 an] Vorländer erwägt: in

sich zu tun schuldig ist, herausbringen; denn es ist jederzeit seine Pflicht, alles Gute zu tun, was in seinem Vermögen steht. – Diese ursprüngliche oder überhaupt vor jedem Guten, was er immer tun mag, vorhergehende Schuld, die auch dasjenige ist, was, und nichts mehr, wir unter dem radikalen Bösen verstanden (s. das Erste Stück), kann aber auch, so viel wir nach unserem Vernunftrecht einsehen, nicht von einem anderen getilgt werden; denn sie ist keine transmissible Verbindlichkeit, die etwa, wie eine Geldschuld (bei der es dem Gläubiger einerlei ist, ob der Schuldner selbst oder ein anderer für ihn bezahlt), auf einen anderen übertragen werden kann, sondern die allerpersönlichste, nämlich eine Sündenschuld, die nur der Strafbare, nicht der Unschuldige, er mag auch noch so großmütig sein, sie für jenen übernehmen zu wollen, tragen kann. – Da nun das Sittlich-Böse (Übertretung des moralischen Gesetzes als göttlichen Gebotes, Sünde genannt) nicht sowohl wegen der Unendlichkeit des höchsten Gesetzgebers, dessen Autorität dadurch verletzt worden (von welchem überschwenglichen Verhältnisse des Menschen zum höchsten Wesen wir nichts verstehen), sondern als ein Böses in der Gesinnung und den Maximen überhaupt (wie allgemeine Grundsätze vergleichungsweise gegen einzelne Übertretungen) eine Unendlichkeit von Verletzungen des Gesetzes, mithin der Schuld, bei sich führt (welches vor einem menschlichen Gerichtshofe, der nur das einzelne Verbrechen, mithin nur die Tat und darauf bezogene, nicht aber die allgemeine Gesinnung in Betrachtung zieht, anders ist), so würde jeder Mensch sich einer unendlichen Strafe und Verstoßung aus dem Reiche Gottes zu gewärtigen haben.

Die Auflösung dieser Schwierigkeit beruht auf Folgendem: Der Richterausspruch eines Herzenskündigers

---

20-21 überschwenglichen] Handschrift, A: moralischen

muß als ein solcher gedacht werden, der aus der allgemeinen Gesinnung des Angeklagten, nicht aus den | Erscheinungen derselben, den vom Gesetze abweichenden, oder damit zusammenstimmenden Handlungen gezogen worden. Nun wird hier aber in dem Menschen eine über das in ihm vorher mächtige böse Prinzip die Oberhand habende gute Gesinnung vorausgesetzt, und es ist nun die Frage: ob die moralische Folge der ersteren, die Strafe (mit anderen Worten, die Wirkung des Mißfallens Gottes an dem Subjekt), auch auf seinen Zustand in der gebesserten Gesinnung könne gezogen werden, in der er schon ein Gegenstand des göttlichen Wohlgefallens ist. Da hier die Frage nicht ist: ob auch vor der Sinnesänderung die über ihn verhängte Strafe mit der göttlichen Gerechtigkeit zusammenstimmen würde (als woran niemand zweifelt), so **soll** sie (in dieser Untersuchung) nicht als vor der Besserung an ihm vollzogen gedacht werden. Sie kann aber auch nicht als **nach derselben**, da der Mensch schon im neuen Leben wandelt, und moralisch ein anderer Mensch ist, dieser seiner neuen Qualität (eines Gott wohlgefälligen Menschen) angemessen angenommen werden, gleichwohl aber muß der höchsten Gerechtigkeit, vor der ein Strafbarer nie straflos sein kann, ein Genüge geschehen. Da sie also weder **vor** noch **nach** der Sinnesänderung der göttlichen Weisheit gemäß, und doch notwendig ist: so würde sie als **in** dem Zustand der Sinnesänderung selbst ihr angemes|sen und ausgeübt gedacht werden müssen. Wir müssen also sehen, ob in diesem letzteren schon durch den Begriff einer moralischen Sinnesänderung diejenigen Übel als enthalten gedacht werden können, die der neue gutgesinnte Mensch als von ihm (in anderer Beziehung) verschuldete, und als solche **Strafen** an-

[73]

B 97

---

11 gezogen] Vorländer: bezogen
32 von] A. Vorländer, Wobbermin, Buchenau: von; B, Weischedel: vor; Handschrift: uneindeutig

sehen kann¹, wodurch der göttlichen Gerechtigkeit ein Ge|nüge geschieht. – Die Sinnesänderung ist nämlich ein Ausgang vom Bösen, und ein Eintritt ins Gute, das Ablegen des alten, und das Anziehen des neuen Menschen, da das Subjekt der Sünde (mithin auch allen Neigungen, sofern sie dazu verleiten) abstirbt, um der Gerechtigkeit zu leben. In ihr aber als intellektueller Bestimmung sind nicht zwei durch eine Zwischenzeit getrennte moralische

---

¹ Die Hypothese: alle Übel in der Welt im allgemeinen als Strafen für begangene Übertretungen anzusehen, kann nicht sowohl, als zum Behuf einer Theodizee, oder als Erfindung zum Behuf der Priesterreligion (des Kultus) ersonnen, angenommen werden (denn sie ist zu gemein, um so künstlich ausgedacht zu sein), sondern liegt vermutlich der menschlichen Vernunft sehr nahe, welche geneigt ist, den Lauf der Natur an die Gesetze der Moralität anzuknüpfen, und die daraus den Gedanken sehr natürlich hervorbringt: daß wir zuvor bessere Menschen zu werden suchen sollen, ehe wir verlangen können, von den Übeln des Lebens befreit zu werden, oder sie durch überwiegendes Wohl zu vergüten. – Darum wird der erste Mensch (in der heiligen Schrift), als zur Arbeit, wenn er essen wollte, sein Weib, daß sie mit Schmerzen Kinder gebären sollte, und beide als zum Sterben, um i h r e r Ü b e r t r e t u n g w i l l e n verdammt vorgestellt, obgleich nicht abzusehen ist, wie, wenn diese auch nicht begangen worden, tierische mit solchen Gliedmaßen versehene Geschöpfe sich einer anderen Bestimmung hätten gewärtigen können. Bei den H i n d u s sind die Menschen nichts anderes, als in tierische | Körper zur Strafe für ehemalige Verbrechen eingesperrte Geister (*Dewas* genannt), und selbst ein Philosoph (M a l e b r a n c h e) wollte den vernunftlosen Tieren lieber gar keine Seelen und hiermit auch keine Gefühle beilegen, als einräumen, daß die | Pferde so viel Plagen ausstehen müßten, »ohne doch vom verbotenen Heu gefressen zu haben.«

---

5 allen] A: aller; B, Weischedel: alle; Vorländer, Wobbermin, Buchenau: allen. Die Verbesserung entspricht der im Kontext von Kant zitierten biblischen Konstruktion eines finalen Dativs: Das Subjekt stirbt *der Sünde* und *allen Neigungen* ab, um *für die Gerechtigkeit* zu leben.

Aktus enthalten, sondern sie ist nur ein einiger, weil die Verlassung des Bösen nur durch die gute Gesinnung, welche den Eingang ins Gute bewirkt, möglich ist, und so umgekehrt. Das gute Prinzip ist also in der Verlassung der bösen eben sowohl, als in der Annehmung der guten Gesinnung enthalten, und der Schmerz, der die erste rechtmäßig begleitet, entspringt gänzlich aus der zweiten. Der Ausgang aus der verderbten Gesinnung in die gute ist (als »das Absterben am alten Menschen, Kreuzigung des Fleisches«) an sich schon Aufopferung und Antretung einer langen Reihe von Übeln des Lebens, die der neue Mensch in der Gesinnung des Sohnes Gottes, nämlich bloß um des Guten willen, übernimmt; die aber doch eigentlich einem anderen, nämlich dem alten (denn dieser ist moralisch ein anderer), als Strafe gebührten. – Ob er also gleich physisch (seinem empirischen Charakter als Sinnenwesen nach betrachtet) | ebenderselbe strafbare Mensch ist, und als ein solcher vor einem moralischen Gerichtshofe, mithin auch von ihm selbst gerichtet werden muß, so ist er doch in seiner neuen Gesinnung (als intelligibeles Wesen) vor einem göttlichen Richter, vor welchem diese die Tat vertritt, moralisch ein anderer, und diese in ihrer Reinigkeit, wie die des Sohnes Gottes, welche er in sich aufgenommen hat, oder (wenn wir diese Idee personifizieren), dieser selbst trägt für ihn, und so auch für alle, die an ihn (praktisch) glauben, als Stellvertreter die Sündenschuld, tut durch Leiden und Tod der höchsten Gerechtigkeit als Erlöser genug, und macht als Sachverwalter, daß sie hoffen können, vor ihrem Richter als gerechtfertigt zu erscheinen, nur daß (in dieser Vorstellungsart) jenes Leiden, was der neue Mensch, indem er dem alten abstirbt, im Leben

---

9 ist (als | Handschrift, Vorländer u. a. f.: ist (als; A, B: ist als (

fortwährend übernehmen muß,[1] an dem Repräsentanten der Menschheit als ein für allemal erlittener Tod vorgestellt wird. – Hier ist nun derjenige Überschuß über das Verdienst der Werke, der oben vermißt wurde, und ein Verdienst, das uns aus Gnaden zugerechnet wird. Denn

---

[1] Auch die reinste moralische Gesinnung bringt am Menschen, als Weltwesen, doch nichts mehr, als ein kontinuierliches Werden eines Gott wohlgefälligen Subjekts der Tat nach (die in der Sinnenwelt angetroffen wird) hervor. Der Qualität nach (da sie als übersinnlich gegründet, gedacht werden muß) soll und kann sie zwar heilig und der seines Urbildes gemäß sein; dem Grade nach – wie sie sich in Handlungen offenbart – bleibt sie immer mangelhaft, und von der ersteren unendlich weit abstehend. Demungeachtet vertritt diese Gesinnung, weil sie den Grund des kontinuierlichen Fortschritts im Ergänzen dieser Mangelhaftigkeit enthält, als intellektuelle Einheit des Ganzen, die Stelle der Tat in ihrer Vollendung. Allein nun fragt's sich: kann wohl derjenige, »an dem nichts Verdammliches ist«, oder sein muß, sich gerechtfertigt glauben, und sich gleichwohl die Leiden, die ihm auf dem Wege zu immer größerem Guten zustoßen, immer noch als strafend zurechnen, also hierdurch eine Strafbarkeit, mithin auch eine Gott mißfällige Gesinnung bekennen? Ja, aber nur in der Qualität des Menschen, den er kontinuierlich auszieht. Was ihm in jener Qualität (der des alten Menschen) als Strafe gebühren würde (und das sind alle Leiden und Übel des Lebens überhaupt), das nimmt er in der Qualität des neuen Menschen freudig, bloß um des Guten willen, über sich; folglich werden sie ihm sofern und als einem solchen nicht als Strafen zugerechnet, sondern der Ausdruck will nur so viel sagen: alle ihm zustoßenden Übel und Leiden, die der alte Mensch sich als Strafe hätte zurechnen müssen, und die er sich auch, sofern er ihm abstirbt, wirklich als solche zurechnet, die nimmt er, in der Qualität des neuen, als so viel Anlässe der Prüfung und Übung seiner Gesinnung zum Guten willig auf, wovon selbst jene Bestrafung die Wirkung und zugleich die Ursache, mithin auch von derjenigen Zufriedenheit und moralischen Glückseligkeit ist, welche im Bewußtsein seines Fortschrittes im Guten (der mit der Verlassung des Bösen ein Aktus ist) besteht; dahingegen eben dieselben Übel in der alten Gesinnung nicht allein als Strafen hätten gelten, sondern auch als solche empfunden werden müssen, weil sie, selbst als bloße Übel betrachtet, doch demjenigen gerade entgegengesetzt sind, was sich der Mensch in solcher Gesinnung als physische Glückseligkeit zu seinem einzigen Ziele macht.

damit das, was bei uns im Erdenleben (vielleicht auch in allen künftigen Zeiten und allen Welten) immer nur im bloßen Werden ist (nämlich ein Gott wohlgefälliger Mensch zu sein), uns, gleich, als ob wir schon hier im vollen Besitz desselben wären, zugerechnet werde, dazu haben wir doch wohl keinen Rechtsanspruch[1] (nach der empirischen Selbsterkenntnis); so weit wir uns selbst kennen (unsere Gesinnung nicht unmittelbar, sondern nur nach | unseren Taten ermessen), so daß der Ankläger in uns eher noch auf ein Verdammungsurteil antragen würde. Es ist also immer nur ein Urteilsspruch aus Gnade, obgleich (als auf Genugtuung gegründet, die für uns nur in der Idee der gebesserten Gesinnung liegt, die aber Gott allein kennt) der ewigen Gerechtigkeit völlig gemäß, wenn wir, um jenes Guten im Glauben willen, aller Verantwortung entschlagen werden.

Es kann nun noch gefragt werden, ob diese Deduktion der Idee einer Rechtfertigung des zwar verschuldeten, aber doch zu einer Gott wohlgefälligen Gesinnung übergegangenen Menschen irgend einen prakti|schen Gebrauch habe und, welcher es sein könne. Es ist nicht abzusehen, welcher positive Gebrauch davon für die Religion und den Lebenswandel zu machen sei; da in jener Untersuchung die Bedingung zum Grunde liegt, daß der, den sie angeht, in der erforderlichen guten Gesinnung schon wirklich sei, auf deren Behuf (Entwickelung und Beförderung) aller praktische Gebrauch moralischer Begriffe eigentlich abzweckt; denn was den Trost betrifft, so führt ihn eine solche Gesinnung für den, der sich ihrer

---

[1] Sondern nur Empfänglichkeit, welche alles ist, was wir unsererseits uns beilegen können; der Ratschluß aber eines Oberen zu Erteilung eines Guten, wozu der Untergeordnete nichts weiter als die (moralische) Empfänglichkeit hat, heißt Gnade.

---

5 desselben] Handschrift: derselben
12 gebesserten] Handschrift, A. vermeinten gebesserten
32 (Fußnote)] Zusatz von B. Verweisungszeichen fehlt in A und B.

bewußt ist (als Trost und Hoffnung, nicht als Gewißheit), schon bei sich. Sie ist also in sofern nur die Beantwortung einer spekulativen Frage, die aber darum nicht mit Stillschweigen übergangen werden kann, weil sonst der Vernunft vorgeworfen werden könnte, sie sei schlechterdings unvermögend, die Hoffnung auf die Lossprechung des Menschen von seiner Schuld mit der göttlichen Gerechtigkeit zu vereinigen; ein Vorwurf, der ihr in mancherlei, vornehmlich in moralischer Rücksicht nachteilig sein könnte. Allein der negative Nutzen, der daraus für Religion und Sitten zum Behuf eines jeden Menschen gezogen werden kann, erstreckt sich sehr weit. Denn man sieht aus der gedachten Deduktion: daß nur unter der Voraussetzung der gänzlichen Herzensänderung sich für den mit Schuld belasteten Menschen vor der himmlischen Gerechtigkeit Lossprechung denken lasse, mithin alle Expiationen, sie mögen von der büßenden oder feierlichen Art sein, alle Anrufungen und | Hochpreisungen (selbst die des stellvertretenden Ideals des Sohnes Gottes) den Mangel der ersteren nicht ersetzen, oder, wenn diese da ist, ihre Gültigkeit vor jenem Gerichte nicht im mindesten vermehren können; denn dieses Ideal muß in unserer Gesinnung aufgenommen sein, um an Stelle der Tat zu gelten. Ein anderes enthält die Frage: was sich der Mensch von seinem geführten Lebenswandel am Ende desselben zu versprechen, oder was er zu fürchten habe. Hier muß er allererst seinen Charakter wenigstens einigermaßen kennen; also, wenn er gleich glaubt, | es sei mit seiner Gesinnung eine Besserung vorgegangen, die alte (verderbte), von der er ausgegangen ist, zugleich mit in Betrachtung ziehen, und was und wie viel von der ersteren er abgelegt habe, und welche Qualität (ob lautere

---

22-23 um an ... zu gelten] Handschrift, A, B: um an die Stelle der Tat zu gelten; Vorländer: um an der Stelle der Tat zu gelten; Wobbermin: um an Stelle ... zu gelten; *N.Th.J.* 1797, Buchenau erwägen: um an die Stelle der Tat zu treten
31 habe] A: hat

oder noch unlautere) sowohl, als welchen Grad die vermeinte neue Gesinnung habe, abnehmen können, um die erste zu überwinden, und den Rückfall in dieselbe zu verhüten; er wird sie also durchs ganze Leben nachzusuchen haben. Da er also von seiner wirklichen Gesinnung durch unmittelbares Bewußtsein gar keinen sicheren und bestimmten Begriff bekommen, sondern ihn nur aus seinem wirklich geführten Lebenswandel abnehmen kann; so wird er für das Urteil des künftigen Richters (des aufwachenden Gewissens in ihm selbst, zugleich mit der herbeigerufenen empirischen Selbsterkenntnis) sich keinen anderen Zustand zu seiner Überführung denken können, als daß ihm sein ganzes Leben dereinst werde vor Augen gestellt werden, nicht bloß ein Abschnitt desselben, vielleicht der letzte, und für ihn noch günstigste; hiermit aber würde er von selbst die Aussicht in ein noch weiter fortgesetztes Leben (ohne sich hier Grenzen zu setzen), wenn es noch länger gedauert hätte, verknüpfen. Hier kann er nun nicht die zuvor erkannte Gesinnung die Tat vertreten lassen, sondern umgekehrt, er soll aus der ihm vorgestellten Tat seine Gesinnung abnehmen. Was, meint der Leser wohl, wird bloß dieser Gedanke, welcher dem Menschen (der eben nicht der ärgste sein darf) vieles in die Erinnerung zurückruft, was er sonst leichtsinnigerweise längst aus der Acht gelassen hat, wenn man ihm auch nichts weiter sagte, als, er habe Ursache zu glauben, er werde dereinst vor einem Richter stehen, *ihn veranlassen* von seinem künftigen Schicksal nach seinem bisher geführten Lebenswandel *zu* urteilen? Wenn man im Menschen den Richter, der in ihm selbst ist, anfragt: so be-

2 habe] A: hat
18 er] Ergänzung von Vorländer, Wobbermin, Buchenau; A, B, Weischedel: kann nun
26-28 ihn veranlassen ... zu] notwendige Ergänzung des logischen Subjekts, wie schon im vorhergehenden Satz. A, B und alle vorherigen Herausgeber: Was (Wobbermin:,) meint der Leser wohl; wird bloß dieser Gedanke ... von seinem künftigen Schicksal ... urteilen?

urteilt er sich strenge, denn er kann seine Vernunft nicht bestehen; stellt man ihm aber einen anderen Richter vor, so wie man von ihm aus anderweitigen Belehrungen Nachricht haben will, so hat er wider seine Strenge vieles vom Vorwande der menschlichen Gebrechlichkeit Hergenommenes einzuwenden, und überhaupt denkt er, ihm beizukommen: es sei, daß er durch reuige, nicht aus wahrer Gesinnung der Besserung entspringende Selbstpeinigungen, der Bestrafung von ihm zuvorzukommen, oder | ihn durch Bitten und Flehen, auch durch Formeln, und für gläubig ausgegebene Bekenntnisse zu erweichen denkt; und wenn ihm hierzu Hoffnung gemacht wird (nach dem Sprichwort: Ende gut, alles gut), so macht er danach schon frühzeitig seinen Anschlag, um nicht ohne Not zu viel am vergnügten | Leben einzubüßen, und beim nahen Ende desselben doch in der Geschwindigkeit die Rechnung zu seinem Vorteile abzuschließen.¹

---

¹ Die Absicht derer, die am Ende des Lebens einen Geistlichen rufen lassen, ist gewöhnlich: daß sie an ihm einen Tröster haben wollen; nicht wegen der physischen Leiden, welche die letzte Krankheit, ja auch nur die natürliche Furcht vor dem Tod mit sich führt (denn darüber kann der Tod selber, der sie beendigt, Tröster sein), sondern wegen der moralischen, nämlich der Vorwürfe des Gewissens. Hier sollte nun dieses eher aufgeregt und geschärft werden, um, was noch Gutes zu tun, oder Böses in seinen übrig bleibenden Folgen zu vernichten (reparieren) sei, ja nicht zu versäumen, nach der Warnung: »Sei willfährig deinem Widersacher (dem, der einen Rechtsanspruch wider dich hat), solange du noch mit ihm auf dem Wege bist (d.i. solange du noch lebst), damit er dich nicht dem Richter (nach dem Tode) überliefere u.s.w.« An dessen Statt aber gleichsam Opium fürs Gewissen zu geben, ist Verschuldigung an ihm selbst und anderen ihn Überlebenden; ganz wider die Endabsicht, wozu ein solcher Gewissensbeistand am Ende des Lebens für nötig gehalten werden kann.

34 (Fußnote)] Zusatz von B

Zweiter Abschnitt
Von dem Rechtsanspruche des bösen Prinzips auf die Herrschaft über den Menschen, und dem Kampf beider Prinzipien mit einander

Die heilige Schrift (christlichen Anteils) trägt dieses intelligibele moralische Verhältnis in der Form einer Geschichte vor, da zwei, wie Himmel und Hölle einander entgegengesetzte Prinzipien im Menschen, als Personen außer ihm, vorgestellt, nicht bloß ihre Macht gegen einander versuchen, sondern auch (der eine Teil als Ankläger, der andere als Sachwalter des Menschen) ihre Ansprüche gleichsam vor einem höchsten Richter durchs Recht gelten machen wollen.

Der Mensch war ursprünglich zum Eigentümer aller Güter der Erde eingesetzt (I. Mos. I, 28), doch, daß er diese nur als sein Untereigentum (*dominium utile*) unter seinem Schöpfer und Herrn, als Obereigentümer (*dominus directus*), besitzen sollte. Zugleich wird ein böses Wesen (wie es so böse geworden, um seinem Herrn untreu zu werden, da es doch uranfänglich gut war, ist nicht bekannt) aufgestellt, welches durch seinen Abfall alles Eigentums, das es im Himmel besessen haben mochte, verlustig geworden, und sich nun ein anderes auf Erden erwerben will. Da ihm nun als einem Wesen höherer Art – als einem Geiste – irdische und körperliche Gegenstände keinen Genuß gewähren können, so sucht er eine Herrschaft über die Gemüter dadurch zu erwerben, daß er die Stammeltern aller Menschen von ihrem Oberherrn abtrünnig und ihm anhängig macht, da es ihm dann gelingt, sich so zum Obereigentümer aller Güter der Erde, d. i. zum Fürsten dieser Welt, aufzuwerfen. Nun

---

14 gelten] A, Vorländer: geltend; B, alle anderen Herausgeber: gelten

könnte man hierbei zwar es bedenklich finden: warum sich Gott gegen diesen Verräter nicht seiner Gewalt bediente¹, und das Reich, was er zu stiften zur Absicht hatte, lieber in seinem Anfange vernichtete; aber die Beherrschung und Regierung der höchsten Weisheit über vernünftige Wesen verfährt mit ihnen nach dem Prinzip ihrer Freiheit, und was sie Gutes oder Böses treffen soll, das sollen sie sich selbst zuzuschreiben haben. Hier war also, dem guten Prinzip zum Trotz, ein Reich des Bösen errichtet, welchem alle vom Adam (natürlicherweise) abstammenden Menschen unterwürfig wurden, und zwar mit ihrer eigenen Ein|willigung, weil das Blendwerk der Güter dieser Welt ihre Blicke von dem Abgrunde des Verderbens abzog, für das sie aufgespart wurden. Zwar verwahrte sich das gute Prinzip wegen seines Rechtsanspruchs an der Herrschaft über den Menschen durch die Errichtung der Form einer Regierung, die bloß auf öffentliche alleinige Verehrung seines Namens angeordnet war (in der jüdischen Theokratie), da aber die Gemüter der Untertanen in derselben für keine anderen Triebfedern, als die Güter dieser Welt, gestimmt blieben, und sie also auch nicht anders, als durch Belohnungen und Strafen in diesem Leben regiert sein wollten, dafür aber auch keiner anderen Gesetze fähig waren, als solcher, welche teils lästige Ceremonien und Gebräuche auferlegten, teils zwar sittliche, aber nur solche, wobei ein äußerer Zwang statt fand, also nur

---

¹ Der P. Charlevoix berichtet: daß, da er seinem irokesischen Katechismusschüler alles Böse vorerzählte, was der böse Geist in die zu Anfang gute Schöpfung hineingebracht habe, und wie er noch beständig die besten göttlichen Veranstaltungen zu vereiteln suche, dieser mit Unwillen gefragt habe: aber warum schlägt Gott den Teufel nicht tot? auf welche Frage er treuherzig gesteht, daß er in der Eil keine Antwort habe finden können.

---

10 vom] A, B: vom; alle Herausgeber: von. Geht hier aber auf den lutherischen Sprachgebrauch zurück, mit dem Kant in dem gesamten Abschnitt spielt.

bürgerliche waren, wobei das Innere der moralischen Gesinnung gar nicht in Betrachtung kam: so tat diese Anordnung dem Reiche der Finsternis keinen wesentlichen Abbruch, sondern diente nur dazu, um das unauslöschliche Recht des ersten Eigentümers immer im Andenken zu erhalten. – Nun erschien in eben demselben Volke zu einer Zeit, da es alle Übel einer hierarchischen Verfassung im vollen Maße fühlte, und das sowohl dadurch, als vielleicht durch die den Sklavensinn erschütternden moralischen Freiheitslehren der griechischen Weltweisen, die auf dasselbe allmählich Einfluß bekommen hatten, großenteils zum Besinnen gebracht, mithin zu einer Revolution reif war, auf einmal eine Person, deren Weisheit noch reiner als die der bisherigen Philosophen, wie vom Himmel herabgekommen war, und die sich auch selbst, was ihre Lehren und Beispiel betraf, zwar als wahren Menschen, aber doch als einen Gesandten solchen Ursprungs ankündigte, der in ursprünglicher Unschuld in dem Vertrage, den das übrige Menschengeschlecht durch seinen Repräsentanten, den ersten Stammvater, mit dem bösen Prinzip eingegangen, nicht mit begriffen war[1], und »an dem der Fürst dieser

---

[1] Eine vom angeborenen Hange zum Bösen freie Person so als möglich sich zu denken, daß man sie von einer jungfräulichen Mutter gebären läßt, ist eine Idee der, sich zu einem schwer zu erklärenden und doch auch nicht abzuleugnenden gleichsam moralischen Instinkt, bequemenden Vernunft; da wir nämlich die natürliche Zeugung, weil sie ohne Sinnenlust beider Teile nicht geschehen kann, uns aber doch auch (für die Würde der Menschheit) in gar zu nahe Verwandtschaft mit der allgemeinen Tiergattung zu bringen scheint, als etwas ansehen, dessen wir uns zu schämen haben – eine Vorstellung, die gewiß die eigentliche Ursache von der vermeinten Heiligkeit des Mönchsstandes geworden ist – welches uns also etwas Unmoralisches, mit der Vollkommenheit eines Menschen nicht Vereinbares, doch in seine Natur Eingepfropftes und also sich auch auf seine Nachkommen als eine böse Anlage Vererbendes zu sein deucht. – Dieser dunklen (von einer Seite bloß sinnlichen, von der anderen aber doch moralischen, mithin intellektuellen) Vorstellung ist nun die Idee einer von keiner Geschlechtsgemeinschaft abhängigen

Welt also keinen Teil hatte.« Hierdurch war des letzteren Herrschaft in Gefahr gesetzt. Denn widerstand dieser Gott wohlgefällige | Mensch seinen Versuchungen, jenem Kontrakt auch beizutreten, nahmen andere Menschen auch dieselbe Gesinnung gläubig an, so büßte er eben so viel Untertanen ein, und sein Reich lief Gefahr, gänzlich zerstört zu werden. Dieser bot ihm also an, ihn zum Lehnsträger seines ganzen Reichs zu machen, wenn er ihm nur als Eigentümer desselben huldigen wollte. Da dieser Versuch nicht gelang, so entzog er nicht allein diesem Fremdlinge auf seinem Boden alles, was ihm sein Erdenleben angenehm | machen konnte (bis zur größten Armut), sondern erregte gegen ihn alle Verfolgungen, wodurch böse Menschen es verbittern können, Leiden, die nur der Wohlgesinnte recht tief fühlt, Verleumdung der lauteren Absicht seiner Lehren (um ihm allen Anhang zu entziehen), und verfolgte ihn bis zum

(jungfräulichen) Geburt eines mit keinem moralischen Fehler behafteten Kindes wohl angemessen, aber | nicht ohne Schwierigkeit in der Theorie (in Ansehung deren aber etwas zu bestimmen in praktischer Absicht gar nicht nötig ist). Denn nach der Hypothese der Epigenesis würde doch die Mutter, die durch natürliche Zeugung von ihren Eltern abstammt, mit jenem moralischen Fehler behaftet sein und diesen wenigstens der Hälfte nach auch bei einer übernatürlichen Zeugung auf ihr Kind vererben; mithin müßte, damit dies nicht die Folge sei, das System der Präexistenz der Keime in den Eltern, aber auch nicht das der Einwickelung im weiblichen (weil dadurch jene Folge nicht vermieden wird) sondern bloß im männlichen Teile (nicht das der *ovulorum*, sondern der *animalcul. sperm.*) angenommen werden; welcher Teil nun bei einer übernatürlichen Schwangerschaft wegfällt, und so jener Idee theoretisch angemessen jene Vorstellungsart verteidigt werden könnte. – Wozu aber alle diese Theorie, dafür oder dawider, wenn es für das Praktische genug ist, jene Idee, als Symbol der sich selbst über die Versuchung zum Bösen erhebenden (diesem siegreich widerstehenden) Menschheit, uns zum Muster vorzustellen?

8 Eigentümer] Handschrift: Obereigentümer
35 (Fußnote)] Zusatz von B

schmählichsten Tode, ohne gleichwohl durch diese Bestürmung seiner Standhaftigkeit und Freimütigkeit in Lehre und Beispiel für das Beste von lauter Unwürdigen im mindesten etwas gegen ihn auszurichten. Und nun der Ausgang dieses
5 Kampfs! Der Ausschlag desselben kann als ein rechtlicher, oder auch als ein physischer betrachtet werden. Wenn man den letzteren ansieht (der in die Sinne fällt), so ist das gute Prinzip der unterliegende Teil; er mußte in diesem Streite, nach vielen erlittenen Leiden, sein Leben hingeben[1],

* [1] Nicht daß er (wie D. Bahrdt romanhaft dichtete) den Tod suchte, um eine gute Absicht, durch ein Aufsehen erregendes glänzendes Beispiel, zu befördern, das wäre Selbstmord gewesen. Denn man darf zwar auf die Gefahr des Verlustes seines Lebens etwas wagen, oder auch den Tod von den Händen eines anderen erdulden, wenn man ihm
15 nicht ausweichen kann, ohne einer unnachlaßlichen Pflicht untreu zu werden, aber nicht über sich und sein Leben als Mittel, zu welchem Zweck es auch sei, disponieren und so Urheber seines Todes sein. –
* Aber auch nicht, daß er (wie der Wolfenbüttelsche Fragmentist argwohnt) sein Leben nicht in moralischer, sondern bloß in politischer,
20 aber unerlaubter Absicht, um etwa die Priesterregierung zu stürzen und sich mit weltlicher Ober|gewalt selbst an ihre Stelle zu setzen, gewagt B112 habe; denn dawider streitet seine, nachdem er die Hoffnung, es zu erhalten, auch aufgegeben hatte, an seine Jünger beim Abendmahl ergangene Ermahnung, es zu seinem Gedächtnis zu tun; welches, wenn es die
25 Erinnerung einer fehlgeschlagenen weltlichen Absicht hätte sein sollen,
* eine kränkende, Unwillen gegen den Urheber erregende, mithin sich selbst widersprechende Ermahnung gewesen wäre. Gleichwohl konnte diese Erinnerung auch das Fehlschlagen einer sehr guten rein-moralischen Absicht des Meisters betreffen, nämlich noch bei seinem Leben,
30 durch Stürzung des alle moralische Gesinnung verdrängenden Ceremonialglaubens und des Ansehens der Priester desselben, eine öffentliche Revolution (in der Religion) zu bewirken (wozu die Anstalten, seine im Lande zerstreuten Jünger am Ostern zu versammeln, abgezweckt sein mochten); | von welcher freilich auch noch jetzt bedauert [82]
35 werden kann, daß sie nicht gelungen ist; die aber doch nicht vereitelt, sondern, nach seinem Tode, in eine sich im stillen, aber unter viel Leiden, ausbreitende Religionsumänderung übergegangen ist.

21 selbst] fehlt bei Vorländer
37 (Fußnote)] Zusatz von B

weil er in einer | fremden Herrschaft (die | Gewalt hat) einen Aufstand erregte. Da aber das Reich, in welchem **Prinzipien** machthabend sind (sie mögen nun gut oder böse sein), nicht ein Reich der Natur, sondern der Freiheit ist, d. i. ein solches, in welchem man über die Sachen nur in sofern disponieren kann, als man über die Gemüter herrscht, in welchem also niemand Sklave (Leibeigener) ist, als der, und solange er es sein will: so war eben dieser Tod (die höchste Stufe der Leiden eines Menschen) die Darstellung des guten Prinzips, nämlich der Menschheit, in ihrer moralischen Vollkommen|heit, als Beispiel der Nachfolge für jedermann. Die Vorstellung desselben sollte und konnte auch für seine, ja sie kann für jede Zeit vom größten Einflusse auf menschliche Gemüter sein; indem es die Freiheit der Kinder des Himmels und die Knechtschaft eines bloßen Erdensohns in dem alleraufallendsten Kontraste sehen läßt. Das gute Prinzip aber ist nicht bloß zu einer gewissen Zeit, sondern von dem Ursprunge des menschlichen Geschlechts an unsichtbarerweise vom Himmel in die Menschheit herabgekommen gewesen (wie ein jeder, der auf seine Heiligkeit und zugleich die Unbegreiflichkeit der Verbindung derselben mit der sinnlichen Natur des Menschen in der moralischen Anlage Acht hat, gestehen muß) und hat in ihr rechtlicherweise seinen ersten Wohnsitz. Da es also in einem wirklichen Menschen als einem Beispiele für alle anderen erschien, »so kam er in sein Eigentum, und die Seinen nahmen ihn nicht auf, denen aber, die ihn aufnahmen, hat er Macht gegeben, Gottes Kinder zu heißen, die an seinen Namen glauben«; d. i. durch das Beispiel desselben (in der moralischen Idee) eröffnet er die Pforte der Freiheit für jedermann, die eben so, wie er, allem dem absterben wollen, was sie zum Nachteil der Sittlichkeit an das Erdenleben gefesselt

---

10 ihrer] A: ihrer ganzen
12 konnte] A: kann
13 sie kann] Zusatz von B
24 seinen] A: ihren

hält, und sammelt sich unter diesen »ein Volk, das fleißig wäre in guten Werken, zum Eigentum« und unter seine Herrschaft, indessen daß er die, so die moralische Knechtschaft vorziehen, der ihrigen überläßt.

| Also ist der moralische Ausgang dieses Streits auf Seiten des Helden dieser Geschichte (bis zum Tode desselben) eigentlich nicht die Besiegung des bösen Prinzips; denn sein Reich währet noch, und es muß allenfalls noch eine neue Epoche eintreten, in der es zerstört werden soll, – sondern nur Brechung seiner Gewalt, die, welche ihm so lange untertan | gewesen sind, nicht wider ihren Willen zu halten, indem ihnen eine andere moralische Herrschaft (denn unter irgend einer muß der Mensch stehen) als Freistatt eröffnet wird, in der sie Schutz für ihre Moralität finden können, wenn sie die alte verlassen wollen. Übrigens wird das böse Prinzip noch immer der Fürst dieser Welt genannt, in welcher die, so dem guten Prinzip anhängen, immer auf physische Leiden, Aufopferung, Kränkungen der Selbstliebe, welche hier als Verfolgungen des bösen Prinzips vorgestellt werden, gefaßt sein mögen, weil er nur für die, so das Erdenwohl zu ihrer Endabsicht gemacht haben, Belohnungen in seinem Reiche hat. Man sieht leicht: daß, wenn man diese lebhafte und wahrscheinlich für ihre Zeit auch einzige populäre Vorstellungsart von ihrer mystischen Hülle entkleidet, sie (ihr Geist und Vernunftsinn) für alle Welt, zu aller Zeit praktisch gültig und verbindlich gewesen, weil sie jedem Menschen nahe genug liegt, um hierüber seine Pflicht zu erkennen. Dieser Sinn besteht darin, | daß es schlechterdings kein Heil für die Menschen gebe, als in innigster Aufnehmung echter sittlicher Grundsätze in ihre Gesinnung: daß dieser Aufnahme nicht etwa die so oft beschuldigte Sinnlichkeit, sondern eine gewisse selbst verschul-

---

18-20 immer ... gefaßt sein] Verbesserung von Vorländer; A,B, Weischedel, Buchenau: sich immer ... gefaßt sein; Wobbermin: sich immer ... gefaßt machen

dete Verkehrtheit, oder wie man diese Bösartigkeit noch sonst nennen will, Betrug (*fausseté*), (Satanslist, wodurch das Böse in die Welt gekommen) entgegen wirkt; eine Verderbtheit, welche in allen Menschen liegt, und durch nichts überwältigt werden kann, als durch die Idee des Sittlich-Guten in seiner ganzen Reinigkeit, mit dem Bewußtsein, daß sie wirklich zu unserer ursprünglichen Anlage gehöre, und man nur beflissen sein müsse, sie von aller unlauteren Beimischung frei zu erhalten, und sie tief in unsere Gesinnung aufzunehmen, um durch die Wirkung, die sie allmählich aufs Gemüt tut, überzeugt zu werden, daß die gefürchteten Mächte des Bösen dagegen nichts ausrichten (»die Pforten der Hölle sie nicht überwältigen«) können, und daß, damit wir nicht etwa den Mangel dieses Zutrauens, abergläubisch, durch Expiationen, die keine Sinnesänderung voraussetzen, oder schwärmerisch durch vermeinte (bloß passive) innere Erleuchtungen ergänzen, und so von dem auf Selbsttätigkeit gegründeten Guten immer entfernt gehalten werden, wir ihm kein anderes Merkmal, als das eines wohlgeführten Lebenswandels unterlegen sollen. – Übrigens kann eine Bemühung, wie die gegenwärtige, in der Schrift denjenigen Sinn zu suchen, der mit dem Heiligsten, was die Vernunft lehrt, in Harmonie steht, nicht allein für erlaubt, sie muß vielmehr für Pflicht gehalten werden,[1] und man kann sich dabei desjenigen erinnern, was der weise Lehrer seinen Jüngern von jemandem sagte, der seinen besonderen Weg ging, wobei er am Ende doch auf eben dasselbe Ziel hinaus kommen mußte: »Wehret ihm nicht; denn, wer nicht wider uns ist, der ist für uns.«

---

[1] Wobei man einräumen kann, daß er nicht der einzige sei.

---

2 fausseté] B: Faussaté (Druckfehler)
3 entgegen wirkt] Handschrift: den Grundsätzen entgegen wirket
30 (Fußnote)] Zusatz von B

Allgemeine Anmerkung
[Von Wundern]

Wenn eine moralische Religion (die nicht in Satzungen und Observanzen, sondern in der Herzensgesinnung zu
5 Beobachtung aller Menschenpflichten als göttlicher Gebote zu setzen ist) gegründet werden soll, so müssen alle Wunder, die die Geschichte mit ihrer Einführung verknüpft, den Glauben an Wunder überhaupt endlich selbst entbehrlich machen; denn es verrät einen sträflichen Grad
10 moralischen Unglaubens, wenn man den Vorschriften der Pflicht, wie sie ursprünglich ins Herz des Menschen durch die Vernunft geschrieben sind, anders nicht hinreichende Autorität zugestehen will, als wenn sie noch dazu durch
* Wunder beglaubigt werden: »wenn ihr nicht Zeichen und
15 Wunder seht, so glaubt ihr nicht.« Nun ist es doch der gemeinen Denkungsart der Menschen ganz angemessen, daß, wenn eine Religion des bloßen Kultus und der Observan-
* zen ihr Ende erreicht und dafür eine im Geist und in der Wahrheit (der moralischen Gesinnung) gegründete einge-
20 führt werden soll, die Introduktion der letzteren, ob sie es zwar | nicht bedarf, in der Geschichte noch mit Wundern begleitet und gleichsam ausgeschmückt werde, um die Endschaft der ersteren, die ohne Wunder gar keine Autorität gehabt haben würde, anzukündigen; ja auch wohl so,
25 daß, um die Anhänger der ersteren für die neue Revolution zu gewinnen, sie als jetzt in Erfüllung gegangenes älteres Vorbild dessen, was in der letzteren der Endzweck der Vorsehung war, ausgelegt wird, und unter solchen Umständen kann es nichts fruchten, jene Erzählungen oder Ausdeutun-
30 gen jetzt zu bestreiten, wenn die wahre Religion einmal da ist, und sich nun und fernerhin durch Vernunftgründe

---

2 [...]] Von Kant vorgeschlagener Titel dieser zweiten Anmerkung, also des zweiten der vier (im Original klein gedruckten) Parerga der Religion innerhalb der Grenzen der bloßen Vernunft. Vgl. B 63.

selbst erhalten kann, die zu ihrer Zeit durch solche Hilfsmittel introduziert zu werden bedurfte; man müßte denn annehmen wollen, daß das bloße Glauben und Nachsagen unbegreiflicher Dinge (was ein jeder kann, ohne darum ein besserer Mensch zu sein, oder jemals dadurch zu werden) eine Art und gar die einzige sei, Gott wohl zu gefallen; als wider welches Vorgeben mit aller Macht ge|stritten werden muß. Es mag also sein, daß die Person des Lehrers der alleinigen für alle Welten gültigen Religion ein Geheimnis, daß seine Erscheinung auf Erden, so wie seine Entrückung von derselben, daß sein tatenvolles Leben und Leiden lauter Wunder, ja gar, daß die Geschichte, welche die Erzählung aller jener Wunder beglaubigen soll, selbst auch ein Wunder (übernatürliche Offenbarung) sei: so können wir sie insgesamt auf ihrem Werte beruhen lassen, ja auch die Hülle noch ehren, welche gedient hat, eine Lehre, deren Beglaubigung auf einer Urkunde beruht, die unauslöschlich in jeder Seele aufbehalten ist, und keiner Wunder bedarf, öffentlich in Gang zu bringen; wenn wir nur, den Gebrauch dieser historischen Nachrichten betreffend, es nicht zum Religionsstücke machen, daß das Wissen, Glauben und Be|kennen derselben für sich etwas sei, wodurch wir uns Gott wohlgefällig machen können.

Was aber Wunder überhaupt betrifft, so findet sich, daß vernünftige Menschen den Glauben an dieselben, dem sie gleichwohl nicht zu entsagen gemeint sind, doch niemals wollen praktisch aufkommen lassen; welches so viel sagen will, als: sie glauben zwar, was die Theorie betrifft, daß es dergleichen gebe, in Geschäften aber statuieren sie keine. Daher haben weise Regierungen jederzeit zwar eingeräumt, ja wohl gar unter die öffentlichen Religionslehren die Meinung gesetzlich aufgenommen, daß vor

18 jeder Seele] Handschrift, A: jeder Menschen Seele
25 dieselben] Verbesserung von Vorländer; A, B, alle anderen Herausgeber: dieselbe
32 vor alters] Handschrift, A: vor alters zwar

alters Wunder geschehen wären, neue Wunder aber nicht
erlaubt.¹ Denn | die alten Wunder waren nach und | nach
schon so bestimmt und durch die Obrigkeit beschränkt,
daß keine Verwirrung im gemeinen Wesen dadurch ange-
richtet werden konnte, wegen neuer Wundertäter aber

¹ Selbst Religionslehrer, die ihre Glaubensartikel an die Autorität
der Regierung anschließen (Orthodoxe), befolgen hierin mit der
letzteren die nämliche Maxime. Daher Hr. Pfenninger, da er seinen Freund, Herrn Lavater, wegen seiner Behauptung eines noch
immer möglichen Wunderglaubens verteidigte, ihnen mit Recht In-
konsequenz vorwarf, daß sie (denn die in diesem Punkt naturali-
stisch Denkenden nahm er ausdrücklich aus), da sie doch die vor
etwa siebzehn Jahrhunderten in der christlichen Gemeinde wirklich
gewesenen Wundertäter behaupteten, jetzt keine mehr statuieren
wollten, ohne doch aus der Schrift beweisen zu können, daß, und
wenn sie einmal gänzlich aufhören sollten (denn die Vernünftelei,
daß sie jetzt nicht mehr nötig seien, ist Anmaßung größerer Einsicht,
als ein Mensch sich wohl zutrauen soll), und diesen Beweis sind sie
ihm schuldig geblieben. Es war also nur Maxime der Vernunft, sie
jetzt nicht einzuräumen, und zu erlauben, nicht objektive Einsicht,
es gebe keine. Gilt aber dieselbe Maxime, die für diesmal auf den be-
sorglichen Unfug im | bürgerlichen Wesen zurücksieht, nicht auch
für die Befürchtung eines ähnlichen Unfugs im philosophierenden
und überhaupt vernünftig nachdenkenden gemeinen Wesen? – Die,
so zwar große (Aufsehen machende) Wunder nicht einräumen,
aber kleine unter dem Namen einer außerordentlichen Di-
rektion freigebig erlauben (weil | die letzteren, als bloße Lenkung,
nur wenig Kraftanwendung der übernatürlichen Ursache erfordern),
bedenken nicht, daß es hierbei nicht auf die Wirkung und deren Größe, sondern auf die Form des Weltlaufs, d. i. auf die Art, wie jene
geschehe, ob natürlich, oder übernatürlich, ankomme, und daß für
Gott kein Unterschied des Leichten und Schweren zu denken sei. Was
aber das Geheime der übernatürlichen Einflüsse betrifft: so ist eine
solche absichtliche Verbergung der Wichtigkeit einer Begebenheit
dieser Art noch weniger angemessen.

2 Wunder] Zusatz von B
12 da sie doch] Zusatz von B
17 seien] Verbesserung von Vorländer, Wobbermin, Buchenau:
seien; A, B, Weischedel: sein

mußten sie allerdings der Wirkungen halber besorgt sein, die sie auf den öffentlichen Ruhestand, und die eingeführte Ordnung haben könnten. Wenn man aber fragt: was unter dem Worte Wunder zu verstehen sei, so kann man (da uns eigentlich nur daran gelegen ist, zu wissen, was sie für uns, d. i. zu unserem praktischen Vernunftgebrauch, seien) sie dadurch erklären, daß sie Begebenheiten in der Welt sind, von deren Ursache uns die Wirkungsgesetze schlechterdings unbekannt sind, und bleiben müssen. Da kann man sich nun entweder theistische oder dämonische Wunder denken, die letzteren aber in englische (agathodämonische) oder teuflische (kakodämonische) Wunder einteilen, von welchen aber die letzteren eigentlich nur in Nachfrage kommen, weil die guten Engel (ich weiß nicht, warum) wenig oder gar nichts von sich zu reden geben.

| Was die theistischen Wunder betrifft: so können wir uns von den Wirkungsgesetzen ihrer Ursache (als eines allmächtigen etc. und dabei moralischen Wesens) allerdings einen Begriff machen, aber nur einen allgemeinen, sofern wir ihn als Weltschöpfer und Regierer nach der Ordnung der Natur sowohl, als der moralischen denken, weil wir von dieser ihren Gesetzen unmittelbar und für sich Kenntnis bekommen können, deren sich dann die Vernunft zu ihrem Gebrauche bedienen kann. Nehmen wir aber an, daß Gott die Natur auch bisweilen und in besonderen Fällen von dieser ihren Gesetzen abweichen lasse: so haben wir nicht den mindesten Begriff, und können auch nie hoffen, einen von dem Gesetze zu bekommen, nach welchem Gott alsdann bei Veranstaltung einer solchen Begebenheit verfährt (außer dem all-

---

7 seien] Verbesserung von Vorländer, Wobbermin, Buchenau: seien; A, B, Weischedel: sein
28 in besonderen] A, B: besondern in; in allen Ausgaben stillschweigend geändert.

gemeinen moralischen, daß, was er tut, alles gut sein
werde; wodurch aber in Ansehung dieses besonderen Vor-
falls nichts bestimmt wird). Hier wird nun die Vernunft
wie gelähmt, indem sie dadurch in ihrem Geschäfte nach
bekannten Gesetzen aufgehalten, durch kein | neues aber [87]
belehrt wird, auch nie in der Welt davon belehrt zu werden hoffen kann. Unter diesen sind aber die dämonischen
Wunder die allerunverträglichsten mit dem Gebrauche
unserer Vernunft. Denn in Ansehung der theistischen
würde sie doch wenigstens noch ein negatives Merkmal
für ihren Gebrauch haben können, nämlich daß, wenn etwas als von Gott in einer unmittelbaren Erscheinung desselben geboten vorgestellt wird, das doch geradezu der
Moralität widerstreitet, bei allem Anschein eines göttlichen Wunders, es doch nicht ein solches sein könne (z. B.
wenn einem Vater befohlen würde, er solle seinen, so viel
er weiß, ganz unschuldigen Sohn töten); bei einem angenommenen dämonischen Wunder aber fällt auch dieses
Merkmal weg, und wollte man dagegen | für solche das B 121
entgegengesetzte positive zum Gebrauch der Vernunft er-
greifen: nämlich daß, wenn dadurch eine Einladung zu
einer guten Handlung geschieht, die wir an sich schon als
Pflicht erkennen, sie nicht von einem bösen Geiste geschehen sei, so würde man doch auch alsdann falsch greifen können; denn dieser verstellt sich, wie man sagt, oft
in einen Engel des Lichts.

In Geschäften kann man also unmöglich auf Wunder
rechnen, oder sie bei seinem Vernunftgebrauch (und der
ist in allen Fällen des Lebens nötig) irgend in Anschlag
bringen. Der Richter (so wunderglaubig er auch in der
Kirche sein mag) hört das Vorgeben des Delinquenten
von teuflischen Versuchungen, die er erlitten haben will,
so an, als ob gar nichts gesagt wäre; ungeachtet, wenn er

---

1 daß, was er tut, alles] A. daß alles, was er tut, alles
7 sind aber] Vorländer: aber sind

diesen Fall als möglich betrachtete, es doch immer einiger Rücksicht darauf wohl wert wäre, daß ein einfältiger gemeiner Mensch in die Schlingen eines abgefeimten Bösewichts geraten ist; allein er kann diesen nicht vorfordern, beide konfrontieren, mit einem Worte, schlechterdings nichts Vernünftiges daraus machen. Der vernünftige Geistliche wird sich also wohl hüten, den Kopf der seiner Seelsorge Anbefohlenen mit Geschichtchen aus dem höllischen Proteus anzufüllen und ihre Einbildungskraft zu verwildern. Was aber die Wunder von der guten Art betrifft: so werden sie von Leuten in Geschäften bloß als Phrasen gebraucht. So sagt der Arzt: dem Kranken ist, wenn nicht etwa ein Wunder geschieht, nicht zu helfen, d. i. er stirbt gewiß. – Zu Geschäften gehört nun auch das des Naturforschers, die Ursachen der Begebenheiten in dieser ihren Naturgesetzen aufzusuchen; ich sage, in den Naturgesetzen dieser Begebenheiten, die er also durch Erfahrung belegen kann, wenn er gleich auf die Kenntnis dessen, was nach diesen Gesetzen wirkt, an sich selbst, oder was sie in Beziehung auf einen anderen möglichen Sinn für uns sein | möchten, Verzicht | tun muß. Ebenso ist die moralische Besserung des Menschen ein ihm obliegendes Geschäfte, und nun mögen noch immer himmlische Einflüsse dazu mitwirken, oder zu Erklärung der Möglichkeit derselben für nötig gehalten werden: er versteht sich nicht darauf, weder sie sicher von den natürlichen zu unterscheiden, noch sie und so gleichsam den Himmel zu sich herabzuziehen; da er also mit ihnen unmittelbar nichts anzufangen weiß, so statuiert[1] er in

---

[1] Heißt so viel als, er nimmt den Wunderglauben nicht in seine Maximen (weder der theoretischen noch praktischen Vernunft) auf, ohne doch ihre Möglichkeit oder Wirklichkeit anzufechten.

---

4 vorfordern] Vorländer, *AA*, Malter: vorfordern; Drucke, Buchenau: vorfodern (nach *Adelung* 1793 alte Schreibweise)
32 (Fußnote)] Zusatz von B

diesem Falle keine Wunder, sondern, wenn er der Vorschrift der Vernunft Gehör gibt, so verfährt er so, als ob alle Sinnesänderung und Besserung lediglich von seiner eigenen angewandten Bearbeitung abhinge. Aber daß man durch die Gabe, recht fest an Wunder theoretisch zu glauben, sie auch wohl gar selbst bewirken, und so den Himmel bestürmen könne, geht zu weit aus den Schranken der Vernunft hinaus, um sich bei einem solchen sinnlosen Einfalle lange zu verweilen.¹

¹ Es ist eine gewöhnliche Ausflucht derjenigen, welche den Leichtgläubigen magische Künste vorgaukeln, oder sie solche wenigstens im allgemeinen wollen glaubend machen, daß sie sich auf das Geständnis der Naturforscher von ihrer Unwissenheit berufen. Kennen wir doch nicht, sagen sie, die Ursache der Schwere, der magnetischen Kraft u. d. g. – Aber die Gesetze derselben erkennen wir doch mit hinreichender Ausführlichkeit, unter bestimmten Einschränkungen auf die Bedingungen, unter denen allein gewisse Wirkungen geschehen; und das ist genug, sowohl für einen sicheren Vernunftgebrauch dieser Kräfte, als auch zur Erklärung ihrer Erscheinungen, *secundum quid*, abwärts zum Gebrauch dieser Gesetze, um Er|fahrungen darunter zu ordnen, wenn gleich nicht *simpliciter* und aufwärts, um selbst die Ursachen der nach diesen Gesetzen wirkenden Kräfte einzusehen. – Dadurch wird auch das innere Phänomen des menschlichen Verstandes begreiflich: warum sogenannte Naturwunder, d. i. genugsam beglaubigte, obwohl widersinnische Erscheinungen, oder sich hervortuende unerwartete und von den bis dahin bekannten Naturgesetzen abweichende Beschaffenheiten der Dinge mit Begierde aufgefaßt werden, und das Gemüt ermuntern, so lange als sie dennoch für natürlich gehalten werden, da es hingegen durch die Ankündigung eines wahren Wunders niedergeschlagen wird. Denn die ersteren eröffnen eine Aussicht in einen neuen Erwerb von Nahrung für die Vernunft; sie machen nämlich Hoffnung, neue Naturgesetze zu entdecken; das zweite dagegen erregt Besorgnis, auch das Zutrauen zu den schon für bekannt angenommenen zu verlieren. Wenn aber die Vernunft um

4-5 Aber ... Gabe] A: Daß aber die Gabe
6 und so] A: und man so
29-30 da es ... wird] A: werden, durch die Ankündigung eines wahren Wunders aber dasselbe niedergeschlagen wird

die Erfahrungsgesetze gebracht wird, so ist sie in einer solchen bezauberten Welt weiter zu gar nichts Nutze, selbst nicht für den moralischen Gebrauch in derselben, zu Befolgung seiner Pflicht; denn | man weiß nicht mehr, ob nicht selbst mit den sittlichen Triebfedern, uns unwissend, durch Wunder Veränderungen vorgehen, an denen niemand unterscheiden kann, ob er sie selbst oder einer anderen unerforschlichen Ursache zuschreiben solle. – Die, deren Urteilskraft hierin so gestimmt ist, daß sie sich ohne Wunder nicht behelfen zu können meinen, glauben den Anstoß, den die Vernunft daran nimmt, dadurch zu mildern, daß sie annehmen, sie geschehen nur selten. Wollen sie damit sagen, daß dies schon im Begriff eines Wunders liegt (weil, wenn eine solche Begebenheit gewöhnlich geschähe, sie für kein Wunder erklärt werden würde): so kann man ihnen diese Sophisterei (eine objektive Frage, von dem, was die Sache ist, in eine subjektive, was das Wort, durch welches wir sie anzeigen, bedeute, umzuändern) allenfalls schenken, und wieder fragen, wie selten? in hundert Jahren etwa einmal, oder zwar vor alters, jetzt | aber gar nicht mehr? Hier ist nichts für uns aus der Kenntnis des Objekts Bestimmbares (denn das ist unserem eigenen Geständnisse nach für uns überschwenglich), sondern nur aus den notwendigen Maximen des Gebrauchs unserer Vernunft: entweder sie als täglich (obzwar unter dem Anscheine natürlicher Vorfälle versteckt), oder niemals zuzulassen, und im letzteren Falle sie weder unseren Vernunfterklärungen noch den Maßregeln unserer Handlungen zum Grunde zu legen; und da das erstere sich mit der Vernunft gar nicht verträgt, so bleibt nichts übrig, als die letztere Maxime anzunehmen; denn nur Maxime der Beurteilung, nicht theoretische Behauptung bleibt dieser Grundsatz immer. Niemand kann die Einbildung von seiner Einsicht so hoch treiben, entscheidend aussprechen zu wollen: daß z. B. die höchst bewunderungswürdige Erhaltung der Spezies im Pflanzen- und Tierreiche, da jede neue Zeugung ihr Original mit aller inneren Vollkommenheit des Mechanismus, und (wie im Pflanzenreiche) selbst aller sonst so zärtlichen Farbenschönheit, in jedem Frühjahre unvermindert wiederum darstellt, ohne daß die sonst so zerstörenden Kräfte der unorganischen Natur in böser Herbst- und Winter-Witterung jener ihrem Samen in diesem Punkte etwas anhaben können, daß, sage ich, dieses eine bloße Folge nach Naturgesetzen sei, und ob nicht vielmehr jedesmal ein unmittelbarer Einfluß des Schöpfers dazu erfordert werde, einsehen zu wollen. – Aber es sind Erfahrungen; für uns sind sie also nichts anderes als Naturwirkungen, und sollen auch nie anders beurteilt werden; denn das

---

2 weiter] fehlt bei Vorländer

will die Bescheidenheit der Vernunft in ihren Ansprüchen; über diese Grenzen aber hinaus zu gehen, ist Vermessenheit und Unbescheidenheit in Ansprüchen; wiewohl man mehrenteils in der Behauptung der Wunder eine demütige, sich selbst entäußernde Denkungsart zu beweisen vorgibt.

4 demütige] Verbesserung von Vorländer, Buchenau, Wobbermin nach Kant eigenhändigem Zusatz in der Handschrift: demütige; A, B, Weischedel, Malter: demütigende

Der
Philosophischen Religionslehre
Drittes Stück

| Drittes Stück

Der Sieg des guten Prinzips über das böse und die Gründung eines Reichs Gottes auf Erden

Der Kampf, den ein jeder moralisch wohlgesinnter Mensch, unter der Anführung des guten Prinzips gegen die Anfechtungen des bösen, in diesem Leben bestehen muß, kann ihm, wie sehr er sich auch bemüht, doch keinen größeren Vorteil verschaffen, als die Befreiung von der Herrschaft des letzteren. Daß er frei, daß er »der Knechtschaft unter dem Sündengesetz entschlagen wird, um der Gerechtigkeit zu leben«, das ist der höchste Gewinn, den er erringen kann. Den Angriffen des letzteren bleibt er nichtsdestoweniger noch immer ausgesetzt; und seine Freiheit, die beständig angefochten wird, zu behaupten, muß er forthin immer zum Kampfe gerüstet bleiben.

| In diesem gefahrvollen Zustande ist der Mensch gleichwohl durch seine eigene Schuld, folglich ist er verbunden, so viel er vermag, wenigstens Kraft anzuwenden, um sich aus demselben herauszuarbeiten. Wie aber? das ist die Frage. – Wenn er sich nach den Ursachen und Umständen umsieht, die ihm diese Gefahr zuziehen und darin erhalten, so kann er sich leicht überzeugen, daß sie ihm nicht sowohl von seiner eigenen rohen Natur, sofern er abgesondert da ist, sondern von Menschen kommen, mit denen er in Verhältnis oder Verbindung steht. Nicht durch die Anreize der ersteren werden die eigentlich so zu

---

3 böse] A: Böse (so auch noch in Kants Inhaltsverzeichnis)
24-25 und darin] Vorländer, Wobbermin, Buchenau erwägen: und ihn darin

benennenden Leidenschaften in ihm rege, welche so großen Verheerungen in seiner ursprünglich guten Anlage anrichten. Seine Bedürfnisse sind nur klein, und sein Gemütszustand in Besorgung derselben gemäßigt und ruhig. Er ist nur arm (oder hält sich dafür), sofern er besorgt, daß ihn andere Menschen dafür halten und darüber verachten möchten. Der Neid, die Herrschsucht, die Habsucht und die damit verbundenen feindseligen Neigungen bestürmen alsbald seine an sich genügsame Natur, wenn er unter Menschen ist, und es ist nicht einmal nötig, daß diese schon als im Bösen versunken, und als verleitende Beispiele vorausgesetzt werden; es ist genug, daß sie da sind, daß sie ihn umgeben, und daß sie Menschen sind, um einander wechselseitig in ihrer moralischen Anlage zu verderben, und sich einander böse zu machen. Wenn nun keine Mittel ausgefunden werden könnten, eine ganz eigentlich auf die Verhütung dieses Bösen und zu Beförderung des Guten im Menschen abzweckende Vereinigung, als eine bestehende, und sich immer ausbreitende, bloß auf die Erhaltung der Moralität angelegte Gesellschaft zu errichten, welche mit vereinigten Kräften dem Bösen entgegenwirkte, so würde dieses, so viel der einzelne Mensch auch getan haben möchte, um sich der Herrschaft desselben zu entziehen, ihn doch unabläßlich in der Gefahr des Rückfalls unter dieselbe erhalten. – Die Herrschaft des guten Prinzips, sofern Menschen dazu hinwirken können, ist also, so viel wir einsehen, nicht anders erreichbar, als durch Errichtung und Ausbreitung einer Gesellschaft nach Tugendgesetzen und zum Behuf derselben; einer Gesellschaft, die dem ganzen Menschengeschlecht in ihrem Umfange sie zu beschließen, durch die Vernunft zur Aufgabe und zur Pflicht gemacht wird. – Denn so

8 die] Zusatz von B
16 könnten] A: können
19 als] Zusatz von B
27 einsehen] A: einsehen können

allein kann für das gute Prinzip über das Böse ein Sieg
gehofft werden. Es ist von der moralischgesetzgebenden Vernunft außer den Gesetzen, die sie jedem einzelnen vorschreibt, noch überdem eine Fahne der Tugend
als Vereinigungspunkt für alle, die das Gute lieben, ausge-
steckt, um sich darunter zu versammeln, und so allererst über das sie rastlos anfechtende Böse die Oberhand
zu bekommen.

Man kann eine Verbindung der Menschen unter bloßen
Tugendgesetzen, nach Vorschrift dieser Idee, eine | ethi-
sche, und sofern diese Gesetze öffentlich sind, eine
ethischbürgerliche (im Gegensatz der rechtlich-
bürgerlichen) Gesellschaft, oder ein ethisches gemeines Wesen nennen. Dieses kann mitten in einem
politischen gemeinen Wesen, und sogar aus allen Gliedern
desselben bestehen (wie es denn auch, ohne daß das letztere zum Grunde liegt, von Menschen gar nicht zu Stande
gebracht werden könnte). Aber jenes hat ein besonderes
und ihm eigentümliches Vereinigungsprinzip (die Tugend), und daher auch eine Form und Verfassung, die sich
von der des letzteren wesentlich unterscheidet. Gleichwohl ist eine gewisse Analogie zwischen beiden, als zweier gemeinen Wesen überhaupt betrachtet, in Ansehung
deren das erstere auch ein ethischer Staat, | d. i. ein
Reich der Tugend (des guten Prinzips), genannt werden
kann, wovon die Idee in der menschlichen Vernunft ihre
ganz wohlgegründete objektive Realität hat (als Pflicht,
sich zu einem solchen Staate zu einigen), wenn es gleich
subjektiv von dem guten Willen der Menschen nie gehofft
werden könnte, daß sie zu diesem Zwecke mit Eintracht
hinzuwirken sich entschließen würden.

---

26 ihre] Handschrift, A: seine
27 wohlgegründete] Vorländer: wohlbegründete
30 sie zu] A, Handschrift, Vorländer, Buchenau: sie jemals zu

| Erste Abteilung
Philosophische Vorstellung des Sieges des
guten Prinzips unter Gründung eines
Reichs Gottes auf Erden

I.

Von dem ethischen Naturzustande

Ein **rechtlichbürgerlicher** (politischer) **Zustand** ist das Verhältnis der Menschen untereinander, sofern sie gemeinschaftlich unter **öffentlichen Rechtsgesetzen** (die insgesamt Zwangsgesetze sind) stehen. Ein **ethischbürgerlicher** Zustand ist der, da sie unter dergleichen zwangsfreien, d. i. bloßen **Tugendgesetzen** vereinigt sind.

So wie nun dem ersteren der rechtliche (darum aber nicht immer rechtmäßige), d. i. der **juridische Naturzustand** entgegengesetzt wird, so wird von dem letzteren der **ethische Naturzustand** unterschieden. In beiden gibt ein jeder sich selbst das Gesetz, und es ist kein äußeres, dem er sich, samt allen anderen, unterworfen erkennte. In beiden ist ein jeder sein eigener Richter, und es ist keine **öffentliche** machthabende Autorität da, die, nach Gesetzen, was in vorkommenden Fällen eines jeden Pflicht sei, rechts|kräftig bestimme, und jene in allgemeine Ausübung bringe.

In einem schon bestehenden politischen gemeinen Wesen befinden sich alle politischen Bürger als solche doch im **ethischen Naturzustande** und sind berechtigt, auch darin zu bleiben; denn daß jenes seine Bürger zwingen sollte, in ein ethisches gemeines Wesen zu treten, wäre ein Widerspruch (*in adjecto*); weil das letztere schon in seinem Begriffe die Zwangsfreiheit bei sich führt. Wünschen kann es wohl jedes politische gemeine Wesen, daß in ihm auch eine Herrschaft über die Gemüter nach Tugendgesetzen angetroffen werde; denn wo jener ihre Zwangsmittel nicht hinlangen, weil der menschliche Richter das Innere

anderer Menschen nicht durchschauen kann, da würden
die Tugendgesinnungen das Verlangte be|wirken. Weh [96]
aber dem Gesetzgeber, der eine auf ethische Zwecke gerichtete Verfassung durch Zwang bewirken wollte! Denn
5 er würde dadurch nicht allein gerade das Gegenteil der
ethischen bewirken, sondern auch seine politische untergraben und unsicher machen. – Der Bürger des politischen gemeinen Wesens bleibt also, was die gesetzgebende
Befugnis des letzteren betrifft, völlig frei: ob er mit ande-
10 ren Mitbürgern überdem auch in eine ethische Vereinigung treten, oder lieber im Naturzustande dieser Art bleiben wolle. Nur sofern ein ethisches gemeines Wesen doch
auf öffentli|chen Gesetzen beruhen, und eine darauf B133
sich gründende Verfassung enthalten muß, werden dieje-
15 nigen, die sich freiwillig verbinden, in diesen Zustand zu
treten, sich von der politischen Macht nicht, wie sie solche
innerlich einrichten, oder nicht einrichten sollen, befehlen, aber wohl Einschränkungen gefallen lassen müssen,
nämlich auf die Bedingung, daß darin nichts sei, was der
20 Pflicht ihrer Glieder als Staatsbürger widerstreite;
wiewohl, wenn die erstere Verbindung echter Art ist, das
letztere ohnedem nicht zu besorgen ist.

Übrigens, weil die Tugendpflichten das ganze menschliche Geschlecht angehen, so ist der Begriff eines ethischen
25 gemeinen Wesens immer auf das Ideal eines Ganzen aller
Menschen bezogen, und darin unterscheidet es sich von
dem eines politischen. Daher kann eine Menge in jener
Absicht vereinigter Menschen noch nicht das ethische gemeine Wesen selbst, sondern nur eine besondere Gesell-
30 schaft heißen, die zur Einhelligkeit mit allen Menschen
(ja aller endlichen vernünftigen Wesen) hinstrebt, um ein
absolutes ethisches Ganze zu errichten, wovon jede partiale Gesellschaft nur eine Vorstellung oder ein Schema
ist, weil eine jede selbst wiederum im Verhältnis auf ande-

23 die] Zusatz von B

re dieser Art als im ethischen Naturzustande, samt allen Unvollkommenheiten desselben, befindlich vorgestellt werden kann (wie es mit verschiedenen politischen Staaten, die in keiner Verbindung durch ein öffentliches Völkerrecht stehen, eben so bewandt ist).

II.
Der Mensch soll aus dem ethischen Naturzustande herausgehen, um ein Glied eines ethischen gemeinen Wesens zu werden

So wie der juridische Naturzustand ein Zustand des Krieges von jedermann gegen jedermann ist, so ist auch der ethische Naturzustand ein | Zustand der unaufhörlichen Befehdung durch das Böse, welches in ihm und zugleich in jedem anderen angetroffen wird, die sich (wie oben bemerkt worden) einander wechselseitig ihre moralische Anlage verderben, und selbst bei dem guten Willen jedes einzelnen, durch den Mangel eines sie vereinigenden Prinzips sie, gleich als ob sie Werkzeuge des Bösen wären, durch ihre Mißhelligkeiten von dem gemeinschaftlichen Zweck des Guten entfernen, und einander in Gefahr bringen, seiner Herrschaft wiederum in die Hände zu fallen. So wie nun ferner der Zustand einer gesetzlosen äußeren (brutalen) Freiheit und Unabhängigkeit von Zwangsgesetzen ein Zustand der Ungerechtigkeit und des Krieges

---

3 wie es] A, Wobbermin: wie es auch
12-13 Befehdung ... Böse] A: Befehdung des guten Prinzips, das in jedem Menschen liegt, durch das böse; Wobbermin setzt es wieder ein, läßt aber die Großschreibung *Böse*
16 jedes] Verbesserung von Hartenstein nach Handschrift, Vorländer, Wobbermin, Buchenau: jedes; A, B, Weischedel: jenes
18 sie, gleich] Vorländer, Wobbermin erwägen: sich, gleich
19 Mißhelligkeiten] A: Mißhelligkeit
22 ferner] Zusatz von B

von jedermann gegen jedermann ist, aus welchem der Mensch herausgehen soll, um in einen politischbürgerlichen zu treten[1]: so ist der ethische Naturzustand eine | öffentliche wechselseitige Befehdung der Tugendprinzipien und ein Zustand der inneren Sittenlosigkeit, aus welchem der natürliche Mensch sobald wie möglich herauszukommen sich befleißigen soll.

Hier haben wir nun eine Pflicht von ihrer eigenen Art, nicht der Menschen gegen Menschen, sondern des menschlichen Geschlechts gegen sich selbst. Jede Gattung

---

[1] Hobbes' Satz: *status hominum naturalis est* | *bellum omnium in omnes*, hat weiter keinen Fehler, als daß es heißen sollte: *est status belli* etc. Denn wenn man gleich nicht einräumt, daß zwischen Menschen, die nicht unter äußeren und öffentlichen Gesetzen stehen, jederzeit wirkliche Feindseligkeiten herrschen: so ist doch der Zustand derselben (*status juridicus*), d.i. das Verhältnis, in und durch welches sie der Rechte (des Erwerbs oder der Erhaltung derselben) fähig sind, ein solcher Zustand, in welchem ein jeder selbst Richter über das sein will, was ihm gegen andere recht sei, aber auch für dieses keine Sicherheit von anderen hat, oder ihnen gibt, als jedes seine eigene Gewalt; welches ein Kriegszustand ist, in dem jedermann wider jedermann beständig gerüstet sein muß. Der zweite Satz desselben: *exeundum esse e statu naturali*, ist eine Folge aus dem ersteren: denn dieser Zustand ist eine kontinuierliche Läsion der Rechte aller anderen durch die Anmaßung, in seiner eigenen Sache Richter zu sein, und anderen Menschen keine Sicherheit wegen des Ihrigen zu lassen, als bloß seine eigene Willkür.

---

7 befleißigen soll] A: sich befleißigt

11-12 status...] Übersetzung des Hrsg.: Der natürliche Zustand der Menschen ist der Krieg aller gegen alle. (Hobbes, *De Cive*, I, 12)

12-13 est status...] Übersetzung des Hrsg.: ist der Zustand des Krieges etc.

17 (...)] A: (ihres Erwerbs oder Erhaltung nach)

17 oder] Vorländer: und

19 recht] A: Ruhe (Druckfehler)

21 in] A: mit (Druckfehler)

23 exeundum...] Übersetzung des Hrsg.: man muß aus dem natürlichen Zustand hinausgehen

vernünftiger Wesen ist nämlich objektiv, in der Idee der Vernunft, zu einem gemeinschaftlichen Zwecke, nämlich der Beförderung des höchsten, als eines gemeinschaftlichen Guts, bestimmt. Weil aber | das höchste sittliche Gut durch die Bestrebung der einzelnen Person zu ihrer eigenen moralischen Vollkommenheit allein nicht bewirkt wird, sondern eine Vereinigung derselben in ein Ganzes zu eben demselben Zwecke, zu | einem System wohlgesinnter Menschen erfordert, in welchem und durch dessen Einheit es allein zu Stande kommen kann, die Idee aber von einem solchen Ganzen, als einer allgemeinen Republik nach Tugendgesetzen, eine von allen moralischen Gesetzen (die das betreffen, wovon wir wissen, daß es in unserer Gewalt stehe) ganz unterschiedene Idee ist, nämlich auf ein Ganzes hinzuwirken, wovon wir nicht wissen können, ob es als ein solches auch in unserer Gewalt stehe: so ist die Pflicht, der Art und dem Prinzip nach, von allen anderen unterschieden. – Man wird schon zum voraus vermuten, daß diese Pflicht der Voraussetzung einer anderen Idee, nämlich der eines höheren moralischen Wesens bedürfen werde, durch dessen allgemeine Veranstaltung die für sich unzulänglichen Kräfte der einzelnen zu einer gemeinsamen Wirkung vereinigt werden. Allein wir müssen allererst dem Leitfaden jenes sittlichen Bedürfnisses überhaupt nachgehen, und sehen, worauf uns dieses führen werde.

| III.
Der Begriff eines ethischen gemeinen Wesens ist der Begriff von einem *Volke Gottes* unter ethischen Gesetzen

Wenn ein ethisches gemeines Wesen zu Stande kommen soll, so müssen alle Einzelne einer öffentlichen Gesetzgebung unterworfen werden, und alle Gesetze, welche jene verbinden, müssen als Gebote eines gemeinschaftlichen Gesetzgebers angesehen werden können. Sollte nun das zu gründende gemeine Wesen ein juridisches sein: so würde die sich zu einem Ganzen vereinigende Menge selbst der Gesetzgeber (der Konstitutionsgesetze) sein müssen, weil die Gesetzgebung von dem Prinzip ausgeht: die Freiheit eines jeden auf die Bedingungen einzuschränken, unter denen sie mit jedes anderen Freiheit nach einem allgemeinen Gesetze zusammen bestehen kann[1], und wo also der allgemeine Wille einen gesetzlichen äußeren Zwang errichtet. Soll das gemeine Wesen aber ein ethisches sein, so kann das Volk als ein solches nicht selbst für gesetzgebend angesehen werden. Denn in einem solchen gemeinen Wesen sind alle Gesetze ganz eigentlich darauf gestellt, die Moralität der Handlungen (welche etwas Innerliches ist, mithin nicht unter öffentlichen menschlichen Gesetzen stehen kann) zu befördern, da im Gegenteil die letzeren, | welches ein juridisches gemeines Wesen ausmachen würde, nur auf die Legalität der Handlungen, die in die Augen fällt, gestellt sind, und nicht auf die (innere) Moralität, von der hier allein die Rede ist. Es muß also ein anderer, als das Volk sein, der für ein ethisches gemeines Wesen als öffentlich gesetzgebend angegeben werden könnte. Gleichwohl können ethische Gesetze auch nicht als bloß von dem Willen dieses Oberen ursprünglich ausgehend (als Statute, die etwa, ohne daß sein Befehl vorher ergangen, nicht verbindend sein würden) gedacht werden, weil sie alsdann keine ethischen Gesetze, und die ihnen gemäße Pflicht nicht freie Tugend, sondern zwangsfähige Rechtspflicht sein würde. Also kann nur ein solcher als oberster Gesetzgeber eines ethischen gemeinen Wesens gedacht werden, in Ansehung dessen alle wahren Pflichten, mithin

---

[1] Dieses ist das Prinzip alles äußeren Rechts

12 in] Zusatz von B
17 welches] A, Handschrift: welche

auch die ethischen¹ **zugleich** als seine Gebote vorgestellt werden müssen; welcher daher auch ein Herzenskündiger sein muß, um auch das Innerste der Gesinnungen eines jeden zu durchschauen und, wie es in jedem gemeinen Wesen sein muß, jedem, was seine Taten wert sind, zukommen zu lassen. Dieses ist aber der Begriff von Gott als einem moralischen Weltherrscher. Also ist ein ethisches gemeines Wesen nur als ein Volk unter göttlichen Geboten, d. i. als ein **Volk Gottes**, und zwar **nach Tugendgesetzen**, zu denken möglich.

Man könnte sich wohl auch ein Volk Gottes **nach statutarischen Gesetzen** denken, nach solchen nämlich, bei deren Befolgung es nicht auf die Moralität, sondern bloß auf die Legalität der Handlungen ankommt, welches ein juridisches gemeines Wesen sein würde, von welchem zwar Gott der Gesetzgeber (mithin die **Verfassung** desselben Theokratie) sein würde, Menschen aber, als Priester, welche seine Befehle unmittelbar von ihm empfangen, eine ari|stokratische **Regierung** führten. Aber

---

¹ Sobald etwas als Pflicht erkannt wird, wenn es gleich durch die bloße Willkür eines menschlichen Gesetzgebers auferlegte Pflicht wäre, so ist es doch zugleich göttliches Gebot, ihr zu gehorchen. Die statutarischen bürgerlichen Gesetze kann man zwar nicht göttliche Gebote nennen, wenn sie aber rechtmäßig sind, so ist die **Beobachtung** derselben zugleich göttliches Gebot. Der Satz »man muß Gott mehr gehorchen, als den Menschen« bedeutet nur, daß, wenn die letzten etwas gebieten, was an sich böse (dem Sittengesetz unmittelbar zuwider) ist, ihnen nicht gehorcht werden darf und soll. Umgekehrt aber, wenn einem politisch bürgerlichen, an sich nicht unmoralischen Gesetze ein dafür gehaltenes göttliches statutarisches entgegengesetzt wird, so ist Grund da, das letztere für untergeschoben anzusehen, weil es einer klaren Pflicht widerstreitet, selbst aber, daß es wirklich auch göttliches Gebot sei, durch empirische Merkmale niemals hinreichend beglaubigt werden kann, um eine sonst bestehende Pflicht jenem zufolge übertreten zu dürfen.

---

6 zu lassen] Handschrift, A, alle Herausgeber: zu lassen; B: lassen (Druckfehler)

eine solche Verfassung, deren Existenz und Form gänzlich auf historischen Gründen beruht, ist nicht diejenige, welche die Aufgabe der reinen moralischgesetzgebenden Vernunft ausmacht, deren Auflösung wir hier allein zu bewirken haben; sie wird in der historischen Abteilung als Anstalt nach politischbürgerlichen Gesetzen, deren Gesetzgeber, obgleich Gott, doch äußerlich ist, in Erwägung kommen, anstatt daß wir hier es nur mit einer solchen, deren Gesetzgebung bloß innerlich ist, einer Republik unter Tugendgesetzen, d. i. mit einem Volke Gottes, »das fleißig wäre zu guten Werken«, zu tun haben.

Einem solchen Volke Gottes kann man die Idee einer Rotte des bösen Prinzips entgegensetzen, als Vereinigung derer, die seines Teils sind, zur Ausbreitung des Bösen, welchem daran gelegen ist, jene Vereinigung nicht zu Stande kommen zu lassen; wiewohl auch hier das die Tugendgesinnungen anfechtende Prinzip gleichfalls in uns selbst liegt, und nur bildlich als äußere Macht vorgestellt wird.

IV.
Die Idee eines Volks Gottes ist (unter menschlicher Veranstaltung) nicht anders als in der Form einer Kirche auszuführen

Die erhabene, nie völlig erreichbare Idee eines ethischen gemeinen Wesens verkleinert sich sehr unter menschlichen Händen, nämlich zu einer Anstalt, die allenfalls nur die Form desselben rein vorzustellen vermögend, was aber die Mittel betrifft, ein solches Ganze zu errichten, unter Bedingungen der sinnlichen Menschennatur sehr eingeschränkt ist. Wie kann man aber erwarten, daß aus so krummem Holze etwas völlig Gerades gezimmert werde?

---

28 sinnlichen] Handschrift, A: sinnlichen; B: sittlichen (Druckfehler)

Ein moralisches Volk Gottes zu stiften, ist also ein
Werk, dessen Ausführung nicht von Menschen, sondern
nur von Gott selbst erwartet werden kann. Deswegen ist
aber doch dem Menschen nicht erlaubt, in Ansehung dieses Geschäfts untätig zu sein, und die Vorsehung walten zu
lassen, als ob ein jeder nur seiner moralischen Privatangelegenheit nachgehen, das Ganze der Angelegenheit des
menschlichen Geschlechts aber (seiner moralischen Bestimmung nach) einer höheren Weisheit überlassen dürfe.
Er | muß vielmehr so verfahren, als ob alles auf ihn ankomme, und nur unter dieser Bedingung darf er hoffen,
daß höhere Weisheit seiner wohlgemeinten Bemühung
die Vollendung werde angedeihen lassen.

Der Wunsch aller Wohlgesinnten ist also: »daß das Reich
Gottes komme, daß sein Wille auf Erden geschehe«; aber
was haben sie nun zu veranstalten, damit dieses mit ihnen
geschehe?

| Ein ethisches gemeines Wesen unter der göttlichen
moralischen Gesetzgebung ist eine Kirche, welche, sofern sie kein Gegenstand möglicher Erfahrung ist, die
unsichtbare Kirche heißt (eine bloße Idee von der
Vereinigung aller Rechtschaffenen unter der göttlichen
unmitttelbaren, aber moralischen Weltregierung, wie sie
jeder von Menschen zu stiftenden zum Urbilde dient).
Die sichtbare ist die wirkliche Vereinigung der Menschen zu einem Ganzen, das mit jenem Ideal zusammenstimmt. Sofern eine jede Gesellschaft unter öffentlichen
Gesetzen eine Unterordnung ihrer Glieder (in Verhältnis
derer, die den Gesetzen derselben gehorchen, zu denen,
welche auf die Beobachtung derselben halten) bei sich
führt, ist die zu jenem Ganzen (der Kirche) vereinigte
Menge die Gemeinde unter ihren Oberen, welche (Leh-

---

32 unter ihren Oberen, welche] Von allen Herausgebern (bis auf
Malter) akzeptierte Wortumstellung von Vorländer, da sich der folgende Relativsatz ausschließlich auf *die Oberen* bezieht (zu rechtfertigen durch s.u. 227); A, B: Gemeinde, welche unter ihren Obern

rer oder auch Seelenhirten genannt) nur die Geschäfte des unsichtbaren Oberhaupts derselben verwalten, und in dieser Beziehung insgesamt Diener der Kirche heißen, so wie im politischen Gemeinwesen das sichtbare Oberhaupt sich selbst bisweilen den obersten Diener des Staats nenne, ob er zwar keinen einzigen Menschen (gemeiniglich auch nicht einmal das Volksganze selbst) über sich erkennt. Die wahre (sichtbare) Kirche ist diejenige, welche das (moralische) Reich Gottes auf Erden, so viel es durch Menschen geschehen kann, darstellt. Die Erfordernisse, mithin auch die Kennzeichen der wahren Kirche sind folgende:

1. Die Allgemeinheit, folglich numerische Einheit derselben; wozu sie die Anlage in sich enthalten muß: daß nämlich, ob sie zwar in zufällige Meinungen geteilt und uneins, doch in Ansehung der wesentlichen Absicht auf solche Grundsätze errichtet ist, welche sie notwendig zur allgemeinen Vereinigung in eine einzige Kirche führen müssen (also keine Sektenspaltung).

2. Die Beschaffenheit (Qualität) derselben; d.i. die Lauterkeit, die Vereinigung unter keinen anderen als moralischen Triebfedern. (Gereinigt vom Blödsinn des Aberglaubens und dem Wahnsinn der Schwärmerei.)

3. Das Verhältnis unter dem Prinzip der Freiheit, sowohl das innere Verhältnis ihrer Glieder untereinander, als auch das äußere der Kirche, zur politischen Macht, beides in einem Freistaat (also weder Hierarchie, noch Illuminatism, eine Art von Demokratie, durch besondere Eingebungen, die, nach jedes seinem Kopfe, von anderer ihrer verschieden sein können).

29 in] A: als in einem

4. Die Modalität derselben, die Unveränderlichkeit ihrer Konstitution nach, doch mit dem Vorbehalt der nach Zeit und Umständen abzuändernden, bloß die Administration derselben betref|fenden zufälligen Anordnungen, wozu sie doch auch die sicheren Grundsätze schon in sich selbst (in der Idee ihres Zwecks) *a priori* enthalten muß. (Also unter ursprünglichen, einmal, gleich als durch ein Gesetzbuch, öffentlich zur Vorschrift gemachten Gesetzen, nicht willkürlichen Symbolen, die, weil ihnen die Authentizität mangelt, zufällig, dem Widerspruche ausgesetzt und veränderlich sind.)

Ein ethisches gemeines Wesen also, als Kirche, d. i. als bloße Repräsentantin eines Staats Gottes betrachtet, hat eigentlich keine ihren Grundsätzen nach der politischen ähnliche Verfassung. Diese ist in ihm weder monarchisch (unter einem Papst oder Patriarchen), noch aristokratisch (unter Bischöfen und Prälaten), noch demokratisch (als sektierischer Illuminaten). Sie würde noch am besten mit der einer Hausgenossenschaft (Familie), unter einem gemeinschaftlichen, obzwar unsichtbaren, moralischen Vater, verglichen werden können, sofern sein heiliger Sohn, der seinen Willen weiß, und zugleich mit allen ihren Gliedern in Blutsverwandtschaft steht, die Stelle desselben darin vertritt, daß er seinen Willen diesen näher bekannt macht, welche daher in ihm den Vater ehren, und so untereinander in eine freiwillige, allgemeine und fortdauernde Herzensvereinigung treten.

| V.
Die Konstitution einer jeden Kirche geht allemal von irgend einem historischen (Offenbarungs-) Glauben aus, den man den Kirchenglauben nennen kann, und dieser wird am besten auf eine heilige Schrift gegründet

* Der reine Religionsglaube ist zwar der, welcher allein eine allgemeine Kirche gründen kann; weil er ein bloßer Vernunftglaube ist, der | sich jedermann zur Überzeugung mitteilen läßt; indessen daß ein bloß auf Fakta gegründeter historischer Glaube seinen Einfluß nicht weiter ausbreiten kann, als so weit die Nachrichten, in Beziehung auf das Vermögen, ihre Glaubwürdigkeit zu beurteilen, nach Zeit- und Ortsumständen hingelangen können. Allein es ist eine besondere Schwäche der menschlichen Natur daran schuld, daß auf jenen reinen Glauben niemals so viel gerechnet werden kann, als er wohl verdient, nämlich eine Kirche auf ihn allein zu gründen.

Die Menschen, ihres Unvermögens in Erkenntnis übersinnlicher Dinge sich bewußt, ob sie zwar jenem Glauben (als welcher im allgemeinen für sie überzeugend sein muß) alle Ehre widerfahren lassen, sind doch nicht leicht zu überzeugen: daß die standhafte Beflissenheit zu einem moralischguten Lebenswandel alles sei, was Gott von Menschen fordert, um ihm | wohlgefällige Untertanen in seinem Reiche zu sein. Sie können sich ihre Verpflichtung nicht wohl anders, als zu irgend einem Dienst denken, den sie Gott zu leisten haben; wo es nicht sowohl auf den inneren moralischen Wert der Handlungen, als vielmehr darauf ankommt, daß sie Gott geleistet werden, um, so

---

19-20 übersinnlicher] Verbesserung von Vorländer, der die meisten Herausgeber folgen; Handschrift, A, B, Weischedel: sinnlicher. Zwar kann man auch mit Kant sinnvoll von einem gewissen menschlichen Unvermögen in Erkenntnis sinnlicher Dinge sprechen, doch ist in diesem Kontext offensichtlich etwas anderes gemeint.

moralisch indifferent sie auch an sich selbst sein möchten, doch wenigstens durch passiven Gehorsam, Gott zu gefallen. Daß sie, wenn sie ihre Pflichten gegen Menschen (sich selbst und andere) erfüllen, eben dadurch auch göttliche Gebote ausrichten, mithin in allem ihren Tun und Lassen, sofern es Beziehung auf Sittlichkeit hat, beständig im Dienste Gottes sind, und daß es auch schlechterdings unmöglich sei, Gott auf andere Weise näher zu dienen (weil sie doch auf keine anderen, als bloß auf Weltwesen, nicht aber auf Gott wirken und Einfluß haben können), will ihnen nicht in den Kopf. Weil ein jeder große Herr der Welt ein besonderes Bedürfnis hat, von seinen Untertanen geehrt und durch Unterwürfigkeitsbezeigungen gepriesen zu werden, ohne welches er nicht so viel Folgsamkeit gegen seine Befehle, als er wohl nötig hat, um sie beherrschen zu können, von ihnen erwarten kann; überdem auch der Mensch, so vernunftvoll er auch sein mag, an Ehrenbezeugungen doch immer ein unmittelbares Wohlgefallen findet, so behandelt man die Pflicht, sofern sie zugleich göttliches Gebot ist, als Betreibung einer Angelegenheit Gottes, nicht des Menschen, und so entspringt der Begriff einer gottesdienstlichen, statt des Begriffs einer reinen moralischen Religion.

Da alle Religion darin besteht: daß wir Gott für alle unsere Pflichten als den allgemein zu verehrenden Gesetzgeber ansehen, so kommt es bei | der Bestimmung der Religion in Absicht auf unser ihr gemäßes Verhalten darauf an, zu wissen: wie Gott verehrt (und gehorcht) sein wolle. – Ein göttlicher gesetzgebender Wille aber gebietet entweder durch an sich bloß statutarische, oder durch rein moralische Gesetze. In Ansehung der letzteren kann ein jeder aus sich selbst durch seine eigene Ver-

---

2 doch ... Gehorsam] Zusatz von B; A: dadurch
15 gegen seine Befehle] A: unter seinen Befehlen
18 Ehrenbezeugungen] Weischedel: Ehrenbezeigungen (wohl Druckfehler)

nunft den Willen Gottes, der seiner Religion zum Grunde liegt, erkennen; denn eigentlich entspringt der Begriff von der Gottheit nur aus dem Bewußtsein dieser Gesetze und dem Vernunftbedürfnisse, eine Macht anzunehmen, welche diesen den ganzen, in einer Welt möglichen, zum sittlichen Endzweck zusammenstimmenden Effekt verschaffen kann. Der Begriff eines nach bloßen reinmoralischen Gesetzen bestimmten göttlichen Willens läßt uns, wie nur **einen** Gott, also auch nur **eine** Religion denken, die rein moralisch ist. Wenn wir aber statutarische Gesetze desselben annehmen, und in unserer Befolgung derselben die Religion setzen, so ist die Kenntnis derselben nicht durch unsere eigene bloße Vernunft, sondern nur durch Offenbarung möglich, welche, sie mag nun je|dem einzelnen ingeheim oder öffentlich gegeben werden, um durch Tradition oder Schrift unter Menschen fortgepflanzt zu werden, ein **historischer**, nicht ein **reiner Vernunftglaube** sein würde. – Es mögen nun aber auch statutarische göttliche Gesetze (die sich nicht von selbst als verpflichtend, sondern nur als geoffenbarter göttlicher Wille für solche erkennen lassen) angenommen werden: so ist doch die reine **moralische** Gesetzgebung, dadurch der Wille Gottes ursprünglich in unser Herz geschrieben ist, nicht allein die unumgängliche Bedingung aller wahren Religion überhaupt, sondern sie ist auch das, was diese selbst eigentlich ausmacht, und wozu die statutarische nur das Mittel ihrer Beförderung und Ausbreitung enthalten kann.

Wenn also die Frage: wie Gott verehrt sein wolle, für jeden Menschen, **bloß als Mensch betrachtet**, allgemeingültig beantwortet werden soll, so ist kein Bedenken hierüber, daß die Gesetzgebung seines Willens nicht sollte bloß **moralisch** sein; denn die statutarische (welche eine Offenbarung voraussetzt) kann nur als zufällig und als

---

26 selbst] Zusatz von B

eine solche, die nicht an jeden Menschen gekommen ist, oder kommen kann, mithin nicht als den Menschen überhaupt verbindend betrachtet werden. Also: »nicht, die da sagen: Herr, Herr! sondern die den Willen Gottes tun«; mithin die nicht durch Hochpreisung desselben (oder seines Gesandten, als eines Wesens von göttlicher Abkunft) nach geoffenbarten Begriffen, die nicht jeder Mensch haben kann, sondern durch den guten Lebenswandel, in Ansehung dessen jeder seinen Willen weiß, ihm wohlgefällig zu werden suchen, werden diejenigen sein, die ihm die wahre Verehrung, die er verlangt, leisten.

Wenn wir uns aber nicht bloß als Menschen, sondern auch als Bürger in einem göttlichen Staate auf Erden zu betragen, und auf die Existenz einer solchen Verbindung, unter dem Namen einer Kirche, zu wirken uns verpflichtet halten, so scheint die Frage: wie Gott in einer Kirche (als einer Gemeinde Gottes) verehrt sein wolle, nicht durch bloße Vernunft beantwortlich zu sein, sondern einer statutarischen, uns nur durch Offenbarung kund werdenden Gesetzgebung, mithin eines historischen Glaubens, welchen man, im Gegensatz mit dem reinen Religionsglauben, den Kirchenglauben nennen kann, zu bedürfen. Denn bei dem ersteren kommt es bloß auf das, was die Materie der Verehrung Gottes ausmacht, nämlich die in moralischer Gesinnung geschehende Beobachtung aller Pflichten, als seiner Gebote, an; eine Kirche aber, als Vereinigung vieler Menschen unter solchen Gesinnungen zu einem moralischen gemeinen Wesen, bedarf einer öffentlichen Verpflichtung, einer gewissen auf Erfahrungsbedingungen beruhenden kirchlichen Form, die an sich zufällig und mannigfaltig ist, mithin ohne göttliche statutarische Gesetze nicht als Pflicht erkannt werden kann. | Aber diese Form zu bestimmen, darf darum nicht

19 uns] Weischedel: und (Druckfehler)
20 Glaubens] Zusatz von B

sofort als ein Geschäft des göttlichen Gesetzgebers angesehen werden, vielmehr kann man mit Grunde annehmen, der göttliche Wille sei: daß wir die Vernunftidee eines solchen gemeinen Wesens selbst ausführen, und, ob die Menschen zwar manche Form einer Kirche mit unglücklichem Erfolg versucht haben möchten, sie dennoch nicht aufhören sollen, nötigenfalls durch neue Versuche, welche die Fehler der vorigen bestmöglichst vermeiden, diesem Zwecke nachzustreben; indem dieses Geschäft, welches zugleich für sie Pflicht ist, gänzlich ihnen selbst überlassen ist. Man hat also nicht Ursache, zur Gründung und Form irgend einer Kirche die Gesetze geradezu für göttliche statutarische zu halten, vielmehr ist es Vermessenheit, sie dafür auszugeben, um sich der Bemühung zu überheben, noch ferner an der Form der letzteren zu bessern, oder wohl gar Usurpation höheren Ansehens, um mit Kirchensatzungen durch das Vorgeben göttlicher Autorität der Menge ein Joch aufzulegen; wobei es aber doch eben sowohl Eigendünkel sein würde, schlechtweg zu leugnen, daß die Art, wie eine Kirche angeordnet ist, nicht vielleicht auch eine besondere göttliche Anordnung sein könne, wenn sie, so viel wir einsehen, mit der moralischen Religion in der größten Einstimmung ist, und noch dazu kommt, daß, wie sie ohne die gehörig vor|bereiteten [106] Fortschritte des Publikums in Religionsbegriffen auf einmal habe erscheinen könne, nicht wohl eingesehen werden kann. | In der Zweifelhaftigkeit dieser Aufgabe nun, B 151 ob Gott oder die Menschen selbst eine Kirche gründen sollen, beweist sich nun der Hang der letzteren zu einer gottesdienstlichen Religion (*cultus*), und weil diese auf willkürlichen Vorschriften beruht, zum Glauben an statutarische göttliche Gesetze, unter der Voraussetzung, daß über dem besten Lebenswandel (den der Mensch

---

16 Usurpation höheren Ansehens] A: gar ein usurpiertes Ansehen
24 gehörig vorbereiteten] A: gewöhnlichen vorbereitenden

nach Vorschrift der rein moralischen Religion immer einschlagen mag) doch noch eine durch Vernunft nicht erkennbare, sondern eine der Offenbarung bedürftige göttliche Gesetzgebung hinzukommen müsse; womit es unmittelbar auf Verehrung des höchsten Wesens (nicht vermittelst der durch Vernunft uns schon vorgeschriebenen Befolgung seiner Gebote) angesehen ist. Hierdurch geschieht es nun, daß Menschen die Vereinigung zu einer Kirche und die Einigung in Ansehung der ihr zu gebenden Form, imgleichen öffentliche Veranstaltungen zur Beförderung des Moralischen in der Religion niemals für an sich notwendig halten werden; sondern nur, um durch Feierlichkeiten, Glaubensbekenntnisse geoffenbarter Gesetze, und Beobachtung der zur Form der Kirche (die doch selbst bloß Mittel ist) gehörigen Vorschriften, wie sie sagen, ihrem Gott zu dienen; obgleich alle diese Observanzen im Grunde moralischindifferente Handlungen sind, eben darum aber, weil sie bloß um seinetwillen geschehen sollen, für ihm desto gefälliger gehalten werden. Der Kirchenglaube geht also in der Bearbeitung der Menschen zu | einem ethischen gemeinen Wesen, natürlicherweise[1], vor dem reinen Religionsglauben vorher, und Tempel (dem öffentlichen Gottesdienste geweihte Gebäude) waren eher als Kirchen (Versammlungsörter zur Belehrung und Belebung in moralischen Gesinnungen), Priester (geweihte Verwalter frommer Gebräuche) eher, als Geistliche (Lehrer der rein moralischen Religion), und sind mehrenteils auch noch im Range und Werte, den ihnen die große Menge zugesteht.

---

[1] Moralischerweise sollte es umgekehrt zugehen.

6 uns] A: und
19 ihm] A: ihn
30 (Fußnote)] Zusatz von B

Wenn es nun also einmal nicht zu ändern steht, daß
nicht ein statutarischer Kirchenglaube dem reinen
Religionsglauben, als Vehikel und Mittel der öffentlichen Vereinigung der Menschen zur Beförderung des
5 letzteren beigegeben werde, so muß man auch ein-
gestehen, daß die unveränderliche Aufbehaltung des-
selben, die allgemeine einförmige Ausbreitung, | und [107]
selbst die Achtung für die in ihm angenommene Offenbarung, schwerlich durch Tradition, sondern nur
10 durch Schrift, die selbst wiederum als Offenbarung
für Zeitgenossen und Nachkommenschaft ein Gegenstand der Hochachtung sein muß, hinreichend gesorgt
werden kann; denn das fordert das Bedürfnis der Menschen, um ihrer gottesdienstlichen Pflicht gewiß zu
15 sein. Ein heiliges Buch erwirbt sich selbst bei denen
(und gerade bei diesen am meisten), die es nicht lesen,
wenigstens sich | daraus keinen zusammenhängenden B153
Religionsbegriff machen können, die größte Achtung,
und alles Vernünfteln verschlägt nichts wider den alle
* Einwürfe niederschlagenden Machtspruch: da steht's
geschrieben. Daher heißen auch die Stellen desselben, die einen Glaubenspunkt darlegen sollen, schlechthin Sprüche. Die bestimmten Ausleger einer solchen
Schrift sind eben durch dieses ihr Geschäft selbst gleich-
25 sam geweihte Personen, und die Geschichte beweist,
daß kein auf Schrift gegründeter Glaube selbst durch
die verwüstendsten Staatsrevolutionen hat vertilgt
werden können; indessen daß der, so sich auf Tradition
und alte öffentliche Observanzen gründete, in der Zer-
30 rüttung des Staats zugleich seinen Untergang fand.

13 fordert] Handschrift, Vorländer, Buchenau, Wobbermin: fordert; A, B, Weischedel: fördert
20 Einwürfe] Handschrift, B: Einwürfe; A: Zweifel
23 bestimmten] A: bestellten

Glücklich![1] wenn ein solches den Menschen zu Händen gekommenes Buch neben seinen Statuten als Glaubensgesetzen, zugleich die reinste moralische Religionslehre mit Vollständigkeit enthält, die mit jenen (als Vehikeln ihrer Introduktion) in die beste Harmonie gebracht werden kann, in welchem Falle es, sowohl des dadurch zu erreichenden Zwecks halber, als wegen der Schwierigkeit, sich den Ursprung einer solchen durch dasselbe vorgegangenen Erleuchtung des Menschengeschlechts nach natürlichen Gesetzen begreiflich zu machen, das Ansehen, gleich einer Offenbarung, behaupten kann.

Nun noch einiges, was diesem Begriffe eines Offenbarungsglaubens anhängt.

Es ist nur eine (wahre) Religion; aber es kann vielerlei Arten des Glaubens geben. – Man kann hinzusetzen, daß in den mancherlei sich, der Verschiedenheit ihrer Glaubensarten wegen, von einander absondernden Kirchen dennoch eine und dieselbe wahre Religion anzutreffen sein kann.

Es ist daher schicklicher (wie es auch wirklich mehr im Gebrauche ist), zu sagen: dieser Mensch ist von diesem oder jenem (jüdischen, muhamedanischen, christlichen, katholischen, lutherischen) Glauben, als: er ist von die-

---

[1] Ein Ausdruck für alles Gewünschte, oder Wünschenswerte, was wir doch weder voraussehen, noch durch unsere Bestrebung nach Erfahrungsgesetzen herbeiführen können; von dem wir also, wenn wir einen Grund nennen wollen, keinen anderen, als eine gütige Vorsehung anführen können.

---

9 dasselbe] A: sie
27 wir] Handschrift, A: man

ser oder jener Religion. Der letztere Ausdruck sollte billig nicht einmal in der Anrede an das große Publikum (in Katechismen und Predigten) gebraucht werden; denn er ist diesem zu gelehrt und unverständlich; wie denn auch die neueren Sprachen für ihn kein gleichbedeutendes Wort liefern. Der gemeine Mann versteht darunter jederzeit seinen Kirchenglauben, der ihm in die Sinne fällt, anstatt daß Religion innerlich verborgen ist, und auf moralische Ge|sinnungen ankommt. Man tut den meisten zu viel Ehre an, von ihnen zu sagen: sie bekennen sich zu dieser oder jener Religion; denn sie kennen und verlangen keine; der statutarische Kirchenglaube ist alles, was sie unter diesem Worte verstehen. Auch sind die sogenannten Religionsstreitigkeiten, welche die Welt so oft erschüttert und mit Blut besprützt haben, nie etwas anderes, als Zänkereien um den Kirchenglauben gewesen, und der Unterdrückte klagte nicht eigentlich darüber, daß man ihn hinderte, seiner Religion anzuhängen (denn das kann keine äußere Gewalt), sondern daß man ihm seinen Kirchenglauben öffentlich zu befolgen nicht erlaubte.

Wenn nun eine Kirche sich selbst, wie gewöhnlich geschieht, für die einige allgemeine ausgibt (ob sie zwar auf einen besonderen Offenbarungsglauben gegründet ist, der, als historisch, nimmermehr von jedermann gefordert werden kann), so wird der, welcher ihren (besonderen) Kirchenglauben gar nicht anerkennt, von ihr ein **Ungläubiger** genannt, und von ganzem Herzen gehaßt; der nur zum Teil (im Nichtwesentlichen) davon abweicht, ein **Irrgläubiger**, und wenigstens als ansteckend vermieden. Bekennt er sich endlich zwar zu derselben Kirche, weicht aber doch im Wesentlichen des Glaubens derselben (was man nämlich dazu macht) von ihr ab, so heißt er, vornehmlich wenn er seinen Irrglauben ausbreitet, ein

---

4 diesem] Verbesserung von Vorländer. A, B: diesen
33 vornehmlich ... ausbreitet] Zusatz von B

| Ketzer[1], und wird, so wie ein Aufrührer, noch für strafbarer gehalten, als | ein äußerer Feind, und von der Kirche durch einen Bannfluch (dergleichen die Römer über den aussprachen, der wider des Senats Einwilligung über den Rubikon ging), ausgestoßen und allen Höllengöttern übergeben. Die angemaßte alleinige Rechtgläubigkeit der Lehrer, oder Häupter einer Kirche im Punkte des Kirchenglaubens heißt Orthodoxie, welche man wohl in despotische (brutale) und liberale Orthodoxie einteilen könnte. – Wenn eine Kirche, die ihren Kirchenglauben für allgemein verbindlich ausgibt, eine katholische, diejenige aber, welche sich gegen diese Ansprüche anderer verwahrt (ob sie gleich diese öfters selbst gerne ausüben möchte, wenn sie könnte), eine protestantische Kirche genannt werden soll: so wird ein aufmerksamer Beobachter manche rühmliche Beispiele von protestantischen Katholiken, und dagegen noch mehrere an|stößige von erzkatholischen Protestanten antreffen; die erste von Männern einer sich erweiternden Denkungsart (ob es gleich die ihrer Kirche wohl nicht ist), gegen welche die letzteren mit ihrer eingeschränkten gar sehr, doch keineswegs zu ihrem Vorteil, abstechen.

---

[1] Die Mongolen nennen Tibet (nach Georgii *Alphab. Tibet*, pag. 11) Tangut-Chadzar, d.i. das Land der Häuserbewohner, um diese von sich als in Wüsten unter Zelten lebenden Nomaden zu unterscheiden, woraus der Name der Chadzaren, und, aus diesem, der der Ketzer entsprungen ist; weil jene dem tibetanischen Glauben (der Lamas), der mit dem Manichäism übereinstimmt, vielleicht auch wohl von | daher seinen Ursprung nimmt, anhänglich waren, und ihn bei ihren Einbrüchen in Europa verbreiteten; daher auch eine geraume Zeit hindurch die Namen *Haeretici* und *Manichaei* als gleichbedeutend im Gebrauch waren.

---

11 verbindlich] A: verbindend
13 öfters] Zusatz von B
21 eingeschränkten] A: sehr eingeschränkten
23 Georgii] B: Gregorii; Seitenangabe: Zusatz von B

VI.
Der Kirchenglaube hat zu seinem höchsten Ausleger den reinen Religionsglauben

Wir haben angemerkt, daß, obzwar eine Kirche das wichtigste Merkmal ihrer Wahrheit, nämlich das eines rechtmäßigen Anspruchs auf Allgemeinheit entbehrt, wenn sie sich auf einen Offenbarungsglauben, der als historischer (obwohl durch Schrift weit ausgebreiteter, und der spätesten Nachkommenschaft zugesicherter) Glaube, doch keiner allgemeinen überzeugenden Mitteilung fähig ist, gründet: dennoch wegen des natürlichen Bedürfnisses aller Menschen, zu den höchsten Vernunftbegriffen und Gründen, immer etwas Sinnlichhaltbares, irgend eine Erfahrungsbestätigung u. d. g. zu verlangen (worauf man bei der Absicht, einen Glauben allgemein zu introduzieren, wirklich auch Rücksicht nehmen muß), irgend ein historischer Kirchenglaube, den man auch gemeiniglich schon vor sich findet, müsse benutzt werden.

| Um aber nun mit einem solchen empirischen Glauben, den uns dem Ansehen nach ein Ungefähr in die | Hände gespielt hat, die Grundlage eines moralischen Glaubens zu vereinigen (er sei nun Zweck oder nur Hilfsmittel), dazu wird eine Auslegung der uns zu Händen gekommenen Offenbarung erfordert, d. i. durchgängige Deutung derselben zu einem Sinn, der mit den allgemeinen praktischen Regeln einer reinen Vernunftreligion zusammenstimmt. Denn das Theoretische des Kirchenglaubens kann uns moralisch nicht interessieren, wenn es nicht zur Erfüllung aller Menschenpflichten als göttlicher Gebote (was das Wesentliche aller Religion ausmacht) hinwirkt. Diese Auslegung mag uns selbst in Ansehung des Textes (der Offenbarung) oft gezwungen scheinen,

---

8 der spätesten] A: durch späteste
22 oder nur] Handschrift, A: oder nur; B: nur oder

oft es auch wirklich sein, und doch muß sie, wenn es nur möglich ist, daß dieser sie annimmt, einer solchen buchstäblichen vorgezogen werden, die entweder schlechterdings nichts für die Moralität in sich enthält, oder dieser ihren Triebfedern wohl gar entgegen wirkt.[1] Man wird auch finden, daß | es mit allen alten und neueren zum Teil in heiligen Büchern abgefaßten Glaubensarten jederzeit so ist gehalten worden, und daß vernünftige wohldenkende Volkslehrer sie | so lange gedeutet haben, bis sie dieselbe,

---

[1] Um dieses an einem Beispiel zu zeigen, nehme man Psalm LIX, V. 11-16, wo ein Gebet um Rache, die bis zum Entsetzen weit geht, angetroffen wird. Michaelis (Moral, 2ter Teil, S. 202) billigt dieses Gebet und setzt hinzu: »die Psalmen sind inspiriert; wird in diesen um eine Strafe gebeten, so kann es nicht unrecht sein und wir sollen keine heiligere Moral haben als die Bibel«. Ich halte mich hier an den letzteren Ausdruck und frage, ob die Moral nach der Bibel, oder die Bibel vielmehr nach der Moral ausgelegt werden müsse? – Ohne nun einmal auf die Stelle des N. T.: »Zu den Alten wurde gesagt, u.s.w. Ich | aber sage euch: Liebet eure Feinde, segnet, die euch fluchen, u.s.w.«, Rücksicht zu nehmen, wie diese, die auch inspiriert ist, mit jener zusammen bestehen könne, werde ich versuchen, sie entweder meinen für sich bestehenden sittlichen Grundsätzen anzupassen (daß etwa hier nicht leibliche, sondern unter dem Symbol derselben, die uns weit verderblicheren unsichtbaren Feinde, nämlich böse Neigungen, verstanden werden, die wir wünschen müssen völlig unter den Fuß zu bringen), oder, will dieses nicht angehen, so werde ich lieber annehmen: daß diese Stelle gar nicht im moralischen Sinn, sondern nach dem Verhältnis, in welchem sich die Juden zu Gott, als ihrem politischen Regenten, betrachteten, zu verstehen sei, so wie auch eine andere Stelle der Bibel, da es heißt: »Die Rache ist mein; Ich will vergelten, spricht der Herr!«, die man gemeiniglich als moralische Warnung vor Selbstrache auslegt, ob sie gleich wahrscheinlich nur das in jedem Staat geltende Gesetz andeutet, Genugtuung wegen Beleidigungen im Gerichtshofe des Oberhauptes nachzusuchen; wo die Rachsucht des Klägers gar nicht für gebilligt angesehen werden darf, wenn der Richter ihm verstattet, auf noch so harte Strafe, als er will, anzutragen.

---

37 (Fußnote)] Zusatz von B

ihrem wesentlichen Inhalte nach, nachgerade mit den allgemeinen moralischen Glaubenssätzen in Übereinstimmung brachten. Die Moralphilosophen unter den Griechen und nachher den Römern machten es nachgerade
5 mit ihrer fabelhaften Götterlehre eben so. Sie wußten den gröbsten Polytheism doch zuletzt als bloße | symbolische B160 Vorstellung der Eigenschaften des einigen göttlichen Wesens auszudeuten, und den mancherlei lasterhaften Handlungen, oder auch wilden, aber doch schönen Träumereien
10 ihrer Dichter einen mystischen Sinn unterzulegen, der einen Volksglauben (welchen zu vertilgen nicht einmal ratsam gewesen wäre, weil daraus vielleicht ein dem Staat noch gefährlicherer Atheism hätte entstehen können) einer allen Menschen verständlichen und allein ersprieß-
15 lichen moralischen Lehre nahe brachte. Das spätere Judentum und selbst das Christentum besteht aus solchen zum Teil sehr gezwungenen Deutungen, aber beides zu ungezweifelt guten und für alle Menschen notwendigen
* Zwecken. Die Muhammedaner wissen (wie Reland
20 zeigt) der Beschreibung ihres aller Sinnlichkeit geweihten Paradieses sehr gut einen geistigen Sinn unterzulegen,
* und eben das tun die Inder mit der Auslegung ihres Bedas, wenigstens für den aufgeklärteren Teil ihres Volks. – Daß sich dies aber tun läßt, ohne eben immer wider den
25 buchstäblichen Sinn des Volksglaubens sehr zu verstoßen, kommt daher: weil lange vor diesem letzteren die Anlage zur moralischen Religion in der menschlichen Vernunft verborgen lag, wovon zwar die ersten rohen Äußerungen bloß auf gottesdienstlichen Gebrauch ausgingen, und zu

---

4 nachgerade] Zusatz von B
5 eben] Zusatz von B
11 nicht] A: es nicht
22-23 Bedas] Herausgeber korrigieren durchgängig in *Vedas*. Das ist allerdings problematisch, da Kant zwischen *Bedas*, als den fünf ältesten Texten, und *Vedam*, als darauf aufbauendem Werk, unterscheidet (s. Anm.).

diesem Behuf selbst jene angeblichen Offenbarungen veranlaßten, hierdurch aber auch etwas von dem Charakter ihres übersinnlichen Ursprungs selbst in diese Dichtungen, obzwar un|vorsätzlich, gelegt haben. – Auch kann man dergleichen Auslegungen nicht der Unredlichkeit beschuldigen, vorausgesetzt, daß man nicht behaupten will, der Sinn, den wir den Symbolen des Volksglaubens oder auch heiligen Büchern geben, sei von ihnen auch durchaus so beabsichtigt worden, sondern dieses dahin gestellt sein läßt, und nur die Möglichkeit, die Verfasser derselben so zu verstehen, annimmt. Denn selbst das Lesen dieser heiligen Schriften, oder die Erkundigung nach ihrem Inhalt, hat zur Endabsicht, bessere Menschen zu machen; das Historische aber, was dazu nichts beiträgt, ist etwas an sich ganz Gleichgültiges, mit dem man es halten kann, wie man will. – (Der Geschichtsglaube ist »tot an ihm selber«, d. i. für sich, als Bekenntnis betrachtet, enthält er nichts, führt auch auf nichts, was einen moralischen Wert für uns hätte.)

Wenn also gleich eine Schrift als göttliche Offenbarung angenommen worden, so wird doch das oberste Kriterium derselben, als einer solchen, sein: »alle Schrift, von Gott eingegeben, ist nützlich zur Lehre, zur Strafe, zur Besserung u.s.w.«, und da das letztere, nämlich die moralische Besserung des Menschen, den eigentlichen Zweck aller Vernunftreligion ausmacht, so wird diese auch das oberste Prinzip aller Schriftauslegung enthalten. Diese Religion ist »der Geist Gottes, der uns in alle Wahrheit leitet«. Dieser aber ist derjenige, der, indem er uns **belehrt**, auch zugleich mit Grundsätzen zu Handlungen **belebt**, und er bezieht alles, was die Schrift für den historischen Glauben noch enthalten mag, gänzlich auf die Regeln und Triebfedern des reinen moralischen Glaubens, der allein in jedem Kirchenglauben dasjenige ausmacht, was darin eigentliche Religion ist. Alles Forschen und Auslegen der Schrift muß von dem Prinzip ausgehen, diesen Geist darin zu suchen, und »man kann das ewige

Leben darin nur finden, sofern sie von diesem Prinzip zeuget«.

Diesem Schriftausleger ist nun noch ein anderer beigesellt, aber untergeordnet, nämlich der Schriftgelehrte. Das Ansehen der Schrift, als des würdigsten, und jetzt in dem aufgeklärtesten Weltteile einzigen Instruments der Vereinigung aller Menschen in eine Kirche, macht den Kirchenglauben aus, der als Volksglaube nicht vernachlässigt werden kann, weil dem Volke keine Lehre zu einer unveränderlichen Norm tauglich zu sein scheint, die auf bloße Vernunft gegründet ist, und es göttliche Offenbarung, mithin auch eine historische Beglaubigung ihres Ansehens durch die Deduktion ihres Ursprungs fordert. Weil nun menschliche Kunst und Weisheit nicht bis zum Himmel hinaufsteigen kann, um das Kreditiv der Sendung des ersten Lehrers selbst nachzusehen, sondern sich mit den Merkmalen, die, außer dem Inhalt, noch von der Art, | wie ein solcher Glaube introduziert worden, hergenommen werden können, d. i. mit menschlichen Nachrichten begnügen muß, die nachgerade in sehr alten Zeiten, und jetzt toten Sprachen aufgesucht werden müssen, um sie nach ihrer historischen Glaubhaftigkeit zu würdigen: so wird Schriftgelehrsamkeit erfordert werden, um eine auf heilige Schrift gegründete Kirche, nicht eine Religion (denn die muß, um allgemein zu sein, jederzeit auf bloße Vernunft gegründet sein), im Ansehen zu erhalten; wenn diese gleich nichts mehr ausmacht, als daß jener ihr Ursprung nichts in sich enthält, was die Annahme derselben als unmittelbarer göttlichen Offenbarung unmöglich machte; welches hinreichend sein wür-

---

9 dem Volke] A: ihm
11 es] A: er
20–21 alten Zeiten und] A: und alten,
24 heilige] Vorländer ergänzt: eine heilige
27 diese] A: die
30 sein würde] A: ist

[113] de, um diejenigen, welche in dieser Idee be|sondere Stärkung ihres moralischen Glaubens zu finden meinen, und sie daher gerne annehmen, daran nicht zu hindern. – Aber nicht bloß die **Beurkundung**, sondern auch die **Auslegung** der heiligen Schrift bedarf aus derselben Ursache Gelehrsamkeit. Denn wie will der Ungelehrte, der sie nur in Übersetzungen lesen kann, von dem Sinne derselben gewiß sein? daher der Ausleger, welcher auch die Grundsprache inne hat, doch noch ausgebreitete historische Kenntnis und Kritik besitzen muß, um aus dem Zustande, den Sitten und den Meinungen (dem Volksglauben) der damaligen Zeit die Mittel zu nehmen, wodurch dem kirchlichen gemeinen Wesen das Verständnis geöffnet werden kann.

B 164 | Vernunftreligion und Schriftgelehrsamkeit sind also die eigentlichen berufenen Ausleger und Depositäre einer heiligen Urkunde. Es fällt in die Augen: daß diese an öffentlichem Gebrauche ihrer Einsichten und Entdeckungen in diesem Felde vom weltlichen Arm schlechterdings nicht können gehindert und an gewisse Glaubenssätze gebunden werden; weil sonst **Laien** die **Kleriker** nötigen würden, in ihre Meinung einzutreten, die jene doch nur von dieser ihrer Belehrung her haben. Wenn der Staat nur dafür sorgt, daß es nicht an Gelehrten und ihrer Moralität nach in gutem Rufe stehenden Männern fehle, welche das Ganze des Kirchenwesens verwalten, deren Gewissen er diese Besorgung anvertraut, so hat er alles getan, was seine Pflicht und Befugnis mit sich bringen. Diese selbst aber in die Schule zu führen, und sich mit ihren Streitigkeiten zu befassen (die, wenn sie nur nicht von Kanzeln geführt werden, das Kirchenpublikum im völligen Frieden lassen), ist eine Zumutung, die das Publikum an den Gesetz-

---

3 nicht] Zusatz von B
8–10 daher der ... muß, um] A: aber der Ausleger ... bedarf doch noch ausgebreitete historische Kenntnis und Kritik, um
32 an den Gesetzgeber] A: an ihn

geber nicht ohne Unbescheidenheit tun kann, weil sie unter seiner Würde ist.

Aber es tritt noch ein dritter Prätendent zum Amte eines Auslegers auf, welcher weder Vernunft, noch Gelehr-
samkeit, sondern nur ein inneres Gefühl bedarf, um den wahren Sinn der Schrift und zugleich ihren göttlichen Ursprung zu erkennen. Nun kann man freilich nicht in Abrede ziehen, daß, »wer ihrer | Lehre folgt und das tut, was sie vorschreibt, allerdings finden wird, daß sie von
Gott sei«, und daß selbst der Antrieb zu guten Handlungen und zur Rechtschaffenheit im Lebenswandel, den der Mensch, der sie liest, oder ihren Vortrag hört, fühlen muß, ihm von der Göttlichkeit derselben überführen müsse; weil er nichts anderes, als die Wirkung von dem den Men-
schen mit inniglicher Achtung erfüllenden moralischen Gesetze ist, welches darum auch als göttliches Gebot angesehen zu | werden verdient. Aber so wenig, wie aus irgend einem Gefühl Erkenntnis der Gesetze, und daß diese moralisch sind, ebenso wenig, und noch weniger, kann
durch ein Gefühl das sichere Merkmal eines unmittelbaren göttlichen Einflusses gefolgert und ausgemittelt werden; weil zu derselben Wirkung mehr, als eine Ursache statt finden kann, in diesem Falle aber die bloße Moralität des Gesetzes (und der Lehre), durch die Vernunft erkannt,
die Ursache derselben ist, und selbst in dem Falle der bloßen Möglichkeit dieses Ursprungs es Pflicht ist, ihm die letztere Deutung zu geben, wenn man nicht aller Schwärmerei Tür und Tor öffnen, und nicht selbst das unzweideutige moralische Gefühl, durch die Verwandtschaft mit
jedem anderen phantastischen um seine Würde bringen will. – Gefühl, wenn das Gesetz, woraus, oder auch, wonach es erfolgt, vorher bekannt ist, hat jeder nur für sich, und kann es anderen nicht zumuten, also auch nicht als einen Probierstein der Echtheit einer Of|fenbarung anprei-

1-2 weil sie ... ist] Zusatz von B

sen, denn es lehrt schlechterdings nichts, sondern enthält nur die Art, wie das Subjekt in Ansehung seiner Lust oder Unlust affiziert wird, worauf gar keine Erkenntnis gegründet werden kann. –

Es gibt also keine Norm des Kirchenglaubens, als die Schrift, und keinen anderen Ausleger desselben, als reine Vernunftreligion und Schriftgelehrsamkeit (welche das Historische derselben angeht), von welchen der erstere allein authentisch, und für alle Welt gültig, der zweite aber nur doktrinal ist, um den Kirchenglauben für ein gewisses Volk zu einer gewissen Zeit in ein bestimmtes sich beständig erhaltendes System zu verwandeln. Was aber diesen betrifft, so ist es nicht zu ändern, daß der historische Glaube nicht endlich ein bloßer Glaube an Schriftgelehrte, und ihre Einsicht werde: welches freilich der menschlichen Natur nicht sonderlich zur Ehre gereicht, aber doch durch die öffentliche Denkfreiheit wiederum gut gemacht wird, dazu diese deshalb um destomehr berechtigt ist, weil nur dadurch, daß Gelehrte ihre Auslegungen jedermanns Prüfung aussetzen, selbst aber auch zugleich für bessere Einsicht immer offen und empfänglich bleiben, sie auf das Zutrauen des gemeinen Wesens zu ihren Entscheidungen rechnen können.

VII.
Der allmähliche Übergang des Kirchenglaubens zur Alleinherrschaft des reinen Religionsglaubens ist die Annäherung des Reichs Gottes

Das Kennzeichen der wahren Kirche ist ihre **Allgemeinheit**; hiervon aber ist wiederum das Merkmal ihre Notwendigkeit und ihre nur auf eine einzige Art mögliche Bestimmbarkeit. Nun hat der historische Glaube (der auf Offenbarung, als Erfahrung gegründet ist) nur partikuläre Gültigkeit, für die nämlich, an welche die Geschichte gelangt ist, worauf er beruht, und enthält, wie alle Erfahrungserkenntnis, nicht das Bewußtsein, daß der geglaubte Gegenstand so und nicht anders sein müsse, sondern nur, daß er so sei, in sich; mithin enthält er zugleich das Bewußtsein seiner Zufälligkeit. Also kann er zwar zum Kirchenglauben (deren es mehrere geben kann) zulangen, aber nur der reine Religionsglaube, der sich gänzlich auf Vernunft gründet, kann als notwendig, mithin für den einzigen, erkannt werden, der die wahre Kirche auszeichnet. – Wenn also gleich (der unvermeidlichen Einschränkung der menschlichen Vernunft gemäß) ein historischer Glaube als Leitmittel die reine Religion affiziert, doch mit dem Bewußtsein, daß er bloß ein solches sei, und dieser, als Kirchenglaube, ein Prinzip bei sich führe, dem reinen Religionsglauben sich kontinuierlich zu nähern, um jenes Leitmittel endlich | entbehren zu können, so kann eine solche Kirche immer die wahre heißen; da aber über historische Glaubenslehren der Streit nie vermieden werden kann, nur die streitende Kirche genannt werden; doch mit der Aussicht, endlich in die unveränderliche und alles vereinigende, triumphierende auszuschlagen! Man nennt den Glauben jedes einzelnen, der die moralische Empfänglichkeit (Würdigkeit) mit sich führt, ewig glückselig zu sein, den seligmachenden Glauben. Dieser kann also auch nur ein einziger sein und bei aller Verschiedenheit des Kirchenglaubens doch in jedem angetroffen werden, in welchem er, sich auf sein Ziel, den reinen Religionsglauben, beziehend, praktisch ist. Der Glaube einer gottesdienstlichen Religion ist dagegen ein Fron- und Lohnglaube (*fides mercenaria, servilis*) und kann nicht für den seligmachenden angesehen werden, weil er nicht moralisch ist. Denn dieser muß ein freier, auf lautere Herzensgesinnungen gegründeter (*fides ingenua*) Glaube sein. Der erstere wähnt durch Handlungen

6 aber] A: und
12-13 solches] A: solcher
32 lautere] Korrektur nach Handschrift; A, B: lauter

(des *cultus*), welche (obzwar mühsam) doch für sich keinen moralischen Wert haben, mithin nur durch Furcht oder Hoffnung abgenötigte Handlungen sind, die auch ein böser Mensch ausüben kann, Gott wohlgefällig zu werden, anstatt daß der letztere dazu eine moralisch gute Gesinnung als notwendig voraussetzt.

Der seligmachende Glaube enthält zwei Bedingungen seiner Hoffnung der Seligkeit: die eine in Ansehung dessen, was er selbst nicht tun kann, nämlich seine geschehenen Handlungen rechtlich (vor einem göttlichen Richter) ungeschehen zu machen, die andere in Ansehung dessen, was er selbst tun kann und soll, nämlich in einem neuen seiner Pflicht gemäßen Leben zu wandeln. Der erstere Glaube ist der an eine Genugtuung (Bezahlung für seine Schuld, Erlösung, Versöhnung mit Gott), der zweite ist der Glaube, in einem ferner zu führenden guten Lebenswandel Gott wohlgefällig werden zu können. – Beide Bedingungen machen nur einen Glauben aus, und gehören notwendig zusammen. Man kann aber die Notwendigkeit einer Verbindung nicht anders einsehen, als wenn man annimmt, es lasse sich eine von der anderen ableiten, also, daß entweder der Glaube an die Lossprechung von der auf uns liegenden Schuld den guten Lebenswandel, oder daß die wahrhafte und tätige Gesinnung eines jederzeit zu führenden guten Lebenswandels den Glauben an jene Lossprechung, nach dem Gesetze moralisch wirkender Ursachen, hervorbringe.

Hier zeigt sich nun eine merkwürdige Antinomie der menschlichen Vernunft mit ihr selbst, deren Auflösung, oder, wenn diese nicht möglich sein sollte, wenigstens Beilegung es allein ausmachen kann, ob ein historischer (Kirchen-) Glaube jederzeit als wesentliches Stück des seligmachenden, über den reinen Religionsglauben hinzu-

---

16 guten] Zusatz von B
32 des] Handschrift, A: des; B: der

kommen müsse, oder ob er als bloßes Leit|mittel endlich, wie ferne diese Zukunft auch sei, in den reinen Religionsglauben übergehen könne.

1. Vorausgesetzt: daß für die Sünden des Menschen eine Genugtuung geschehen sei, so ist zwar wohl begreiflich, wie ein jeder Sünder sie gern auf sich beziehen möchte, und, wenn es bloß aufs Glauben ankommt (welches so viel, als Erklärung bedeutet, er wolle, sie sollte auch für ihn geschehen sein), deshalb nicht einen Augenblick Bedenken tragen würde. Allein es ist gar nicht einzusehen, wie ein vernünftiger Mensch, der sich strafschuldig weiß, im Ernst glauben könne, er habe nur nötig, die Botschaft von einer für ihn geleisteten Genugtuung zu glauben, und sie (wie die Juristen sagen) *utiliter* anzunehmen, um seine Schuld als getilgt anzusehen, und zwar dermaßen (mit der Wurzel sogar), daß auch fürs künftige ein guter Lebenswandel, um den er sich bisher nicht die mindeste | Mühe gegeben hat, von diesem Glauben und der Akzeptation der angebotenen Wohltat, die unausbleibliche Folge sein werde. Diesen Glauben kann kein überlegender Mensch, so sehr auch die Selbstliebe öfters den bloßen Wunsch eines Gutes, wozu man nichts tut, oder tun kann, in Hoffnung verwandelt, als werde sein Gegenstand, durch die bloße Sehnsucht gelockt, von selbst kommen, in sich zuwege bringen. Man kann dieses sich nicht anders möglich denken, als daß der Mensch sich diesen Glauben selbst | als ihm himmlisch eingegeben, und so als etwas, worüber er seiner Vernunft weiter keine Rechenschaft zu geben nötig hat, betrachte. Wenn er dies nicht kann, oder noch zu aufrichtig ist, ein solches Vertrauen als bloßes Einschmeichelungsmittel in sich zu erkünsteln, so wird er, bei aller Achtung für eine solche überschwengliche Genugtuung, bei allem Wunsche, daß eine solche auch für ihn offen ste-

---

22 Gutes] A: Guten; B ist eindeutig zu folgen, da es sich um ein Zitat von Stapfer handelt (*Grundlegung* VIII, 178)

hen möge, doch nicht umhin können, sie nur als bedingt anzusehen, nämlich daß sein, so viel in seinem Vermögen ist, gebesserter Lebenswandel vorhergehen müsse, um auch nur den mindesten Grund zur Hoffnung zu geben, ein solches höheres Verdienst könne ihm zu Gute kommen. – Wenn also das historische Erkenntnis von dem letzteren zum Kirchenglauben, der erstere aber als Bedingung zum reinen moralischen Glauben gehört, so wird **dieser vor jenem vorhergehen müssen.**

2. Wenn aber der Mensch von Natur verderbt ist, wie kann er glauben, aus sich, er mag sich auch bestreben, wie er wolle, einen neuen, Gott wohlgefälligen, Menschen zu machen; wenn er, sich der Vergehungen, deren er sich bisher schuldig gemacht hat, bewußt, noch unter der Macht des bösen Prinzips steht und in sich kein hinreichendes Vermögen antrifft, es künftighin besser zu machen? Wenn er nicht die Gerechtigkeit, die er selbst wider sich erregt hat, durch fremde Genugtuung als versöhnt, sich selbst aber | durch diesen Glauben gleichsam als neugeboren ansehen, und so allererst einen neuen Lebenswandel antreten kann, der alsdann die Folge von dem mit ihm vereinigten guten Prinzip sein würde, worauf will er seine Hoffnung, ein Gott gefälliger Mensch zu werden, gründen? – Also muß der Glaube an ein Verdienst, das nicht das seinige ist, und wodurch er mit Gott versöhnt wird, vor aller Bestrebung zu guten Werken vorhergehen; welches dem vorigen Satze widerstreitet. Dieser Streit kann nicht durch Einsicht in die Kausalbestimmung der Freiheit des menschlichen Wesens, d. i. der Ursachen, welche machen, daß ein Mensch gut oder böse wird, also nicht theoretisch ausgeglichen werden: denn diese Frage über|steigt das ganze Spekulationsvermögen unserer Vernunft. Aber fürs Praktische, wo nämlich nicht gefragt wird, was physisch, sondern was moralisch für den Ge-

---

22-24 worauf ... gründen?] Zusatz von B

brauch unserer freien Willkür das erste sei, wovon wir nämlich den Anfang machen sollen, ob vom Glauben an das, was Gott unsertwegen getan hat, oder von dem, was wir tun sollen, um dessen (es mag auch bestehen, worin es wolle) würdig zu werden, ist kein Bedenken, für das letztere zu entscheiden.

Denn die Annehmung des ersten Requisits zur Seligmachung, nämlich des Glaubens an eine stellvertretende Genugtuung, ist allenfalls bloß für den theoretischen Begriff notwendig; wir können die Entsün|digung uns nicht anders begreiflich machen. Dagegen ist die Notwendigkeit des zweiten Prinzips praktisch und zwar rein moralisch: wir können sicher nicht anders hoffen, der Zueignung selbst eines fremden genugtuenden Verdienstes, und so der Seligkeit teilhaftig zu werden, als wenn wir uns dazu durch unsere Bestrebung in Befolgung jeder Menschenpflicht qualifizieren, welche letztere die Wirkung unserer eigenen Bearbeitung, und nicht wiederum ein fremder Einfluß sein muß, dabei wir passiv sind. Denn da das letztere Gebot unbedingt ist, so ist es auch notwendig, daß der Mensch es seinem Glauben als Maxime unterlege, daß er nämlich von der Besserung des Lebens anfange, als der obersten Bedingung, unter der allein ein seligmachender Glaube statt finden kann.

Der Kirchenglaube, als ein historischer, fängt mit Recht von dem ersteren an; da er aber nur das Vehikel für den reinen Religionsglauben enthält (in welchem der eigentliche Zweck liegt), so muß das, was in diesem als einem praktischen die Bedingung ist, nämlich die Maxime des Tuns, den Anfang machen, und die des Wissens, oder theoretischen Glaubens, nur die Befestigung und Vollendung der ersteren bewirken.

* Hierbei kann auch angemerkt werden, daß nach dem ersten Prinzip der Glaube (nämlich der an eine | stellver-

---

4 um] Handschrift, A: um; B: und

tretende Genugtuung) dem Menschen zur Pflicht, dagegen der Glaube des guten Lebenswandels, als durch höheren Einfluß gewirkt, ihm zur Gnade angerechnet würde. – Nach dem zweiten Prinzip aber ist es umgekehrt. Denn nach diesem ist der gute Lebenswandel, als oberste Bedingung der Gnade, unbedingte Pflicht, dagegen die höhere Genugtuung eine bloße Gnadensache. – Dem ersteren wirft man (oft nicht mit Unrecht) den gottesdienstlichen Aberglauben vor, der einen sträflichen Lebenswandel doch mit der Religion zu vereinigen weiß; dem zweiten den naturalistischen Unglauben, welcher mit einem sonst vielleicht auch wohl exemplarischen Lebenswandel Gleichgültigkeit, oder wohl gar Widersetzlichkeit gegen alle Offenbarung verbindet. – Das wäre aber den Knoten (durch eine praktische Maxime) zerhauen, anstatt ihn (theoretisch) aufzulösen, welches auch allerdings in Religionsfragen erlaubt ist. – Zu Befriedigung des letzteren Ansinnens kann indessen folgendes dienen. – Der lebendige Glaube an das Urbild der Gott wohlgefälligen Menschheit (den Sohn Gottes) an sich selbst ist auf eine moralische Vernunftidee bezogen, sofern diese uns nicht allein zur Richtschnur, sondern auch zur Triebfeder dient, und also einerlei, ob ich von ihm, als rationalem Glauben, oder vom Prinzip des guten Lebenswandels anfange. Dagegen ist der Glaube an eben dasselbe Urbild in der Erscheinung (an den Gottmenschen), als empirischer (historischer) Glaube, nicht einerlei mit dem Prinzip des guten Lebenswandels (welches ganz rational sein muß), und es wäre ganz etwas anderes, von einem solchen[1] anfangen, und daraus den guten Lebenswandel ableiten zu wollen. Sofern wäre also ein Widerstreit zwischen den obigen zwei Sätzen. Allein in

---

[1] Der die Existenz einer solchen Person auf historische Beweistümer gründen muß.

34 (Fußnote)] Zusatz von B

der Erscheinung des Gottmenschen ist nicht das, was von ihm in die Sinne fällt, oder durch Erfahrung erkannt werden kann, sondern das in unserer Vernunft liegende Urbild, welches wir dem letzteren unterlegen (weil, so viel sich an seinem Beispiel wahrnehmen läßt, er jenem gemäß befunden wird), eigentlich das Objekt des seligmachenden Glaubens, und ein solcher Glaube ist einerlei mit dem Prinzip eines Gott wohlgefälligen Lebenswandels. – Also sind hier nicht zwei an sich verschiedene Prinzipien, von deren einem oder dem anderen anzufangen, entgegengesetzte Wege einzuschlagen wären, sondern nur eine und dieselbe praktische Idee, von der wir ausgehen, einmal, sofern sie das Urbild, als in Gott befindlich, und von ihm ausgehend, ein andermal, sofern sie es, als in uns befindlich, beidemal aber, sofern sie es als Richtmaß unseres Lebenswandels vorstellt; und die Antinomie ist also nur scheinbar; weil sie eben dieselbe praktische Idee, nur in verschiedener Beziehung genommen, durch einen Mißverstand | für zwei verschiedene Prinzipien ansieht. – Wollte man aber den Geschichtsglauben an die Wirklichkeit einer solchen einmal in der Welt vorgekommenen Erscheinung zur Bedingung des allein seligmachenden Glaubens machen, so wären es allerdings zwei ganz ver|schiedene Prinzipien (das eine empirisch, das andere rational), über die, ob man von einem oder dem anderen ausgehen und anfangen müßte, ein wahrer Widerstreit der Maximen eintreten würde, den aber auch keine Vernunft je würde schlichten können. – Der Satz: Man muß glauben, daß es einmal einen Menschen, der durch seine Heiligkeit und Verdienst sowohl für sich (in Ansehung seiner Pflicht) als auch für alle anderen (und deren Ermangelung in Ansehung ihrer Pflicht) genug getan, gegeben habe (wovon uns die Vernunft nichts sagt), um zu hoffen, daß wir selbst in einem guten Lebenswandel, doch nur kraft jenes Glaubens selig werden können, dieser

29 sowohl] A: jetzt sowohl

Satz sagt ganz etwas anderes, als folgender: Man muß mit allen Kräften der heiligen Gesinnung eines Gott wohlgefälligen Lebenswandels nachstreben, um glauben zu können, daß die (uns schon durch die Vernunft versicherte) Liebe desselben zur Menschheit, sofern sie seinem Willen nach allem ihrem Vermögen nachstrebt, in Rücksicht auf die redliche Gesinnung, den Mangel der Tat, auf welche Art es auch sei, ergänzen werde. – Das Erste aber steht nicht in jedes (auch des ungelehrten) Menschen Vermögen. Die Geschichte beweiset, daß in allen Religionsformen dieser Streit zweier Glaubensprinzipien obgewaltet hat; denn Expiationen hatten alle Religionen, sie mochten sie nun setzen, worein sie wollten. Die moralische Anlage in jedem Menschen aber ermangelte ihrerseits auch nicht, ihre Forderungen hören zu lassen. Zu aller Zeit klagten aber doch die Priester mehr, als die Moralisten; jene nämlich laut (und unter der Aufforderung an Obrigkeiten, dem Unwesen zu steuern) über Vernachlässigung des Gottesdienstes, welcher, das Volk mit dem Himmel zu versöhnen und Unglück vom Staat abzuwenden, eingeführt war; diese dagegen über den Verfall der Sitten, den sie sehr auf die Rechnung jener Entsündigungsmittel schrieben, wodurch die Priester es jedermann leicht machten, sich wegen der gröbsten Laster mit der Gottheit auszusöhnen. In der Tat, wenn ein unerschöpflicher Fond zu Abzahlung gemachter oder noch zu machender Schulden schon vorhanden ist, da man nur hinlangen darf (und bei allen Ansprüchen, die das Gewissen tut, auch ohne Zweifel zu allererst hinlangen wird), um sich schuldenfrei zu machen, indessen daß der Vorsatz des guten Lebenswandels, bis man wegen jener allererst im Reinen ist, ausgesetzt werden kann; so kann man sich nicht leicht andere Folgen ei-

6 ihrem] B: ihren
9 (...)] Zusatz von B
17 an] A: der
21 dagegen] Zusatz von B

Sieg des guten Prinzips über das böse   163

nes solchen Glaubens denken. – Würde aber sogar dieser Glaube selbst so vorgestellt, als ob er eine so besondere Kraft und einen solchen mystischen (oder magischen) Einfluß habe, daß, ob er zwar, so viel wir | wissen, für bloß historisch gehalten | werden sollte, er doch, wenn man ihm, und den damit verbundenen Gefühlen nachhängt, den ganzen Menschen von Grunde aus zu bessern (einen neuen Menschen aus ihm zu machen) im Stande sei: so müßte dieser Glaube selbst als unmittelbar vom Himmel (mit und unter dem historischen Glauben) erteilt und eingegeben angesehen werden, wo denn alles selbst mit der moralischen Beschaffenheit des Menschen zuletzt auf einen unbedingten Ratschluß Gottes hinausläuft: »er erbarmet sich, welches er will, und verstocket, welchen er will«,[1] welches, nach dem Buchstaben genommen, der *salto mortale* der menschlichen Vernunft ist.

---

[1] Das kann wohl so ausgelegt werden: kein Mensch kann mit Gewißheit sagen, woher dieser ein guter, jener ein böser Mensch (beide comparative) wird, da oftmals die Anlage zu diesem Unterschiede schon in der Geburt anzutreffen zu sein scheint, bisweilen auch Zufälligkeiten des Lebens, für die niemand kann, hierin einen Ausschlag geben; eben so wenig auch, was aus ihm werden könne. Hierüber müssen wir also das Urteil dem Allsehenden überlassen, welches hier so ausgedrückt wird, als ob, ehe sie geboren wurden, sein Ratschluß über sie ausgesprochen, einem jeden seine Rolle vorgezeichnet habe, die er einst spielen sollte. Das Vorhersehen ist in der Ordnung der Erscheinungen für den Welturheber, wenn er hierbei selbst anthropopathisch gedacht wird, zugleich ein Vorherbeschließen. In der übersinnlichen Ordnung der Dinge aber nach Freiheitsgesetzen, wo die Zeit wegfällt, ist es bloß ein allsehendes Wissen, ohne, warum der eine Mensch so, der andere nach entgegengesetzten | Grundsätzen verfährt, erklären, und doch auch zugleich mit der Freiheit des Willens vereinigen zu können.

27-28 anthropopathisch] Handschrift, A, Vorländer; anthropomorphistisch; B ist – auch nach der Parallelstelle *SdF* A 54 [VII,41] – eindeutig der Vorzug zu geben.

Es ist also eine notwendige Folge der physischen und zugleich der moralischen Anlage in uns, welche letztere die Grundlage und zugleich Auslegerin aller Religion ist, daß diese endlich von allen empirischen Bestimmungsgründen, von allen Statuten, welche auf Geschichte beruhen, und die vermittelst eines Kirchenglaubens provisorisch die Menschen zur Beförderung des Guten vereinigen, allmählich losgemacht werde, und so reine Vernunftreligion zuletzt über alle herrsche, »damit Gott sei alles in allem«. – Die Hüllen, unter welchen der Embryo sich zuerst zum Menschen bildete, müssen abgelegt werden, wenn er nun an das Tageslicht treten soll. Das Leitband der heiligen Überlieferung, mit seinen Anhängseln, den Statuten und Observanzen, welches zu seiner Zeit gute Dienst tat, wird nach und nach entbehrlich, ja endlich zur Fessel, wenn er in das Jünglingsalter eintritt. So lange er (die Menschengattung) »ein Kind war, war er klug als ein Kind« und wußte mit Satzungen, die ihm ohne sein Zutun auferlegt wurden, auch wohl Gelehrsamkeit, ja sogar eine der Kirche dienstbare Philosophie zu verbinden; »nun er aber ein Mann wird, legt er ab, was kindisch ist«. Der erniedrigende Unterschied zwischen Laien und Klerikern hört auf, und Gleichheit entspringt aus der wahren Freiheit, jedoch ohne Anarchie, weil ein jeder zwar dem (nicht statutarischen) Gesetz gehorcht, das er sich selbst vorschreibt, das er aber auch zugleich als den ihm durch die Vernunft geoffenbarten Willen des Weltherrschers ansehen muß, der alle unter einer gemeinschaftlichen Regierung unsichtbarerweise in einem Staate verbindet, welcher durch die sichtbare Kirche vorher dürftig vorgestellt und vorbereitet war. – Das alles ist nicht von einer äußeren Revolution zu erwarten, die stürmisch und gewaltsam ihre von Glücksumständen sehr abhängige Wirkung tut, in welcher, was

---

8 werde] Zusatz von B
31 äußeren] Zusatz von B

bei der Gründung einer neuen Verfassung einmal versehen worden, Jahrhunderte hindurch mit Bedauern beibehalten wird, weil es nicht mehr, wenigstens nicht anders, als durch eine neue (jederzeit gefährliche) Revolution abzuändern ist. – In dem Prinzip der reinen Vernunftreligion, als einer an alle Menschen beständig geschehenden göttlichen (obzwar nicht empirischen) Offenbarung, muß der Grund zu jenem Überschritt zu jener neuen Ordnung der Dinge liegen, welcher, einmal aus reiner Überlegung gefaßt, durch allmählich fortgehende Reform zur Ausführung gebracht wird, sofern sie ein menschliches Werk sein soll; denn was Revolutionen betrifft, die diesen Fortschritt abkürzen können, so bleiben sie der Vorsehung überlassen, und lassen sich nicht planmäßig, der Freiheit unbeschadet, einleiten. –

| Man kann aber mit Grunde sagen: »daß das Reich Gottes zu uns gekommen sei«, wenn auch nur das Prinzip des allmählichen Überganges des Kirchenglaubens zur allgemeinen Vernunftreligion, und so zu einem (göttlichen) ethischen Staat auf Erden, allgemein, und irgendwo auch öffentlich Wurzel gefaßt hat: obgleich die wirkliche Errichtung desselben noch in unendlicher Weite von uns entfernt liegt. Denn, weil dieses Prinzip den Grund einer kontinuierlichen Annäherung zu dieser Vollkommenheit enthält, so liegt in ihm als in einem sich entwickelnden, und in der Folge wiederum besamenden Keime das Ganze (unsichtbarerweise), welches dereinst die Welt erleuchten und beherrschen soll. Das Wahre und Gute aber, wozu in der Naturanlage jedes Menschen der Grund, sowohl der Einsicht als des Herzensanteils liegt, ermangelt nicht, wenn es einmal öffentlich geworden, vermöge der natürlichen Affinität, in der es mit | der moralischen Anlage vernünftiger Wesen überhaupt steht, sich

---

6 geschehenden] Handschrift, A: geschehenden; B, Weischedel: geschehenen
32 in der] A: darin

durchgängig mitzuteilen. Die Hemmungen durch politische bürgerliche Ursachen, die seiner Ausbreitung von Zeit zu Zeit zustoßen mögen, dienen eher dazu, die Vereinigung der Gemüter zum Guten (was, nachdem sie es einmal ins Auge gefaßt haben, ihre Gedanken nie verläßt) noch desto inniglicher zu machen.[1]

---

[1] Dem Kirchenglauben kann, ohne daß man ihm weder den Dienst aufsagt, noch ihn befehdet, sein nützlicher Einfluß | als eines Vehikels erhalten, und ihm gleichwohl als einem Wahne von gottesdienstlicher Pflicht aller Einfluß auf den Begriff der eigentlichen (nämlich moralischen) Religion abgenommen werden, und so, bei Verschiedenheit statutarischer Glaubensarten, Verträglichkeit der Anhänger derselben unter einander durch die Grundsätze der einigen Vernunftreligion, wohin die Lehrer alle jene Satzungen und Observanzen auszulegen haben, gestiftet werden; bis man mit der Zeit, vermöge der überhandgenommenen wahren Aufklärung (einer Gesetzlichkeit, die aus der moralischen Freiheit hervorgeht) mit jedermanns Einstimmung die Form eines erniedrigenden Zwangsmittels gegen eine kirchliche Form, die der Würde einer moralischen Religion angemessen ist, nämlich die eines freien Glaubens vertauschen kann. – Die kirchliche Glaubenseinheit mit der Freiheit in Glaubenssachen zu vereinigen, ist ein Problem, zu dessen Auflösung die Idee der objektiven Einheit der Vernunftreligion durch das moralische Interesse, welches wir an ihr nehmen, kontinuierlich antreibt, welches aber in einer sichtbaren Kirche zu Stande zu bringen, wenn wir hierüber die menschliche Natur befragen, wenig Hoffnung vorhanden ist. Es ist eine Idee der Vernunft, deren Darstellung in einer ihr angemessenen Anschauung uns unmöglich ist, die aber doch als praktisches regulatives Prinzip objektive Realität hat, um auf diesen Zweck, der Einheit der reinen Vernunftreligion, hinzuwirken. Es

---

1 Hemmungen] Handschrift, A, B, Weischedel: Hemmung; Rosenkranz verbessert (i.F. Vorländer, Buchenau, Wobbermin): Hemmungen
17 moralischen] Zusatz von B
18 Zwangsmittels] Handschrift, A, Vorländer: Zwangsglaubens; B, Wobbermin, Buchenau, Weischedel, Malter: Zwangsmittels. Beides ist möglich.
30 Vernunftreligion] A: Vernunftreligion gemäß

| Das ist also die, menschlichen Augen unbemerkte, aber beständig fortgehende Bearbeitung des guten Prinzips, sich im menschlichen Geschlecht, als einem | gemeinen Wesen nach Tugendgesetzen, eine Macht und ein Reich zu errichten, welches den Sieg über das Böse behauptet, und unter seiner Herrschaft der Welt einen ewigen Frieden zusichert.

Zweite Abteilung
Historische Vorstellung der allmählichen
Gründung der Herrschaft des
guten Prinzips
auf Erden

Von der Religion auf Erden (in der engsten Bedeutung des Wortes) kann man keine Universalhisto|rie des geht hiermit, wie mit der politischen Idee eines Staatsrechts, sofern es zugleich auf ein allgemeines und machthabendes Völkerrecht bezogen werden soll. Die Erfahrung spricht uns hierzu alle Hoffnung ab. Es scheint ein Hang in das | menschliche Geschlecht (vielleicht absichtlich) gelegt zu sein, daß ein jeder einzelne Staat, wenn es ihm nach Wunsch geht, sich jeden anderen zu unterwerfen, und eine Universalmonarchie zu errichten, strebe; wenn er aber eine gewisse Größe erreicht hat, sich doch von selbst in kleinere Staaten zersplittere. So hegt eine jede Kirche den stolzen Anspruch, eine allgemeine zu werden; so wie sie sich aber ausgebreitet hat, und herrschend wird, zeigt sich bald ein Prinzip der Auflösung und Trennung in verschiedene Sekten. Das zu frühe und dadurch (daß es eher kommt, als die Menschen moralisch besser geworden sind) schädliche Zusammenschmelzen der Staaten wird – wenn es uns erlaubt ist, hierin eine Absicht der Vorsehung anzunehmen – vornehmlich durch zwei mächtig wirkende Ursachen, nämlich Verschiedenheiten der Sprachen und Verschiedenheit der Religionen, verhindert.

22 zersplittere] Handschrift, A: zersplittere; B, Weischedel: zersplitterte
26-31 Das zu frühe ... verhindert.] Zusatz von B

menschlichen Geschlechts verlangen; denn die ist, als auf dem reinen moralischen Glauben gegründet, kein öffentlicher Zustand, sondern jeder kann sich der Fortschritte, die er in demselben gemacht hat, nur für sich selbst bewußt sein. Der Kirchenglaube ist es daher allein, von dem man eine allgemeine historische Darstellung erwarten kann; indem man ihn, nach seiner verschiedenen und veränderlichen Form, mit dem alleinigen, unveränderlichen, reinen Religionsglauben vergleicht. Von da an, wo der erstere seine Abhängigkeit von den einschränkenden Bedingungen des letzteren und der Notwendigkeit der Zusammenstimmung mit ihm öffentlich anerkennt, fängt die **allgemeine Kirche** an, sich zu einem ethischen Staat Gottes zu bilden, und nach einem feststehenden Prinzip, welches für alle Menschen und Zeiten ein und dasselbe ist, zur Vollendung desselben fortzuschreiten. – Man kann voraussehen, daß diese Geschichte nichts, als die Erzählung von dem beständigen Kampf zwischen dem gottesdienstlichen und dem moralischen Religionsglauben sein werde, deren ersteren, als Geschichtsglauben, der Mensch beständig geneigt ist oben anzusetzen, anstatt daß der letztere seinen Anspruch auf den Vorzug, der ihm als allein seelenbessernden Glauben zukommt, nie aufgegeben hat, und ihn endlich gewiß behaupten wird.

Diese Geschichte kann aber nur Einheit haben, wenn sie bloß auf denjenigen Teil des menschlichen | Geschlechts eingeschränkt wird, bei welchem jetzt die Anlage zur Einheit der allgemeinen Kirche schon ihrer Entwickelung nahe gebracht ist, indem durch sie wenigstens die Frage, wegen des Unterschieds des Vernunft- und Geschichtsglaubens schon öffentlich aufgestellt, und ihre

1 die] Vorländer: sie
3 der] fehlt in B (Druckfehler)
11 des] A: der
12 ihm] A: ihr
30-31 Geschichtsglaubens] B: Geschichtglaubens (Druckfehler)

Entscheidung zur größten moralischen Angelegenheit gemacht ist; denn | die Geschichte der Satzungen ver- [125] schiedener Völker, deren Glaube in keiner Verbindung unter einander steht, gewährt sonst keine Einheit der Kirche.
5 Zu dieser Einheit aber kann nicht gerechnet werden: daß in einem und demselben Volk ein gewisser neuer Glaube einmal entsprungen ist, der sich von dem vorher herrschenden namhaft unterschied; wenn gleich dieser die veranlassenden Ursachen zu des neuen Erzeugung bei
10 sich führte. Denn es muß Einheit des Prinzips sein, wenn man die Folge verschiedener Glaubensarten nacheinander zu den Modifikationen einer und derselben Kirche rechnen soll, und die Geschichte der letzteren ist es eigentlich, womit wir uns jetzt beschäftigen.
15 Wir können also in dieser Absicht nur die Geschichte derjenigen Kirche, die von ihrem ersten Anfange an den Keim und die Prinzipien zur objektiven Einheit des wahren und allgemeinen Religionsglaubens bei sich führte, dem sie allmählich näher gebracht wird, abhan-
20 deln. – Da zeigt sich nun zuerst: daß der jüdische Glaube mit diesem Kirchenglauben, dessen Geschichte wir betrachten wollen, in ganz und gar kei|ner wesentlichen B186 Verbindung, d. i. in keiner Einheit nach Begriffen steht, obzwar jener unmittelbar vorhergegangen, und zur
25 Gründung dieser (der christlichen) Kirche die physische Veranlassung gab.

* Der jüdische Glaube ist, seiner ursprünglichen Einrichtung nach, ein Inbegriff bloß statutarischer Gesetze, auf welchem eine Staatsverfassung gegründet war; denn
30 welche moralische Zusätze entweder damals schon, oder auch in der Folge ihm angehängt worden sind, die sind schlechterdings nicht zum Judentum, als einem solchen, gehörig. Das letztere ist eigentlich gar keine Religion,

---

2 der Satzungen] Wiederherstellung nach Handschrift von Arnoldt

sondern bloß Vereinigung einer Menge Menschen, die, da sie zu einem besonderen Stamm gehörten, sich zu einem gemeinen Wesen unter bloß politischen Gesetzen, mithin nicht zu einer Kirche formten; vielmehr sollte es ein bloß weltlicher Staat sein, so daß, wenn dieser etwa durch widrige Zufälle zerrissen worden, ihm noch immer der (wesentlich zu ihm gehörige) politische Glaube übrig bliebe, ihn (bei Ankunft des Messias) wohl einmal wiederherzustellen. Daß diese Staatsverfassung Theokratie zur Grundlage hat (sichtbarlich eine Aristokratie der Priester, oder Anführer, die sich unmittelbar von Gott erteilter Instruktionen rühmten), mithin der Name von Gott, der doch hier bloß als weltlicher Regent, der über und an das Gewissen gar keinen Anspruch tut, verehrt wird, macht sie nicht zu einer Religionsverfassung. Der Beweis, | daß sie das letztere nicht hat sein sollen, ist klar. Erstlich sind alle Ge|bote von der Art, daß auch eine politische Verfassung darauf halten, und sie als Zwangsgesetze auferlegen kann, weil sie bloß äußere Handlungen betreffen, und obzwar die zehn Gebote auch, ohne daß sie öffentlich gegeben sein möchten, schon als ethische vor der Vernunft gelten, so sind sie in jener Gesetzgebung gar nicht mit der Forderung an die moralische Gesinnung in Befolgung derselben (worin nachher das Christentum das Hauptwerk setzte) gegeben, sondern schlechterdings nur auf die äußere Beobachtung gerichtet worden; welches auch daraus erhellt, daß: zweitens, alle Folgen aus der Erfüllung oder Übertretung dieser Gebote, alle Belohnung oder Bestrafung nur auf solche eingeschränkt werden, welche in dieser Welt jedermann zugeteilt werden können, und selbst diese auch nicht einmal nach ethischen Begriffen; indem beide auch die Nachkommen-

---

7 bliebe] A: bleibt
11 Instruktionen] A: Instruktionen; B: Instruktion (wohl Druckfehler)
14 Anspruch] A: Ausspruch
25 Beobachtung] Vorländer: Betrachtung

schaft, die an jenen Taten oder Untaten keinen praktischen Anteil genommen, treffen sollten, welches in einer politischen Verfassung allerdings wohl ein Klugheitsmittel sein kann, sich Folgsamkeit zu verschaffen, in einer ethischen aber aller Billigkeit zuwider sein würde. Da nun ohne Glauben an ein künftiges Leben gar keine Religion gedacht werden kann, so enthält das Judentum als ein solches, in seiner Reinigkeit genommen, gar keinen Religionsglauben. Dieses wird durch folgende Bemerkung noch mehr bestärkt. Es ist nämlich kaum | zu zweifeln: daß die Juden eben sowohl, wie andere, selbst die rohesten Völker nicht auch einen Glauben an ein künftiges Leben, mithin ihren Himmel und ihre Hölle sollten gehabt haben; denn dieser Glaube dringt sich, kraft der allgemeinen moralischen Anlage in der menschlichen Natur, jedermann von selbst auf. Es ist also gewiß absichtlich geschehen, daß der Gesetzgeber dieses Volks, ob er gleich als Gott selbst vorgestellt wird, doch nicht die mindeste Rücksicht auf das künftige Leben habe nehmen wollen, welches anzeigt: daß er nur ein politisches, nicht ein ethisches gemeines Wesen habe gründen wollen; in dem ersteren aber von Belohnungen und Strafen zu reden, die hier im Leben nicht sichtbar werden können, wäre unter jener Voraussetzung ein ganz inkonsequentes und unschickliches Verfahren gewesen. Ob nun gleich auch nicht zu zweifeln ist, daß die Juden sich nicht in der Folge, ein jeder für sich selbst, einen gewissen Religionsglauben werden gemacht haben, der den Artikeln ihres statutarischen beigemengt war, so hat jener doch nie ein zur Gesetzgebung des Judentums gehöriges Stück ausgemacht. Drittens ist es so weit gefehlt, daß das Judentum eine zum Zustande der allgemeinen Kirche gehörige Epoche, oder diese allgemeine Kirche wohl gar selbst zu seiner Zeit | ausgemacht habe, daß es vielmehr das ganze menschliche Geschlecht von seiner Gemeinschaft aus-

---

10 daß] A: daß nicht

schloß, als ein besonders vom Jehovah für sich auserwähltes Volk, welches alle an|dere Völker anfeindete und dafür von jedem angefeindet wurde. Hierbei ist es auch nicht so hoch anzuschlagen, daß dieses Volk sich einen einigen durch kein sichtbares Bild vorzustellenden Gott zum allgemeinen Weltherrscher setzte. Denn man findet bei den meisten anderen Völkern, daß ihre Glaubenslehre darauf gleichfalls hinausging, und sich nur durch die Verehrung gewisser jenem untergeordneten mächtigen Untergötter des Polytheismus verdächtig machte. Denn ein Gott, der bloß die Befolgung solcher Gebote will, dazu gar keine gebesserte moralische Gesinnung erfordert wird, ist doch eigentlich nicht dasjenige moralische Wesen, dessen Begriff wir zu einer Religion nötig haben. Diese würde noch eher bei einem Glauben an viele solche mächtige unsichtbare Wesen statt finden, wenn ein Volk sich diese etwa so dächte, daß sie, bei der Verschiedenheit ihrer Departements, doch alle darin übereinkämen, daß sie ihres Wohlgefallens nur den würdigten, der mit ganzem Herzen der Tugend anhinge, als wenn der Glaube nur einem einzigen Wesen gewidmet ist, das aber aus einem mechanischen Kultus das Hauptwerk macht.

Wir können also die allgemeine Kirchengeschichte, sofern sie ein System ausmachen soll, nicht anders, als vom Ursprunge des Christentums anfangen, das, als eine völlige Verlassung des Judentums, worin es entsprang, auf einem ganz neuen Prinzip gegrün|det, eine gänzliche Revolution in Glaubenslehren bewirkte. Die Mühe, welche sich die Lehrer des ersteren geben, oder gleich zu Anfange gegeben haben mögen, aus beiden einen zusammenhängenden Leitfaden zu knüpfen, indem sie den neuen Glauben nur für eine Fortsetzung des alten, der alle Ereignisse desselben in Vorbildern enthalten habe, gehalten wissen

23 macht] A: machte

wollen, zeigt gar zu deutlich, daß es ihnen hierbei nur um die schicklichsten Mittel zu tun sei, oder war, eine reine moralische Religion statt eines alten Kultus, woran das Volk gar zu stark gewöhnt war, zu introduzieren, ohne doch wider seine Vorurteile gerade zu verstoßen. Schon die nachfolgende Abschaffung des körperlichen Abzeichens, welches jenes Volk von anderen gänzlich abzusondern diente, läßt urteilen, daß der neue, nicht an die Statuten des alten, ja an keine Statuten überhaupt gebundene Glaube eine für die Welt, nicht für ein einziges Volk, gültige Religion habe enthalten sollen.

Aus dem Judentum also – aber aus dem nicht mehr altväterlichen und unvermengten, bloß auf eigene politische Verfassung (die auch schon | sehr zerrüttet war) gestellten, sondern aus dem schon durch allmählich darin öffentlich gewordene moralische Lehren mit einem Religionsglauben vermischten Judentum, in einem Zustande, wo diesem sonst unwissenden Volke schon viel fremde (griechische) Weisheit zugekommen | war, welche vermutlich auch dazu beitrug, es durch Tugendbegriffe aufzuklären, und bei der drückenden Last ihres Satzungsglaubens zu Revolutionen zuzubereiten, bei Gelegenheit der Verminderung der Macht der Priester, durch ihre Unterwerfung unter die Oberherrschaft eines Volks, das allen fremden Volksglauben mit Gleichgültigkeit ansah, – aus einem solchen Judentum erhob sich nun plötzlich, obzwar nicht unvorbereitet, das Christentum. Der Lehrer des Evangeliums kündigte sich als einen vom Himmel gesandten, indem er zugleich, als einer solchen Sendung würdig, den Fronglauben (an gottesdienstliche Tage, Bekenntnisse und Gebräuche) für an sich nichtig, den moralischen da-

---

1 zeigt] Korrektur Vorländer, Wobbermin, Buchenau, Malter: zeigt; A, B, Weischedel: zeigen

16 einem] alle Herausgeber ohne Angabe. einem; B: seinem; da es nach Kants Auffassung wesentlich nur einen Religionsglauben gibt, ist B offensichtlich ein Druckfehler.

gegen, der allein die Menschen heiligt, »wie ihr Vater im
Himmel heilig ist«, und durch den guten Lebenswandel
seine Echtheit beweist, für den alleinseligmachenden erklärte, nachdem er aber durch Lehre und Leiden bis zum
unverschuldeten und zugleich verdienstlichen Tode[1] an

[1] Mit welchem sich die öffentliche Geschichte desselben (die daher
auch allgemein zum Beispiel der Nachfolge dienen konnte) endigt.
Die als Anhang hinzugefügte geheimere, bloß vor den Augen seiner
Vertrauten vorgegangene Geschichte seiner Auferstehung und
Himmelfahrt (die, wenn man sie bloß als Vernunftideen nimmt,
den Anfang eines anderen Lebens und Eingang in den Sitz der Seligkeit, d. i. in die Gemeinschaft mit allen Guten, bedeuten würden)
kann, ihrer historischen Würdigung unbeschadet, zur Religion in-
nerhalb der Grenzen der bloßen | Vernunft nicht benutzt werden.
Nicht etwa deswegen, weil sie Geschichtserzählung ist (denn das ist
auch die vorhergehende), sondern weil sie, buchstäblich genommen,
einen Begriff, der zwar der sinnlichen Vorstellungsart der Menschen
sehr angemessen, der Vernunft aber in ihrem Glauben an die Zukunft
sehr lästig ist, nämlich den der Materialität aller Weltwesen annimmt, sowohl den Materialism der Persönlichkeit des Menschen (den psychologischen), die nur unter der Bedingung eben desselben Körpers statt finden, als auch der Gegenwart in einer Welt
überhaupt (den kosmologischen), welche nach diesem Prinzip nicht
anders, als räumlich sein könne: wogegen die Hypothese des Spiritualismus vernünftiger Weltwesen, wo der Körper tot in der Erde
bleiben, und doch dieselbe Person lebend da sein, imgleichen der
Mensch dem Geiste nach (in seiner nicht sinnlichen Qualität) zum
Sitz der Seligen, ohne in irgend einen Ort im unendlichen Raume,
der die Erde umgibt (und den wir auch Himmel nennen), versetzt zu
werden, gelangen kann, der Vernunft günstiger ist, nicht bloß wegen
der Unmöglichkeit, sich eine denkende Materie verständlich | zu ma-
chen, sondern vornehmlich wegen der Zufälligkeit, der unsere Existenz nach dem Tode dadurch ausgesetzt wird, daß sie bloß auf dem
Zusammenhalten eines gewissen Klumpens Materie in gewisser

4 Leiden] B: Leiten
22 statt finden] Vorländer, Wobbermin, Buchenau erwägen: statt
finde. Der Infinitv ist aber, abhängig von dem folgenden *könne*,
durchaus möglich.
33 dadurch] fehlt in B

seiner Person ein dem Urbil|de der allein Gott wohl-
ge|fälligen Menschheit gemäßes Beispiel gegeben hatte,
als zum Himmel, aus dem er | gekommen war, wieder zu-
rückkehrend, vorgestellt wird, indem er seinen letzten
Willen (gleich als in einem Testamente) mündlich zurück-
ließ, und, was die Kraft der Erinnerung an sein Verdienst,
Lehre und Beispiel betrifft, doch sagen konnte, »er (das
Ideal der Gott wohlgefälligen Menschheit) bleibe nichtsdestoweniger bei seinen Lehrjüngern bis an der Welt
Ende.« – Dieser Lehre, die, wenn es etwa um einen Ge -
schichtsglauben wegen der Abkunft und des vielleicht
überirdischen Ranges seiner Person zu tun wäre, wohl der
Bestätigung durch Wunder bedurfte, die aber, als bloß
zum moralischen seelenbessernden Glauben gehörig, aller
solcher Beweistümer ihrer Wahrheit entbehren kann,
werden in einem heiligen Buche noch Wunder und
Geheimnisse beigesellt, deren Bekanntmachung selbst
wiederum ein Wunder ist, und einen Geschichtsglauben
erfordert, der nicht anders, als durch Gelehrsamkeit,
sowohl beurkundet, als auch der Bedeutung und dem
Sinne nach gesichert werden kann.

Form beruhen soll, anstatt daß sie die Beharrlichkeit einer einfachen
Substanz als auf ihre Natur gegründet denken kann. – Unter der letzteren Voraussetzung (der des Spiritualismus) aber kann die Vernunft
weder ein Interesse dabei finden, einen Körper, der, so geläutert er
auch sein mag, doch (wenn die Persönlichkeit auf der Identität desselben beruht) immer aus demselben Stoffe, der die Basis seiner Organisation ausmacht, bestehen muß, und den er selbst im Leben nie
recht lieb gewonnen hat, in Ewigkeit mit zu schleppen, noch kann
sie es sich begreiflich machen, was diese Kalkerde, woraus er besteht,
im Himmel, d. i. in einer anderen Weltgegend soll, wo vermutlich
andere Materien die Bedingung des Daseins und der Erhaltung le-
bender Wesen ausmachen möchten.

18 einen] A: das einen

Aller Glaube aber, der sich, als Geschichtsglaube, auf Bücher gründet, hat zu seiner Gewährleistung | ein **gelehrtes Publikum** nötig, in welchem er durch Schriftsteller als Zeitgenossen, die in keinem Verdacht einer besonderen Verabredung mit den ersten Verbreitern desselben stehen, und deren Zusammenhang mit unserer jetzigen Schriftstellerei sich ununterbrochen erhalten hat, gleichsam kontrolliert werden könne. Der reine Vernunftglaube dagegen bedarf einer solchen Beurkundung nicht, sondern beweist sich selbst. Nun war zu den Zeiten jener Revolution in dem Volke, welches die Juden beherrschte, und in dieser ihrem Sitze selbst verbreitet war (im römischen Volke), schon ein gelehrtes Publikum, von welchem uns auch die Geschichte der damaligen Zeit, was die Ereignisse in der politischen | Verfassung betrifft, durch eine ununterbrochene Reihe von Schriftstellern überliefert worden; auch war dieses Volk, wenn es sich gleich um den Religionsglauben seiner nicht römischen Untertanen wenig bekümmerte, doch in Ansehung der unter ihnen öffentlich geschehen sein sollenden Wunder keineswegs ungläubig; allein sie erwähnten als Zeitgenossen nichts, weder von diesen, noch von der gleichwohl öffentlich vorgegangenen Revolution, die sie in dem ihnen unterworfenen Volke (in Absicht auf die Religion) hervorbrachten. Nur spät, nach mehr als einem Menschenalter, stellten sie Nachforschung wegen der Beschaffenheit dieser ihnen bis dahin unbekannt gebliebenen Glaubensveränderung (die nicht ohne öffentliche Bewegung vorgegangen war) keine aber wegen der Geschichte ihres | ersten Anfangs an, um sie in ihren eigenen Annalen aufzusuchen. Von diesem an, bis auf die Zeit, da das Christentum für sich selbst ein gelehrtes Publikum ausmachte, ist daher die Geschichte desselben dunkel, und also bleibt

---

15 eine] A: die
17 seiner] Korrektur von Vorländer, Buchenau: seiner; A, B, Wobbermin, Weischedel: ihrer
25 stellten] A: stellte

uns unbekannt, welche Wirkung die Lehre desselben auf die Moralität seiner Religionsgenossen tat, ob die ersten Christen wirklich moralischgebesserte Menschen, oder aber Leute von gewöhnlichem Schlage gewesen. Seitdem aber das Christentum selbst ein gelehrtes Publikum wurde, oder doch in das allgemeine eintrat, gereicht die Geschichte desselben, was die wohltätige Wirkung betrifft, die man von einer moralischen Religion mit Recht erwarten kann, ihm keineswegs zur Empfehlung. – Wie mystische Schwärmereien im Eremiten- und Mönchsleben und Hochpreisung der Heiligkeit des ehelosen Standes eine große Menschenzahl für die Welt unnütz machten; wie damit zusammenhängende vorgebliche Wunder das Volk unter einem blinden Aberglauben mit schweren Fesseln drückten, wie mit einer sich freien Menschen aufdringenden Hierarchie sich die schreckliche Stimme der Rechtgläubigkeit aus dem Munde anmaßender, alleinig berufener Schriftausleger erhob, und die christliche Welt wegen Glaubensmeinungen (in die, wenn man nicht die reine Vernunft zum Ausleger ausruft, schlechterdings keine allgemeine Einstimmung zu bringen ist) in erbitterte Parteien trennte; wie im Orient, wo der Staat sich auf eine lächerliche Art selbst mit Glaubens|statuten der Priester und dem Pfaffentum befaßte, anstatt sie in den engen Schranken eines bloßen Lehrstandes (aus dem sie jederzeit in einen regierenden überzugehen geneigt sind) zu halten, wie, sage ich, dieser Staat endlich auswärtigen Feinden, die zuletzt seinem herrschenden Glauben ein Ende machten, unvermeidlicherweise zur Beute werden mußte; wie im Okzident, wo der Glaube seinen eigenen, von der weltlichen Macht unab|hängigen Thron errichtet hat, von einem angemaßten Statthalter Gottes die bürgerliche Ordnung samt den Wissenschaften (welche jene er-

15 drückten] Handschrift, A, Wobbermin, Vorländer, Buchenau: drückten; B, Weischedel: drückte
20 ausruft] A: aufruft

halten) zerrüttet und kraftlos gemacht wurden; wie beide christliche Weltteile, gleich den Gewächsen und Tieren, die, durch eine Krankheit ihrer Auflösung nahe, zerstörende Insekten herbeilocken, diese zu vollenden, von Barbaren befallen wurden; wie in dem letzteren jenes geistliche Oberhaupt Könige, wie Kinder, durch die Zauberrute seines angedrohten Bannes beherrschte, und züchtigte, sie zu, einen anderen Weltteil entvölkernden, auswärtigen Kriegen (den Kreuzzügen), zur Befehdung untereinander, zur Empörung der Untertanen gegen ihre Obrigkeit, und zum blutdürstigen Haß gegen ihre anders denkenden Mitgenossen eines und desselben allgemeinen so genannten Christentums aufreizte; wie zu diesem Unfrieden, der auch jetzt nur noch durch das politische Interesse von gewalttätigen Ausbrüchen abgehalten wird, die Wurzel in dem Grundsatze eines despotischgebietenden Kirchenglaubens ver|borgen liegt, und jenen Auftritten ähnliche noch immer besorgen läßt: – diese Geschichte des Christentums (welche, sofern es auf einem Geschichtsglauben errichtet werden sollte, auch nicht anders ausfallen konnte), wenn man sie als ein Gemälde unter einem Blick faßt, könnte wohl den Ausruf rechtfertigen: *tantum religio potuit suadere malorum!* – wenn nicht aus der Stiftung desselben immer doch deutlich genug hervorleuchtete, daß seine wahre erste Absicht keine andere, als die gewesen sei, einen reinen Religionsglauben, über welchen es keine streitenden Meinungen geben kann, einzuführen, alles jenes Gewühl aber, wodurch das menschliche Geschlecht zerrüttet ward und noch entzwei wird, bloß davon herrühre, daß durch einen schlimmen Hang der menschlichen Natur, was beim Anfange zur Introduktion des letzteren dienen sollte, nämlich die an den alten Geschichtsglauben gewöhnte Nation durch ihre eigenen Vorurteile

---

22-23 Übersetzung des Hrsg.: »Zu so viel Schlechtem konnte die Religion verleiten!« (Lukrez, *De rerum natura* I, 89)

für die neue zu gewinnen, in der Folge zum Fundament einer allgemeinen Weltreligion gemacht worden.

Fragt man nun: welche Zeit der ganzen bisher bekannten Kirchengeschichte die beste sei, so trage ich kein Bedenken, zu sagen: es ist die jetzige, und zwar so, daß man den Keim des wahren Religionsglaubens, so wie er jetzt in der Christenheit zwar nur von einigen, aber doch öffentlich gelegt worden, nur ungehindert sich mehr und mehr darf entwickeln lassen, um da|von eine kontinuierliche Annäherung zu derjenigen, alle Menschen auf immer vereinigenden Kirche zu erwarten, die die sichtbare Vorstellung (das Schema) eines unsichtbaren Reichs Gottes auf Erden aus|macht. – Die in Dingen, welche ihrer Natur nach moralisch und seelenbessernd sein sollen, sich von der Last eines der Willkür der Ausleger beständig ausgesetzten Glaubens loswindende Vernunft hat in allen Ländern unseres Weltteils unter wahren Religionsverehrern allgemein (wenn gleich nicht allenthalben öffentlich) erstlich den Grundsatz der billigen Bescheidenheit in Aussprüchen über alles, was Offenbarung heißt, angenommen: daß, da niemand einer Schrift, die ihrem praktischen Inhalte nach lauter Göttliches enthält, nicht die Möglichkeit abstreiten kann, sie könne (nämlich in Ansehung dessen, was darin historisch ist) auch wohl wirklich als göttliche Offenbarung angesehen werden, imgleichen die Verbindung der Menschen zu einer Religion nicht füglich ohne ein heiliges Buch und einen auf dasselbe gegründeten Kirchenglauben zu Stande gebracht, und beharrlich gemacht werden kann; da auch, wie der gegenwärtige Zustand menschlicher Einsicht beschaffen ist, wohl schwerlich jemand eine neue Offenbarung, durch neue Wunder eingeführt, erwarten wird,

* – es das Vernünftigste und Billigste sei, das Buch, was einmal da ist, fernerhin zur Grundlage des Kirchenunterrichts

---

32 das] A, Buchenau, Wobbermin, Malter: das; B: dis (sic); Nachdrucke B, Vorländer, Weischedel: dies

zu brauchen, und seinen Wert nicht durch unnütze oder mutwillige Angriffe zu schwächen, dabei | aber auch keinem Menschen den Glauben daran als zur Seligkeit erforderlich aufzudringen. Der zweite Grundsatz ist: daß, da die heilige Geschichte, die bloß zum Behuf des Kirchenglaubens angelegt ist, für sich allein auf die Annehmung moralischer Maximen schlechterdings keinen Einfluß haben kann und soll, sondern diesem nur zur lebendigen Darstellung ihres wahren Objekts (der zur Heiligkeit hinstrebenden Tugend) gegeben ist, sie jederzeit als auf das Moralische abzweckend gelehrt und erklärt werden, hierbei aber auch sorgfältig, und (weil vornehmlich der gemeine Mensch einen beständigen Hang in sich hat, zum passiven[1] Glauben überzu|schreiten) wiederholentlich eingeschärft werden müsse, daß die wahre Religion nicht im Wissen oder Bekennen dessen, was Gott zu unserer Seligwerdung tue oder getan habe, sondern in dem, was wir | tun müssen, um dessen würdig zu werden, zu setzen sei, welches niemals etwas anderes sein kann, als was für sich selbst einen unbezweifelten **unbedingten** Wert hat, mithin uns allein Gott wohlgefällig machen, und von dessen Notwendigkeit zugleich jeder Mensch ohne alle Schriftgelehrsamkeit völlig gewiß werden kann. – Diese Grundsätze nun nicht zu hindern, damit sie öffentlich werden, ist Regentenpflicht; dagegen sehr viel dabei gewagt und auf eigene Verantwor-

---

[1] Eine von den Ursachen dieses Hanges liegt in dem Sicherheitsprinzip: daß die Fehler einer Religion, in der ich geboren und erzogen bin, deren Belehrung nicht von meiner Wahl abhing, und in der ich durch eigenes Vernünfteln nichts verändert habe, nicht auf meine, sondern meiner Erzieher, oder öffentlich dazu gesetzter Lehrer ihre Rechnung komme: ein Grund mit, warum man der öffentlichen Religionsveränderung eines Menschen nicht leicht Beifall gibt, wozu dann freilich noch ein anderer (tiefer liegender) Grund kommt, daß, bei der Ungewißheit, die ein jeder in sich fühlt, welcher Glaube (unter den historischen) der rechte sei, indessen, daß der moralische allerwärts der nämliche ist, man es sehr unnötig findet, hierüber Aufsehen zu erregen.

tung unternommen wird, hierbei in den Gang der göttlichen Vorsehung einzugreifen, und gewissen historischen Kirchenlehren zu gefallen, die doch höchstens nur eine durch Gelehrte auszumachende Wahrscheinlichkeit für sich haben, die Gewissenhaftigkeit der Untertanen durch Anbietung oder Versagung gewisser bürgerlichen, sonst jedem offen stehenden Vorteile in Versuchung zu bringen,¹ wel-

* ¹ Wenn eine Regierung es nicht für Gewissenszwang gehalten wissen will, daß sie nur verbietet, öffentlich seine Religionsmeinung zu sagen, indessen sie doch keinen hinderte, bei sich im Geheim zu denken, was er gut findet, so spaßt man gemeiniglich darüber, und sagt: daß dieses gar keine von ihr vergönnte Freiheit sei; weil sie es ohnedem nicht verhindern kann. Allein, was die weltliche oberste Macht nicht kann, das kann doch die geistliche: nämlich selbst das Denken zu verbieten, und wirklich auch zu hindern; sogar, daß sie einen solchen Zwang, nämlich das Verbot, anders als was sie vorschreibt, auch nur zu denken, selbst ihren mächtigen Oberen aufzuerlegen vermag. – Denn wegen des Hanges der Menschen zum gottesdienstlichen Fronglauben, dem sie nicht allein vor dem moralischen (durch Beobachtung seiner Pflichten überhaupt Gott zu dienen) die größte, sondern auch die einzige, allen übrigen Mangel vergütende Wichtigkeit zu geben von selbst geneigt sind, ist es den Bewahrern der Rechtgläubigkeit als Seelenhirten jederzeit leicht, ihrer Herde ein frommes Schrecken vor der mindesten Abweichung von gewissen auf Geschichte beruhenden Glaubenssätzen, und selbst vor aller Untersuchung dermaßen einzujagen, daß sie sich nicht getrauen, auch nur in Gedanken einen Zweifel wider die ihnen aufgedrungenen Sätze in sich aufsteigen zu lassen: weil dieses so viel sei, als dem bösen Geiste ein Ohr leihen. Es ist wahr, daß, um von diesem Zwange los zu werden, man nur wollen darf (welches bei jenem landesherrlichen, in Ansehung der öffentlichen Bekenntnisse, nicht der Fall ist); aber dieses Wollen ist eben dasjenige, dem innerlich ein Riegel vorgeschoben wird. Doch ist dieser eigentliche Gewissenszwang zwar schlimm genug (weil er zur inneren Heuchelei verleitet), aber noch nicht so schlimm, als die Hemmung der äußeren Glaubensfreiheit, weil jener durch den Fortschritt der moralischen Ein-

10 doch] Zusatz von B
26 daß] A: so, daß
32 eben dasjenige, dem] A: eben, daß dem

ches, den Abbruch, | der hier|durch einer in diesem Falle heiligen Freiheit geschieht, ungerechnet, dem Staate schwerlich gute Bürger verschaffen kann. Wer von denen, die sich zur Verhinderung einer solchen freien Entwickelung göttlicher Anlagen zum Weltbesten anbieten, oder sie gar vorschlagen, würde, wenn er mit Zurateziehung des Ge|wissens darüber nachdenkt, sich wohl für alle das Böse verbürgen wollen, was aus solchen gewalttätigen Eingriffen entspringen kann, wodurch der von der Weltregierung beabsichtigte Fortgang im Guten vielleicht auf lange Zeit gehemmt, ja wohl in einen Rückgang gebracht werden dürfte; wenn er gleich durch keine menschliche Macht und Anstalt jemals gänzlich aufgehoben werden kann.

Das Himmelreich wird zuletzt auch, was die Leitung der Vorsehung betrifft, in dieser Geschichte nicht allein als in einer zwar zu gewissen Zeiten verweilten, aber nie ganz unterbrochenen Annäherung, sondern auch in seinem Eintritte vorgestellt. Man kann es nun als eine bloß zur größeren Belebung der Hoffnung und des Muts und Nachstrebung zu demselben abgezweckte symbolische Vorstellung auslegen, wenn dieser Geschichtserzählung noch eine Weissagung (gleich als in sibyllinischen Büchern) von der Vollendung dieser großen Weltveränderung in dem Gemälde eines sichtbaren Reichs Gottes auf Erden (unter der Regierung seines wieder herabgekommenen Stellvertreters und Statthalters) und der Glückseligkeit, die unter ihm

---

sicht und das Bewußtsein seiner Freiheit, aus welcher die wahre Achtung für Pflicht allein entspringen kann, all|mählich von selbst schwinden muß, dieser äußere hingegen alle freiwilligen Fortschritte in der ethischen Gemeinschaft der Gläubigen, die das Wesen der wahren Kirche ausmacht, verhindert, und die Form derselben ganz politischen Verordnungen unterwirft.

27 das] fehlt in B
29 dieser] A: jener

nach Absonderung und Ausstoßung der Rebellen, die ihren Widerstand noch einmal versuchen, hier auf Erden genossen werden soll, samt der gänzlichen Vertilgung derselben und ihres Anführers (in der Apokalypse) beigefügt wird, und so das Ende der Welt den Be|schluß der Geschichte macht. Der Lehrer des Evangeliums hat seinen Jüngern das Reich Gottes auf Erden nur von der herrlichen, seelenerhebenden, moralischen Seite, nämlich der Würdigkeit, Bürger eines göttlichen Staats zu sein, gezeigt, und sie dahin angewiesen, was sie zu tun hätten, nicht allein, um selbst dazu zu gelangen, sondern sich mit anderen Gleichgesinnten, und wo möglich, mit dem ganzen menschlichen Geschlecht dahin zu vereinigen. Was aber die Glückseligkeit betrifft, die den anderen Teil der unvermeidlichen menschlichen Wünsche ausmacht, so sagte er ihnen voraus: daß sie auf diese sich in ihrem Erdenleben keine Rechnung machen | möchten. Er bereitete sie vielmehr vor, auf die größten Trübsale und Aufopferungen gefaßt zu sein; doch setzte er (weil eine gänzliche Verzichttuung auf das Physische der Glückseligkeit dem Menschen, solange er existiert, nicht zugemutet werden kann) hinzu: »Seid fröhlich und getrost, es wird euch im Himmel wohl vergolten werden.« Der angeführte Zusatz zur Geschichte der Kirche, der das künftige und letzte Schicksal derselben betrifft, stellt diese nun endlich als triumphierend, d. i. nach allen überwundenen Hindernissen als mit Glückseligkeit noch hier auf Erden bekrönt vor. – Die Scheidung der Guten von den Bösen, die, während der Fortschritte der Kirche zu ihrer Vollkommenheit, diesem Zwecke nicht zuträglich gewesen sein würde (indem die Vermischung beider untereinander gerade dazu nötig war, teils | um den ersteren zum Wetzstein der Tugend zu dienen, teils um die anderen durch ihr Beispiel vom Bösen abzuziehen), wird nach vollendeter Errichtung des göttlichen Staats, als die

---

19-20 Verzichttuung] A: Verzicht

letzte Folge derselben vorgestellt; wo noch der letzte Beweis seiner Festigkeit, als Macht betrachtet, sein Sieg über alle äußeren Feinde, die eben sowohl auch als in einem Staate (dem Höllenstaat) betrachtet werden, hinzugefügt wird, womit dann alles Erdenleben ein Ende hat, indem »der letzte Feind (der guten Menschen), der Tod, aufgehoben wird«, und an beiden Teilen, dem einen zum Heil, dem anderen zum Verderben, Unsterblichkeit anhebt, die Form einer Kirche selbst aufgelöst wird, der Statthalter auf Erden mit denen zu ihm, als Himmelsbürger, erhobenen Menschen in eine Klasse tritt, und so Gott alles in allem ist.[1]

| Diese Vorstellung einer Geschichtserzählung der Nachwelt, die selbst keine Geschichte ist, ist ein schönes Ideal der durch Einführung der wahren allgemeinen Religion bewirkten moralischen, im Glauben vor|ausgesehenen Weltepoche, bis zu ihrer Vollendung, die wir nicht als empirische Vollendung absehen, sondern auf die wir nur im kontinuierlichen Fortschreiten und Annäherung zum höchsten auf Erden möglichen Guten (worin nichts Mysti-

---

[1] Dieser Ausdruck kann (wenn man das Geheimnisvolle, über alle Grenzen möglicher Erfahrung Hinausreichende, bloß zur heiligen Geschichte der Menschheit Gehörige, uns also praktisch nichts Angehende bei Seite setzt) so verstanden werden, daß der Geschichtsglaube, der, als Kirchenglaube, ein heiliges Buch zum Leitbande der Menschen bedarf, aber eben dadurch die Einheit und Allgemeinheit der Kirche verhindert, selbst aufhören, und in einen reinen, für alle Welt gleich einleuchtenden Religionsglauben übergehen werde; wohin wir dann schon jetzt, durch anhaltende Entwickelung der reinen Vernunftreligion aus jener gegenwärtig noch nicht entbehrlichen Hülle, fleißig arbeiten sollen.

| Nicht daß er aufhöre (denn vielleicht mag er als Vehikel immer nützlich und nötig sein), sondern aufhören könne; womit nur die innere Festigkeit des reinen moralischen Glaubens gemeint ist.

---

5 indem] Zusatz von B
28 dann schon jetzt] Handschrift, A, Wobbermin, Buchenau: dann schon jetzt; Vorländer: schon jetzt; B, Weischedel: dann jetzt
31-33 Nicht daß ... ist.] Zusatz von B

sches ist, sondern alles auf moralische Weise natürlich zugeht) hinaussehen, d.i. dazu Anstalt machen können. Die Erscheinung des Antichrists, der Chiliasm, die Ankündigung der Nahheit des Weltendes können vor der Vernunft ihre
5 gute symbolische Bedeutung annehmen, und die letztere, als ein (so wie das Lebensende, ob nahe oder fern) nicht vorher zu sehendes Ereignis vorgestellt, drückt sehr gut die Notwendigkeit aus, jederzeit darauf in Bereitschaft zu stehen, in der Tat aber (wenn man diesem Symbol den intellek-
10 tuellen Sinn unterlegt) uns jederzeit wirklich als berufene Bürger eines göttlichen (ethischen) Staats anzusehen. »Wenn kommt nun also das Reich Gottes?« – »Das Reich Gottes kommt nicht in sichtbarer Gestalt. Man wird auch nicht sagen: siehe hier, oder da ist es. Denn sehet, das | Reich
* Gottes ist inwendig in euch!« (Luc. 17, 21 bis 22).¹

¹ Hier wird nun ein Reich Gottes, nicht nach einem besonderen Bunde (kein messianisches), sondern ein moralisches (durch bloße Vernunft erkennbares) vorgestellt. Das erstere (*regnum divinum pactitium*) mußte seinen Beweis aus der Geschichte ziehen und da wird es
20 in das messianische Reich nach dem alten, oder nach dem neuen Bunde eingeteilt. Nun ist es merkwürdig: daß die Verehrer des ersteren (die Juden) sich noch, als solche, obzwar in alle Welt zerstreut, erhalten haben, indessen daß anderer Religionsgenossen ihr Glaube mit dem Glauben des Volks, worin sie zerstreut worden, gewöhnlich zusam-
25 menschmolz. Dieses Phänomen dünkt vielen so wundersam zu sein, daß sie es nicht wohl als nach dem Laufe der Natur möglich, sondern als außerordentliche Veranstaltung zu einer besonderen göttlichen Absicht beurteilen. – Aber ein Volk, das eine geschriebene Religion (hei-
* lige Bücher) hat, schmilzt mit einem solchen, was (wie das römische
30 Reich – damals die ganze gesittete Welt) keine dergleichen, sondern bloß Gebräuche hat, niemals in einen Glauben zusammen; es macht vielmehr über kurz oder lang Proselyten. Daher auch die Juden nach der babylonischen Gefangenschaft, nach welcher, wie es scheint, ihre heiligen Bücher allererst öffentliche Lektüre wurden, nicht mehr ihres
35 Hanges wegen, fremden Göttern nachzulaufen, beschuldigt werden,

3 der] Handschrift, A: der; B: des
32 nach] Verbesserung Vorländer, Wobbermin, Buchenau: nach, A, B: vor

zumal die alexandrinische Kultur, die auch auf sie Einfluß haben mußte, ihnen günstig sein konnte, jenen eine systematische Form zu verschaffen. So haben die Parsis, Anhänger der Religion des Zoroaster, ihren Glauben bis jetzt erhalten, ungeachtet ihrer Zerstreuung; weil ihre Desturs den Zendavesta hatten. Da hingegen die Hindus, welche, unter dem Namen Zigeuner, weit und breit zerstreut sind, weil sie aus den Hefen des Volks (den Parias) waren (denen es sogar ver|boten ist, in ihren heiligen Büchern zu lesen), der Vermischung mit fremdem Glauben nicht entgangen sind. Was die Juden aber, für sich allein, dennoch nicht würden bewirkt haben, das tat die christliche und, späterhin, die mohammedanische Religion, vornehmlich die erstere; weil sie den jüdischen Glauben und die dazu gehörigen heiligen Bücher voraussetzen (wenn gleich die letztere sie für verfälscht ausgibt). Denn die Juden konnten bei den von ihnen ausgegangenen Christen ihre alten Dokumente immer wieder auffinden, wenn sie, bei ihren Wanderungen, wo die Geschicklichkeit, sie zu lesen, und daher die Lust, sie zu besitzen, vielfältig erloschen sein mag, nur die Erinnerung übrig behielten, daß sie deren ehedem einmal gehabt hätten. Daher trifft man außer den gedachten Ländern auch keine Juden; wenn man die wenigen auf der Malabarküste und etwa eine Gemeinde in China ausnimmt (von welchen die ersteren mit ihren Glaubensgenossen in Arabien im beständigen Handelsverkehr sein konnten), obgleich nicht zu zweifeln ist, daß sie sich nicht in jene reichen Länder auch sollten ausgebreitet haben, aber, aus Mangel aller Verwandtschaft ihres Glaubens mit den dortigen Glaubensarten, in völlige Vergessenheit des ihrigen geraten sind. Erbauliche Betrachtungen aber auf diese Erhaltung des jüdischen Volks, samt ihrer Religion unter ihnen so nachteiligen Umständen, zu gründen, ist sehr mißlich, weil ein jeder beider Teile dabei seine Rechnung zu finden glaubt. Der eine sieht in der Erhaltung des Volks, wozu er gehört, und seines, ungeachtet der Zerstreuung unter so mancherlei Völker, unvermischt bleibenden alten Glaubens, den | Beweis einer dasselbe für ein künftiges Erdenreich aufsparenden besonderen gütigen Vorsehung; der andere nichts als warnende Ruinen eines zerstörten, dem eintretenden Himmelreich sich widersetzenden Staats, die eine besondere Vorsehung noch immer erhält, teils um die alte Weissagung eines von diesem Volke ausgehenden Messias im Andenken aufzubehalten, teils um ein Beispiel der Strafgerechtigkeit, weil es sich hartnäckigerweise einen politischen, nicht einen moralischen Begriff von demselben machen wollte, an ihm zu statuieren.

| Allgemeine Anmerkung
[Von Geheimnissen]

In allen Glaubensarten, die sich auf Religion beziehen, stößt das Nachforschen hinter ihrer inneren Beschaffenheit | unvermeidlich auf ein Geheimnis, d. i. auf etwas Heiliges, was zwar von jedem einzelnen gekannt, aber doch nicht öffentlich bekannt, d. i. allgemein mitgeteilt werden kann. – Als etwas Heiliges muß es ein moralischer, mithin ein Gegenstand der Vernunft sein, und innerlich für den praktischen Gebrauch hinreichend erkannt werden können, aber, als etwas Geheimes, doch nicht für den theoretischen; weil es alsdann auch jedermann müßte mitteilbar sein, und also auch äußerlich und öffentlich bekannt werden können.

Der Glaube an etwas, was wir doch zugleich als heiliges Geheimnis betrachten sollen, kann nun entweder für einen göttlich eingegebe|nen, oder einen reinen Vernunftglauben gehalten werden. Ohne durch die größte Not zur Annahme des ersten gedrungen zu sein, werden wir es uns zur Maxime machen, es mit dem letzteren zu halten. – Gefühle sind nicht Erkenntnisse, und bezeichnen also auch kein Geheimnis, und da das letztere auf Vernunft Beziehung hat, aber doch nicht allgemein mitgeteilt werden kann: so wird (wenn je ein solches ist) jeder es nur in seiner eigenen Vernunft aufzusuchen haben.

| Es ist unmöglich, *a priori* und objektiv auszumachen, ob es dergleichen Geheimnisse gebe, oder nicht. Wir werden also in dem Inneren, dem Subjektiven unserer moralischen

---

2 [...]] Von Kant vorgeschlagener Titel dieser dritten Anmerkung, also des dritten der vier (im Original klein gedruckten) Parerga der Religion innerhalb der Grenzen der bloßen Vernunft. Vgl. B 63.
4 ihrer inneren] Wobbermin liest in Handschrift: ihre innere
10 innerlich] Zusatz von B
13-14 äußerlich und] Zusatz von B
23 aber] A: und

Anlage, unmittelbar nachsuchen müssen, um zu sehen, ob sich dergleichen in uns finde. Doch werden wir nicht die uns unerforschlichen **Gründe** zu dem Moralischen, was sich zwar öffentlich mitteilen läßt, wozu uns aber die Ursache nicht gegeben ist, sondern das allein, was uns fürs Erkenntnis gegeben, aber doch einer öffentlichen Mitteilung unfähig ist, zu den heiligen Geheimnissen zählen dürfen. So ist die Freiheit, eine Eigenschaft, die dem Menschen aus der Bestimmbarkeit seiner Willkür durch das unbedingt moralische Gesetz kund wird, kein Geheimnis, weil ihr Erkenntnis jedermann **mitgeteilt** werden kann; der uns unerforschliche Grund dieser Eigenschaft aber ist ein Geheimnis; weil er uns zur Erkenntnis **nicht gegeben** ist. Aber eben diese Freiheit ist auch allein dasjenige, was, wenn sie auf das letzte Objekt der praktischen Vernunft, die Realisierung der Idee des moralischen Endzwecks angewandt wird, uns unvermeidlich auf heilige Geheimnisse führt.[1] –

[1] So ist die **Ursache** der allgemeinen Schwere aller Materie der Welt uns unbekannt, dermaßen, daß man noch dazu einsehen kann, sie könne von uns nie erkannt werden; weil schon der Begriff von ihr eine erste und unbedingt ihr selbst beiwohnende Bewegungskraft voraussetzt. Aber sie ist doch kein Geheimnis, sondern kann jedem offenbar gemacht werden, weil ihr **Gesetz** hinreichend erkannt ist. Wenn Newton sie gleichsam wie die göttliche Allgegenwart in der Erscheinung (*omnipraesentia phaenomenon*) vorstellt, so ist das kein Versuch, sie zu erklären (denn das Dasein Gottes im Raum enthält einen Wider|spruch), aber doch eine erhabene Analogie, in der es bloß auf die Vereinigung körperlicher Wesen zu einem Weltganzen angesehen ist, indem man ihr eine unkörperliche Ursache unterlegt; und so würde es auch dem Versuch ergehen, das selbständige Prinzip der Vereinigung der vernünftigen Weltwesen in einem ethischen Staat einzusehen, und die letztere daraus zu erklären. Nur die Pflicht, die uns dazu hinzieht, erkennen wir; die Möglichkeit der beabsichtigten Wirkung, wenn wir jener gleich gehorchen, liegt über | die Grenzen aller unserer Einsicht hinaus. – Es gibt Geheimnisse, Vorborgenheiten (*arcana*) der Natur, es

2 finde] A: finden
28 angesehen] Vorländer: abgesehen

Allgemeine Anmerkung

| Weil der Mensch die mit der reinen moralischen Gesinnung unzertrennlich verbundene Idee des höchsten Gutes (nicht allein von Seiten der dazu gehörigen Glückseligkeit, sondern auch der notwendigen Vereinigung der Menschen zu dem ganzen Zweck) nicht selbst realisieren kann, gleichwohl aber darauf hinzuwirken in sich Pflicht antrifft, so findet er sich zum Glauben an die Mitwirkung oder Veranstaltung eines moralischen Weltherrschers hingezogen, wodurch dieser Zweck allein möglich ist, und nun eröffnet sich vor ihm der Abgrund eines Geheimnisses, von dem, was Gott hierbei tue, ob ihm überhaupt etwas, und was | ihm (Gott) besonders zuzuschreiben sei, indessen, daß der
* Mensch an jeder Pflicht nichts anderes erkennt, als was er selbst zu tun habe, um jener ihm unbekannten wenigstens unbegreiflichen Ergänzung würdig zu sein.

Diese Idee eines moralischen Weltherrschers ist eine Aufgabe für unsere praktische Vernunft. Es liegt uns nicht sowohl daran, zu wissen, was Gott an sich selbst (seine Natur) sei, sondern was er für uns als moralische Wesen sei; wiewohl wir zum Behuf dieser Beziehung die göttliche Naturbeschaffenheit so denken und annehmen müssen, als es zu diesem Verhältnisse in der ganzen zur Aus-

---

kann Geheimnisse (Geheimnishaltung, *secreta*) der Politik geben, die nicht öffentlich bekannt werden sollen, aber beide können uns doch, sofern sie auf empirischen Ursachen beruhen, bekannt werden. In Ansehung dessen, was zu erkennen allgemeine Menschenpflicht ist (nämlich des Moralischen), kann es kein Geheimnis geben, aber in Ansehung dessen, was nur Gott tun kann, wozu etwas selbst zu tun unser Vermögen, mithin auch unsere Pflicht übersteigt, da kann es nur eigentliches, nämlich heiliges Geheimnis (*mysterium*) der Religion geben, wovon uns etwa nur, daß es ein solches gebe, zu wissen und es zu verstehen, nicht eben es einzusehen, nützlich sein möchte.

18-19 (...)] Zusatz von B
23 Geheimnishaltung] A, Wobbermin: Geheimhaltung
31 etwa] Zusatz von B
32 sein möchte] A: ist

führung seines Willens erforderlichen Vollkommenheit nötig ist (z. B. als eines unveränderlichen, allwissenden, allmächtigen etc. Wesens) und ohne diese Beziehung nichts an ihm erkennen können.

Diesem Bedürfnisse der praktischen Vernunft gemäß ist nun der allgemeine wahre Religionsglaube der Glaube an Gott, 1) als den allmächtigen Schöpfer Himmels und der Erden, d. i. moralisch als heiligen Gesetzgeber, 2) an ihn, den Erhalter des menschlichen Geschlechts, als gütigen Regierer und moralischen Versorger desselben, 3) an ihn, den Verwalter seiner eigenen heiligen Gesetze, d. i. als gerechten Richter.

| Dieser Glaube enthält eigentlich kein Geheimnis; weil er lediglich das moralische Verhalten Gottes zum menschlichen Geschlechte ausdrückt; auch bietet er sich aller menschlichen Vernunft von selbst dar, und wird daher in der Religion der meisten gesitteten Völker angetroffen.[1]

---

[1] In der heiligen Weissagungsgeschichte der letzten Dinge wird der Weltrichter (eigentlich der, welcher die, die zum Reiche des guten Prinzips gehören, als die Seinigen | unter seine Herrschaft nehmen und sie aussondern wird) nicht als Gott, sondern als Menschensohn vorgestellt und genannt. Das scheint anzuzeigen, daß die Menschheit selbst, ihrer Einschränkung und Gebrechlichkeit sich bewußt, in dieser Auswahl den Ausspruch tun werde; welches eine Gütigkeit ist, die doch der Gerechtigkeit nicht Abbruch tut. – Dagegen kann der Richter der Menschen in seiner Gottheit, d. i. wie er zu unserem Gewissen nach dem heiligen von uns anerkannten Gesetze und unserer eigenen Zurechnung spricht, vorgestellt (der heilige Geist), nur als nach der Strenge des Gesetzes richtend gedacht werden, weil wir selbst, wie viel auf Rechnung unserer Gebrechlichkeit uns zu Gute kommen könne, schlechterdings nicht wissen, sondern bloß unsere Übertretung mit dem Bewußtsein unserer Freiheit und der gänzlich uns zu Schulden kommenden Verletzung der Pflicht vor Augen haben, und so keinen Grund haben, in dem Richterausspruche über uns Gütigkeit anzunehmen.

---

26 wie] A: so wie
26 unserem] Wobbermin erwägt: zu unserm
28 vorgestellt] A: vorgestellt wird

Er liegt | in dem Begriffe eines Volks, als eines gemeinen Wesens, worin eine solche dreifache obere Gewalt (*pouvoir*) jederzeit gedacht werden muß, nur daß dieses hier als ethisch vorgestellt wird, daher diese dreifache Qualität des moralischen Oberhaupts des menschlichen Geschlechts in einem und demselben Wesen vereinigt gedacht werden kann, die in einem juridischbürgerlichen Staate notwendig unter drei verschiedenen Subjekten verteilt sein müßte.[1]

| Weil aber doch dieser Glaube, der das moralische Verhältnis der Menschen zum höchsten Wesen, zum Behuf einer Religion überhaupt, von schädlichen Anthropo-

---

[1] Man kann nicht wohl den Grund angeben, warum so viele alte Völker in dieser Idee übereinkamen, wenn es nicht der ist, daß sie in der allgemeinen Menschenvernunft liegt, wenn man sich eine Volks- und (nach der Analogie mit derselben) eine Weltregierung denken will. Die Religion des Zoroaster hatte diese drei göttlichen Personen: Ormuzd, Mithra und Arihman, die Hinduische: den Brahma, Wischnu und Siewen (nur mit dem Unterschiede, daß jene dritte Person nicht bloß als Urheber | des Übels, sofern es Strafe ist, sondern selbst des Moralischbösen, wofür der Mensch bestraft wird; diese aber sie bloß als richtend und strafend vorstellt). Die Ägyptische hatte ihre Phta, Kneph und Neith, wovon, so viel die Dunkelheit der Nachrichten aus den ältesten Zeiten dieses Volks erraten läßt, das erste den von der Materie unterschiedenen Geist, als Weltschöpfer, das zweite Prinzip die erhaltende und regierende Gütigkeit, das dritte die jene einschränkende Weisheit, d. i. Gerechtigkeit vorstellen sollte. Die Gotische verehrte ihren Odin (Allvater), ihre Freya (auch Freyer, die Güte) und | Thor, den richtenden (strafenden) Gott. Selbst die Juden scheinen in den letzten Zeiten ihrer hierarchischen Verfassung diesen Ideen nachgegangen zu sein. Denn in der Anklage der Pharisäer: daß Christus sich einen Sohn Gottes genannt habe, scheinen sie auf die Lehre, daß Gott einen Sohn habe, kein besonderes Gewicht der Beschuldigung zu legen, sondern nur darauf, daß Er dieser Sohn Gottes habe sein wollen.

---

6 und demselben] A: einigen
9 müßte] A: mußte
35 (Fußnote)] Zusatz von B

morphismen gereinigt und der echten Sittlichkeit eines Volks Gottes angemessen hat, in einer (der christlichen) Glaubenslehre zuerst und in derselben allein der Welt öffentlich aufgestellt worden: so kann man die Bekanntmachung desselben wohl die Offenbarung desjenigen nennen, was für Menschen durch ihre eigene Schuld bis dahin Geheimnis war.

In ihr nämlich heißt es erstlich: man soll den höchsten Gesetzgeber als einen solchen sich nicht als gnädig, mithin nachsichtlich (indulgent) für die Schwäche der Menschen, noch despotisch und bloß nach seinem unbeschränktem Recht gebietend, und seine Gesetze nicht als | willkürliche, mit unseren Begriffen der Sittlichkeit gar nicht verwandte, sondern als auf Heiligkeit des Menschen bezogene Gesetze vorstellen. Zweitens, man muß seine Güte nicht in einem unbedingten Wohlwollen gegen seine Geschöpfe, sondern darein setzen, daß er auf die moralische Beschaffenheit derselben, dadurch sie ihm wohlgefallen können, zuerst sieht, und ihr Unvermögen, dieser Bedingung von selbst Genüge zu tun, nur alsdann ergänzt. Drittens, seine Gerechtigkeit kann nicht als gütig und abbittlich (welches einen Widerspruch enthält), noch weniger als in der Qualität der Heiligkeit des Gesetzgebers (vor der kein Mensch gerecht ist), ausgeübt vorgestellt werden, sondern nur als Einschränkung der Gütigkeit auf die Bedingung der Übereinstimmung der Menschen mit dem heiligen Gesetze, so weit sie als Menschenkinder der Anforderung des letzteren gemäß sein könnten. – Mit einem Wort: Gott will in einer dreifachen spezifisch verschiedenen moralischen Qualität gedient sein, für welche die Benennung der verschiedenen (nicht physischen, sondern moralischen) Persönlichkeit eines und desselben Wesens kein unschicklicher Ausdruck ist, welches Glaubenssymbol zugleich die ganze reine mo-

---

31 welche] A: die

ralische Religion ausdrückt, die ohne diese Unterscheidung sonst Gefahr läuft, nach dem Hange des Menschen, sich die Gottheit wie ein menschliches Oberhaupt zu denken | (weil er in seinem Regiment diese dreifache Qualität gemeiniglich nicht voneinander absondert, sondern sie oft vermischt oder verwechselt), in einen anthropomorphistischen Fronglauben auszuarten.

Wenn aber eben dieser Glaube (an eine göttliche Dreieinigkeit) nicht bloß als Vorstellung einer praktischen Idee, sondern als ein solcher, der das, was Gott an sich selbst sei, vorstellen solle, betrachtet würde, so würde er ein alle | menschlichen Begriffe übersteigendes, mithin einer Offenbarung für die menschliche Fassungskraft unfähiges Geheimnis sein, und als ein solches in diesem Betracht angekündigt werden können. Der Glaube an dasselbe als Erweiterung der theoretischen Erkenntnis von der göttlichen Natur würde nur das Bekenntnis zu einem den Menschen ganz unverständlichen, und, wenn sie es zu verstehen meinen, anthropomorphistischen Symbol eines Kirchenglaubens sein, wodurch für die sittliche Besserung nicht das mindeste ausgerichtet würde. – Nur das, was man zwar in praktischer Beziehung ganz wohl verstehen und einsehen kann, was aber in theoretischer Absicht (zur Bestimmung der Natur des Objekts an sich) alle unsere Begriffe übersteigt, ist Geheimnis (in einer Beziehung) und kann doch (in einer anderen) geoffenbart werden. Von der letzteren Art ist das obenbenannte, welches man in drei uns durch unsere eigene Vernunft geoffenbarte Geheimnisse einteilen kann:

1. Das der Berufung (der Menschen als Bürger zu einem ethischen Staat). – Wir können uns die allgemeine unbedingte Unterwerfung des Menschen unter die

---

2 des] A: der
23 was ... Absicht] A: kann, in theoretischer Absicht aber
24 Natur] B, Buchenau, Malter: Natur, – das Komma fehlt bei Vorländer, Wobbermin und Weischedel stillschweigend

göttliche Gesetzgebung nicht anders denken, als sofern wir uns zugleich als seine Geschöpfe ansehen; eben so, wie Gott nur darum als Urheber aller Naturgesetze angesehen werden kann, weil er der Schöpfer der Naturdinge ist. Es ist aber für unsere Vernunft schlechterdings unbegreiflich, wie Wesen zum freien Gebrauch ihrer Kräfte erschaffen sein sollen; weil wir, nach dem Prinzip der Kausalität, einem Wesen, das als hervorgebracht angenommen wird, keinen anderen inneren Grund seiner Handlungen beilegen können, als denjenigen, welchen die hervorbringende Ursache in dasselbe gelegt hat, durch welchen | (mithin durch eine äußere Ursache) dann auch jede Handlung desselben bestimmt, mithin dieses Wesen selbst nicht frei sein würde. Also läßt sich die göttliche, heilige, mithin bloß freie Wesen angehende Gesetzgebung mit dem Begriffe einer Schöpfung derselben durch unsere Vernunfteinsicht nicht vereinbaren, sondern man muß jene schon als existierende freie Wesen betrachten, welche nicht durch ihre Naturabhängigkeit, vermöge ihrer Schöpfung, sondern durch eine bloß moralische, nach Gesetzen der Freiheit mögliche Nötigung, d. i. eine Berufung zur Bürgerschaft im göttlichen Staate bestimmt werden. So ist die Berufung zu diesem Zwecke moralisch ganz klar, für die Spekulation aber ist die Möglichkeit dieser Berufenen ein undurchdringliches Geheimnis.

2. Das Geheimnis der Genugtuung. Der Mensch, so wie wir ihn kennen, ist verderbt, und keineswegs jenem heiligen Gesetze von selbst angemessen. Gleichwohl, wenn ihn die Güte Gottes gleichsam ins Dasein gerufen, d. i. zu einer besonderen Art zu existieren (zum Gliede des Himmelreichs) eingeladen hat, so muß er auch ein Mittel haben, den Mangel seiner hierzu erforderlichen Tauglich-

---

12 durch] Zusatz von B
18 schon als] Vorländer schlägt vor: als schon
22 Bürgerschaft] A, Wobbermin, Weischedel: Bürgerschaft; Handschrift: zu Bürgern; B, Buchenau: Bürgschaft

keit aus der Fülle seiner eigenen Heiligkeit zu ersetzen. Dieses ist aber der Spontaneität (welche bei allem moralischen Guten oder Bösen das ein Mensch an sich haben mag, vorausgesetzt wird) zuwider, nach welcher ein solches Gute nicht von einem anderen, sondern von ihm selbst herrühren muß, wenn es ihm soll zugerechnet werden können. – Es kann ihn also, so viel die Vernunft einsieht, kein anderer durch das Übermaß seines Wohlverhaltens und durch sein Verdienst vertreten; oder, wenn dieses angenommen wird, so kann es nur in moralischer Absicht not|wendig sein, es anzunehmen; denn fürs Vernünfteln ist es ein unerreichbares Geheimnis.

3. Das Geheimnis der Erwählung. Wenn auch jene stellvertretende Genugtuung als möglich eingeräumt wird, so ist doch die moralischgläubige Annehmung derselben eine Willensbestimmung zum Guten, die schon eine gottgefällige Gesinnung im Menschen voraussetzt, die dieser aber nach dem natürlichen Verderben in sich von selbst nicht hervorbringen kann. Daß aber eine himmlische Gnade in ihm wirken solle, die diesen Beistand nicht nach Verdienst der Werke, sondern durch unbedingten Ratschluß einem Menschen bewilligt, dem anderen verweigert, und der eine Teil unseres Geschlechts zur Seligkeit, der andere zur ewigen Verwerfung ausersehen werde, gibt wiederum keinen Begriff von einer göttlichen Gerechtigkeit, sondern müßte allenfalls auf eine Weisheit bezogen werden, deren Regel für uns schlechterdings ein Geheimnis ist.

Über diese Geheimnisse nun, sofern sie die moralische Lebensgeschichte jedes Menschen betreffen: wie es nämlich zugeht, daß ein sittlich Gutes oder Böses überhaupt in der Welt sei, und (ist das letztere in allen und zu jeder Zeit), wie aus dem letzteren doch das erstere entspringe, und in irgend einem Menschen hergestellt werde; oder

---

20 diesen Beistand] Zusatz von B

[144] warum, wenn dieses an einigen geschieht, andere doch davon ausgeschlossen bleiben, – hat uns Gott nichts offenbart und kann uns auch nichts offenbaren, weil wir es doch nicht verstehen[1] würden. Es wäre, als wenn wir das, was geschieht, am Menschen aus seiner Freiheit erklären und uns begreiflich machen wollten, darüber Gott zwar durchs moralische Gesetz in uns seinen Willen offenbart hat, die Ursachen aber, aus welchen eine freie Handlung auf Erden geschehe oder auch nicht geschehe, in demjenigen Dunkel gelassen hat, in welchem für menschliche Nachforschung alles bleiben muß, was, als Geschichte, doch auch aus der Freiheit nach dem Gesetze der Ursachen und Wirkungen begriffen werden

---

[1] Man trägt gemeiniglich kein Bedenken, den Lehrlingen der Religion den Glauben an Geheimnisse zuzumuten, weil, daß wir sie nicht begreifen, d. i. die Möglichkeit des Gegenstandes derselben nicht einsehen können, uns eben so wenig zur Weigerung ihrer Annahme berechtigen könne, als etwa das Fortpflanzungsvermögen organischer Materien, was auch kein Mensch begreift, und darum doch nicht anzunehmen geweigert werden kann, ob es gleich ein Geheimnis für uns ist und bleiben wird. Aber wir verstehen doch sehr wohl, was dieser Ausdruck sagen wolle, und haben einen empirischen Begriff von dem Gegenstande, mit Bewußtsein, daß darin kein Widerspruch sei. – Von einem jeden zum Glauben aufgestellten Geheimnisse kann man nun mit Recht fordern, daß man verstehe, was unter demselben gemeint sei; welches nicht dadurch geschieht, daß man die Wörter, wodurch es angedeutet wird, einzeln versteht, d. i. damit einen Sinn verbindet, sondern daß sie, zusammen in einen Begriff gefaßt, noch einen Sinn zulassen müssen und nicht etwa dabei alles Denken ausgehe. – Daß, wenn man seinerseits es nur nicht am ernstlichen Wunsch ermangeln läßt, Gott dieses Erkenntnis uns wohl durch Eingebung zukommen lassen könne, läßt sich nicht denken; denn es kann uns gar nicht inhärieren; weil die Natur unseres Verstandes dessen unfähig ist.

---

1 doch] Zusatz von B
34 (Fußnote)] Zusatz von B

soll.¹ Über die objektive Regel unseres Verhaltens aber | ist
uns alles, was wir bedürfen (durch Vernunft und Schrift),
hinreichend offenbart, und diese Offenbarung ist zugleich für jeden Menschen verständlich.

Daß der Mensch durchs moralische Gesetz zum guten
Lebenswandel berufen sei, daß er durch unauslöschliche
Achtung für dasselbe, die in ihm liegt, auch zum Zutrauen
gegen diesen guten Geist und zur Hoffnung, ihm, wie es
auch zugehe, genug tun zu können, Verheißung in sich
finde, endlich, daß er, die letztere Erwartung mit dem
strengen Gebot des ersteren zu|sammenhaltend, sich, als
zur Rechenschaft vor einen Richter gefordert, beständig
prüfen müsse: darüber belehren, und dahin treiben zugleich Vernunft, Herz und Gewissen. Es ist unbescheiden,
zu verlangen, daß uns noch mehr eröffnet werde, und
wenn dieses geschehen sein sollte, müßte er es nicht zum
allgemeinen menschlichen Bedürfnis zählen.

Obzwar aber jenes, alle genannten in einer Formel befassende, große Geheimnis jedem Menschen durch seine
Vernunft als praktisch notwendige Religionsidee begreiflich gemacht werden kann, so kann man doch sagen, daß
es, um moralische Grundlage der Religion, vornehmlich
einer öffentlichen zu werden, damals allererst offenbart
worden, als es öffentlich gelehrt, und zum Symbol einer ganz neuen Religionsepoche gemacht wurde. So -
* lenne Formeln enthalten gewöhnlich ihre eigene, bloß
für die, welche zu einem besonderen Verein (einer Zunft
oder gemeinen Wesen) gehören, bestimmte, bisweilen
mystische, nicht von jedem verstandene Sprache, deren

---

¹ Daher wir, was Freiheit sei, in praktischer Beziehung (wenn von
Pflicht die Rede ist) gar wohl verstehen, in theoretischer Absicht
aber, was die Kausalität derselben (gleichsam ihre Natur) betrifft,
ohne Widerspruch nicht einmal daran denken können, sie verstehen
zu wollen.

34 (Fußnote)] Zusatz von B

man sich auch billig (aus Achtung) nur zum Behuf einer feierlichen Handlung bedienen sollte (wie etwa, wenn jemand in eine sich von anderen aussondernde Gesellschaft als Glied aufgenommen werden soll). Das höchste, für Menschen nie völlig erreichbare, Ziel | der moralischen Vollkommenheit endlicher Geschöpfe ist aber die Liebe des Gesetzes.

Dieser Idee gemäß würde es in der Religion ein Glaubensprinzip sein: »Gott ist die Liebe«; in ihm kann man den Liebenden (mit der Liebe des moralischen **Wohlgefallens** an Menschen, sofern sie seinem heiligen Gesetze adäquat sind), den **Vater**; ferner, in ihm, sofern er sich in seiner alles erhaltenden Idee, dem von ihm selbst gezeugten und geliebten Urbilde der Menschheit, darstellt, seinen **Sohn**; endlich auch, sofern er dieses Wohlgefallen auf die Bedingung der Übereinstimmung der Menschen mit der Bedingung jener Liebe des Wohlgefallens einschränkt, und dadurch als auf Weisheit gegründete Liebe beweist, den **heiligen Geist**[1] | verehren; eigent|lich aber nicht

---

[1] Dieser Geist, durch welchen die Liebe Gottes als Seligmachers (eigentlich unsere dieser gemäße Gegenliebe) mit der Gottesfurcht, vor ihm als Gesetzgeber, d. i. das Bedingte mit der Bedingung, vereinigt wird, welcher also »als von beiden ausgehend« vorgestellt werden kann, ist, außerdem daß »er in alle Wahrheit (Pflichtbeobachtung) leitet«, zugleich der eigentliche Richter der Menschen (vor ihrem Gewissen). Denn das Richten kann in zwiefacher Bedeutung genommen werden: entweder als das über Verdienst und Mangel des Verdienstes, oder über Schuld und Unschuld. Gott als die **Liebe** betrachtet (in seinem Sohn) richtet die Menschen sofern, als ihnen über

---

4 Das] A: Dies
6 aber] Zusatz von B
8-9 Glaubensprinzip] A: Glaubensgesetz
12-14 ferner, ... Urbilde] A: ferner, der [Handschrift: den] in ihm, so fern er sich in seiner alles erhaltenden Idee, der von ihm selbst erzeugten und geliebten, dem Urbilde
16 Bedingung] Vorländer: Bedingungen
28 über] fehlt in B, Weischedel

in so vielfacher Persönlichkeit anrufen (denn das würde eine Verschiedenheit der Wesen andeu|ten, er ist aber | immer nur ein einiger Gegenstand), wohl aber im Namen

ihre Schuldigkeit noch ein Verdienst zu statten kommen | kann, und da ist sein Ausspruch: würdig oder nicht würdig. Er sondert diejenigen als die Seinen aus, denen ein solches noch zugerechnet werden kann. Die übrigen gehen leer aus. Dagegen ist die Sentenz des Richters nach Gerechtigkeit (des eigentlich so zu nennenden Richters, unter dem Namen des heiligen Geistes) über die, denen kein Verdienst zu statten kommen kann: schuldig oder unschul|dig, d.i. Verdammung oder Lossprechung. – Das Richten bedeutet im ersten Falle die Aussonderung der Verdienten von den Unverdienten, die beiderseits um einen Preis (der Seligkeit) sich bewerben. Unter Verdienst aber wird hier nicht ein Vorzug der Moralität in Beziehung aufs Gesetz (in Ansehung dessen uns kein Überschuß der Pflichtbeobachtung über unsere Schuldigkeit zukommen kann), sondern in Vergleichung mit anderen Menschen, was ihre moralische Gesinnung betrifft, verstanden. Die Würdigkeit hat immer auch nur negative Bedeutung (nicht-unwürdig), nämlich der moralischen Empfänglichkeit für eine solche Güte. – Der also in der ersten Qualität (als Brabeuta) richtet, fällt das Urteil der Wahl zwischen zweien sich um den Preis (der Seligkeit) bewerbenden Personen (oder Parteien); der in der zweiten Qualität aber (der eigentliche Richter) die Sentenz über eine und dieselbe Person, vor einem Gerichtshofe (dem Gewissen), der zwischen Ankläger und Sachwalter den Rechtsausspruch tut. – Wenn nun angenommen wird, daß alle Menschen zwar unter der Sündenschuld stehen, einigen von ihnen aber doch ein Verdienst zu Statten kommen könne: so findet der Ausspruch des Richters aus Liebe statt, dessen Mangel nur ein Abweisungsurteil nach sich ziehen, wovon aber das Verdammungsurteil (indem der Mensch alsdann dem Richter aus Gerechtigkeit anheim fällt) die unausbleibliche Folge sein würde. – Auf solche Weise können, meiner Meinung nach, die scheinbar einander widerstreitenden Sätze: »Der Sohn wird kommen, zu richten die Lebendigen und die Toten«, und andererseits: »Gott hat ihn nicht in die Welt gesandt, daß er die Welt richte, sondern daß sie durch ihn selig werde« (Ev. Joh. III, 17), vereinigt werden und mit dem in Übereinstimmung stehen, wo gesagt wird: »Wer an den Sohn nicht glaubt,

11-26 Das Richten ... tut.] Zusatz von B

des von ihm selbst über alles verehrten, geliebten Gegenstandes, mit dem es Wunsch und zugleich Pflicht ist, in moralischer Vereinigung zu stehen. Übrigens gehört das theoretische Bekenntnis des Glaubens an die göttliche Natur in dieser dreifachen Qualität zur bloßen klassischen Formel eines Kirchenglaubens, um ihn von anderen aus historischen Quellen abgeleiteten Glaubensarten zu unterscheiden, mit welchem wenige Menschen einen deutlichen und bestimmten (keiner Mißdeutung ausgesetzten) Begriff zu verbinden im Stande sind, und dessen Erörterung mehr den Lehrern in ihrem Verhältnis zu einander (als philosophischen und gelehrten Auslegern eines heiligen Buchs) zukommt, um sich über dessen Sinn zu einigen, in welchem nicht alles für die gemeine Fassungskraft, oder auch für das Bedürfnis dieser Zeit ist, der bloße Buchstabenglaube aber die wahre Religionsgesinnung eher verdirbt als bessert.

der ist schon gerichtet« (V. 18), nämlich durch den[jenigen Geist, von dem es heißt: »Er wird die Welt richten um der Sünde und um der Gerechtigkeit willen«. – Die ängstliche Sorgfalt solcher Unterscheidungen im Felde der bloßen Vernunft, als für welche sie hier eigentlich angestellt werden, könnte man leicht für unnütze und lästige Subtilität halten; sie würde es auch sein, wenn sie auf die Erforschung der göttlichen Natur angelegt wäre. Allein da die Menschen in ihrer Religionsangelegenheit beständig geneigt sind, sich wegen ihrer Verschuldigungen an die göttliche Güte zu wenden, gleichwohl aber seine Gerechtigkeit nicht umgehen können, ein **gütiger Richter** aber in einer und derselben Person ein Widerspruch ist, so sieht man wohl, daß selbst in praktischer Rücksicht ihre Begriffe hierüber sehr schwankend und mit sich selbst unzusammenstimmend sein müssen, ihre Berichtigung und genaue Bestimmung also von großer praktischer Wichtigkeit sei.

Der
Philosophischen Religionslehre
Viertes Stück

| Viertes Stück

Vom Dienst und Afterdienst
unter der Herrschaft des guten Prinzips,
oder
Von Religion und Pfaffentum

Es ist schon ein Anfang der Herrschaft des guten Prinzips, und ein Zeichen, »daß das Reich Gottes zu uns komme«, wenn auch nur die Grundsätze der Konstitution desselben öffentlich zu werden anheben; denn das ist in der Verstandeswelt schon da, wozu die Gründe, die es allein bewirken können, allgemein Wurzel gefaßt haben, obschon die vollständige Entwickelung seiner Erscheinung in der Sinnenwelt noch in unabsehliche Ferne hinausgerückt ist. Wir haben gesehen, daß zu einem ethischen gemeinen Wesen sich zu vereinigen, eine Pflicht von besonderer Art (*officium sui generis*) sei, und daß, wenn gleich ein jeder seiner Privatpflicht gehorcht, man daraus wohl eine zufällige Zusammenstimmung aller zu einem gemeinschaftlichen Guten, auch ohne daß dazu noch besondere Veranstaltung nötig wäre, folgern könne, daß aber doch jene Zusammenstimmung aller nicht gehofft werden darf, wenn nicht aus der Vereinigung derselben mit einander zu eben demselben Zwecke und Errichtung eines gemeinen Wesens unter moralischen Gesetzen, als vereinigter und darum stärkerer Kraft, den Anfechtungen des bösen Prinzips (welchem Menschen zu Werkzeugen zu dienen sonst von einander selbst versucht werden) sich zu widersetzen, ein besonderes Geschäft gemacht wird. – Wir haben auch gesehen, daß ein solches gemeines Wesen, als ein Reich Gottes, nur durch Religion von Menschen unternommen, und daß endlich, damit diese öffentlich sei (welches zu einem gemeinen Wesen erfordert wird), jenes in der sinnlichen Form einer **Kirche** vor|gestellt werden könne, deren Anordnung also den Menschen als ein Werk, was ihnen überlassen ist, und von ihnen gefordert werden kann, zu stiften obliegt.

Eine Kirche aber, als ein gemeines Wesen nach Religionsgesetzen zu errichten, scheint mehr Weisheit (sowohl der Einsicht als der guten Gesinnung nach) zu erfordern, als man wohl den Menschen zutrauen darf; zumal das moralische Gute, welches durch eine solche Veranstaltung beabsichtigt wird zu diesem Behuf schon an ihnen **voraus-gesetzt** werden zu müssen scheint. In | der Tat ist es auch ein widersinnischer Ausdruck, daß **Menschen** ein Reich Gottes **stiften** sollten (so wie man von ihnen wohl sagen mag, daß sie ein Reich eines menschlichen Monarchen errichten können); Gott muß selbst der Urheber seines Reichs sein. Allein da wir nicht wissen, was Gott unmittelbar tue, um die Idee seines Reichs, in welchem Bürger und Untertanen zu sein wir die moralische Bestimmung in uns finden, in der Wirklichkeit darzustellen, aber wohl, was wir zu tun haben, um uns zu Gliedern desselben tauglich zu machen, so wird diese Idee, sie mag nun durch Vernunft oder durch Schrift im menschlichen Geschlecht erweckt und **öffentlich** geworden sein, uns doch zur Anordnung einer Kirche verbinden, von welcher im letzteren Fall Gott selbst als Stifter, der Urheber der **Konstitution**, Menschen aber doch, als Glieder und freie Bürger dieses Reichs, in allen Fällen die Urheber der **Organisation** sind; da denn diejenigen unter ihnen, welche, der letzteren gemäß, die öffentlichen Geschäfte derselben verwalten, die **Administration** derselben, als Diener der Kirche, so wie alle übrigen eine ihren Gesetzen unterworfene Mitgenossenschaft, die **Gemeinde** ausmachen.

28 ihnen] A: ihnen aber
30-31 Diener] A: Diener (*officiales*)

Da eine reine Vernunftreligion, als öffentlicher Religionsglaube, nur die bloße Idee von einer Kirche (nämlich einer unsichtbaren) verstattet, und die sichtbare, die auf Satzungen gegründet ist, allein einer Or|ganisation durch Menschen bedürftig und fähig ist: so wird der Dienst unter der Herrschaft des guten Prinzips in der ersten nicht als Kirchendienst angesehen werden können, und jene Religion hat keine gesetzlichen Diener als Beamte eines ethischen gemeinen Wesens; ein jedes Glied desselben empfängt unmittelbar von dem höchsten Gesetzgeber seine Befehle. Da wir aber gleichwohl in Ansehung aller unserer Pflichten (die wir insgesamt zugleich als göttliche Gebote anzusehen haben) jederzeit im Dienste Gottes stehen, so wird die reine Vernunftreligion alle wohldenkenden Menschen zu ihren Dienern (doch ohne Beamte zu sein) | haben; nur werden sie sofern nicht Diener einer Kirche (einer sichtbaren nämlich, von der allein hier die Rede ist) heißen können. – Weil indessen jede auf statutarischen Gesetzen errichtete Kirche nur sofern die wahre sein kann, als sie in sich ein Prinzip enthält, sich dem reinen Vernunftglauben (als demjenigen, der, wenn er praktisch ist, in jedem Glauben eigentlich die Religion ausmacht) beständig zu nähern, und den Kirchenglauben (nach dem, was in ihm historisch ist) mit der Zeit entbehren zu können, so werden wir in diesen Gesetzen und an den Beamten der darauf gegründeten Kirche doch einen Dienst (*cultus*) der Kirche sofern setzen können, als diese ihre Lehren und Anordnung jederzeit auf jenen letzten Zweck (einen öffentlichen Religionsglauben) richten. Im Gegenteil werden die Diener einer Kirche, welche darauf gar nicht Rücksicht nehmen, | vielmehr die Maxime der kontinuierlichen Annäherung zu demselben für verdammlich, die Anhänglichkeit aber an den historischen und statutarischen Teil des Kirchenglaubens für allein seligmachend erklären, des Af-

33 den] Weischedel: dem (Druckfehler)

terdienstes der Kirche, oder (dessen, was durch diese vorgestellt wird) des ethischen gemeinen Wesens unter der Herrschaft des guten Prinzips, mit Recht beschuldigt werden können. – Unter einem Afterdienst (*cultus spurius*) wird die Überredung, jemandem durch solche Handlungen zu dienen, verstanden, die in der Tat dieses seine Absicht rückgängig machen. Das geschieht aber in einem gemeinen Wesen dadurch, daß, was nur den Wert eines Mittels hat, um dem Willen eines Oberen Genüge zu tun, für dasjenige ausgegeben, und an die Stelle dessen gesetzt wird, was uns ihm unmittelbar wohlgefällig mache; wodurch dann die Absicht des letzteren vereitelt wird.

Erster Teil
Vom Dienst Gottes in einer Religion überhaupt

Religion ist (subjektiv betrachtet) das Erkenntnis aller unserer Pflichten als göttlicher Gebote.[1] Diejenige, in welcher ich vorher wissen muß, daß etwas ein göttliches

---

[1] Durch diese Definition wird mancher fehlerhaften Deutung des Begriffs einer Religion überhaupt vorgebeugt. | Erstlich: daß in ihr, was das theoretische Erkenntnis und Bekenntnis betrifft, kein assertorisches Wissen (selbst des Daseins Gottes nicht) gefordert wird, weil bei dem Mangel unserer Einsicht übersinnlicher Gegenstände dieses Bekenntnis schon geheuchelt sein könnte; sondern nur ein der Spekulation nach über die oberste Ursache der Dinge problematisches Annehmen |(Hypothesis), in Ansehung des Gegenstandes aber, wohin uns unsere moralischgebietende Vernunft zu wirken anweist, ein dieser ihrer Endabsicht Effekt verheißendes praktisches,

---

5 jemandem] Drucke, alle Herausgeber: jemanden; nur Vorländer: jemand
6 in der Tat] Zusatz von B
11 mache] Korrigiert nach Handschrift von Vorländer, Wobbermin, Buchenau; B, Weischedel: macht
24 Bekenntnis] Handschrift: Bekenntnis; A, B, Weischedel: Bekenntnisses

Gebot sei, um es als meine Pflicht an|zuerkennen, ist die
geoffenbarte (oder einer Offenbarung benötigte) Religion: dagegen diejenige, in der ich zuvor wissen muß, daß
etwas Pflicht sei, ehe ich es für ein göttliches Gebot anerkennen kann, ist die natürliche Religion. – Der, welcher bloß die natürliche Religion für moralischnotwendig, d. i. für Pflicht erklärt, kann auch der Rationalist

mithin freies assertorisches Glauben vorausgesetzt wird, welches nur der Idee von Gott, auf die alle moralische ernstliche (und darum gläubige) Bearbeitung zum Guten unvermeidlich geraten muß, bedarf, ohne sich anzumaßen, ihr durch theoretische Erkenntnis die objektive Realität sichern zu können. Zu dem, was jenem Menschen zur Pflicht gemacht werden kann, muß das Minimum der Erkenntnis (es ist möglich, daß ein Gott sei) subjektiv schon hinreichend sein. Zweitens wird durch diese Definition einer Religion überhaupt der irrigen Vorstellung, als sei sie ein Inbegriff besonderer auf Gott unmittelbar bezogener Pflichten, vorgebeugt, und dadurch verhütet, daß wir nicht (wie dazu Menschen ohnedem sehr geneigt sind) außer den ethischbürgerlichen Menschenpflichten (von Menschen gegen Menschen) noch Hofdienste annehmen, und hernach wohl gar die Ermangelung in Ansehung der ersteren durch die letzteren gut zu machen suchen. Es gibt keine besonderen Pflichten gegen Gott in einer allgemeinen Religion; denn Gott kann von uns nichts empfangen; wir können auf und für ihn nicht wirken. Wollte man die schuldige Ehrfurcht gegen ihn zu einer solchen Pflicht machen, so bedenkt man nicht, daß diese nicht eine besondere Handlung der Religion, sondern die religiöse Gesinnung | bei allen unseren pflichtmäßigen Handlungen überhaupt sei. Wenn es auch heißt: »Man soll Gott mehr gehorchen als den Menschen«, so bedeutet das nichts anderes, als: wenn statutarische Gebote, in Ansehung deren Menschen Gesetzgeber und Richter sein können, mit Pflichten, die die Vernunft unbedingt vorschreibt, und über deren Befolgung und Übertretung Gott allein Richter sein kann, in Streit kommen, so muß jener ihr Ansehen diesen weichen. Wollte man aber unter dem, worin Gott mehr als dem Menschen gehorcht werden muß, die statutarischen, von einer Kirche dafür ausgegebenen Gebote Gottes verstehen; so würde jener Grundsatz leichtlich das mehr-

---

19 sind] Verbesserung von Vorländer, Wobbermin: sind; B, Buchenau, Weischedel: sein

(in Glaubenssachen) genannt werden. Wenn dieser die Wirklichkeit aller übernatürlichen göttlichen Offenbarung verneint, so heißt er Naturalist; läßt er nun diese zwar zu, behauptet aber, daß sie zu kennen und für | wirklich anzunehmen, zur Religion nicht notwendig erfordert wird, so würde er ein reiner Rationalist genannt | werden können; hält er aber den Glauben an dieselbe zur allgemeinen Religion für notwendig, so würde er der reine Supernaturalist in Glaubenssachen heißen können.

Der Rationalist muß sich, vermöge dieses seines Titels, von selbst schon innerhalb der Schranken der menschlichen Einsicht halten. Daher wird er nie als Naturalist absprechen, und weder die innere Möglichkeit der Offenbarung überhaupt noch die Notwendigkeit einer Offenbarung als eines göttlichen Mittels zur Introduktion der wahren Religion bestreiten; denn hierüber kann kein Mensch durch Vernunft etwas ausmachen. Also kann die Streitfrage nur die wechselseitigen Ansprüche des reinen Rationalisten und des Supernaturalisten in Glaubenssachen, oder dasjenige betreffen, was der eine oder der andere, als zur alleinigen wahren Religion notwendig, und hinlänglich, oder nur als zufällig an ihr annimmt.

Wenn man die Religion nicht nach ihrem ersten Ursprunge und ihrer inneren Möglichkeit (da sie in natürliche und geoffenbarte eingeteilt wird), sondern bloß nach der Beschaffenheit derselben, die sie der äußeren Mitteilung fähig macht, einteilt, so kann sie von zweierlei Art sein: entweder die natürliche, von der (wenn sie

malen gehörte Feldgeschrei heuchlerischer und herrschsüchtiger Pfaffen zum Aufruhr wider ihre bürgerliche Obrigkeit werden können. Denn das Erlaubte, was die letztere gebietet, ist gewiß Pflicht: ob aber etwas zwar an sich Erlaubtes, aber nur durch göttliche Offenbarung für uns Erkennbares wirklich von Gott geboten sei, ist (wenigstens größtenteils) höchst ungewiß.

26 der] fehlt in B

einmal da ist) jedermann durch seine Vernunft überzeugt
werden kann, oder eine gelehrte Re|ligion, von der
man andere nur vermittelst der Gelehrsamkeit (in und
durch welche sie geleitet werden müssen) überzeugen
kann. – Diese Unterscheidung ist sehr wichtig, denn man
kann aus dem Ursprunge einer Religion allein auf ihre
Tauglichkeit oder Untauglichkeit, eine allgemeine Menschenreligion zu sein, nichts folgern, wohl aber aus ihrer
Beschaffenheit, allgemein mitteilbar zu sein, oder nicht;
die erstere Eigenschaft aber macht den wesentlichen Charakter derjenigen Religion aus, die jeden Menschen verbinden soll.

Es kann demnach eine Religion die natürliche,
gleichwohl aber auch geoffenbart sein, wenn sie so beschaffen ist, daß die Menschen durch den bloßen Gebrauch
ihrer Vernunft auf sie von selbst hätten kommen können, und sollen, ob sie zwar nicht so früh, oder in so
weiter Ausbreitung, als verlangt wird, auf dieselbe gekommen sein würden, mithin eine Offenbarung derselben,
zu einer gewissen Zeit, und an einem gewissen Ort, weise
und für das menschliche Geschlecht sehr ersprießlich sein
konnte, so doch, daß, wenn die dadurch eingeführte Religion einmal da ist, und | öffentlich bekannt gemacht worden, forthin jedermann sich von dieser ihrer Wahrheit
durch sich selbst und seine eigene Vernunft überzeugen
kann. In diesem Falle ist die Religion objektiv eine natürliche, obwohl subjektiv eine geoffenbarte; weshalb
ihr auch der erstere Namen eigentlich gebührt. Denn es
könnte in der Folge | allenfalls gänzlich in Vergessenheit
kommen, daß eine solche übernatürliche Offenbarung je
vorgegangen sei, ohne daß dabei jene Religion doch das
mindeste weder an ihrer Faßlichkeit, noch an Gewißheit,
noch an ihrer Kraft über die Gemüter verlöre. Mit der Religion aber, die ihrer inneren Beschaffenheit wegen nur als
geoffenbart angesehen werden kann, ist es anders bewandt.
Wenn sie nicht in einer ganz sicheren Tradition oder in heiligen Büchern als Urkunden aufbehalten würde, so würde

sie aus der Welt verschwinden, und es müßte entweder eine von Zeit zu Zeit öffentlich wiederholte, oder in jedem Menschen innerlich eine kontinuierlich fortdauernde übernatürliche Offenbarung vorgehen, ohne welche die Ausbreitung und Fortpflanzung eines solchen Glaubens nicht möglich sein würde.

Aber einem Teile nach wenigstens muß jede, selbst die geoffenbarte Religion, doch auch gewisse Prinzipien der natürlichen enthalten. Denn Offenbarung kann zum Begriff einer Religion nur durch die Vernunft hinzugedacht werden: weil dieser Begriff selbst, als von einer Verbindlichkeit unter dem Willen eines moralischen Gesetzgebers abgeleitet, ein reiner Vernunftbegriff ist. Also werden wir selbst eine geoffenbarte Religion einerseits noch als natürliche, andererseits aber als gelehrte Religion betrachten, prüfen, und, was, oder wie viel ihr von der einen oder der anderen Quelle zustehe, unterscheiden können.

Es läßt sich aber, wenn wir von einer geoffenbarten (wenigstens einer dafür angenommenen) Religion zu reden die Absicht haben, dieses nicht wohl tun, ohne irgend ein Beispiel davon aus der Geschichte herzunehmen, weil wir uns doch Fälle als Beispiele erdenken müßten, um verständlich zu werden, welcher Fälle Möglichkeit uns aber sonst bestritten werden könnte. Wir können aber nicht besser tun, als irgend ein Buch, welches dergleichen enthält, vornehmlich ein solches, welches mit sittlichen, folglich mit vernunftverwandten Lehren innigst verwebt ist, zum Zwischenmittel der Erläuterungen unserer Idee einer geoffenbarten Religion überhaupt zur Hand zu nehmen, welches wir dann, als eines von den mancherlei Büchern, die von Religion und Tugend unter dem Kredit einer Offenbarung handeln, zum Beispiele des an sich

25 sonst] A: selbst
25 aber] A: also

nützlichen Ver|fahrens, das, was uns darin reine, mithin [157]
allgemeine Vernunftreligion sein mag, herauszusuchen,
vor uns nehmen, ohne dabei in das Geschäfte derer, denen
die Auslegung desselben Buchs als Inbegriffs positiver Of-
fenbarungslehren anvertraut ist, einzugreifen, und ihre
Auslegung, die sich auf Gelehrsamkeit gründet, dadurch
anfechten zu wollen. Es ist der letzteren vielmehr vorteilhaft, da sie mit den Philosophen auf einen und denselben
Zweck, nämlich das Moralisch-Gute ausgeht, diese durch
ihre eigenen Vernunftgründe eben dahin zu bringen, wohin sie auf einem anderen Wege selbst zu gelangen denkt.
– Dieses Buch mag | nun hier das N.T., als Quelle der B 236
christlichen Glaubenslehre, sein. Unserer Absicht zufolge
wollen wir nun in zwei Abschnitten erstlich die christliche Religion als natürliche, und dann zweitens als gelehrte Religion nach ihrem Inhalte und nach den darin
vorkommenden Prinzipien vorstellig machen.

DES ERSTEN TEILS ERSTER ABSCHNITT
Die christliche Religion *als natürliche* Religion

Die natürliche Religion als Moral (in Beziehung auf die
Freiheit des Subjekts), verbunden mit dem Begriffe desjenigen, was ihrem letzten Zwecke Effekt verschaffen kann
(dem Begriffe von Gott als moralischem Welturheber),
und bezogen auf eine Dauer des Menschen, die diesem
ganzen Zwecke angemessen ist (auf Unsterblichkeit), ist
ein reiner praktischer Vernunftbegriff, der, ungeachtet seiner unendlichen Fruchtbarkeit, doch nur so wenig theo-
retisches Vernunftvermögen voraussetzt: daß man jeden
Menschen von ihr praktisch hinreichend überzeugen, und
wenigstens die Wirkung derselben jedermann als Pflicht
zumuten kann. Sie hat die große Erfordernis der wahren

3 in | A: an

Kirche, nämlich die | Qualifikation zur Allgemeinheit in sich, sofern man darunter die Gültigkeit für jedermann (*universitas vel omnitudo distributiva*), d. i. allgemeine Einhelligkeit versteht. Um sie in diesem Sinne als Weltreligion auszubreiten und zu erhalten, bedarf sie freilich zwar einer Dienerschaft (*ministerium*) der bloß unsichtbaren Kirche, aber keiner Beamten (*officiales*), d. i. Lehrer, aber nicht Vorsteher, weil durch Vernunftreligion jedes einzelnen noch keine Kirche als allgemeine **Vereinigung** (*omnitudo collectiva*) existiert, oder auch durch jene Idee eigentlich beabsichtigt wird. – Da sich aber eine solche Einhelligkeit nicht | von selbst erhalten, mithin, ohne eine sichtbare Kirche zu werden, in ihrer Allgemeinheit nicht fortpflanzen dürfte, sondern nur, wenn eine kollektive Allgemeinheit, d. i. Vereinigung der Gläubigen in eine (sichtbare) Kirche nach Prinzipien einer reinen Vernunftreligion, dazu kommt, diese aber aus jener Einhelligkeit nicht von selbst entspringt, oder auch, wenn sie errichtet worden wäre, von ihren freien Anhängern (wie oben gezeigt worden) nicht in einen beharrlichen Zustand, als eine **Gemeinschaft** der Gläubigen, gebracht werden würde (indem keiner von diesen Erleuchteten zu seinen Religionsgesinnungen der Mitgenossenschaft anderer an einer solchen Religion zu bedürfen glaubt): so wird, wenn über die natürlichen durch bloße Vernunft erkennbaren Gesetze nicht noch gewisse statutarische, aber zugleich mit gesetzgebendem Ansehen (Autorität) begleitete, Verordnungen | hinzukommen, dasjenige doch immer noch mangeln, was eine besondere Pflicht der Menschen, ein Mittel zum höchsten Zwecke derselben, ausmacht, nämlich die beharrliche Vereinigung derselben zu einer allgemeinen sichtbaren Kirche; welches Ansehen, ein Stifter derselben zu sein, ein Faktum und nicht bloß den reinen Vernunftbegriff voraussetzt.

---

3 universitas] A, Vorländer: universalitas

Wenn wir nun einen Lehrer annehmen, von dem eine
Geschichte (oder wenigstens die allgemeine nicht gründlich zu bestreitende Meinung) sagt, daß er eine reine aller
Welt faßliche (natürliche) und eindringende Religion,
deren Lehren als uns aufbehalten wir desfalls selbst prüfen
können, zuerst öffentlich und sogar zum Trotz eines lästi-
gen, zur moralischen Absicht nicht abzweckenden herrschenden Kirchenglaubens (dessen Frondienst zum Beispiel jedes anderen, in der Hauptsache bloß statutarischen
Glaubens, dergleichen in der Welt zu derselben Zeit allgemein war, dienen kann) vorgetragen habe; wenn wir finden, daß er jene allgemeine Vernunftreligion zur obersten
unnachläßlichen Bedingung eines jeden Religionsglaubens gemacht habe, und nun gewisse Statuta hinzugefügt
habe, welche Formen und Observanzen enthalten, die zu
Mitteln dienen sollen, eine auf jene Prinzipien zu gründende Kirche zu Stande zu bringen, so kann man, uner-
achtet der Zufälligkeit und des Willkürlichen seiner hier-
auf abzweckenden Anordnungen, der letzteren doch den
| Namen der wahren allgemeinen Kirche, ihm selbst aber
das Ansehen nicht streitig machen, die Menschen zur Vereinigung in dieselbe berufen zu haben, ohne den Glauben
mit neuen belästigenden Anordnungen eben vermehren,
oder auch aus den von ihm zuerst getroffenen besondere
heilige, und für sich selbst als Religionsstücke verpflich-
tende Handlungen machen zu wollen.

| Man kann nach dieser Beschreibung die Person nicht
verfehlen, die zwar nicht als Stifter der von allen Satzungen reinen, in aller Menschen Herz geschriebenen
Religion (denn die ist nicht von willkürlichem Ursprunge), aber doch der ersten wahren Kirche verehrt
werden kann. – Zur Beglaubigung dieser seiner Würde,
als göttlicher Sendung, wollen wir einige seiner Lehren,

16 sollen] A; sollten
21 streitig machen] A. streiten

als zweifelsfreie Urkunden einer Religion überhaupt, anführen; es mag mit der Geschichte stehen wie es wolle (denn in der Idee selbst liegt schon der hinreichende Grund zur Annahme), und die freilich keine anderen als reine Vernunftlehren werden sein können; denn diese sind es allein, die sich selbst beweisen, und auf denen also die Beglaubigung der anderen vorzüglich beruhen muß.

Zuerst will er, daß nicht die Beobachtung äußerer bürgerlicher oder statutarischer Kirchenpflichten, sondern nur die reine moralische Herzensgesinnung den Menschen Gott wohlgefällig machen könne (Matth. V, | 20-48); daß Sünde in Gedanken vor Gott der Tat gleich geachtet werde (v. 28), und überhaupt Heiligkeit das Ziel sei, wohin er streben soll (v. 48); daß z. B. im Herzen hassen so viel sei als töten (v. 22); daß ein dem Nächsten zugefügtes Unrecht nur durch Genugtuung an ihm selbst, nicht durch gottesdienstliche Handlungen könne vergütet werden (v. 24), und im Punkte der Wahrhaftigkeit das bürgerliche Erpressungsmittel[1], der Eid, der Achtung für die Wahr|heit selbst

---

[1] Es ist nicht wohl einzusehen, warum dieses klare Verbot wider das auf bloßen Aberglauben, nicht auf Gewissenhaftigkeit gegründete Zwangsmittel, zum Bekenntnisse vor einem bürgerlichen Gerichtshofe, von Religionslehrern für so unbedeutend gehalten wird. Denn, daß es Aberglauben sei, auf dessen Wirkung man hier am meisten rechnet, ist daran zu erkennen: daß von einem Menschen, dem man nicht zutraut, er werde in einer feierlichen Aussage, auf deren Wahrheit die Entscheidung des Rechts der Menschen (des Heiligen, was in der Welt ist) beruht, die Wahrheit sagen, doch geglaubt wird, er werde durch eine Formel dazu bewogen werden, die über jene Aussage nichts weiter enthält, als daß er die göttlichen Strafen (denen er ohnedem wegen einer solchen Lüge nicht entgehen kann) über sich aufruft, gleich als ob es auf ihn ankomme, vor diesem höchsten Gericht Rechenschaft zu geben oder nicht. – In der angeführten Schriftstelle wird diese Art der

---

11 könne] A: kann
27 Heiligen] A, Vorländer, Buchenau: Heiligsten; B, Wobbermin, Weischedel: Heiligen. Vgl. eindeutige Parallelstelle *EwF*, B 27 [VIII, 353] Anm.

Abbruch tue | (v. 34-37); – daß der natürliche aber böse [160] Hang des menschlichen Herzens ganz umgekehrt werden solle; das süße Gefühl der Rache in Duldsamkeit (v. 39, 40) und der Haß seiner Feinde in Wohltätigkeit (v. 44) überge-
5 hen müsse. So, sagt er, sei er gemeint, dem jüdischen Gesetze völlig Genüge zu tun (v. 17), wobei aber sichtbarlich nicht Schriftgelehrsamkeit, sondern reine Vernunftreligion die Auslegerin desselben sein muß; denn nach dem Buchstaben genommen, erlaubte es gerade das Gegenteil
10 von diesem allen. – Er läßt überdem doch auch unter den
* Benennungen der engen Pforte und des schmalen Weges die Mißdeutung des Gesetzes nicht unbemerkt, welche sich die Menschen erlauben, um ihre wahre moralische Pflicht vorbeizugehen, und sich dafür durch Erfüllung der
15 Kirchenpflicht schadlos zu halten (VII, 13).² Von diesen reinen Gesinnungen | fordert er gleichwohl, daß sie sich auch B 242 in Taten beweisen sollen (v. 16), und spricht dagegen de-

Beteuerung als eine ungereimte Vermessenheit vorgestellt, Dinge gleichsam durch Zauberworte wirklich zu machen, die doch nicht in
20 unserer Gewalt sind. – Aber man sieht wohl, daß der weise Lehrer,
* der da sagt: daß, was über das Ja, Ja! Nein, Nein! als Beteuerung der Wahrheit | geht, vom Übel sei, die böse Folge vor Augen gehabt habe, B 241 welche die Eide nach sich ziehen: daß nämlich die ihnen beigelegte größere Wichtigkeit die gemeine Lüge beinahe erlaubt macht.
² Die enge Pforte und der schmale Weg, der zum Leben führt, ist der des guten Lebenswandels; die weite Pforte und der breite
20 Weg, den viele wandeln, ist die Kirche. Nicht als ob es an ihr und ihren Satzungen liege, daß Menschen verloren werden, sondern daß das Gehen in dieselbe und Bekenntnis ihrer Statute oder Zelebrierung ihrer Gebräuche für die Art genommen wird, durch die Gott eigentlich gedient sein will.

9 es] A: sie
17 v.] A, B, alle Herausgeber: V. Gemeint ist aber v. wie Vers, denn diese und die folgenden betreffenden Textstellen befinden sich im Buch VII.
20 daß] Zusatz von B

nen ihre hinterlistige Hoffnung ab, die den Mangel derselben durch Anrufung und Hochpreisung des höchsten Gesetzgebers in der Person seines Gesandten zu ersetzen und sich Gunst zu erschmeicheln meinen (v. 21). Von diesen Werken will er, daß sie um des Beispiels willen zur Nachfolge auch öffentlich geschehen sollen (v. 16) und zwar in fröhlicher Gemütsstimmung, nicht als knechtisch abgedrungene Handlungen (VI, 16), und daß so, von einem kleinen Anfange der Mitteilung und Ausbreitung solcher Gesinnungen, als einem Samenkorne in gutem Acker, oder einem Ferment des Guten, sich die Religion durch innere Kraft allmählich zu einem Reiche Gottes vermehren würde (XIII, 31, 32, 33). – Endlich faßt er alle Pflichten 1) in einer allgemeinen Regel zusammen (welche sowohl das innere, als das äußere moralische Verhältnis der Menschen in sich begreift), nämlich: tue deine Pflicht aus keiner anderen Triebfeder, als der unmittelbaren Wertschätzung derselben, d. i. liebe Gott (den Gesetzgeber aller Pflichten) über alles, 2) einer besonderen Regel, nämlich die das äußere Verhältnis zu anderen Menschen als allgemeine Pflicht betrifft: liebe einen jeden als dich selbst, d. i. befördere ihr Wohl aus unmittelbarem, nicht von eigennützigen Triebfedern abgeleitetem Wohlwollen, welche Gebote nicht bloß Tugendgesetze, sondern Vorschriften der Heiligkeit sind, der wir nachstreben sollen, in | Ansehung deren aber die bloße Nachstrebung Tugend heißt. – Denen also, die dieses moralische Gute mit der Hand im Schoße, als eine himmlische Gabe von oben herab, ganz passiv zu erwarten meinen, spricht er alle Hoffnung dazu ab. Wer die natürliche Anlage zum Guten, die in der menschlichen Natur (als ein ihm anvertrautes Pfund) liegt, unbenutzt läßt, im faulen Vertrauen,

6 v.] A, B, alle Herausgeber: V,. Gemeint ist aber v. wie Vers, denn diese Textstelle befindet sich im Buch VII.
24 Wohlwollen,] Vorländer und Wobbermin setzen ein Semikolon

Dienst und Afterdienst unter dem guten Prinzip 217

ein höherer moralischer Einfluß werde wohl die ihm mangelnde sittliche Beschaffenheit und Vollkommenheit sonst ergänzen, dem droht er an, daß selbst das Gute, was er aus natürlicher Anlage möchte getan haben, um dieser Verabsäumung willen ihm nicht zu statten kommen solle (XXV, 29).

Was nun die dem Menschen sehr natürliche Erwartung eines dem sittlichen Verhalten des Menschen angemessenen Loses in Ansehung der Glückseligkeit betrifft, vornehmlich bei so manchen Aufopferungen der letzteren, die des ersteren wegen haben übernommen werden müssen, so verheißt er (V, 11, 12) dafür Belohnung einer künftigen Welt; aber nach Verschiedenheit der Gesinnungen bei diesem Verhalten, denen, die ihre Pflicht um der Belohnung (oder auch Lossprechung von einer verschuldeten Strafe) willen taten, auf andere Art, als den besseren Menschen, die sie bloß um ihrer selbst willen ausübten. Der, welchen der Eigennutz, der Gott dieser Welt, beherrscht, wird, wenn er, ohne sich von ihm loszusagen, ihn nur durch | Vernunft verfeinert, und über die enge Grenze des Gegenwärtigen ausdehnt, als ein solcher (Luc. XVI, 3-9) vorgestellt, der jenen seinen Herrn durch sich selbst betrügt, und ihm Aufopferungen zum Behuf der Pflicht abgewinnt. Denn, wenn er es in Gedanken faßt, daß er doch einmal, vielleicht bald, die Welt werde verlassen müssen, daß er von dem, was er hier besaß, in die andere nichts mitnehmen könne, so entschließt er sich wohl, das, was er, oder sein Herr, der Eigennutz, hier an dürftigen Menschen gesetzmäßig zu fordern hatte, von seiner Rechnung abzuschreiben, und sich gleichsam dafür Anweisungen, zahlbar in einer anderen Welt anzuschaffen; wodurch er zwar mehr klüglich als sittlich, was die Triebfeder solcher wohltätigen Handlungen betrifft, aber doch dem sittlichen Gesetze, wenigstens dem Buchstaben nach, gemäß verfährt, und hoffen darf, daß auch dieses ihm in der Zukunft nicht unvergolten bleiben dürfe.[1] Wenn man hiermit vergleicht, was von der Wohltätigkeit an Dürftigen, aus bloßen Bewegungsgründen der Pflicht, (Matth. XXV, 35-40) gesagt wird, da der Weltrichter diejenigen, welche den Notleidenden Hilfe leisteten, ohne sich auch nur in Gedanken kommen zu lassen, daß so etwas noch einer Belohnung wert sei, und sie etwa dadurch gleichsam den Himmel zur Belohnung verbänden, gerade eben darum, weil sie es ohne Rücksicht auf Belohnung taten, für die eigentlichen Auserwählten zu seinem Reich erklärt: so sieht man wohl, daß der Lehrer des Evangeliums, wenn er von der Belohnung in der künftigen Welt spricht, sie dadurch nicht zur Triebfeder der Handlungen, sondern nur (als seelenerhebende Vorstellung der Vollendung der göttlichen Güte und Weisheit in Führung des menschlichen Geschlechts) zum Objekt der reinsten Verehrung und des größten moralischen Wohlgefallens für eine die Bestimmung des Menschen im ganzen beurteilende Vernunft habe machen wollen.

Hier ist nun eine vollständige Religion, die allen Menschen durch ihre eigene Vernunft faßlich und überzeugend vorgelegt werden kann, die über das an einem Beispiele, dessen Möglichkeit und sogar Notwendigkeit, für uns Urbild der Nachfolge zu sein (so viel Menschen dessen

---

[1] Wir wissen von der Zukunft nichts, und sollen auch nicht nach mehrerem forschen, als was mit den Triebfedern der Sittlichkeit und dem Zwecke derselben in vernunftmäßiger Verbindung steht. Dahin gehört auch der Glaube: daß es keine gute Handlung gebe, die nicht auch in der künftigen Welt für den, der sie ausübt, ihre gute Folge haben werde; mithin der Mensch, er mag sich am Ende des Lebens auch noch so verwerflich finden, sich dadurch doch nicht müsse abhalten lassen, wenigstens noch eine gute Handlung, die in seinem Vermögen ist, zu tun, und daß er dabei zu hoffen Ursache habe, sie werde nach dem Maße, als er hierin eine reine gute Absicht hegt, noch immer von mehrerem Werte sein, als jene tatlosen Entsündigungen, die, ohne etwas zur Verminderung der Schuld beizutragen, den Mangel guter Handlungen ersetzen sollen.

fähig sind), anschaulich gemacht worden, ohne daß weder
die Wahrheit jener Lehren, noch das Ansehen und die Würde des Lehrers irgend einer anderen Beglaubigung (dazu
Gelehrsamkeit oder Wunder, die nicht jedermanns Sache
sind, erfordert würde) bedürfte. Wenn darin Berufungen
auf ältere (mosaische) Gesetzgebung und Vorbildung, als
ob sie ihm zur Bestätigung dienen sollten, vorkommen, so
sind diese nicht für die Wahrheit der gedachten Lehren
selbst, sondern nur zur Introduktion unter Leuten, die
gänzlich und blind am Alten hingen, gegeben worden,
welches unter Menschen, deren Köpfe mit statutarischen
Glaubenssätzen angefüllt, für die Vernunftreligion beinahe
unempfänglich geworden, allezeit viel schwerer sein muß,
als wenn sie an die Vernunft unbelehrter aber auch unverdor|bener Menschen hätte gebracht werden sollen. Um [163]
deswillen darf es auch niemand befremden, wenn er einen
den damaligen Vorurteilen sich bequemenden Vortrag für
die jetzige Zeit rätselhaft, und einer sorgfältigen Auslegung
bedürftig findet: ob er zwar allerwärts eine Religionslehre
durchscheinen läßt, und zugleich öfters darauf ausdrücklich hinweist, die jedem Menschen verständlich und ohne
allen Aufwand von Gelehrsamkeit überzeugend sein muß.

| ZWEITER ABSCHNITT B 247
Die christliche Religion *als gelehrte* Religion

Sofern eine Religion Glaubenssätze als notwendig vorträgt, die nicht durch die Vernunft als solche erkannt werden können, gleichwohl aber doch allen Menschen auf
alle künftige Zeiten unverfälscht (dem wesentlichen Inhalte nach) mitgeteilt werden sollen, so ist sie (wenn man
nicht ein kontinuierliches Wunder der Offenbarung annehmen will) als ein der Obhut der Gelehrten anver-

---

6 ältere] Vorländer setzt: die ältere

trautes heiliges Gut anzusehen. Denn ob sie gleich anfangs mit Wundern und Taten begleitet, auch in dem, was durch Vernunft eben nicht bestätigt wird, allenthalben Eingang finden konnte, so wird doch selbst die Nachricht von diesen Wundern, zusamt den Lehren, die der Bestätigung durch dieselbe bedurften, in der Folge der Zeit eine schriftliche urkundliche und unveränderliche Belehrung der Nachkommenschaft nötig haben.

Die Annehmung der Grundsätze einer Religion heißt vorzüglicherweise der Glaube (*fides sacra*). Wir werden also den christlichen Glauben einerseits als einen reinen Vernunftglauben, andererseits als einen Offenbarungsglauben (*fides statutaria*) zu betrachten haben. Der erstere kann nun als ein von jedem frei angenommener (*fides eli|cita*), der zweite als ein gebotener Glaube (*fides imperata*) betrachtet werden. Von dem Bösen, was im menschlichen Herzen liegt, und von dem niemand frei ist, von der Unmöglichkeit, durch seinen Lebenswandel sich jemals vor Gott für gerechtfertigt zu halten, und gleichwohl der Notwendigkeit einer solchen vor ihm gültigen Gerechtigkeit; von der Untauglichkeit des Ersatzmittels für die ermangelnde Rechtschaffenheit durch kirchliche Observanzen und fromme Frondienste und dagegen der unerläßlichen Verbindlichkeit, ein neuer Mensch zu werden, kann sich ein jeder durch seine Vernunft überzeugen, und es gehört zur Religion, sich davon zu überzeugen.

| Von da an aber, da die christliche Lehre auf Fakta, nicht auf bloße Vernunftbegriffe gebaut ist, heißt sie nicht mehr bloß die christliche Religion, sondern der christliche Glaube, der einer Kirche zum Grunde gelegt worden. Der Dienst einer Kirche, die einem solchen Glauben geweiht ist, ist also zweiseitig; einerseits derjenige, welcher ihr nach dem historischen Glauben geleistet werden muß; andererseits, welcher ihr nach dem praktischen und moralischen Vernunftglauben gebührt. Keiner von beiden kann in der christlichen Kirche als für sich allein bestehend von dem anderen getrennt werden; der letztere

darum nicht von dem ersteren, weil der christliche Glaube ein Religionsglaube, der erstere nicht von dem letzteren, weil er ein gelehrter Glaube ist.

| Der christliche Glaube als gelehrter Glaube stützt sich auf Geschichte, und ist, sofern als ihm Gelehrsamkeit (objektiv) zum Grunde liegt, nicht ein an sich freier und von Einsicht hinlänglicher theoretischer Beweisgründe abgeleiteter Glaube (*fides elicita*). Wäre es ein reiner Vernunftglaube, so würde er, obwohl die moralischen Gesetze, worauf er, als Glaube an einen göttlichen Gesetzgeber, gegründet ist, unbedingt gebieten, doch als freier Glaube betrachtet werden müssen; wie er im Abschnitte auch vorgestellt worden. Ja er würde auch noch, wenn man das Glauben nur nicht zur Pflicht machte, als Geschichtsglaube ein theoretisch freier Glaube sein können; wenn jedermann gelehrt wäre. Wenn er aber für jedermann, auch den Ungelehrten gelten soll, so ist er nicht bloß ein gebotener, sondern auch dem Gebot blind, d. i. ohne Untersuchung, ob es auch wirklich göttliches Gebot sei, gehorchender Glaube (*fides servilis*).

In der christlichen Offenbarungslehre kann man aber keineswegs vom unbedingten Glauben an geoffenbarte (der Vernunft für sich verborgene) Sätze anfangen, und die gelehrte Erkenntnis, etwa bloß als Verwahrung gegen einen den Nachzug anfallenden Feind, darauf folgen lassen; denn sonst wäre der christliche Glaube nicht bloß *fides imperata*, sondern sogar *servilis*. Er muß also jederzeit wenigstens als *fides historice elicita* gelehrt werden, d. i. Gelehr|samkeit müßte in ihr, als geoffenbarter Glaubenslehre, nicht den Nachtrab, sondern den Vortrab ausmachen, und die kleine Zahl der Schriftgelehrten (Kleriker), die auch durchaus der profanen Gelahrtheit nicht entbehren könnten, würde den langen Zug der Ungelehrten

---

29 müßte] A, Vorländer: müßte; B, Buchenau, Wobbermin, Weischedel: mußte

(Laien), die für sich der Schrift unkundig sind (und worunter selbst die weltbürgerlichen Regenten gehören), nach sich schleppen. – Soll dieses nun nicht geschehen, so muß die allgemeine Menschenvernunft in einer natürlichen Religion in der christlichen Glaubenslehre für das oberste gebietende Prinzip anerkannt und geehrt, die Offenbarungslehre aber, worauf eine Kirche gegründet wird, und die der Gelehrten als Ausleger und Aufbewahrer bedarf, als bloßes aber höchst schätzbares Mittel, um der ersteren Faßlichkeit, selbst für die Unwissenden, Ausbreitung und Beharrlichkeit zu geben, geliebt und kultiviert werden.

Das ist der wahre Dienst der Kirche, unter der Herrschaft des guten Prinzips; der aber, wo der Offenbarungsglaube vor der Religion vorhergehen soll, der Afterdienst, wodurch die moralische Ordnung ganz umgekehrt, und das, was nur Mittel ist, unbedingt (gleich als Zweck) geboten wird. Der Glaube an Sätze, von welchen der Ungelehrte sich weder durch Vernunft noch Schrift (sofern diese allererst beurkundet werden müßte) vergewissern kann, würde zur absoluten Pflicht gemacht (*fides imperata*), und so samt anderen damit verbundenen Observanzen zum Rang eines auch ohne moralische Bestimmungsgründe der Handlungen als Frondienst seligmachenden Glaubens erhoben werden. – Eine Kirche, auf das letztere Principium gegründet, hat nicht eigentlich Diener (*ministri*), so wie die von der ersteren Verfassung, sondern gebietende hohe Beamte (*officiales*), welche, wenn sie gleich (wie in einer protestantischen Kirche) nicht im Glanz der Hierarchie als mit äußerer Gewalt bekleidete geistliche Beamte erscheinen, und sogar mit Worten dagegen protestieren, in der Tat doch sich für die einigen berufenen Ausleger einer heiligen Schrift gehalten wissen wollen, nachdem sie die reine Vernunftreligion der ihr gebührenden Würde, allemal die höchste Auslegerin derselben zu sein, beraubt, und die Schriftgelehrsamkeit allein zum Behuf des Kirchenglaubens zu brauchen geboten haben. Sie verwandeln auf diese Art den Dienst der Kirche (*ministerium*) in eine Beherrschung der Glieder derselben (*imperium*), obzwar sie, um diese Anmaßung zu verstecken, sich des bescheidenen Titels des ersteren bedienen. Aber diese Beherrschung, die der Vernunft leicht gewesen wäre, kommt ihr teuer, nämlich mit dem Aufwande großer Gelehrsamkeit, zu stehen. Denn, »blind in Ansehung der Natur reißt sie sich das ganze Altertum über den Kopf und begräbt sich darunter.« – Der Gang, den die Sachen, auf diesen Fuß gebracht, nehmen, ist folgender:

| Zuerst wird das von den ersten Ausbreitern der Lehre Christi klüglich beobachtete Verfahren, ihr unter ihrem Volk Eingang zu verschaffen, für | ein Stück der Religion selbst für alle Zeiten und Völker geltend genommen, so daß man glauben sollte, ein jeder Christ müßte ein Jude sein, dessen Messias gekommen ist, womit aber nicht wohl zusammenhängt, daß er doch eigentlich an kein Gesetz des Judentums (als statutarisches) gebunden sei, dennoch aber das ganze heilige Buch dieses Volks als göttliche für alle Menschen gegebene Offenbarung gläubig annehmen müsse.[1] – | Nun setzt es sogleich mit

---

[1] Mendelssohn benutzt diese schwache Seite der gewöhnlichen Vorstellungsart des Christentums auf sehr geschickte Art, um alles Ansinnen an einen Sohn Israels, zum Religionsübergange, völlig abzuweisen. Denn, sagte er, da der jüdische Glaube, selbst nach dem Geständnisse der Christen, das unterste Geschoß ist, worauf das Christentum, als das obere, ruht: so sei es eben so viel, als ob man jemand zumuten wollte, das Erdgeschoß abzubrechen, um sich im zweiten Stockwerk ansässig zu machen. Seine wahre Meinung aber scheint ziemlich klar durch. Er will sagen: schafft ihr erst selbst das Judentum aus eurer Religion heraus (in der historischen Glaubenslehre mag es als eine Antiquität immer bleiben), so werden wir euren Vorschlag in Überlegung nehmen können. (In der Tat bliebe alsdann wohl keine andere als rein-moralische von Statuten unbemengte Religion übrig.) Unsere Last wird durch Abwerfung des Jochs äußerer Observanzen im mindesten nicht erleichtert, wenn uns dafür ein anderes, nämlich das der Glaubensbekenntnisse heiliger Geschichte,

---

13-14 ein jeder ... ist] Sperrung Zusatz von B (Zitatkennung, s. Anm.)

der Authentizität dieses Buchs (welche dadurch, daß Stellen aus demselben, ja die ganze darin vorkommende heilige Geschichte in den Büchern der Christen zum Behuf dieses ihres Zwecks benutzt werden, lange noch nicht bewiesen ist) viel Schwierigkeit. Das Judentum war vor Anfang und selbst dem schon ansehnlichen Fortgange des Christentums ins gelehrte Publikum noch nicht eingetreten gewesen, d. i. den gelehrten Zeitgenossen anderer Völker noch nicht bekannt, ihre Geschichte gleichsam noch nicht kontrolliert, und so ihr heiliges Buch wegen seines Altertums zur historischen Glaubwürdigkeit gebracht worden. Indessen, dieses auch eingeräumt, ist es nicht genug, es in Übersetzungen zu kennen, und so auf die Nachkommenschaft zu übertragen, sondern zur Sicherheit des darauf gegründeten Kirchenglaubens wird auch erfordert, daß es auf alle künftige Zeit und | in allen Völkern Gelehrte gebe, die der hebräischen Sprache (so viel es in einer solchen möglich ist, von der man nur ein einziges Buch hat) kundig sind, und es soll doch nicht bloß eine Angelegenheit der historischen Wis|senschaft überhaupt, sondern eine, woran die Seligkeit der Menschen hängt, sein, daß es Männer gibt, welche derselben genugsam kundig sind, um der Welt die wahre Religion zu sichern.

Die christliche Religion hat zwar sofern ein ähnliches Schicksal, daß, obwohl die heiligen Begebenheiten der-

welches den Gewissenhaften viel härter drückt, aufgelegt wird. – Übrigens werden die heiligen Bücher dieses | Volks, wenn gleich nicht zum Behuf der Religion, doch für die Gelehrsamkeit wohl immer aufbehalten und geachtet bleiben; weil die Geschichte keines Volks mit einigem Anschein von Glaubwürdigkeit auf Epochen der Vorzeit, in die alle uns bekannte Profangeschichte gestellt werden kann, so weit zurück datiert ist als diese (sogar bis zum Anfange der Welt), und so die große Leere, welche jene übrig lassen muß, doch wodurch ausgefüllt wird.

35 (Fußnote)] Zusatz vom B

Gottes ist, wodurch dem wahren, von ihm selbst geforderten Dienste gerade entgegen gehandelt wird.

§ 1
Vom allgemeinen subjektiven Grunde des Religionswahnes

Der Anthropomorphism, der, in der theoretischen Vorstellung von Gott und seinem Wesen, den Menschen kaum zu vermeiden, übrigens aber doch (wenn er nur nicht auf Pflichtbegriffe einfließt) auch unschuldig genug ist, der ist in Ansehung unseres praktischen Verhältnisses zu seinem Willen und für unsere Moralität selbst höchst gefährlich; denn da machen wir uns einen Gott,[1] wie wir ihn am leichtesten zu unserem Vorteil gewinnen zu können, und der beschwerlichen ununterbrochenen Bemühung, auf das Innerste unserer moralischen Gesinnung zu wirken, überhoben zu werden glauben. Der Grundsatz, den der Mensch sich für dieses Verhältnis gewöhnlich macht, ist: daß durch alles, was wir lediglich

---

[1] Es klingt zwar bedenklich, ist aber keineswegs verwerflich, zu sagen: daß ein jeder Mensch sich einen Gott mache, ja nach moralischen Begriffen (begleitet mit denen unendlich großen Eigenschaften, die zu dem Vermögen gehören, an der Welt einen jenen angemessenen Gegenstand darzustellen) sich einen solchen selbst machen müsse, um an ihm den, der ihn gemacht hat, zu verehren. Denn auf welcherlei Art auch ein Wesen als Gott von einem anderen bekannt gemacht und beschrieben worden, ja ihm ein solches auch (wenn das möglich ist) selbst erscheinen möchte, so muß er diese Vorstellung doch allererst mit seinem Ideal zusammenhalten, um zu urteilen, ob er befugt sei, es für eine Gottheit zu halten und zu verehren. Aus bloßer Offenbarung, ohne jenen Begriff vorher in seiner Reinigkeit, als Probierstein, zum Grunde zu legen, kann es also keine Religion geben und alle Gottesverehrung würde Idolatrie sein.

32 (Fußnote)] Zusatz von B

darum tun, um der Gottheit wohl zu gefallen (wenn es nur nicht eben der Moralität geradezu widerstreitet, ob es gleich dazu nicht das mindeste beiträgt), wir Gott unsere Dienstwilligkeit als gehorsame und eben darum wohlgefällige Untertanen beweisen, also auch Gott (*in potentia*) dienen. – Es dürfen nicht immer Aufopferungen sein, dadurch der Mensch diesen Dienst Gottes zu verrichten glaubt: auch Feierlichkeiten, selbst öffentliche Spiele, wie bei Griechen und Römern, haben oft dazu dienen müssen, und dienen noch dazu, um die Gottheit einem Volke, oder auch den einzelnen Menschen ihrem Wahne nach günstig zu machen. Doch sind die ersteren (die Büßungen, Kasteiungen, Wallfahrten u. d. g.) jederzeit für kräftiger, auf die Gunst des Himmels wirksamer und zur Entsündigung tauglicher gehalten worden, weil sie die unbegrenzte (obgleich nicht moralische) Unterwerfung unter seinem Willen stärker zu bezeichnen dienen. Je unnützer solche Selbstpeinigungen sind, je weniger sie auf die allgemeine moralische Besserung des Menschen abgezweckt sind, desto heiliger scheinen sie zu sein; weil sie eben darum, daß sie in der Welt zu gar nichts nutzen, aber doch Mühe kosten, lediglich zur Bezeugung der Ergebenheit gegen Gott abgezweckt zu sein | scheinen. – Obgleich, sagt man, Gott hierbei durch die Tat in keiner Absicht gedient worden ist: so sieht er doch hierin den guten Willen, das Herz, an, welches zwar zur Befolgung seiner moralischen Gebote zu schwach ist, aber durch seine hierzu bezeugte Bereitwilligkeit diese Ermangelung wieder gut macht. Hier ist nun der Hang zu einem Verfahren sichtbar, das für sich keinen moralischen Wert hat, als etwa nur als Mittel, das sinnliche Vorstellungsvermögen zur Begleitung intellektueller Ideen des Zwecks zu erhöhen, oder um, wenn es den letzteren

---

3 dazu] A: dazu auch

etwa | zuwider wirken könnte, es niederzudrücken;[1] diesem Verfahren legen | wir doch in unserer Meinung den Wert des Zwecks selbst, oder, welches eben so viel ist, wir legen der Stimmung des Gemüts zur Empfänglichkeit Gott ergebener Gesinnungen (Andacht genannt) den Wert der letzteren bei; welches Verfahren mithin ein bloßer Religionswahn ist, der allerlei Formen annehmen kann, in deren einer er der moralischen ähnlicher sieht, als in der anderen, der aber in allen nicht eine bloß unvorsätzliche Täuschung, sondern sogar eine Maxime ist, dem Mittel einen Wert an sich statt des Zwecks beizulegen, da denn vermöge der letzteren dieser Wahn unter allen diesen Formen gleich ungereimt und als verborgene Betrugsneigung verwerflich ist.

[1] Für diejenigen, welche allenthalben, wo die Unterscheidungen des Sinnlichen vom Intellektuellen ihnen nicht so geläufig sind, Widersprüche der Kritik der reinen Vernunft mit ihr selbst anzutreffen glauben, merke ich hier an, daß, wenn von sinnlichen Mitteln, das Intellektuelle (der reinen moralischen Gesinnung) zu befördern, oder von dem Hindernisse, welches die ersteren der letzteren entgegen stellen, geredet wird, dieser Einfluß zweier so ungleichartiger Prinzipien niemals als direkt gedacht werden müsse. Nämlich als Sinnenwesen können wir an den Erscheinungen des intellektuellen Prinzips, d. i. der Bestimmung unserer physischen Kräfte durch freie Willkür, die sich in Handlungen hervortut, dem Gesetz entgegen, oder ihm zu Gunsten wirken: so, daß Ursache und Wirkung als in der Tat gleichartig vorgestellt werde. Was aber das Übersinnliche (das subjektive Prinzip der Moralität in uns, was in der unbegreiflichen Eigenschaft der Freiheit verschlossen liegt), z. B. die reine Religionsgesinnung betrifft, von dieser sehen wir außer ihrem Gesetze (welches aber auch schon genug ist) nichts, das Ver|hältnis der Ursache und Wirkung im Menschen Betreffendes ein, d. i. wir können uns die Möglichkeit der Handlungen als Begebenheiten in der Sinnenwelt aus der moralischen Beschaffenheit des Menschen, als ihnen imputabel, nicht erklären, eben darum, weil es freie Handlungen sind, die Erklärungsgründe aber aller Begebenheiten aus der Sinnenwelt hergenommen werden müssen.

22 wir] A, Wobbermin: wir nur
27 werde] Vorländer: werden

§ 2
Das dem Religionswahne entgegengesetzte moralische Prinzip der Religion

Ich nehme erstlich folgenden Satz, als einen keines Beweises benötigten Grundsatz an: alles, was, außer dem guten Lebenswandel, der Mensch noch | tun zu können vermeint, um Gott wohlgefällig zu werden, ist bloßer Religionswahn und Afterdienst Gottes. – Ich sage, was der Mensch tun zu können | glaubt; denn, ob nicht über alles, was wir tun können, noch in den Geheimnissen der höchsten Weisheit etwas sein möge, was nur Gott tun kann, um uns zu ihm wohlgefälligen Menschen zu machen, wird hierdurch nicht verneint. Aber, wenn die Kirche ein solches Geheimnis etwa als offenbart verkündigen sollte, so wird doch die Meinung, daß diese Offenbarung, wie sie uns die heilige Geschichte erzählt, zu glauben, und sie (es sei innerlich oder äußerlich) zu bekennen, an sich etwas sei, dadurch wir uns Gott wohlgefällig machen, ein gefährlicher Religionswahn sein. Denn dieses Glauben ist, als inneres Bekenntnis seines festen Fürwahrhaltens, so wahrhaftig ein Tun, das durch Furcht abgezwungen wird, daß ein aufrichtiger Mensch eher jede andere Bedingung als diese eingehen möchte, weil er bei allen anderen Frondiensten allenfalls nur etwas Überflüssiges, hier aber etwas dem Gewissen in einer Deklaration, von deren Wahrheit er nicht überzeugt ist, Widerstreitendes tun würde. Das Bekenntnis also, wovon er sich überredet, daß es für sich selbst (als Annahme eines ihm angebotenen Guten) ihn Gott wohlgefällig machen könne, ist etwas, was er noch über den guten Lebenswandel in Befolgung der in der Welt auszuübenden moralischen Gesetze tun zu können | vermeint, indem er sich mit seinem Dienst geradezu an Gott wendet.

---

15 wird] A: würde

Die Vernunft läßt uns erstlich in Ansehung des Man-
* gels eigener Gerechtigkeit (die vor Gott gilt), nicht ganz
* ohne Trost. Sie sagt: daß, wer in einer wahrhaften der
Pflicht ergebenen Gesinnung so viel, als in seinem Vermögen steht, tut, um (wenigstens in einer beständigen Annäherung zur vollständigen Angemessenheit mit dem Gesetze) seiner Verbindlichkeit ein Genüge zu leisten, hoffen
dürfe, was nicht in seinem Vermögen steht, das werde von
der höchsten Weisheit auf irgend eine Weise (welche
die Gesinnung dieser beständigen Annäherung unwandel-
bar machen kann) ergänzt werden, ohne daß sie sich doch
anmaßt, die Art zu bestimmen, und zu wissen, worin sie
bestehe, welche vielleicht so geheimnisvoll sein kann, daß
Gott sie uns höchstens in einer symbolischen Vorstellung,
worin das Praktische allein für uns verständlich ist, offenbaren könnte, indessen, daß wir theoretisch, was dieses
Verhältnis Gottes zum Menschen an sich sei, gar nicht fassen und Begriffe damit verbinden könnten, wenn er uns
ein solches Geheimnis auch entdecken wollte. – Gesetzt
nun, eine gewisse Kirche behaupte, die Art, wie Gott jenen
moralischen Mangel am menschlichen Geschlecht ergänzt,
bestimmt zu wissen, und verurteile zugleich alle Men-
schen, die jenes der Vernunft natürlicher|weise unbekannte
Mittel der Rechtfertigung | nicht wissen, darum also auch
nicht zum Religionsgrundsatze aufnehmen und bekennen,
zur ewigen Verwerfung: wer ist alsdann hier wohl der Ungläubige? der, welcher vertraut, ohne zu wissen, wie das,
was er hofft, zugehe, oder der, welcher diese Art der Erlösung des Menschen vom Bösen, durchaus wissen will, widrigenfalls er alle Hoffnung auf dieselbe aufgibt? – Im
Grunde ist dem letzteren am Wissen dieses Geheimnisses so
viel eben nicht gelegen (denn das lehrt ihn schon seine Vernunft, daß etwas zu wissen, wozu er doch nichts tun kann,
ihm ganz unnütz sei); sondern er will es nur wissen, um
sich (wenn es auch nur innerlich geschähe) aus dem Glauben, der Annahme, dem Bekenntnisse und der Hochpreisung alles dieses Offenbaren einen Gottesdienst machen

zu können, der ihm die Gunst des Himmels vor allem Aufwande seiner eigenen Kräfte zu einem guten Lebenswandel, also ganz umsonst erwerben, den letzteren wohl gar übernatürlicherweise hervorbringen, oder, wo ihm etwa zuwider gehandelt würde, wenigstens die Übertretung vergüten könne.

Zweitens: wenn der Mensch sich von der obigen Maxime nur im mindesten entfernt: so hat der Afterdienst Gottes (die Superstition) weiter keine Grenzen; denn über jene hinaus ist alles (was nur nicht unmittelbar der Sittlichkeit widerspricht) willkürlich. Von dem Opfer der Lippen an, welches ihm am wenigsten kostet, bis zu dem der Naturgüter, die sonst zum Vorteil der Menschen wohl besser benutzt werden könnten, ja bis zu der Aufopferung seiner eigenen Person, indem er sich (im Eremiten-, Fakir- oder Mönchsstande) für die Welt verloren macht, bringt er alles, nur nicht seine moralische Gesinnung Gott dar; und wenn er sagt, er brächte ihm auch sein Herz, so versteht er darunter nicht die Gesinnung eines ihm wohlgefälligen Lebenswandels, sondern einen herzlichen Wunsch, daß jene Opfer für die letztere in Zahlung möchten aufgenommen werden (*natio gratis anhelans, multa agendo nihil agens*. Phaedrus).

Endlich, wenn man einmal zur Maxime eines vermeintlich Gott für sich selbst wohlgefälligen, ihn auch nötigenfalls versöhnenden, aber nicht rein moralischen Dienstes übergegangen ist, so ist in der Art, ihm gleichsam mechanisch zu dienen, kein wesentlicher Unterschied, welcher der einen vor der anderen einen Vorzug gebe. Sie sind alle, dem Wert (oder vielmehr Unwert) nach, einerlei, und es ist bloße Ziererei, sich durch feinere Abweichung vom alleinigen intellektuellen Prinzip der echten | Gottesverehrung

---

21 in] fehlt in B
22-23 Phaedrus] Übersetzung des Hrsg.: »Ein Volk, das umsonst keucht, und durch vielerlei Tun nichts tut.« (*Fabeln* II, 5,1f.)
24-25 vermeintlich] Vorländer: vermeintlichen

für auserlesen zu halten, als die, welche sich eine vorgeblich gröbere Herabsetzung zur Sinnlichkeit zu Schulden kommen lassen. Ob der Andächtler seinen statutenmäßigen Gang zur Kirche, oder ob er eine Wallfahrt nach den Heiligtümern in Loretto oder Palästina anstellt, ob er | seine Gebetsformel mit den Lippen, oder, wie der Tibetaner (welcher glaubt, daß diese Wünsche, auch schriftlich aufgesetzt, wenn sie nur durch irgend etwas, z. B. auf Flaggen geschrieben, durch den Wind, oder in einer Büchse eingeschlossen, als eine Schwungmaschine mit der Hand bewegt werden, ihren Zweck ebenso gut erreichen), es durch ein Gebet-Rad an die himmlische Behörde bringt, oder was für ein Surrogat des moralischen Dienstes Gottes es auch immer sein mag, das ist alles einerlei und von gleichem Wert. – Es kommt hier nicht sowohl auf den Unterschied in der äußeren Form, sondern alles auf die Annehmung oder Verlassung des alleinigen Prinzips an, Gott entweder nur durch moralische Gesinnung, sofern sie sich in Handlungen, als ihrer Erscheinung, als lebendig darstellt, oder durch frommes Spielwerk und Nichtstuerei wohlgefällig zu werden.[1] Gibt es aber nicht etwa | auch einen sich über die Grenzen des menschlichen Vermögens erhebenden schwindligen Tugendwahn, der wohl mit dem kriechenden Religionswahn in die allgemeine Klasse der

---

[1] Es ist eine psychologische Erscheinung: daß die Anhänger einer Konfession, bei der etwas weniger Statutarisches zu glauben ist, sich dadurch gleichsam veredelt, und als aufgeklärter fühlen; ob sie gleich noch genug davon übrig behalten haben, um eben nicht (wie sie doch wirklich tun) von ihrer vermeinten Höhe der Reinigkeit auf ihre Mitbrüder im Kirchenwahne mit Verachtung herabsehen zu dürfen. Die Ursache hiervon ist, daß sie sich dadurch, so wenig es auch sei, der reinen moralischen Religion doch etwas genähert finden, ob sie gleich dem Wahne immer noch anhänglich bleiben, sie durch fromme Observanzen, wobei nur weniger passive Vernunft ist, ergänzen zu wollen.

3 lassen] A: läßt

Selbsttäuschungen gezählt werden könnte? Nein, die Tugendgesinnung beschäftigt sich mit etwas **Wirklichem**, was für sich selbst Gott wohlgefällig ist, und zum Weltbesten zusammenstimmt. Zwar kann sich dazu ein Wahn des Eigendünkels gesellen, der Idee seiner heiligen Pflicht sich für adäquat zu halten; das ist aber nur zufällig. In ihr aber den höchsten Wert zu setzen, ist kein Wahn, wie etwa der in kirchlichen Andachtsübungen, sondern barer zum Weltbesten hinwirkender Beitrag.

Es ist überdem ein (wenigstens kirchlicher) Gebrauch, das, was ver|möge des Tugendprinzips von Menschen getan werden kann, **Natur**, was aber nur den Mangel alles seines moralischen Vermögens zu ergänzen dient, und, weil dessen Zulänglichkeit auch für uns Pflicht ist, nur gewünscht oder auch gehofft, und erbeten werden kann, **Gnade** zu nennen, beide zusammen als wirkende Ursachen einer zum Gott wohlgefälligen Lebenswandel zureichenden Gesinnung anzusehen, sie aber auch nicht bloß von einander zu unterscheiden, sondern einander wohl gar entgegen zu setzen.

Die Überredung, *Wirkungen der Natur* (der Tugend) *von denen der Gnade* unterscheiden, oder die letzteren wohl gar in sich hervorbringen zu können, ist | **Schwärmerei**; denn wir können weder einen übersinnlichen Gegenstand in der Erfahrung irgendworan kennen, noch weniger auf ihn Einfluß haben, um ihn zu uns herabzuziehen, wenn gleich sich im Gemüt bisweilen aufs Moralische

---

21-22 Wirkungen ... die letzteren] B, Buchenau, Weischedel: Wirkungen der Gnade von denen der Natur (der Tugend) unterscheiden, oder die letzteren; N.Th.J., Hartenstein: streicht *letzteren* und setzt *ersteren*; Intelligenzblatt (1792), Vorländer: oder durch die erstere die letzteren; Wobbermin: ersetzt *die letzteren* durch *sie*. – Da sich *die letzteren* eindeutig auf *Wirkungen der Gnade* bezieht, liegt eine Umstellung des Vorsatzes näher als die bisher versuchten späteren Texteingriffe. Außerdem entspricht die Reihenfolge (erst Natur, dann Gnade) exakt dem Aufbau des vorhergehenden Absatzes.
25 kennen] Vorländer: erkennen

hinwirkende Bewegungen ereignen, die man sich nicht
erklären kann, und von denen unsere Unwissenheit zu
gestehen genötigt ist: »Der Wind wehet, wohin er will,
aber du weißt nicht, woher er kommt u.s.w.« Himmlische
Einflüsse in sich wahrnehmen zu wollen, ist eine Art
Wahnsinn, in welchem wohl gar auch Methode sein kann
(weil sich jene vermeinten inneren Offenbarungen doch
immer an moralische, mithin an Vernunftideen anschließen müssen), der aber doch immer eine der Religion
nachteilige Selbsttäuschung bleibt. Zu glauben, daß es
Gnadenwirkungen geben könne, und vielleicht zu Ergänzung der Unvollkommenheit unserer Tugendbestrebung
auch geben müsse, ist alles, was wir davon sagen können;
übrigens sind wir unvermögend, etwas in Ansehung ihrer
Kennzeichen zu bestimmen, noch mehr aber, zur Hervor-
bringung derselben etwas zu tun.

Der Wahn, durch religiöse Handlungen des Kultus etwas
in Ansehung der Rechtfertigung vor Gott auszurichten, ist
der religiöse Aberglaube; so wie der Wahn, dieses durch
Bestrebung zu einem vermeintlichen Umgange mit Gott
bewirken zu wollen, die religiöse Schwärmerei. – Es ist
abergläubischer Wahn, | durch Handlungen, die ein jeder
Mensch tun kann, ohne daß er eben ein guter Mensch sein
darf, Gott wohlgefällig werden zu wollen (z. B. durch Bekenntnis statutarischer Glaubenssätze, durch Beobachtung
kirchlicher Observanz und Zucht u. d. g.). Er wird aber darum abergläubisch genannt, weil er sich bloße Naturmittel
(nicht moralische) wählt, die zu dem, was nicht Natur ist
(d. i. dem sittlich Guten), für sich schlechterdings nichts
wirken können. – Ein Wahn aber | heißt schwärmerisch,
wo sogar das eingebildete Mittel, als übersinnlich, nicht in
dem Vermögen des Menschen ist, ohne noch auf die Uner-
reichbarkeit des dadurch beabsichtigten übersinnlichen
Zwecks zu sehen, denn dieses Gefühl der unmittelbaren
Gegenwart des höchsten Wesens und die Unterscheidung
desselben von jedem anderen, selbst dem moralischen Gefühle, wäre eine Empfänglichkeit einer Anschauung, für die

in der menschlichen Natur kein Sinn ist. – Der abergläubische Wahn, weil er ein an sich für manches Subjekt taugliches und diesem zugleich mögliches Mittel, wenigstens den Hindernissen einer Gott wohlgefälligen Gesinnung entgegen zu wirken, enthält, ist doch mit der Vernunft sofern verwandt, und nur zufälligerweise dadurch, daß er das, was bloß Mittel sein kann, zum unmittelbar Gott wohlgefälligen Gegenstande macht, verwerflich; dagegen ist der schwärmerische Religionswahn der moralische Tod der Vernunft, ohne die doch gar keine Religion, | als welche, wie alle Moralität überhaupt, auf Grundsätze gegründet werden muß, statt finden kann.

Der allem Religionswahn abhelfende oder vorbeugende Grundsatz eines Kirchenglaubens ist also: daß dieser neben den statutarischen Sätzen, deren er vorjetzt nicht gänzlich entbehren kann, doch zugleich ein Prinzip in sich enthalten müsse, die Religion des guten Lebenswandels, als das eigentliche Ziel, um jener dereinst gar entbehren zu können, herbeizuführen.

§ 3
Vom Pfaffentum[1] als einem Regiment im
Afterdienst des guten Prinzips

Die Verehrung mächtiger unsichtbarer Wesen, welche dem hilflosen Menschen durch die natürliche auf | dem Bewußtsein seines Unvermögens | gegründete Furcht ab-

---

[1] Diese bloß das Ansehen eines geistlichen Vaters πάπα bezeichnende Benennung erhält nur durch den Nebenbegriff eines geistlichen Despotismus, der in allen kirchlichen Formen, so anspruchslos und populär sie sich ankündigen, angetroffen werden kann, die Bedeutung eines Tadels. Ich will daher keineswegs so verstanden sein, als ob ich, in der Gegeneinanderstellung der Sekten, eine vergleichungsweise gegen die

---

3 diesem] A und alle Herausgeber: diesem; B: diesen

genötigt wurde, fing nicht sogleich mit einer Religion, sondern von einem knechtischen Gottes- (oder Götzen-) Dienste an, welcher, wenn er eine gewisse öffentlichgesetzliche Form bekommen hatte, ein Tempeldienst, und nur, nachdem mit diesen Gesetzen allmählich die moralische Bildung der Menschen verbunden worden, ein Kirchendienst wurde: denen beiden ein Geschichtsglaube zum Grunde liegt, bis man endlich diesen bloß für provisorisch, und in ihm die symbolische Darstellung und das Mittel der Beförderung eines reinen Religionsglaubens, zu sehen angefangen hat.

Von einem tungusischen Schaman, bis zu dem Kirche und Staat zugleich regierenden europäischen Prälaten, oder (wollen wir statt der Häupter und Anführer nur auf die Glaubensanhänger nach ihrer eigenen Vorstellungsart sehen) zwischen dem ganz sinnlichen Wogulitzen, der die Tatze von einem Bärenfell sich des Morgens auf sein Haupt legt, mit dem kurzen Gebet: »Schlag mich nicht tot!« bis zum sublimierten Puritaner und Independenten in Connecticut ist zwar ein mächtiger Abstand in der Manier, aber nicht im Prinzip zu glauben; denn, was dieses betrifft, so gehören sie insgesamt zu einer und derselben Klasse, derer nämlich, die in dem, was an sich keinen besseren Menschen ausmacht (im Glauben gewisser statutarischer Sätze, oder Begehen gewisser willkürlicher Observanzen), ihren Gottesdienst setzen. Diejenigen allein, die ihn lediglich in der Gesinnung eines guten Lebenswandels zu finden gemeint sind, unterscheiden sich

andere, mit ihren Gebräuchen und Anordnungen, geringschätzig machen wolle. Alle verdienen gleiche Achtung, sofern ihre Formen Versuche armer Sterblichen sind, sich das Reich Gottes auf Erden zu versinnlichen; aber auch gleichen Tadel, wenn sie die Form der Darstellung dieser Idee (in einer sichtbaren Kirche) für die Sache selbst halten.

30 Formen] A: Formen; B, Weischedel: fernern
33 (Fußnote)] Zusatz von B

von jenen durch den Überschrift zu einem ganz anderen und über das erste weit erhabenen Prinzip, demjenigen nämlich, wodurch sie sich zu einer (unsichtbaren) Kirche bekennen, die alle Wohldenkenden in sich befaßt, und, ihrer wesentlichen Beschaffenheit nach, allein die wahre allgemeine sein kann.

Die unsichtbare Macht, welche über das Schicksal der Menschen gebietet, zu ihrem Vorteil zu lenken, ist eine Absicht, die sie alle haben; nur wie das anzufangen sei, darüber denken sie verschieden. Wenn sie jene Macht für ein verständiges Wesen halten, und ihr also einen Willen beilegen, von dem sie ihr Los erwarten, so kann ihr Bestreben nur in der Auswahl der Art bestehen, wie sie, als seinem Willen unterworfene Wesen, durch ihr Tun und Lassen ihm gefällig werden können. Wenn sie es als moralisches Wesen denken, so überzeugen sie sich leicht durch ihre eigene Vernunft, daß die Bedingung, sein Wohlgefallen zu erwerben, ihr moralisch guter Lebenswandel, vornehmlich die reine Gesinnung, als das sub|jektive Prinzip desselben, sein müsse. Aber das höchste Wesen kann doch auch vielleicht noch überdem auf eine Art gedient sein wollen, die uns durch bloße Vernunft nicht bekannt werden kann, nämlich durch Handlungen, | denen für sich selbst wir zwar nichts Moralisches ansehen, die aber doch entweder als von ihm geboten, oder auch nur, um unsere Unterwürfigkeit gegen ihn zu bezeugen, willkürlich von uns unternommen werden; in welchen beiden Verfahrungsarten, wenn sie ein Ganzes systematisch geordneter Beschäftigungen ausmachen, sie also überhaupt einen Dienst Gottes setzen. – Wenn nun beide verbunden sein sollen, so wird entweder jede als unmittelbar, oder eine von beiden nur als Mittel zu der anderen, als dem eigentlichen Dienste Gottes, für die Art angenommen werden müssen, Gott wohl zu gefallen. Daß der moralische

26 ihn] A: ihn überhaupt

Dienst Gottes (*officium liberum*) ihm unmittelbar gefalle, leuchtet von selbst ein. Er kann aber nicht für die oberste Bedingung alles Wohlgefallens am Menschen anerkannt werden (welches auch schon im Begriff der Moralität
5 liegt), wenn der Lohndienst (*officium mercenarium*) als **für sich allein** Gott wohlgefällig betrachtet werden könnte; denn alsdann würde niemand wissen, welcher Dienst in einem vorkommenden Falle vorzüglicher wäre, um das Urteil über seine Pflicht danach einzurichten, oder
10 wie sie sich einander ergänzten. Also werden Handlungen, die an sich keinen moralischen Wert haben, nur sofern sie als Mittel zur Beförderung dessen, was an Handlungen unmittelbar gut ist (zur Moralität), dienen, d. i. **um des moralischen Dienstes Gottes willen**, als
15 ihm wohlgefällig angenommen werden müssen.

| Der Mensch nun, welcher Handlungen, die für sich B 273 selbst nichts Gott Wohlgefälliges (Moralisches) enthalten, doch als Mittel braucht, das göttliche unmittelbare Wohlgefallen an ihm und hiermit die Erfüllung seiner Wünsche
20 zu erwerben, steht in dem Wahn des Besitzes einer Kunst, durch ganz natürliche Mittel eine übernatürliche Wirkung zuwege zu bringen; dergleichen Versuche man das **Zaubern** zu nennen pflegt, welches Wort wir aber (da es den Nebenbegriff einer Gemeinschaft mit dem bösen Prinzip
25 bei sich führt, dagegen jene Versuche doch auch als übrigens in guter moralischer Absicht aus Mißverstande unternommen gedacht werden können) gegen das sonst bekannte Wort des **Fetischmachens** austauschen wollen. Eine übernatürliche Wirkung aber eines Menschen würde
30 diejenige sein, die nur dadurch in seinen Gedanken möglich ist, daß er vermeintlich auf Gott wirkt, und sich des-

---

5 als] A: auch als
7 wissen] A: wissen können
12 als Mittel] Handschrift, A, B, Weischedel: Mittel. Schon von *Intelligenzblatt* 1793 verbessert.
20 des Besitzes] Zusatz von B

selben als Mittels bedient, um eine Wirkung in der Welt hervorzubringen, dazu seine Kräfte, ja nicht einmal seine Einsicht, ob sie auch Gott wohlgefällig sein möchte, für sich nicht zulangen; welches schon in seinem Begriffe eine Ungereimtheit enthält.

Wenn der Mensch aber, außerdem, daß er durch das, was ihn unmittelbar zum Gegenstande des göttlichen Wohlgefallens macht (durch die tätige Gesinnung eines guten Lebenswandels), sich noch überdem vermittelst gewisser Förmlichkeiten der Ergänzung sei|nes Unvermögens durch einen übernatürlichen Beistand würdig zu machen sucht, und in dieser Absicht durch Observanzen, die zwar keinen unmittelbaren Wert haben, aber doch, zur Beförderung jener moralischen Gesinnung, als Mittel dienen, sich für die Erreichung des Objekts seiner guten moralischen Wünsche bloß empfänglich zu machen meint, so rechnet er zwar, zur Ergänzung seines natürlichen Unvermögens, auf etwas Übernatürliches, aber doch nicht als auf etwas vom Menschen (durch Einfluß auf den göttlichen Willen) Gewirktes, sondern Empfangenes, was er hoffen, aber nicht hervorbringen kann. – Wenn ihm aber Handlungen, die an sich, so viel wir einsehen, nichts Moralisches, Gott Wohlgefälliges enthalten, gleichwohl seiner Meinung nach zu einem Mittel, ja zur Bedingung dienen sollen, die Erhaltung seiner Wünsche unmittelbar von Gott zu erwarten: so muß er in dem Wahne stehen, daß, ob er gleich für dieses Übernatürliche weder ein physisches Vermögen, noch eine moralische Empfänglichkeit hat, er es doch durch natürliche, an sich aber mit der Moralität gar nicht verwandte Handlungen (welche auszuüben es keiner Gott wohlgefälligen Gesinnung bedarf, die der ärgste

---

12-13 durch Oberservanzen] A, B, Weischedel, Buchenau: Observanzen. Vorländer und Wobbermin setzen es (allerdings stillschweigend) ein. Dem ist zu folgen, weil das *sich ... zu machen meint* die Präposition fordert.

Mensch also eben sowohl, als der beste, ausüben kann), durch Formeln der Anrufung, durch Bekenntnisse eines Lohnglaubens, durch kirchliche Observanzen u. d. g. bewirken, und so den Beistand der Gottheit gleichsam herbeizaubern könne; denn es ist zwischen bloß physischen | Mitteln und einer moralisch wirkenden Ursache gar keine Verknüpfung nach irgend einem Gesetze, welches sich die Vernunft denken kann, nach welchem die letztere durch die ersteren zu gewissen Wirkungen als bestimmbar vorgestellt werden könnte.

Wer also die Beobachtung statutarischer einer Offenbarung bedürfender Gesetze als zur Religion notwendig, und zwar nicht bloß als Mittel für die moralische Gesinnung, sondern als die objektive Bedingung, Gott dadurch unmittelbar wohlgefällig zu werden, voranschickt, und diesem Geschichtsglauben die Bestrebung zum guten Lebenswandel nachsetzt (anstatt daß die erstere als etwas, was nur bedingterweise Gott wohlge|fällig sein kann, sich nach dem letzteren, was ihm allein schlechthin wohlgefällt, richten muß), der verwandelt den Dienst Gottes in ein bloßes Fetischmachen, und übt einen Afterdienst aus, der alle Bearbeitung zur wahren Religion rückgängig macht. So viel liegt, wenn man zwei gute Sachen verbinden will, an der Ordnung, in der man sie verbindet! – In dieser Unterscheidung aber besteht die wahre Aufklärung; der Dienst Gottes wird dadurch allererst ein freier, mithin moralischer Dienst. Wenn man aber davon abgeht, so wird, statt der Freiheit der Kinder Gottes, dem Menschen vielmehr das Joch eines Gesetzes (des statutarischen) auferlegt, welches dadurch, daß es als unbedingte Nötigung, etwas zu glauben, was | nur historisch erkannt werden, und darum nicht für jedermann überzeugend sein kann, ein für gewissenhafte Menschen noch

---

9 ersteren] Verbesserung von Vorländer (Bezug: *physischen Mitteln*); A, B, alle weiteren Herausgeber: erstere

weit schwereres Joch ist,[1] als der ganze Kram frommer auferlegter Observanzen immer sein mag, bei denen es genug ist, daß man sie begeht, um mit einem eingerichteten kirchlichen gemeinen Wesen zusammen zu passen, ohne daß jemand innerlich oder äußerlich das Bekenntnis seines Glaubens ablegen darf, daß er es für eine von Gott gestiftete Anordnung halte: denn durch dieses wird eigentlich das Gewissen belästigt.

Das Pfaffentum ist also die Verfassung einer Kirche, sofern in ihr ein Fetischdienst regiert, wel|ches allemal da anzutreffen ist, wo nicht Prinzipien der Sittlichkeit, sondern statutarische Gebote, Glaubensregeln und Observanzen die Grundlage und das Wesentliche desselben ausmachen. Nun gibt es zwar manche Kirchenformen, in denen das Fetischmachen | so mannigfaltig und so mechanisch ist, daß es beinahe alle Moralität, mithin auch Religion, zu verdrängen, und ihre Stelle vertreten

---

[1] »Dasjenige Joch ist sanft, und die Last ist leicht«, wo die Pflicht, die jedermann obliegt, als von ihm selbst, und durch seine eigene Vernunft ihm auferlegt, betrachtet werden kann; das er daher sofern freiwillig auf sich nimmt. Von dieser Art sind aber nur die moralischen Gesetze, als göttliche Gebote, von denen allein der Stifter der reinen Kirche sagen konnte: »Meine Gebote sind nicht schwer«. Dieser Ausdruck will nur so viel sagen: sie sind nicht beschwerlich, weil ein jeder die Notwendigkeit ihrer Befolgung von selbst einsieht, mithin ihm dadurch nichts aufgedrungen wird, dahingegen despotisch gebietende, obzwar zu unserem Besten (doch nicht durch unsere Vernunft) uns auferlegte Anordnungen, davon wir keinen Nutzen sehen können, gleichsam Vexationen (Plackereien) sind, denen man sich nur gezwungen unterwirft. An sich sind aber die Handlungen, in der Reinigkeit ihrer Quelle betrachtet, die durch jene moralischen Gesetze geboten werden, gerade die, welche dem Menschen am schwersten fallen, und wofür er gerne die beschwerlichsten frommen Plackereien übernehmen möchte, wenn es möglich wäre, diese statt jener in Zahlung zu bringen.

13-14 desselben] Wobbermin: derselben. Aber der Bezug auf *Dienst* ist möglich.

zu sollen, scheint, und so ans Heidentum sehr nahe angrenzt; allein auf das Mehr oder Weniger kommt es hier nicht eben an, wo der Wert oder Unwert auf der Beschaffenheit des zu oberst verbindenden Prinzips beruht.
Wenn dieses die gehorsame Unterwerfung unter eine Satzung, als Frondienst, nicht aber die freie Huldigung auferlegt, die dem moralischen Gesetze zuoberst geleistet werden soll, so mögen der auferlegten Observanzen noch so wenig sein; genug, wenn sie für unbedingt notwendig erklärt werden, so ist das immer ein Fetischglauben, durch den die Menge regiert, und durch den Gehorsam unter eine Kirche (nicht der Religion) ihrer moralischen Freiheit beraubt wird. Die Verfassung derselben (Hierarchie) mag monarchisch, oder aristokratisch, oder demokratisch sein: das betrifft nur die Organisation; die Konstitution derselben ist und bleibt doch unter allen diesen Formen immer despotisch. Wo Statute des Glaubens zum Konstitutionalgesetz gezählt werden, da herrscht ein Klerus, der der Vernunft, und selbst zuletzt der Schriftgelehrsamkeit, gar wohl entbehren zu | B 278
können glaubt, weil er als einzig autorisierter Bewahrer und Ausleger des Willens des unsichtbaren Gesetzgebers die Glaubensvorschrift ausschließlich zu verwalten die Autorität hat und also, mit dieser Gewalt versehen, nicht überzeugen, sondern nur befehlen darf. – Weil nun außer diesem Klerus alles übrige Laie ist (das Oberhaupt des politischen gemeinen Wesens nicht ausgenommen): so beherrscht die Kirche zuletzt den Staat, nicht eben durch Gewalt, sondern durch Einfluß auf die Gemüter, überdem auch durch Vorspiegelung des Nutzens, den dieser vorgeblich aus einem unbedingten Gehorsam soll ziehen können, zu dem eine geistige Disziplin selbst das Denken des Volks gewöhnt hat; wobei aber unvermerkt die Gewöhnung an Heuchelei die Redlichkeit und Treue der Untertanen untergräbt, sie zum Scheindienst auch in bürgerlichen Pflichten abwitzigt, und, wie alle fehlerhaft genommenen Prinzi-

pien, gerade das Gegenteil von dem hervorbringt, was beabsichtigt war.

Das alles ist aber die unvermeidliche Folge von der beim ersten Anblick unbedenklich scheinenden Versetzung der Prinzipien des allein seligmachenden Religionsglaubens, indem es darauf ankam, welchem von | beiden man die erste Stelle als oberste Bedingung (der das andere untergeordnet ist) einräumen sollte. Es ist billig, es ist vernünf|tig, anzunehmen, daß nicht bloß »Weise nach dem Fleisch«, Gelehrte oder Vernünftler zu dieser Aufklärung in Ansehung ihres wahren Heils berufen sein werden – denn dieses Glaubens soll das ganze menschliche Geschlecht fähig sein –, sondern »was töricht ist vor der Welt«; selbst der Unwissende oder an Begriffen Eingeschränkteste muß auf eine solche Belehrung und innere Überzeugung Anspruch machen können. Nun scheint's zwar, daß ein Geschichtsglaube, vornehmlich wenn die Begriffe, deren er bedarf, um die Nachrichten zu fassen, ganz anthropologisch und der Sinnlichkeit sehr anpassend sind, gerade von dieser Art sei. Denn was ist leichter, als eine solche sinnlich gemachte und einfältige Erzählung aufzufassen und einander mitzuteilen, oder von Geheimnissen die Worte nachzusprechen, mit denen es gar nicht nötig ist, einen Sinn zu verbinden; wie leicht findet dergleichen, vornehmlich bei einem großen verheißenen Interesse, allgemeinen Eingang, und wie tief wurzelt ein Glaube an die Wahrheit einer solchen Erzählung, die sich überdem auf eine von langer Zeit her für authentisch anerkannte Urkunde gründet, und so ist ein solcher Glaube

---

6 welchem] B: welchen; A: welchem. Von allen Herausgebern (z.T. stillschweigend) gebessert.
16-20 Nun scheint's ... sei.] Nach Kants Verbesserung des Manuskripts (mit Vorländer, Wobbermin, Buchenau); A, B, Weischedel: Nun scheint ein Geschichtsglaube ... zu sein.

freilich auch den gemeinsten menschlichen Fähigkeiten angemessen. Allein, obzwar die Kundmachung einer solchen Begebenheit sowohl, als auch der Glaube an darauf gegründete Verhaltungsregeln nicht gerade oder vorzüglich für Gelehrte oder Weltweise gegeben sein darf: so sind diese doch auch davon nicht ausgeschlossen, und da finden sich | nun so viel Bedenklichkeiten, teils in Ansehung ihrer Wahrheit, teils in Ansehung des Sinnes, darin ihr Vortrag genommen werden soll, daß einen solchen Glauben, der so vielen (selbst aufrichtig gemeinten) Streitigkeiten unterworfen ist, für die oberste Bedingung eines allgemeinen und allein seligmachenden Glaubens anzunehmen, das Widersinnigste ist, was man denken kann. – Nun gibt es aber ein praktisches Erkenntnis, das, ob es gleich lediglich auf Vernunft beruht, und keiner Geschichtslehre bedarf, doch jedem, auch dem einfältigsten Menschen so nahe liegt, als ob es ihm buchstäblich ins Herz geschrieben wäre: ein Gesetz, was man nur nennen darf, um sich über sein Ansehen mit jedem sofort einzuverstehen, und welches in jedermanns Bewußtsein u n b e d i n g t e Verbindlichkeit bei sich führt, nämlich das der Moralität; und was noch mehr ist, dieses Erkenntnis führt, entweder schon für sich allein, auf den Glauben an Gott, oder bestimmt wenigstens allein seinen Begriff als den eines moralischen Gesetzgebers, mithin leitet es zu einem | reinen Religionsglauben, der jedem Menschen nicht allein begreiflich, sondern auch im höchsten Grade ehrwürdig ist; ja es führt dahin so natürlich, daß, wenn man den Versuch machen will, man finden wird, daß er jedem Menschen, ohne ihm etwas davon gelehrt zu haben, ganz und gar abgefragt werden kann. Es ist also nicht allein klüglich

B 280

[182]

22 dieses] Handschrift, Wobbermin, Buchenau: dieses; A, B, Vorländer, Weischedel: diese
28 es] Handschrift, Wobbermin, Buchenau: es; A, B, Weischedel. er; Vorländer: sie (verursacht durch das Einsetzen von *die Erkenntnis*)
29 er] Bezug: der Religionsglaube

gehandelt, von diesem anzufangen, und den Geschichtsglauben, der damit harmoniert, | auf ihn folgen zu lassen, sondern es ist auch Pflicht, ihn zur obersten Bedingung zu machen, unter der wir allein hoffen können, des Heils teilhaftig zu werden, was uns ein Geschichtsglaube immer verheißen mag, und zwar dergestalt, daß wir diesen nur nach der Auslegung, welche der reine Religionsglaube ihm gibt, für allgemein verbindlich können, oder dürfen, gelten lassen (weil dieser allgemeingültige Lehre enthält), indessen, daß der Moralischgläubige doch auch für den Geschichtsglauben offen ist, sofern er ihn zur Belebung seiner reinen Religionsgesinnung zuträglich findet, welcher Glaube auf diese Art allein einen reinen moralischen Wert hat, weil er frei und durch keine Bedrohung (wobei er nie aufrichtig sein kann) abgedrungen ist.

Sofern nun aber auch der Dienst Gottes in einer Kirche auf die reine moralische Verehrung desselben, nach den der Menschheit überhaupt vorgeschriebenen Gesetzen, vorzüglich gerichtet ist, so kann man doch noch fragen: ob in dieser immer nur Gottseligkeits- oder auch reine Tugendlehre, jede besonders, den Inhalt des Religionsvortrags ausmachen solle. Die erste Benennung, nämlich Gottseligkeitslehre, drückt vielleicht die Bedeutung des Worts *religio* (wie es jetziger Zeit verstanden wird) im objektiven Sinn am besten aus.

| Gottseligkeit enthält zwei Bestimmungen der moralischen Gesinnung im Verhältnisse auf Gott; Furcht Gottes ist diese Gesinnung in Befolgung seiner Gebote aus schuldiger (Untertans-) Pflicht, d. i. aus Achtung fürs Gesetz; Liebe Gottes aber, aus eigener freier Wahl, und aus Wohlgefallen am Gesetze (aus Kindespflicht). Beide enthalten also, noch über die Moralität, den Begriff von einem mit Eigenschaften, die das durch diese beabsichtigte, aber über unser Vermögen hinausge-

---

30 Gottes] Zusatz von B

hende höchste Gut zu vollenden erforderlich sind, versehenen übersinnlichen Wesen, von dessen Natur der Begriff, wenn wir über das moralische Verhältnis der Idee desselben zu uns hinausgehen, immer in Gefahr steht,
5 von uns anthropomorphistisch und dadurch oft unseren sittlichen Grundsätzen gerade zum Nachteil gedacht zu werden, von dem also die Idee | in der spekulativen Vernunft für sich selbst nicht bestehen kann, sondern sogar ihren Ursprung, noch mehr aber ihre Kraft gänzlich auf
10 die Beziehung zu unserer auf sich selbst beruhenden Pflichtbestimmung gründet. Was ist nun natürlicher in der ersten Jugendunterweisung und selbst in dem Kanzelvortrage: die Tugendlehre vor der Gottseligkeitslehre, oder diese vor jener (wohl gar ohne derselben zu erwäh-
* nen) vorzutragen? Beide stehen offenbar in notwendiger Verbindung miteinander. Dies ist aber nicht anders möglich, als, da sie nicht einerlei sind, eine müßte als Zweck, die andere bloß als Mittel gedacht und vorgetragen wer|den. Die Tugendlehre aber besteht durch sich
20 selbst (selbst ohne den Begriff von Gott), die Gottseligkeitslehre enthält den Begriff von einem Gegenstande, den wir uns in Beziehung auf unsere Moralität, als ergänzende Ursache unseres Unvermögens in Ansehung des moralischen Endzwecks vorstellen. Die Gottseligkeitslehre
25 kann also nicht für sich den Endzweck der sittlichen Bestrebung ausmachen, sondern nur zum Mittel dienen, das, was an sich einen besseren Menschen ausmacht, die Tugendgesinnung, zu stärken; dadurch, daß sie ihr (als einer Bestrebung zum Guten, selbst zur Heiligkeit) die Er-
30 wartung des Endzwecks, dazu jene unvermögend ist, verheißt und sichert. Der Tugendbegriff ist dagegen aus der Seele des Menschen genommen. Er hat ihn schon ganz, obzwar unentwickelt, in sich, und darf nicht, wie der Religionsbegriff, durch Schlüsse herausvernünftelt werden.
35 In seiner Reinigkeit, in der Erweckung des Bewußtseins eines sonst von uns nie gemutmaßten Vermögens, über die größten Hindernisse in uns Meister werden zu kön-

nen, in der Würde der Menschheit, die der Mensch an seiner eigenen Person und ihrer Bestimmung verehren muß, nach der er strebt, um sie zu erreichen, liegt etwas so Seelenerhebendes, und zur Gottheit selbst, die nur durch ihre Heiligkeit und als Gesetzgeber für die Tugend anbetungswürdig ist, Hinleitendes, daß der Mensch, selbst wenn er noch weit davon entfernt ist, diesem Begriffe die Kraft des Einflusses auf seine Maximen zu geben, den|noch nicht ungern damit unterhalten wird, weil er sich selbst durch diese Idee schon in gewissem Grade veredelt fühlt, indessen, daß der Begriff von einem, diese Pflicht zum Gebote für uns machenden Weltherrscher noch in großer Ferne von ihm liegt, und, wenn er davon anfinge, seinen Mut (der das Wesen der Tugend mit ausmacht) niederschlagen, die Gottseligkeit aber in schmeichelnde, knechtische Unterwerfung unter eine despotisch gebietende Macht zu verwandeln in Gefahr bringen würde. Dieser Mut, auf eigenen Füßen zu stehen, | wird nun selbst durch die darauf folgende Versöhnungslehre gestärkt, indem sie, was nicht zu ändern ist, als abgetan vorstellt, und nun den Pfad zu einem neuen Lebenswandel für uns eröffnet, anstatt daß, wenn diese Lehre den Anfang macht, die leere Bestrebung, das Geschehene ungeschehen zu machen (die Expiation), die Furcht wegen der Zueignung derselben, die Vorstellung unseres gänzlichen Unvermögens zum Guten und die Ängstlichkeit wegen des Rückfalls ins Böse dem Menschen den Mut benehmen,[1] und ihn in ei|nen ächzen-

---

[1] Die verschiedenen Glaubensarten der Völker geben ihnen nach und nach auch wohl einen, im bürgerlichen Verhältnis äußerlich auszeichnenden, Charakter, der ihnen nachher, gleich als ob er Temperamentseigenschaft im ganzen wäre, beigelegt wird. So zog sich der Judaism seiner ersten Einrichtung nach, da ein Volk sich, durch alle erdenklichen, zum Teil peinlichen Observanzen, von allen an|deren Völkern absondern, und aller Vermischung mit ihnen vorbeugen sollte, den Vorwurf des Menschenhasses zu. Der Mohammedanism unterscheidet sich durch Stolz, weil er, statt der Wunder, an den Siegen und der Unterjochung vieler Völker die Bestätigung seines

Dienst und Afterdienst unter dem guten Prinzip 249

den moralischpassiven Zustand, der | nichts Großes und [185]
Gutes unternimmt, sondern alles vom | Wünschen erwar- B 286
tet, versetzen muß. – Es kommt in dem, was die moralische Gesinnung betrifft, alles auf den obersten Begriff an,
5 dem man seine Pflichten unterordnet. Wenn die Verehrung Gottes das Erste ist, der man also die Tugend unter-

Glaubens findet, und seine Andachtsgebräuche alle von der mutigen
Art sind.* Der hinduische Glaube gibt seinen Anhängern den
Charakter der Kleinmütigkeit aus Ursachen, die denen des
10 nächstvorhergehenden gerade entgegengesetzt sind. – Nun liegt
es gewiß nicht an der inneren Beschaffenheit des christlichen
Glaubens, sondern an der Art, wie er an die Gemüter gebracht
wird, wenn ihm an denen, die es am herzlichsten mit ihm meinen,
aber vom menschlichen Verderben anhebend, und an aller Tugend
15 verzweifelnd, ihr Religionsprinzip allein in der Frömmigkeit
(worunter der Grundsatz des leidenden Verhaltens in Ansehung
der durch eine Kraft von oben zu erwartenden Gottseligkeit verstanden wird) setzen, ein jenem ähnlicher Vorwurf gemacht werden kann; weil sie nie ein Zutrauen in sich selbst setzen, in bestän-
20 diger Ängstlichkeit sich nach einem übernatürlichen Beistande
umsehen, und selbst in dieser Selbstverachtung (die nicht Demut
ist) ein Gunst erwerbendes Mittel zu besitzen vermeinen, wovon
der äußere Ausdruck (im Pietismus oder der Frömmelei) eine
knechtische Gemütsart ankündigt.
25 ―――――
* Diese merkwürdige Erscheinung (des Stolzes eines unwissenden, obgleich verständigen Volks auf seinen Glauben) kann auch
von Einbildung des Stifters herrühren, als habe er den Begriff der
Einheit Gottes und dessen übersinnlicher Natur allein in der Welt
30 wiederum erneuert, der freilich eine Veredlung seines Volks durch
Befreiung vom Bilderdienst und der Anarchie der Vielgötterei sein
würde, wenn jener sich | dieses Verdienst mit Recht zuschreiben B 286
könnte. – Was das Charakteristische der dritten Klasse von Religionsgenossen betrifft, welche übel verstandene Demut zum Grun-

8 hinduische] Handschrift, D. hinduische, A. heidnische
21 Selbstverachtung] Zusatz von D, A. Kleinmütigkeit
23-24 Ausdruck ... knechtische] A: Ausdruck (ein Pietismus)
knechtische
34 welche] Vorländer, Wobbermin, Buchenau: welche; A, B,
Weischedel: welcher

ordnet, so ist dieser Gegenstand ein Idol, d. i. er wird als ein Wesen gedacht, dem wir nicht durch sittliches Wohlverhalten in der Welt, sondern durch Anbetung und Einschmeichelung zu gefallen hoffen dürften; die Religion aber ist alsdann Idololatrie. Gottseligkeit ist also nicht ein Surrogat der Tugend, um sie zu entbehren, sondern die Vollendung derselben, um mit der Hoff|nung der endlichen Gelingung aller unserer guten Zwecke bekrönt werden zu können.

§ 4
Vom Leitfaden des Gewissens in Glaubenssachen

Es ist hier nicht die Frage: wie das Gewissen geleitet werden solle? (denn das will keinen Leiter; es ist genug, eines zu haben), sondern wie dieses selbst zum Leitfaden in den bedenklichsten moralischen Entschließungen dienen könne. —

Das Gewissen ist ein Bewußtsein, das für sich selbst Pflicht ist. Wie ist es aber möglich, sich ein sol-

de hat, so soll die Herabsetzung des Eigendünkels in der Schätzung seines moralischen Werts, durch die Vorhaltung der Heiligkeit des Gesetzes, nicht Verachtung seiner selbst, sondern vielmehr Entschlossenheit bewirken, | dieser edlen Anlage in uns gemäß, uns der Angemessenheit zu jener immer mehr zu nähern: statt dessen Tugend, die eigentlich im Mute dazu besteht, als ein des Eigendünkels schon verdächtiger Name, ins Heidentum verwiesen und kriechende Gunstbewerbung dagegen angepriesen wird. — Andächtelei (*bigotterie, devotio, spuria*) ist die Gewohnheit, statt Gott wohlgefälliger Handlungen (in Erfüllung aller Menschenpflichten) in der unmittelbaren Beschäftigung mit Gott durch Ehrfurchtsbezeigungen die Übung der Frömmigkeit zu setzen; welche Übung alsdann zum Frondienst (*opus operatum*) gezählt werden muß, nur daß sie zu dem Aberglauben noch den schwärmerischen Wahn vermeinter übersinnlicher (himmlischer) Gefühle hinzu tut.

34 (Fußnote zur Fußnote)] Zusatz von B

ches zu denken, da das Bewußtsein aller unserer Vorstellungen nur in logischer Absicht, mithin bloß bedingterweise, wenn wir unsere Vorstellung klar machen wollen, notwendig zu sein scheint, mithin nicht unbedingt Pflicht sein kann?

Es ist ein moralischer Grundsatz, der keines Beweises bedarf: man soll **nichts auf die Gefahr wagen, daß es unrecht sei** (*quod dubitas, ne feceris!* Plin.). Das **Bewußtsein** also, daß eine Handlung, die **ich | unternehmen will**, recht sei, ist unbedingte Pflicht. Ob eine Handlung überhaupt recht oder | unrecht sei, daruber urteilt der Verstand, nicht das Gewissen. Es ist auch nicht schlechthin notwendig, von allen möglichen Handlungen zu wissen, ob sie recht oder unrecht sind. Aber von der, die **ich** unternehmen will, muß ich nicht allein urteilen, und meinen, sondern auch **gewiß** sein, daß sie nicht unrecht sei, und diese Forderung ist ein Postulat des Gewissens, welchem der **Probabilismus**, d.i. der Grundsatz entgegengesetzt ist: daß die bloße Meinung, eine Handlung könne wohl recht sein, schon hinreichend sei, sie zu unternehmen. – Man könnte das Gewissen auch so definieren: es ist **die sich selbst richtende moralische Urteilskraft**; nur würde diese Definition noch einer vorhergehenden Erklärung der darin enthaltenen Begriffe gar sehr bedürfen. Das Gewissen richtet nicht die Handlungen als Kasus, die unter dem Gesetz stehen; denn das tut die Vernunft, sofern sie subjektiv-praktisch ist (daher die *casus conscientiae* und die Kasuistik, als eine Art von Dialektik des Gewissens): sondern hier richtet die Vernunft sich selbst, ob sie auch wirklich jene Beurteilung der Handlungen mit aller Behutsamkeit (ob sie recht oder unrecht sind) übernommen habe, und stellt den Menschen, **wider** oder **für sich** selbst, zum

---

8 Plin.] Übersetzungs des Hrsg.: »Woran Du zweifelst, das tue nicht.« (Plinius, *Epist.* I, 18, 5)

Zeugen auf, daß dieses geschehen, oder nicht geschehen sei.

Man nehme z. B. einen Ketzerrichter an, der an der Alleinigkeit seines statutarischen Glaubens, bis allenfalls zum Märtyrertum, fest hängt, und der einen des Unglaubens verklagten sogenannten Ketzer (sonst guten Bürger) zu richten hat, und nun frage ich: ob, wenn er ihn zum Tode verurteilt, man sagen könne, er habe seinem (obzwar irrenden) Gewissen gemäß gerichtet, oder ob man ihm vielmehr schlechthin Gewissenlosigkeit Schuld geben könne, er mag geirrt oder mit Bewußtsein unrecht getan haben, weil man es ihm auf den Kopf zusagen kann, daß er in einem solchen Falle nie ganz gewiß sein konnte, er tue hierunter nicht vielleicht unrecht. Er war zwar vermutlich des festen Glaubens, daß ein übernatürlich-geoffenbarter göttlicher Wille (vielleicht nach dem Spruch: *compellite intrare*) es ihm erlaubt, wo nicht gar zur Pflicht macht, den vermeinten Unglauben zusamt den Ungläubigen auszurotten. Aber war er denn wirklich von einer solchen geoffenbarten Lehre, und auch diesem Sinne derselben, so sehr überzeugt, als erfordert wird, um es darauf zu wagen, einen Menschen umzubringen? Daß einem Menschen, seines Religionsglaubens wegen, das Leben zu nehmen unrecht sei, ist gewiß: wenn nicht etwa (um das Äußerste einzuräumen) ein göttlicher, außerordentlich ihm bekannt gewordener Wille es anders verordnet hat. Daß aber Gott diesen fürchterlichen Willen jemals geäußert habe, beruht auf Geschichtsdokumenten, und ist nie apodiktisch gewiß. Die Offenbarung ist ihm doch nur durch Menschen zugekommen, und von diesen ausgelegt, und | schiene sie ihm auch von Gott selbst gekommen zu sein (wie der an Abraham ergangene Befehl, seinen eigenen Sohn wie ein Schaf zu schlachten), so ist es wenigstens doch möglich, daß hier ein Irrtum vorwalte. Alsdann aber würde er es auf die Gefahr wagen, etwas zu

---

14 vielleicht] Handschrift, A: vielleicht; B: völlig

tun, was höchst unrecht sein würde, und hierin eben handelt er gewissenlos. – So ist es nun mit allem Geschichts- und Erscheinungsglauben bewandt: daß nämlich die Möglichkeit immer übrig bleibt, es sei darin ein Irrtum anzutreffen, folglich ist es gewissenlos, ihm bei der Möglichkeit, daß vielleicht dasjenige, was er fordert, oder erlaubt, unrecht sei, d. i. auf die Gefahr der Verletzung einer an sich gewissen Menschenpflicht, Folge zu leisten.

Noch mehr: eine Handlung, die ein solches positives (dafür gehaltenes) Offenbarungsgesetz gebietet, sei auch an sich erlaubt, so fragt sich, ob geistliche Obere oder Lehrer es, nach ihrer vermeinten Überzeugung, dem Volke als Glaubensartikel (bei Verlust ihres Standes) zu bekennen auferlegen dürfen? Da die Überzeugung keine anderen als historische Beweisgründe für sich hat, in dem Urteile dieses Volks aber (wenn es sich selbst nur im mindesten prüft) immer die absolute Möglichkeit eines vielleicht damit, oder bei ihrer klassischen Auslegung, vorgegangenen Irrtums übrig bleibt, so würde der Geistliche das Volk nötigen, etwas, wenigstens innerlich, für so wahr, als es ei|nen Gott glaubt, d. i. gleichsam im Angesichte Gottes, zu bekennen, was es, als ein solches, doch nicht gewiß weiß, z. B. die Einsetzung eines gewissen Tages zur periodischen öffentlichen Beförderung der Gottseligkeit, als ein von Gott unmittelbar verordnetes Religionsstück, anzuerkennen, oder ein Geheimnis, als von ihm festiglich geglaubt, zu bekennen, was es nicht einmal versteht. Sein geistlicher Oberer würde hierbei selbst wider Gewissen verfahren, etwas, wovon er selbst nie völlig überzeugt sein kann, anderen zum Glauben aufzudringen, und sollte daher billig wohl bedenken, was er tut, weil er allen Mißbrauch aus einem solchen Fronglauben verantworten muß. – Es kann also vielleicht Wahrheit im Geglaubten, aber doch zugleich Unwahrhaftigkeit im Glau-

---

6-7 fordert ... unrecht] A: fordert, erlaubt, oder unrecht

ben (oder dessen selbst bloß innerem Bekenntnisse) sein, und diese ist an sich verdammlich.

| Obzwar, wie oben angemerkt worden, Menschen, die nur den mindesten Anfang in der Freiheit zu denken gemacht haben,¹ da sie vorher unter einem Skla|venjoche des Glaubens waren (z. B. die Protestanten), sich sofort gleichsam für veredelt halten, je weniger sie (Positives und zur Priestervorschrift gehöriges) zu glauben nötig haben, so ist es doch bei denen, die noch keinen Versuch dieser Art haben machen können, oder wollen, gerade umgekehrt; denn dieser ihr Grundsatz ist: es ist ratsam, lieber zu viel als zu wenig

¹ Ich gestehe, daß ich mich in den Ausdruck, dessen sich auch wohl kluge Männer bedienen, nicht wohl finden kann: ein gewisses Volk (was in der Bearbeitung einer gesetzlichen Freiheit begriffen ist) ist zur Freiheit nicht reif; die Leibeigenen eines Gutseigentümers sind zur Freiheit noch nicht reif; und so auch, die Menschen überhaupt sind zur Glaubensfreiheit noch nicht reif. Nach einer solchen Voraussetzung aber wird die Freiheit nie eintreten; denn man | kann zu dieser nicht reifen, wenn man nicht zuvor in Freiheit gesetzt worden ist (man muß frei sein, um sich seiner Kräfte in der Freiheit zweckmäßig bedienen zu können). Die ersten Versuche werden freilich roh, gemeiniglich auch mit einem beschwerlicheren und gefährlicheren Zustande verbunden sein, als da man noch unter den Befehlen, aber auch der Vorsorge anderer stand; allein man reift für die Vernunft nie anders, als durch eigene Versuche (welche machen zu dürfen, man frei sein muß). Ich habe nichts dawider, daß die, welche die Gewalt in Händen haben, durch Zeitumstände genötigt, die Entschlagung von diesen drei Fesseln noch weit, sehr weit aufschieben. Aber es zum Grundsatze machen, daß denen, die ihnen einmal unterworfen sind, überhaupt die Freiheit nicht tauge, und man berechtigt sei, sie jederzeit davon zu entfernen, ist ein Eingriff in die Regalien der Gottheit selbst, die den Menschen zur Freiheit schuf. Bequemer ist es freilich, im Staat, Hause und Kirche zu herrschen, wenn man einen solchen Grundsatz durchzusetzen vermag. Aber auch gerechter?

2 diese] A: dieses; Handschrift: diesen
12 in den] A: im
32 die] Vorländer, Wobbermin: die; A, B, Buchenau, Weischedel: der

zu glauben. Denn, was man mehr tut, als man schuldig ist, schade wenigstens nichts, könne aber doch vielleicht wohl gar helfen. – Auf diesen Wahn, der die Unredlichkeit in Religionsbekenntnissen zum Grundsatze macht (wozu man sich desto leichter entschließt, weil | die Religion jeden Fehler, folglich auch den der Unredlichkeit wieder gut macht), gründet sich die sogenannte Sicherheitsmaxime in Glaubenssachen (*argumentum a tuto*): Ist das wahr, was ich von Gott bekenne, so habe ich's getroffen; ist es nicht wahr, übrigens auch nichts an sich Unerlaubtes: so habe ich es bloß überflüssig geglaubt, was zwar nicht nötig war, mir aber nur etwa eine Beschwerde, die doch kein Verbrechen ist, aufgeladen. Die Gefahr aus der Unredlichkeit seines Vorgebens, die Verletzung des Gewissens, etwas selbst vor Gott für gewiß auszugeben, wovon er sich | doch bewußt ist, daß es nicht von der Beschaffenheit sei, es mit unbedingten Zutrauen zu beteuern, dieses alles hält der Heuchler für nichts. – Die echte, mit der Religion allein vereinbare Sicherheitsmaxime ist gerade die umgekehrte: Was, als Mittel, oder als Bedingung der Seligkeit, mir nicht durch meine eigene Vernunft, sondern nur durch Offenbarung bekannt, und vermittelst eines Geschichtsglaubens allein in meine Bekenntnisse aufgenommen werden kann, übrigens aber den reinen moralischen Grundsätzen nicht widerspricht, kann ich zwar nicht für gewiß glauben und beteuern, aber auch eben so wenig als gewiß falsch abweisen. Gleichwohl, ohne etwas hierüber zu bestimmen, rechne ich darauf, daß, was darin Heilbringendes enthalten sein mag, mir, sofern ich mich nicht etwa durch

B 293

[189]

11 zwar] Zusatz von B
11 war] Zusatz von B
11 aber] Zusatz von B
19 vereinbare] Handschrift, Vorländer, Buchenau: vereinbare; A, B, Wobbermin, Weischedel: vereinbarte
29ff. nicht etwa ... mache] Handschrift, A: durch den Mangel ... dessen unwürdig mache

den Mangel der moralischen Gesinnung in einem guten Lebenswandel dessen unwürdig mache, zu gut kommen | werde. In dieser Maxime ist wahrhafte moralische Sicherheit, nämlich vor dem Gewissen (und mehr kann von einem Menschen nicht verlangt werden), dagegen ist die höchste Gefahr und Unsicherheit bei dem vermeinten Klugheitsmittel, die nachteiligen Folgen, die mir aus dem Nichtbekennen entspringen dürften, listigerweise zu umgehen, und dadurch, daß man es mit beiden Parteien hält, es mit beiden zu verderben. –

Wenn sich der Verfasser eines Symbols, wenn sich der Lehrer einer Kirche, ja jeder Mensch, sofern er innerlich sich selbst die Überzeugung von Sätzen als göttlichen Offenbarungen gestehen soll, fragte: getrauest du dich wohl in Gegenwart des Herzenskündigers mit Verzichttuung auf alles, was dir wert und heilig ist, dieser Sätze Wahrheit zu beteuern? so müßte ich von der menschlichen (des Guten doch wenigstens nicht ganz unfähigen) Natur einen sehr nachteiligen Begriff haben, um nicht vorauszusehen, daß auch der kühnste Glaubenslehrer hierbei zittern müßte.[1] | Wenn das aber | so ist, wie reimt es sich mit der Gewissenhaftigkeit zusammen, gleichwohl auf eine solche Glaubenserklärung, die keine Einschrän-

---

[1] Der nämliche Mann, der so dreist ist zu sagen: wer an diese oder jene Geschichtslehre als eine teure Wahrheit nicht glaubt, der ist verdammt, der müßte doch auch sagen können: wenn das, was ich euch hier erzähle, nicht wahr ist, so will ich verdammt sein! – Wenn es jemand gäbe, der einen solchen schrecklichen Ausspruch tun könnte, so würde ich raten, sich in Ansehung seiner nach dem persischen Sprichwort von einem Hadgi zu richten: Ist jemand einmal (als Pilgrim) in Mekka gewesen, so zie|he aus dem Hause, worin er mit dir wohnt; ist er zweimal da gewesen, so ziehe aus derselben Straße, wo er sich befindet; ist er aber dreimal da gewesen, so verlasse die Stadt, oder gar das Land, wo er sich aufhält.

---

12 ja] Vorländer: da
34 (Fußnote)] Zusatz von B

kung zuläßt, zu dringen, und die Vermessenheit solcher Beteuerungen sogar selbst für Pflicht und gottesdienstlich auszugeben, dadurch aber die Freiheit der Menschen, die zu allem, was moralisch ist (dergleichen die Annahme einer Religion), durchaus erfordert wird, gänzlich zu Boden zu schlagen, und nicht einmal dem guten Willen Platz einzuräumen, der da sagt: »Ich glaube, lieber Herr, hilf meinem Unglauben!«[1]

---

[1] O Aufrichtigkeit! du Asträa, die du von der Erde zum Himmel entflohen bist, wie zieht man dich (die Grundlage des Gewissens, mithin aller inneren Religion) von da zu uns wieder herab? Ich kann es einräumen, wiewohl es sehr zu bedauern ist, daß Offenherzigkeit (die ganze Wahrheit, die man weiß, zu sagen) in der menschlichen Natur nicht angetroffen wird. Aber Aufrichtigkeit (daß alles, was man sagt, mit Wahrhaftigkeit gesagt sei) muß man von jedem Menschen fordern können, und, wenn auch selbst keine Anlage in unserer Natur wäre, deren Kultur nur vernachlässigt wird, so würde die Menschenrasse in ihren eigenen Augen ein Gegenstand der tiefsten Verachtung sein müssen. – Aber jene verlangte Gemütseigenschaft ist eine solche, die vielen Versuchungen ausgesetzt ist, und manche Aufopferung kostet, daher auch moralische Stärke, d.i. Tugend (die erworben werden muß) fordert, die aber früher als jede andere bewacht und kultiviert werden muß, weil der entgegengesetzte Hang, wenn man ihn hat einwurzeln lassen, am schwersten auszurotten ist. – Nun vergleiche man damit unsere Erziehungsart, vornehmlich im Punkte der Religion, oder, besser, der Glaubenslehren, wo die Treue des Gedächtnisses in Beantwortung der sie betreffenden Fragen, ohne auf die Treue des Bekenntnisses zu sehen (worüber nie eine Prüfung angestellt wird), schon für hinreichend angenommen wird, einen Gläubigen zu machen, der das, was er heilig beteuert, nicht einmal versteht, und man wird sich über den Mangel der Aufrichtigkeit, der lauter innere Heuchler macht, nicht mehr wundern.

---

12 einräumen] Vorländer ergänzt: zwar einräumen

Allgemeine Anmerkung
[Von Gnadenmitteln]

Was Gutes der Mensch nach Freiheitsgesetzen für sich selbst tun kann, in Vergleichung mit dem Vermögen, welches ihm nur durch übernatürliche Beihilfe möglich ist, kann man Natur, zum Unterschied von der Gnade, nennen. Nicht als ob wir durch den ersteren Ausdruck eine physische, von der Freiheit unterschiedene Beschaffenheit verständen, sondern bloß, weil wir für dieses Vermögen wenigstens die Gesetze (der Tugend) erkennen, und die Vernunft also davon, als einem Analogon der Natur, einen für sie sichtbaren und faßlichen Leitfaden hat; dagegen, | ob, wenn und was, oder wie viel die Gnade in uns wirken werde, uns gänzlich verborgen bleibt, und die Vernunft hierüber, so wie beim Übernatürlichen überhaupt (dazu die Moralität, als Heiligkeit, gehört), von aller Kenntnis der Gesetze, wonach es geschehen mag, verlassen ist.

Der Begriff eines übernatürlichen Beitritts zu unserem moralischen, obzwar mangelhaften, Vermögen und selbst | zu unserer nicht völlig gereinigten, wenigstens schwachen Gesinnung, aller unserer Pflicht ein Genüge zu tun, ist transzendent und eine bloße Idee, von deren Realität uns keine Erfahrung versichern kann. – Aber selbst als Idee in bloß praktischer Absicht sie anzunehmen, ist sie sehr gewagt und mit der Vernunft schwerlich vereinbar; weil, was uns, als sittliches gutes Verhalten, zugerechnet werden soll, nicht durch fremden Einfluß, sondern nur durch den bestmöglichen Gebrauch unserer eigenen Kräfte geschehen müßte. Allein die Unmöglichkeit davon (daß beides neben einander statt finde) läßt sich doch eben auch nicht beweisen, weil die Freiheit selbst, obgleich sie nichts

---

2 [...]] Von Kant vorgeschlagener Titel dieser vierten Anmerkung, also des letzten der vier (im Original klein gedruckten) Parerga der Religion innerhalb der Grenzen der bloßen Vernunft. Vgl. B 63.

Übernatürliches in ihrem Begriffe enthält, gleichwohl ihrer Möglichkeit nach uns ebenso unbegreiflich bleibt, als das Übernatürliche, welches man zum Ersatz der selbsttätigen, aber mangelhaften Bestimmung derselben annehmen möchte.

Da wir aber von der Freiheit doch wenigstens die Gesetze, nach welchen sie bestimmt werden soll (die moralischen), kennen, von einem übernatürlichen Beistande aber, ob eine gewisse in uns wahrgenommene moralische Stärke wirklich daher rühre, oder auch, in welchen Fällen und unter welchen Bedingungen sie zu erwarten sei, nicht das mindeste erkennen können, so werden wir außer der allgemeinen Voraussetzung, daß, was die Natur in uns nicht vermag, die Gnade bewirken werde, wenn wir jene (d. i. unsere eigenen Kräfte) nur nach Möglichkeit benutzt haben, von dieser Idee weiter gar keinen Gebrauch machen können: weder wie wir (noch außer der stetigen Bestrebung zum guten Lebenswandel) ihre Mitwirkung auf uns ziehen, noch wie wir bestimmen könnten, in welchen Fällen wir uns ihrer zu gewärtigen haben. – Diese Idee ist gänzlich über|schwenglich, und es ist überdem heilsam, sich von ihr, als einem Heiligtum, in ehrerbietiger Entfernung zu halten, damit wir nicht in dem Wahne, selbst Wunder zu tun, oder Wunder in uns wahrzunehmen, uns für allen Vernunftgebrauch untauglich machen, oder auch zur Trägheit einladen lassen, das, was wir in uns selbst suchen sollten, von oben herab in passiver Muße zu erwarten.

| Nun sind Mittel alle Zwischenursachen, die der Mensch in seiner Gewalt hat, um dadurch eine gewisse Absicht zu bewirken, und da gibt's, um des himmlischen Beistandes würdig zu werden, nichts anderes (und kann auch kein anderes geben), als ernstliche Bestrebung, seine sittliche Beschaffenheit nach aller Möglichkeit zu bessern,

---

17 außer der stetigen] A: über die stetige
25 oder] A: aber

und sich dadurch der Vollendung ihrer Angemessenheit zum göttlichen Wohlgefallen, die nicht in seiner Gewalt ist, empfänglich zu machen, weil jener göttliche Beistand, den er erwartet, selbst eigentlich doch nur seine Sittlichkeit zur Absicht hat. Daß aber der unlautere Mensch ihn da nicht suchen werde, sondern lieber in gewissen sinnlichen Veranstaltungen (die er freilich in seiner Gewalt hat, die aber auch für sich keinen besseren Menschen machen können, und nun doch übernatürlicherweise dieses bewirken sollen), war wohl schon *a priori* zu erwarten, und so findet es sich auch in der Tat. Der Begriff eines sogenannten G n a d e n m i t t e l s, ob er zwar (nach dem, was eben gesagt worden) in sich selbst widersprechend ist, dient hier doch zum Mittel einer Selbsttäuschung, welche ebenso gemein als der wahren Religion nachteilig ist.

Der wahre (moralische) Dienst Gottes, den Gläubige, als zu seinem Reich gehörige Untertanen, nicht minder aber | auch (unter Freiheitsgesetzen) als Bürger desselben zu leisten haben, ist zwar, sowie dieses selbst, unsichtbar, d. i. ein D i e n s t d e r H e r z e n (im Geist und in der Wahrheit), und kann nur in der Gesinnung, der Beobachtung aller wahren Pflichten, als göttlicher Gebote, nicht in ausschließlich für Gott bestimmten Handlungen bestehen. Allein das Unsichtbare bedarf doch beim Menschen durch etwas Sichtbares (Sinnliches) repräsentiert, ja, was noch mehr ist, durch dieses zum Behuf des Praktischen begleitet, und, obzwar es intellektuell ist, gleichsam (nach einer gewissen Analogie) anschaulich gemacht zu werden; welches, obzwar ein nicht wohl entbehrliches, doch zugleich die Gefahr der Mißdeutung gar sehr unterworfenes Mittel ist, uns unsere Pflicht im Dienste Gottes nur vorstellig zu machen, durch einen uns überschleichenden W a h n doch

---

8-9 können] Zusatz von B
20-21 (...)] Zusatz von B; ebenso wie die Sperrung der vorhergehenden Worte
32 doch] A: aber

leichtlich für den Gottesdienst selbst gehalten, und auch gemeiniglich so benannt wird.

Dieser angebliche Dienst Gottes, auf seinen Geist und seine wahre Bedeutung, nämlich eine dem Reich Gottes in uns und außer uns sich weihende Gesinnung, zurückgeführt, kann selbst durch die Vernunft in vier Pflichtbeobachtungen eingeteilt werden, denen aber gewisse Förmlichkeiten, die mit jenen nicht in notwendiger Verbindung stehen, korrespondierend | beigeordnet worden sind; weil sie jenen zum Schema zu dienen, und so unsere Aufmerksamkeit auf den wahren Dienst Gottes zu erwecken und zu unterhalten, von alters her für gute sinnliche Mittel befunden sind. Sie gründen sich insgesamt auf die Absicht, das Sittlich-Gute zu befördern. 1) Es in uns selbst fest zu gründen, und die Gesinnung desselben wiederholentlich im Gemüt zu erwecken (das Privatgebet). 2) Die äußere Ausbrei|tung desselben, durch öffentliche Zusammenkunft an dazu gesetzlich geweihten Tagen, um daselbst religiöse Lehren und Wünsche (und hiermit dergleichen Gesinnungen) laut werden zu lassen, und sie so durchgängig mitzuteilen (das Kirchengehen). 3) Die Fortpflanzung desselben auf die Nachkommenschaft; durch Aufnahme der neueintretenden Glieder in die Gemeinschaft des Glaubens, als Pflicht, sie darin auch zu belehren (in der christlichen Religion die Taufe). 4) Die Erhaltung dieser Gemeinschaft durch eine wiederholte öffentliche Förmlichkeit, welche die Vereinigung dieser Glieder zu einem ethischen Körper, und zwar nach dem Prinzip der Gleichheit ihrer Rechte unter sich und des Anteils an allen Früchten des Moralisch-Guten fortdauernd macht (die Kommunion).

Alles Beginnen in Religionssachen, wenn man es nicht bloß moralisch nimmt, und doch für ein an sich Gott

---

18 gesetzlich] fehlt bei Vorländer
30 allen] Vorländer: den

wohlgefällig machendes, mithin durch ihn alle unsere
Wünsche befriedigendes Mittel ergreift, ist ein **Fetischglaube**, welcher eine Überredung ist: daß, was weder
nach **Natur-**, noch nach moralischen Vernunftgesetzen
irgend etwas wirken kann, doch dadurch allein schon das
Gewünschte wirken werde, wenn man nur festiglich
glaubt, es werde dergleichen wirken, und dann mit diesem
Glauben gewisse Förmlichkeiten verbindet. Selbst, wo die
Überzeugung: daß alles hier auf das Sittlich-Gute, welches
nur aus dem Tun entspringen kann, ankomme, schon
durchgedrungen ist, sucht sich der sinnliche Mensch doch
noch einen Schleichweg, jene beschwerliche Bedingung zu
umgehen, nämlich, daß, wenn er nur die **Weise** (die
Förmlichkeit) begeht, Gott das wohl für die Tat selbst annehmen würde; welches denn freilich eine überschweng-
liche Gnade desselben ge|nannt werden müßte, wenn es
nicht vielmehr eine im faulen Vertrauen erträumte Gnade,
oder wohl gar ein erheucheltes Vertrauen selbst wäre.
Und so hat sich der Mensch in allen öffentlichen Glaubensarten gewisse Gebräuche als **Gnadenmittel** aus-
gedacht, ob sie gleich sich nicht in allen, so wie in der
christlichen, auf praktische Vernunftbegriffe und ihnen
gemäße Gesinnungen beziehen (als z. B. in der moham-
medanischen von den fünf großen Geboten, das Wa-
schen, | das Beten, das Fasten, das Almosengeben, die
Wallfahrt nach Mekka; wovon das Almosengeben allein
ausgenommen zu werden verdienen würde, wenn es aus
wahrer tugendhafter und zugleich religiöser Gesinnung
für Menschenpflicht geschähe, und so auch wohl wirklich für ein Gnadenmittel gehalten zu werden verdienen
würde; da es hingegen, weil es nach diesem Glauben gar
wohl mit der Erpressung dessen, was man in der Person
der Armen Gott zum Opfer darbietet, von anderen, zu-

---

25 das Almosengeben] Zusatz von B
31-32 gar wohl] Zusatz von B

sammen bestehen kann, nicht ausgenommen zu werden verdient).

Es kann nämlich dreierlei Art von Wahnglauben, der uns möglichen Überschreitung der Grenzen unserer Vernunft in Ansehung des Übernatürlichen (das nicht nach Vernunftgesetzen ein Gegenstand weder des theoretischen noch praktischen Gebrauchs ist), geben. Erstlich der Glaube, etwas durch Erfahrung zu erkennen, was wir doch selbst, als nach objektiven Erfahrungsgesetzen geschehend, unmöglich annehmen können (der Glaube an Wunder). Zweitens der Wahn, das, wovon wir selbst durch die Vernunft uns keinen Begriff machen können, doch unter unsere Vernunftbegriffe, als zu unserem moralischen Besten nötig, aufnehmen zu müssen (der Glaube an Geheimnisse). Drittens der Wahn, durch den Gebrauch bloßer Naturmittel eine Wirkung, die für uns Geheimnis ist, nämlich den Einfluß Gottes auf unsere Sittlichkeit, hervorbringen zu können (der Glaube an Gnadenmittel). – Von den zwei ersteren erkünstelten Glaubensarten haben wir in den allgemeinen Anmerkungen zu den beiden nächst vorhergehenden Stücken dieser Schrift gehandelt. Es ist uns also jetzt noch übrig, von den Gnadenmitteln zu handeln (die von Gnadenwirkungen,[1] d.i. übernatürlichen moralischen Einflüssen, noch unterschieden sind, bei denen wir uns bloß leidend verhalten, deren vermeinte Erfahrung aber ein schwärmerischer Wahn ist, der bloß zum Gefühl gehört).

1. Das Beten, als ein innerer förmlicher Gottesdienst und darum als Gnadenmittel gedacht, ist ein abergläubischer Wahn (ein Fetischmachen); denn es ist ein

---

[1] S. Allgemeine Anmerkung zum Ersten Stück.

9 objektiven] Zusatz von B
21-22 Stücken dieser Schrift] A: Abschnitten
22 den] A: dem an
31 (Fußnote)] Zusatz von B

bloß **erklärtes Wünschen**, gegen ein Wesen, das keiner
Erklärung der inneren Gesinnung des Wünschenden bedarf, wodurch also nichts getan, und also keine von den
Pflichten, die uns als Gebote Gottes obliegen, ausgeübt,
mithin Gott wirklich nicht gedient wird. Ein herzlicher
Wunsch, Gott in allem unserem Tun und Lassen wohlgefällig zu sein, d. i. die alle unsere Handlungen begleitende Gesinnung, sie, als ob sie im Dienste Gottes geschehen, zu betreiben, ist der **Geist des Gebets**, der »ohne
Unterlaß« in uns statt finden kann und soll. Diesen
Wunsch aber (es sei auch nur innerlich) in Worte und Formeln einzukleiden,[1] kann höchstens nur den Wert eines

---

[1] In jenem Wunsch, als dem Geiste des Gebets, sucht der Mensch
nur auf sich selbst (zu Belebung seiner Gesinnungen vermittelst der
Idee von Gott), in diesem aber, da er sich durch Worte, mithin
äußerlich erklärt, **auf** | Gott zu wirken. Im erstern Sinn kann ein
Gebet mit voller Aufrichtigkeit statt finden, wenn gleich der Mensch
sich nicht anmaßt, das Dasein Gottes als völlig gewiß beteuern
zu können; in der zweiten Form als **Anrede** nimmt er diesen höchsten Gegenstand als persönlich gegenwärtig an, oder stellt sich wenigstens (selbst innerlich) so, als ob er von seiner Gegenwart überführt sei, in der Meinung, daß, wenn es auch nicht so wäre, es wenigstens nicht schaden, vielmehr ihm Gunst verschaffen könne; mithin
kann in dem letzteren (buchstäblichen) Gebet die Aufrichtigkeit
nicht so vollkommen angetroffen werden, wie im erstern (dem bloßen Geiste desselben). – Die Wahrheit der letzteren Anmerkung wird
ein jeder bestätigt finden, wenn er sich einen frommen und gutmeinenden, übrigens aber in Ansehung solcher gereinigten Religionsbegriffe eingeschränkten Menschen denkt, den ein anderer, ich will
nicht sagen, im lauten Beten, sondern auch nur in der dieses anzeigenden Gebärdung überraschte. Man wird, ohne daß ich es sage, von
selbst erwarten, daß jener darüber in Verwirrung oder Verlegenheit,
gleich als über einen Zustand, dessen er sich zu schämen habe, geraten
werde. Warum das aber? Daß ein Mensch mit sich selbst laut redend
betroffen wird, bringt ihn vor der Hand in den Verdacht, daß er eine
kleine Anwandlung von Wahnsinn habe; und ebenso beurteilt man
ihn (nicht ganz mit Unrecht), wenn man ihn, da er allein ist, auf einer
Beschäftigung oder Gebärdung betrifft, die der nur haben kann, welcher jemand außer sich vor Augen hat, was doch in dem angenommenen Beispiele der Fall nicht ist. – Der Lehrer des Evangeliums hat

Mit|tels zu wiederholter Be|lebung jener Gesinnung in uns selbst bei sich führen, unmittelbar aber keine Beziehung aufs göttliche Wohlgefallen haben, eben darum auch nicht | für | jedermann Pflicht sein; weil ein Mittel aber den Geist des Gebets ganz vortrefflich in einer Formel ausgedrückt, welche dieses | und hiermit auch sich selbst (als Buchstaben) zugleich entbehrlich macht. In ihr findet man nichts als den Vorsatz zum guten Lebenswandel, der, mit dem Bewußtsein unserer Gebrechlichkeit verbunden, einen beständigen Wunsch enthält, ein würdiges Glied im Reiche Gottes zu sein; also keine eigentliche Bitte um etwas, was uns Gott nach seiner Weisheit auch wohl verweigern konnte, sondern einen Wunsch, der, wenn er ernstlich (tätig) ist, seinen Gegenstand (ein Gott wohlgefälliger Mensch zu werden) selbst hervorbringt. Selbst der Wunsch des Erhaltungsmittels unserer Existenz (des Brotes) für einen Tag, da er ausdrücklich nicht auf die Fortdauer derselben gerichtet ist, sondern die Wirkung eines bloß tierischen gefühlten Bedürfnisses ist, ist mehr ein Bekenntnis dessen, was die Natur in uns will, als eine besonders überlegte Bitte dessen, was der Mensch will: dergleichen die um das Brot auf den anderen Tag sein würde; welche hier deutlich genug ausgeschlossen wird. – Ein Gebet dieser Art, das in moralischer (nur durch die Idee von | Gott belebter) Gesinnung geschieht, weil es als der moralische Geist des Gebets seinen Gegenstand (Gott wohlgefällig zu sein) selbst hervorbringt, kann allein im Glauben geschehen; welches letztere so viel heißt, als sich der Erhörlichkeit desselben versichert zu halten; von dieser Art aber kann nichts, als die Moralität in uns sein. Denn, wenn die Bitte auch nur auf das Brot für den heutigen Tag ginge, so kann niemand sich von der Erhörlichkeit desselben versichert halten, d. i. daß es mit der Weisheit Gottes notwendig verbunden sei, sie ihm zu gewähren; es kann vielleicht mit derselben besser zusammenstimmen, ihn an die|sem Mangel heute sterben zu lassen. Auch ist es ein ungereimter und zugleich vermessener Wahn, durch die pochende Zudringlichkeit des Bittens zu versuchen, ob Gott nicht von dem Plane seiner Weisheit (zum gegenwärtigen Vorteil für uns) abgebracht werden könne. Also können wir kein Gebet, was einen nicht moralischen Gegenstand hat, mit Gewißheit für erhörlich halten, d. i. um so etwas nicht im Glauben beten. Ja sogar: ob der Gegenstand gleich moralisch, aber doch nur durch übernatürlichen Einfluß möglich wäre (oder wir wenigstens ihn bloß daher erwarteten, weil wir uns

---

15 er] Vorländer, Wobbermin, Buchenau: er; A, B: es

nur dem vorgeschrieben werden kann, der es zu gewissen
Zwecken bedarf, aber bei weitem nicht jedermann dieses
Mittel (in und ei|gentlich mit sich selbst, vorgeblich
aber desto verständlicher mit Gott zu reden) nötig hat,

nicht selbst darum bemühen wollen, wie z. B. die Sinnesänderung,
das Anziehen des neuen Menschen, die Wiedergeburt genannt), so ist
es doch so gar sehr ungewiß, ob Gott es seiner Weisheit gemäß finden
werde, unseren (selbstverschuldeten) Mangel übernatürlicherweise
zu ergänzen, daß man eher Ursache hat, das Gegenteil zu erwarten.
Der Mensch kann also selbst hierum nicht im Glauben beten. – Hieraus
läßt sich aufklären, was es mit einem wundertuenden Glauben
(der immer zugleich mit einem inneren Gebet verbunden sein würde)
für eine Bewandtnis haben könne. Da Gott dem Menschen keine
Kraft verleihen kann, übernatürlich zu wirken (weil das ein Widerspruch
ist); da der Mensch seinerseits, nach den Begriffen, die er sich
von guten in der Welt möglichen Zwecken macht, was hierüber die
göttliche Weisheit urteilt, nicht bestimmen und also vermittelst des
in und von ihm selbst erzeugten Wunsches die göttliche Macht zu
seinen Absichten nicht brauchen kann: so läßt sich eine Wundergabe,
eine solche nämlich, da es am Menschen selbst liegt, ob er sie hat,
oder nicht | hat (»wenn ihr Glauben hättet, wie ein Senfkorn,
u.s.w.«), nach dem Buchstaben genommen, gar nicht denken. Ein
solcher Glaube ist also, wenn er überall etwas bedeuten soll, eine bloße
Idee von der überwiegenden Wichtigkeit der moralischen Beschaffenheit
des Menschen, wenn er sie in ihrer ganzen Gott gefälligen
Vollkommenheit (die er doch nie erreicht) besäße, über alle anderen
Bewegursachen, die Gott in seiner höchsten Weisheit haben
mag, mithin ein Grund, vertrauen zu können, daß, wenn wir das
ganz wären, oder einmal würden, was wir sein sollen, und (in der
beständigen Annäherung) sein könnten, die Natur unseren Wünschen,
die aber selbst alsdann nie unweise sein würden, gehorchen
müßte.

Was aber die Erbauung betrifft, die durchs Kirchengehen beabsichtigt
wird, so ist das öffentliche Gebet darin zwar auch kein Gnadenmittel,
aber doch eine ethische Feierlichkeit, es sei durch vereinigte
Anstimmung des Glaubens-Hymnus, oder auch durch die
förmlich durch den Mund des Geistlichen im Namen der ganzen
Ge|meinde an Gott gerichtete, alle moralische Angelegenheit der
Menschen in sich fassende Anrede, welche, da sie diese als öffentli-

---

11 aufklären] Vorländer: erklären

Allgemeine Anmerkung   267

vielmehr durch fortgesetzte Läuterung und Erhebung der
moralischen Gesinnung | dahin gearbeitet werden muß,   B 306
daß dieser Geist des Gebets allein in uns hinreichend belebt
werde, und der Buchstabe desselben (wenigstens zu unserem eigenen Behuf) endlich wegfallen könne. Denn dieser
schwächt vielmehr, wie alles, was indirekt auf einen gewis-
sen Zweck gerichtet ist, die Wirkung der morali|schen Idee   B 307
(die, subjektiv betrachtet, Andacht heißt). So hat die
Betrachtung der tiefen Weisheit der göttlichen Schöpfung an den kleinsten Dingen und ihrer Majestät im großen, so wie sie zwar schon von jeher von Menschen hat
erkannt werden können, in neueren Zeiten aber zum
höchsten Bewundern erweitert worden ist, eine solche
Kraft, das Gemüt nicht allein in diejenige dahin sinken-
de, den Menschen gleichsam in seinen eigenen Augen

che Angelegenheit vorstellig macht, wo der Wunsch eines jeden mit
den Wünschen aller zu einerlei Zwecke (der Herbeiführung des
Reichs Gottes) als vereinigt vorgestellt werden soll, nicht allein die
Rührung bis zur sittlichen Begeisterung erhöhen kann (anstatt daß
die Privatgebete, da sie ohne diese erhabene Idee abgelegt werden,
durch Gewohnheit den Einfluß aufs Gemüt nach und nach ganz ver-
lieren), sondern auch mehr Vernunftgrund für sich | hat als die erste-   B 307
re, den moralischen Wunsch, der den Geist des Gebets ausmacht, in
förmliche Anrede zu kleiden, ohne doch hierbei an Vergegenwärtigung des höchsten Wesens, oder eigene besondere Kraft dieser redne-
rischen Figur, als eines Gnadenmittels, zu denken. Denn es ist hier
eine besondere Absicht, nämlich, durch eine äußere, die Vereinigung aller Menschen im gemeinschaftlichen Wunsche des
Reichs Gottes vorstellende Feierlichkeit, jedes einzelnen moralische
Triebfeder desto mehr in Bewegung zu setzen, welches nicht schicklicher geschehen kann, als dadurch, daß man das Oberhaupt desselben, gleich als ob es an diesem Orte besonders gegenwärtig wäre, an-
redet.

3 hinreichend] Zusatz von B
16 mit] Vorländer, Wobbermin, Buchenau: mit, A, B, Weischedel: sich mit
28 im] A: zum

vernichtende Stimmung, die man **Anbetung** nennt, zu versetzen, sondern es ist auch, in Rücksicht auf seine eigene moralische Bestimmung, darin eine so seelenerhebende Kraft, daß dagegen Worte, wenn sie auch die des königlichen Beters **David** (der von allen jenen Wundern wenig wußte) wären, wie leerer Schall verschwinden müssen, weil das Gefühl aus einer solchen Anschauung der Hand Gottes unaussprechlich ist. – Da überdem Menschen alles, was eigentlich nur auf ihre eigene mo|ralische Besserung Beziehung hat, bei der Stimmung ihres Gemüts zur Religion, gern in Hofdienst verwandeln, wo die Demütigungen und Lobpreisungen gemeiniglich desto weniger moralisch empfunden werden, | je mehr sie wortreich sind: so ist vielmehr nötig, selbst bei der frühesten mit Kindern, die des Buchstabens noch bedürfen, angestellten Gebetsübung, sorgfältig einzuschärfen, daß die Rede (selbst innerlich ausgesprochen, ja sogar die Versuche, das Gemüt zur Fassung der Idee von Gott, die sich einer Anschauung nähern soll, zu stimmen) hier nicht an sich etwas gelte, sondern nur um die Belebung der Gesinnung zu einem Gott wohlgefälligen Lebenswandel zu tun sei, wozu jene Rede nur ein Mittel für die Einbildungskraft ist; weil sonst alle jene devoten Ehrfurchtsbezeugungen Gefahr bringen, nichts als erheuchelte Gottesverehrung statt eines praktischen Dienstes desselben, der nicht in bloßen Gefühlen besteht, zu bewirken.

2. Das **Kirchengehen**, als feierlicher **äußerer Gottesdienst überhaupt** in einer Kirche gedacht, ist, in Betracht, daß es eine sinnliche Darstellung der Gemeinschaft der Gläubigen ist, nicht allein ein für jeden **Einzelnen** zu

---

3 so] fehlt in B
8 der Hand Gottes] Zusatz von B
12 Demütigungen] A: Demütigungen; B, Vorländer, Weischedel: Demütigung

Allgemeine Anmerkung 269

seiner **Erbauung**[1] anzupreisendes Mittel, sondern auch
ihnen, als Bürgern eines hier auf Erden vorzu|stellenden
göttlichen Staats, für das **Ganze** unmittelbar obliegende
Pflicht; vorausgesetzt, daß diese | Kirche nicht Förmlich-
5 keit enthalte, die auf Idololatrie führen, und so das Gewissen belästigen können, z. B. gewisse Anbetungen Gottes
in der Persönlichkeit seiner unendlichen Güte unter dem
Namen eines Menschen, da die sinnliche Darstellung des-
★ selben dem Vernunftverbote: »**Du sollst dir kein**
10 **Bildnis machen,** u.s.w.« zuwider ist. Aber es an sich als
Gnadenmittel brauchen zu wollen, gleich als ob dadurch Gott unmittelbar gedient, und mit der Zelebrierung dieser Feierlichkeit (einer bloßen sinnlichen Vorstellung der **Allgemeinheit** der Religion) Gott besondere
15 **Gnaden** verbunden habe, ist ein Wahn, der zwar mit der
Denkungsart eines guten **Bürgers** in einem **politischen gemeinen Wesen** und der äußeren Anständig-

[1] Wenn man eine diesem Ausdrucke angemessene Bedeutung
sucht, so ist sie wohl nicht anders anzugeben, als daß darunter die
20 **moralische Folge aus der Andacht auf das Subjekt** verstanden werde. Diese besteht nun nicht in der Rührung (als welche
schon im Begriffe der Andacht liegt), obzwar die meisten vermeintlich Andächtigen (die darum auch **Andächtler** heißen) sie gänzlich
darin setzen; mithin muß das Wort **Erbauung die Folge** aus der
25 Andacht auf die wirkliche Besserung des Menschen bedeuten. Diese
aber gelingt nicht anders, als daß man systematisch zu Werke geht,
feste Grundsätze nach wohlverstandenen Begriffen tief ins Herz legt,
darauf Gesinnungen, | der verschiedenen Wichtigkeit der sie angehenden Pflichten angemessen, errichtet, sie gegen Anfechtung der
30 Neigungen verwahrt und sichert, und so gleichsam einen neuen
★ Menschen, als einen **Tempel Gottes, erbaut.** Man sieht leicht,
daß dieser Bau nur langsam fortrücken könne; aber es muß wenigstens doch zu sehen sein, daß etwas **verrichtet** worden. So aber
glauben sich Menschen (durch Anhören oder Lesen und Singen)
35 recht sehr **erbaut,** indessen, daß schlechterdings nichts gebauet, ja
nicht einmal Hand ans Werk gelegt worden; vermutlich weil sie hoffen, daß jenes moralische Gebäude, wie die Mauern von Theben,
durch die Musik der Seufzer und sehnsüchtiger Wünsche von selbst
emporsteigen werde.

keit gar wohl zusammen stimmt, zur Qualität desselben aber als **Bürger im Reiche Gottes** nicht allein nichts beiträgt, sondern diese vielmehr verfälscht, und den schlechten moralischen Gehalt seiner Gesinnung den Augen anderer, und selbst seinen eigenen, durch einen betrüglichen Anstrich zu verdecken dient.

3. Die einmal geschehende feierliche **Einweihung zur Kirchengemeinschaft**, d.i. die erste Aufnahme **zum Gliede einer Kirche** (in der christlichen durch die **Taufe**), ist eine vielbedeutende Feierlichkeit, die entweder dem Einzuweihenden, wenn er seinen Glauben selbst zu bekennen im Stande ist, oder den Zeugen, die seine Erziehung in demselben zu besorgen sich anheischig machen, große Verbindlichkeit auferlegt, und auf etwas Heiliges (die Bildung eines Menschen zum Bürger in einem göttlichen Staate) abzweckt, an sich selbst aber keine heilige oder Heiligkeit und Empfänglichkeit für die göttliche Gnade in diesem Subjekt wirkende Handlung anderer, mithin kein **Gnadenmittel**; in so übergroßem Ansehen es auch in der ersten griechischen Kirche war, alle Sünden auf einmal abwaschen zu können, wodurch dieser Wahn auch seine Verwandtschaft mit einem fast mehr als heidnischen Aberglauben öffentlich an den Tag legte.

4. Die mehrmals wiederholte Feierlichkeit einer **Erneuerung, Fortdauer und Fortpflanzung dieser Kirchengemeinschaft nach Gesetzen der Gleichheit** (die **Kommunion**), welche, allenfalls auch nach dem Beispiele des Stifters einer solchen Kirche (zugleich auch zu seinem Gedächtnisse), durch die Förmlichkeit eines gemeinschaftlichen Genusses an derselben Tafel geschehen kann, enthält etwas Großes, die enge, eigenliebige und unvertragsame Denkungsart der Menschen, vornehmlich in Religionssachen, zur Idee einer weltbürgerlichen **moralischen Gemein|schaft** Erweiterndes in sich, und ist ein gutes Mittel, eine Gemeinde zu der darunter vorgestellten sittlichen Gesinnung der brüderlichen Liebe zu beleben. Daß aber Gott mit der Zelebrierung dieser Feierlichkeit be-

sondere Gnaden verbunden habe, zu rühmen und den Satz,
daß sie, die doch bloß eine kirchliche Handlung ist, doch
noch dazu ein Gnadenmittel sei, unter die Glaubensartikel aufzunehmen, ist ein Wahn der Religion, der nicht anders als dem Geiste derselben gerade entgegen wirken
kann. – Pfaffentum also würde überhaupt die usurpierte
Herrschaft der Geistlichkeit über die Gemüter sein, dadurch, daß sie im ausschließlichen Besitz der Gnadenmittel
zu sein, sich das Ansehen gäbe.

Alle dergleichen erkünstelte Selbsttäuschungen in Religionssachen haben einen gemeinschaftlichen Grund. Der
Mensch wendet sich gewöhnlicherweise unter allen göttlichen moralischen Eigenschaften, der Heiligkeit, der Gnade
und der Gerechtigkeit, unmittelbar an die zweite, um so die
abschreckende Bedingung, den Forderungen der ersteren
gemäß zu sein, zu umgehen. Es ist mühsam, ein guter
Diener zu sein (man hört da immer nur von Pflichten
sprechen); er möchte daher lieber ein Favorit sein, wo
ihm vieles nachgesehen, oder, wenn ja zu gröblich gegen
Pflicht verstoßen worden, alles durch Vermittelung irgend
eines im höchsten Grade Begünstigten wiederum gut gemacht wird, indessen, daß er immer der lose Knecht bleibt,
der er war. Um sich aber auch wegen der Tunlichkeit dieser
seiner Ab|sicht mit einigem Scheine zu befriedigen, trägt er
seinen Begriff von einem Menschen (zusamt seinen Fehlern), wie gewöhnlich, auf die Gottheit über, und, so wie
auch an den besten Oberen von unserer Gattung die
gesetzgebende Strenge, die wohltätige Gnade und die
pünktliche Gerechtigkeit nicht (wie es sein sollte), jede abgesondert und für sich zum moralischen Effekt der Handlungen des Untertans hinwirken, sondern sich in der Den-

---

1 den Satz] Zusatz von B
17 nur] fehlt in B

kungsart des menschlichen Oberherrn bei Fassung seiner Ratschlüsse vermischen, man also nur der einen dieser Eigenschaften, der gebrechlichen Weisheit des menschlichen Willens, beizukommen suchen darf, um die beiden anderen zur Nachgiebigkeit zu bestimmen: so hofft er dieses auch dadurch bei Gott auszurichten, indem er sich bloß an seine Gnade wendet. (Daher war es auch eine für die Religion wichtige Absonderung der gedachten Eigenschaften, oder vielmehr Verhältnisse Gottes zum Menschen, durch die Idee einer dreifachen Persönlichkeit, welcher analogisch jene gedacht werden soll, jede besonders kenntlich zu machen.) Zu diesem Ende befleißigt er sich aller erdenklichen Förmlichkeiten, wodurch angezeigt werden soll, wie sehr er die göttlichen Gebote verehre, um nicht nötig zu haben, sie zu beobachten; und damit seine tatlosen Wünsche auch zur Vergütung der Übertretung derselben dienen mögen, »ruft er: Herr! Herr!«, um nur nicht nötig zu haben, »den Willen des himmlischen Vaters zu tun«, und so macht er sich von den Feierlichkeiten, im Gebrauch gewisser Mittel zur Belebung wahrhaft praktischer Gesinnungen, den Begriff als von Gnadenmitteln an sich selbst; gibt sogar den Glauben, daß sie es sind, selbst für ein wesentliches Stück der Religion (der gemeine Mann gar für das Ganze derselben) aus, und überläßt es der allgütigen Vorsorge, aus ihm einen besseren Menschen zu machen, indem er sich der Frömmigkeit (einer passiven Verehrung des göttlichen Gesetzes) statt der Tugend (der Anwendung eigener Kräfte zur Beobachtung der von ihm verehrten Pflicht) befleißigt, welche letztere doch, mit der ersteren verbunden, allein die Idee ausmachen kann, die man unter dem Worte Gottseligkeit (wahre Religionsgesinnung) versteht. – Wenn der Wahn dieses vermeinten Himmelsgünstlings bis zur schwärmeri-

---

3 gebrechlichen] A: Gebrechlichkeit der
11 jede] A: um jede
28 zur Beobachtung] fehlt in B

schen Einbildung gefühlter besonderer Gnadenwirkungen in ihm steigt (bis sogar zur Anmaßung der Vertraulichkeit eines vermeinten verborgenen Umgangs mit Gott), so ekelt ihn gar endlich die Tugend an, und wird ihm ein Gegenstand der Verachtung; daher es denn kein Wunder ist, wenn öffentlich geklagt wird: daß Religion noch immer so wenig zur Besserung der Menschen beiträgt und das innere Licht (»unter dem Scheffel«) dieser Begnadigten nicht auch äußerlich, durch gute Werke, leuchten will, und zwar (wie man nach diesem ihrem Vorgeben wohl fordern könnte) vorzüglich vor anderen natürlich-ehrlichen Menschen, welche die Religion nicht zur Ersetzung, sondern zur Beförderung der Tugendgesinnung, die in einem guten Lebenswandel tätig erscheint, kurz und gut in sich aufnehmen. Der Lehrer des Evangeliums hat gleichwohl diese äußeren Beweistümer äußerer Erfahrung selbst zum Probierstein an die Hand gegeben, woran, als an ihren Früchten, man sie und ein jeder sich selbst erkennen kann. Noch aber hat man nicht gesehen: daß jene, ihrer Meinung nach, außerordentlich Begünstigten (Auserwählten) es dem natürlichen ehrlichen Manne, auf den man im Umgange, in Geschäften und in Nöten vertrauen kann, im mindesten zuvortäten, daß sie vielmehr, im ganzen genommen, die Vergleichung mit diesem kaum aushalten dürften; zum Beweise, daß es nicht der rechte Weg sei, von der Begnadigung zur Tugend, sondern vielmehr von der Tugend zur Begnadigung fortzuschreiten.

---

10 Vorgeben] Vorländer: Vorgehen
23 daß] A: da

Anmerkungen des Herausgebers

3,1 ff. Vorrede zur ersten Auflage] Zur Vorrede sind zwei um- B III [3]
fangreiche Entwürfe erhalten. Sie finden sich in der *Akademie-Ausgabe* [XX, 425-440].

4,6 anvertrauten fremden Guts] Rückgriff auf das berühmte De- B V [4]
positum-Beispiel aus der *Kritik der praktischen Vernunft* A 3 [*AA* V,27].

8,5-7 Aber alles] Vgl. Rousseau, erster Satz des von Kant ge- B XI [7]
schätzten *Emile*: »Tout est bien sortant des mains de l'Auteur des choses, tout dégénère entre les mains de l'homme.« (Alles, was aus den Händen des Schöpfers kommt ist gut; alles entartet unter den Händen des Menschen.) – Kant zitiert diese Stelle noch einmal 133,24 (B 140 f.).

9,13 Gesetz einer einzigen Anordnung] Im konkreten Fall der B XIV [8]
Religion bezieht sich diese Anspielung auf die wohl prominenteste kirchenpolitische Maßnahme Friedrich Wilhelms II., das *Religionsedikt* (auch *Woellnerisches Religionsedikt* genannt) vom 9.7.1788. *Novum Corpus Constitutionum Brandenburgico-Prussicarum*, Bd. VIII, 2175. Urkunde 237. Königliches Edikt, Potsdam 9. Juli 1788, in: *Publikationen aus den K. Preussischen Staatsarchiven*, Leipzig 1893, Bd. 35, 250-257. Vgl. dazu auch die *Einleitung* zu dieser Edition. – Anspielungen auf den Text des Edikts ziehen sich durch die *Religion*. Vgl. die entsprechenden Erläuterungen.

10,7 Geistlicher ... Gelehrter] Die Mitglieder der Immediats-Examinations-Kommission waren überwiegend Geistliche. Keiner von ihnen war Angehöriger einer Universität. Hierin lag einer der Hauptgründe dafür, daß ihre Kompetenz allgemein und öffentlich angezweifelt wurde.

10,17 Oberzensur] Eine Anspielung auf die Entmachtung der Universitäten durch die Immediats-Examinations-Kommission (IEK) im September 1791. Bis zu den Zeitpunkt oblag die Zensur wissenschaftlicher Werke de facto allein den Fakultäten der Universität und das Oberkonsistorium übernahm die Zensur nur, wenn keine Universität zuständig war. Die IEK übernahm die Rechte des Oberkonsistoriums und riß – gegen den Einspruch

276 Anmerkungen des Herausgebers

Johann Christof Woellners – die »Oberzensur« ganz an sich. S. dazu *Einleitung.*

BXVI [9] 11,7 Freiheit sich auszubreiten] wörtliche Anspielung auf §8 des *Religionsedikts.*

BXIX [10] 12,30 Ich getraue mir...] Unverhohlene Provokation der IEK, die nach ihrem Selbstverständnis allein für die Prüfung von Kandidaten der praktischen Theologie zuständig war und deren mangelnde Erfolge sich gerade in den Fragen verbindlicher Bücher (s. Katechismus- u. Gesangbuchstreit) besonders deutlich zeigten.

BXXI [12] 14,1ff. Vorrede zur zweiten Auflage] Auch zu dieser Vorrede sind Entwürfe erhalten. S. *AA,* XXIII,89-96.

14,6 Titel dieses Werkes] Den Titel der *Religion* hat Kant offenbar erst kurz vor der Veröffentlichung entschieden, die bis dahin unter dem schlichten Arbeitstitel *Philosophische Religionslehre* (der für die Kapitelangaben beibehalten wurde) angekündigt war. Kant hat mehrfach diese Wahl des Titels verteidigt (s. *SdF,* VII,6; außerdem Vorarbeiten zur *Religion* XXIII,91 u. 94).

BXXII [12] 14,11-13 weitere ... engere Sphäre] Bibelanspielung Mt. 7,13: »Gehet ein durch die enge Pforte. Denn die Pforte ist weit, und der Weg ist breit, der zur Verdammnis abführt...« S.a. 108,30 (B 113) »Pforte der Freiheit«; 215,11 (B 241) und die entsprechende Erläuterung. – Für eine mögliche Quelle Kants zu diesem Darstellungsmodell in Sphären hat Arsenij Gulyga einen entscheidenden Hinweis geliefert, nämlich durch seine Nachforschungen zu Kants Auseinandersetzung mit einem entsprechenden Darstellungsschema der Erkenntnisvermögen von Alexander von Beloselsky (Belosel'skij, 1752–1808). Beloselsky hatte Kant seinen französischen Traktat *Dianyologie ou tableau philosophique de l'entendement, par le prince Beloselsky,* Dresden 1790 (Dt. Übers: *Dianologie oder philosophisches Gemälde des Verstandes von dem Fürsten Beloselsky. Aus dem Französischen,* Freiburg u. Annaburg 1791) zugeschickt. Kant verfaßt darauf einen geradezu enthusiastischen Brief, in dem er die Ergebnisse seines eigenen Denkens ebenfalls in diesem Sphärenmodell formuliert. Siehe dazu Kants Brief-Entwurf (*AA,* Brief 573, Sommer 1792 [!]) und den Brief selbst, der sich bei Gulyga als Rückübersetzung aus der erhaltenen russischen Abschrift findet: Arsenij Gulyga,*Immanuel Kant,* Frankfurt a.M. 1985, 323-334 (Eine Abbildung des Modells ebd. 331).

BXXIV [13] 15,23 Michaelis] Die *Moral* erschien 1792. Johann David Michaelis (1717–1791), Professor für Philosophie – nicht, wie häufig behauptet, der Theologie – in Göttingen. Michaelis dient Kant hier als Beispiel für einen Philosophen, der sich ebenfalls mit Theologie beschäftigt, ohne dafür angegriffen zu werden. Auch in seinem Rechtfertigungs-Schreiben an Friedrich Wilhelm II. beruft sich Kant auf Michaelis: »Der sel. Michaelis, der in seiner Moral eben so verfuhr, erklärte sich hierüber dahin, daß er dadurch weder etwas Biblisches in die Philosophie hinein, noch etwas Philosophisches aus der Bibel heraus zu bringen gemeint sei« (Vorrede, *SdF*, A XVII [VII, 8]). – Im Unterschied zu Kant war Michaelis seinem Selbstverständnis nach jedoch Theologe, denn nur seine Weigerung, die *Augsburger Konfession* zu unterschreiben, verhinderte die Berufung auf einen theologischen Lehrstuhl.

15,34 Storr] Gottlob Christian Storr (1746–1805), Ordinarius und Professor für Theologie in Tübingen und führender Denker der sog. Supernaturalisten schrieb 1793 die *Annotationes quaedam theologiecae ad philosophicam Kantii de religione doctrinam*. Eine Übersetzung von Fr. G. Süskind erschien 1794 unter dem Titel: *Bemerkungen über Kant's philosophische Religionslehre*.

16,4 Beurteilung in den Greifswalder Nachrichten] *Neueste critische Nachrichten*, Greifswald 1793, 225–229. Nachgedruckt in der *Akademie-Ausgabe*, [*AA* XXIII, 520–523]. B XXV [13]

21,7 Daß die Welt im Argen liege] Bibelanspielung 1 Joh 5,19. B 3 [19]

21,30 Horat] Horaz, *Oden* III 6, 44–46. Ein populäres Zitat der geschichtsphilosophischen Debatte der Zeit. Vgl. Voltaire (*Oeuvres complètes*, ed. Moland, XXVI, 14), insbesondere Tetens (in: *Iselins Geschichte der Menschheit*, 1786, 376 ff.), den Kant offenbar hier benutzt hat. B 4 [19]

22,4 heroische Meinung] Der Bezug ist wahrscheinlich Shaftesbury, der Enthusiasmus ausdrücklich mit Heroismus identifiziert (vgl. *Philosophischen Werke a.d. Englischen* 1779, III, 42 ff.).

22,6 Pädagogen] Z. B. die Philanthrophisten um Johann Bernhard Basedow, zu dem Kant selbst in den 70er Jahren Kontakt hatte.

22,25-27 Seneca] *De ira*, II, 13,1. Kant zitiert frei, aber nicht sinnentstellend: Sanabilibus aegrotamus malis ipsaque nos ... si emendari velimus, juvat B 5 [20]

22,28-23,15 Weil es aber doch ... böse zu nennen] Ob dieser Absatz ursprünglich in die *Religion* gehört oder eben der Abschnitt ist, den Kant »eine durch des Amanuensis Ungeschicklichkeit in den Text gerathene Note« nennt (Brief an J. E. Biester v. 18. Mai B 5f. [20]

1794), diskutiert Reinhard Brandt: *Ein problematischer Absatz im »Ersten Stück« von Kants »Religion innerhalb der Grenzen der bloßen Vernunft«*, in: G. Derossi, M. m. Olivetti, A. Poma, G. Ricordi (ed.), *Transcendenza – Transcendentale – Esperienza. Studi in onore di Vittorio Mathieu*, Padova 1995, 337-349.

B9 [22] 26,7 Latitudinarier] Latitudinarismus ist eine theologische Strömung in der englischen Theologie des 17.Jahrhunderts, die von dem Wunsch nach Überwindung innerreformatorischer Kirchenspaltung geprägt war. Kant kann die hier benutzte Begrifflichkeit – Latitudinarier, Indifferentisten, Synchretisten – ebenso bei Shaftesbury als auch bei Leibniz gefunden haben. Vgl. auch den von Kant nachweislich benutzten J.F.Stapfer, *Institutiones theologiae polemicae*, 1743–1747, II, 84 u. IV, 599. Evtl. a. Siegmund Jacob Baumgarten, *Geschichte der Religionspartheyen*, hrsg. v. Johann Salomon Semler, Halle 1766. Parallelstellen im Werk Kants: *KpV*, A 44 [V, 24]; *Logik*, A 79 [IX, 55].

B 9 f. [22 f.] 26,11-34 Wenn das Gute = a ist ... (Fußnote)] Vgl. dazu Kant, 1763, *Versuch den Begriff der negativen Größe in die Weltweisheit einzuführen*. Schon dort erläutert Kant zwei denkbare Begriffe des Negativen und ebenfalls sein Verständnis der *privatio* als Begriff mit aktiver Implikation, also gerade nicht in der *malum-privatio-boni*-Tradition von Augustinus und Leibniz als *Mangel*, sondern als *Beraubung* durch eine Gegenkraft.

B10 [23] 27,11 Schiller (Fußnote)] Friedrich Schiller, *Über Anmut und Würde*. Vermutlich hat Johann Erich Biester, der Hrsg. der *Berlinischen Monatsschrift*, den Anstoß zu dieser Fußnote gegeben, der sich ausdrücklich eine (allerdings wohl eigenständige) Stellungnahme Kants zum Thema gewünscht hat (Brief an Kant v. 10.5.1793, XI, 456). Vgl. dazu auch den Briefwechsel Schillers mit Kant.

Da diese Fußnote, die ein Zusatz der zweiten Auflage ist, zu einem der prominentesten Texte der *Religion* für das Verständnis der systematischen Philosophie überhaupt zählt, sind in diesem Fall auch Kants Vorarbeiten zu diesem Zusatz so wichtig, daß sie in dieser Edition nicht fehlen sollen. Da die Handschriften zu diesen Texten verschollen sind, bleibt als Quelle nur *AA* XXIII, 98 ff. Für die Orthographie gilt auch hier die *Einleitung*. Herausgeber-Erläuterungen stehen in eckigen Klammern.

VORARBEITEN ZUR SCHILLER-ANMERKUNG

Lbl C 1 R 1 122f., 124-128

Zweite Seite [AA 98] Thalia
Die Frage ist, ob die Anmut vor der Würde oder diese vor jener (als ratione prius) vorhergehen müsse, denn in Eins zusammenschmelzen kann man es nicht im Begriffe von Pflicht, wenn sie heterogen sind. Die Achtung fürs Gesetz in einem Wesen, das fehlbar ist, d.i. versucht wird, es zu übertreten, ist Furcht vor Übertretung (Gottesfurcht) aber zugleich freie Unterwerfung unter dem Gebot, das die Vernunft des Subjekts ihm selbst vorschreibt. Die Unterwerfung beweiset Achtung, die Freiheit derselben, je größer sie ist, desto mehr Anmut. Beides zusammen Würde (iustum sui aestitimium). Nicht ein *Heiliger* (Baxter oder ein Vieh), sondern in Demut in Vergleichung mit dem Gesetz. Auch nicht ein *büßender* Kopfhänger und Frömmling in Selbstverachtung aus Mangel an Vertrauen zu sich selbst, also nicht als Sünder (denn das soll er eben durch dieses Vertrauen verhüten zu sein), sondern als ein freier Untertan unter dem Gesetz. *Würde*. (*Pope* Schrecklicher Cartheuser.) Meine Gebote sind nicht schwer [Bibel 1 Joh 5,3]. Wir sind nun eigentlich frei (Paulus [Röm 6,18]). Anmut ist nicht im Gesetz und in der Verpflichtung, auch nicht Furcht in der Achtung. Beide zusammen.

Vierte Seite
[...] [hier folgen drei offenbar nicht zum Kontext gehörende lateinische Zitate]
| [99] Über die Grazie der Gesetzgebung. Pflicht enthält keine Anmut in ihrer Vorstellung, verstattet auch nicht, daß diese ihr beigegeben werde, um zum Handeln zu bestimmen, denn das ist Einschmeichelung des Gesetzgebers und seinem Ansehen zuwider. – Der Gürtel der Venus dione war die Verbergung des Sinnlichen Reizes, den zu lösen andere lüstern gemacht werden konnten und dieser ist Achtung mit wohllüstiger [!] Neigung, die durch jene gebändigt wird – Ob es Schönheit der Bewegung des Leblosen gebe.
Alle Grazie abzusondern, ist nicht, sie verscheuchen, sie mögen sich immer beigesellen, aber nicht sich anhängen – Grazien schicken sich nicht zur Gesetzgebung. Der Ausdruck, Schreibart kann Grazie haben, nicht der Sinn und Inhalt.

Die Menschliche Handlungen teilen sich in Geschäfte (die unter der Gesetz der Pflicht stehen) und Spiel. Es wäre ein Unglück, wenn ihm das letztere verboten würde; er würde des Lebens nicht froh werden. Aber eingeschränkt müssen diese doch auf die Bedingung des ersteren werden. Die Grazien gehören zum Spiel, so fern es um die erstere zu befördern guten Mut geben und stärken kann.

Personen, die am einigsten mit einander im Sinne sind, geraten oft in Zwiespalt dadurch, daß sie in Worten einander nicht verständlich sind. – Den Begriff der Pflicht abgesondert von aller Anmut, die dieser ihre Erfüllung begleiten mag, zum ersten Grunde der Moralität zu machen, soll nicht so viel heißen, als ihn von aller sie begleitenden Anmut trennen, sondern nur auf die letztere gar nicht Rücksicht nehmen, wenn es auf Pflichtbestimmung ankommt. Denn anmutig zu sein, ist gar keine Eigenschaft, die der Pflicht als einer solchen zukommen kann und sie damit zu verbinden, um ihr Eingang zu verschaffen, ist der Gesetzgebung zuwider, die eine strenge Forderung ist und für sich geachtet sein will. »Der Mensch darf nicht nur, sondern er soll Lust und Pflicht in Verbindung bringen; er soll seiner Vernunft mit *Freuden* gehorchen« – »Dadurch schon daß sie ihn zum vernünftig-sinnlichen Wesen d. i. zum Menschen machte, kündigt ihm die Natur die Verpflichtung an, nicht zu trennen, was sie verbunden hat, auch in den reinsten Äußerungen seines göttlichen Teils den sinnlichen nicht hinter sich zu lassen und den Triumph des einen nicht auf Unterdrückung des andern zu gründen« [Schiller-Zitate, *Anmut und Würde*] – Ich habe immer darauf gehalten, Tugend und selbst Religion in fröhlicher Gemüts|[100]stimmung zu cultivieren und zu erhalten. Die mürrische Kopfhängende, gleich als unter einem tyrannischen Joch ächzende, cartheusermäßige Befolgung seiner Pflicht ist nicht Achtung, sondern knechtische Furcht und dadurch Haß des Gesetzes. Und der selbst, der diese Fröhlichkeit zur Pflicht machte, würde sie verscheuchen und nur die Grimasse davon übrig lassen – »Wäre die sinnliche Natur im Sittlichen immer nur die unterdrückte und nie die mitwirkende Partei, wie könnte sie das Ganze Feuer ihrer Gefühle zu einem Triumph hergeben, der über sie selbst gefeiert wird?« [Schiller-Zitat, *Anmut und Würde*] – Es gibt ein Mittel. Die sinnliche Natur muß nicht als mitwirkend, sondern unter der Despotie des kategorischen Imperativs gezügelt der Anarchie der Naturneigungen Widerstand leisten, deren Abschaffung allein auch ihre durchgängige Harmonie unter einander befördert.

Würden alle Menschen das moralische Gesetz gern und willig befolgen, so wie es die Vernunft als die Regel enthält, so würde es gar keine Pflicht geben, so wie man dieses Gesetz, welches den Göttlichen Willen bestimmt nicht als ihn verpflichtend denken kann. Wenn es also Pflichten gibt, wenn das Moralische Prinzip in uns Gebot für uns (kategorischer Imperativ) ist, so werden wir als dazu auch ohne Lust und unsere Neigung genötigt angesehen werden müssen. Pflicht, etwas gern und aus Neigung zu tun, ist Widerspruch.

Dritte Seite
Wenn die Einpfropfung dieses Begriffs auf unsere Gesinnung endlich geschehen ist, so kann es wohl geschehen, daß wir pflichtmäßige Handlungen mit Lust tun, aber nicht machen, daß wir sie mit Lust aus Pflicht tun, welches sich widerspricht, folglich auch nicht als zufolge einer Triebfeder der Sinnenlust, die den Mangel des Gehorsams gegen das Pflichtgesetz ergänzt. Denn eben darin besteht die Moralität der Handlung, daß das Gesetz der Pflicht nicht bloß die Regel (zu irgend einer Absicht) sondern unmittelbar Triebfeder sei. – Jenes ist parergon der Moral.

Das sittlich noch so weit über die Menschen hervorragende Wesen muß die imperative Form des moralischen Gesetzes, das seine Vernunft ihm selbst gibt, nach aller seiner Strenge als moralischen Zwang erkennen. Denn als endliches Wesen ist es doch durch Bedürfnisse affiziert, die physisch sind und den moralischen sich entgegensetzen können. Hierwider steht nun der kategorische Imperativ selbst, bei allem Zutrauen zu sich selbst, | [101] weil es doch auf physische Bedingungen seiner Glückseligkeit eingeschränkt ist, damit diese ja nicht dem Moralgesetze widerstreiten. Selbst die Furcht kann sich verloren haben, das gebietende Ansehen bleibt.

Thalia herausgegeben von Schiller, dritter Teil zweites Stück 1793.

Doppelte Gefahr der Metaphysik: 1. In die Tiefen der menschlichen Unvollkommenheit herabsinken (dagegen die conscendenz) oder sich in die Höhen der geistigen Anlagen versteigen (dagegen die condescendenz). Dazwischen ist das Mittel, die Menschen in beiden Beziehungen zugleich zu beurteilen als zu 2 Welten gehörig – Bei der Idee der Freiheit ist der Abgrund des Bösen, zu dem wir versucht werden und den Hang dazu haben, schreckhaft erhaben, so wie die Höhen des Guten geistig erhaben. Die erstere machen die Idee des letzteren für unsere Bestimmung noch erhabener (nicht durch Anmut).

B11 [23] 27,34 Herkules wird Musaget] Anspielungen auf die antike Mythologie finden sich in Kants Schriften mehrfach. In diesem Fall der Venus Dione handelt es sich jedoch um eine direkte Replik auf Schiller, der selbst seinen Aufsatz *Über Anmut und Würde* mit Überlegungen zu genau diesem Mythos beginnt. Kant greift diesen Einstieg auf, bindet seine Auseinandersetzung mit Schiller an den Hinweis auf die Vielschichtigkeit und Komplexität der mythologischen Venus-Figur und argumentiert nun seinerseits im Rückgriff auf die zwei Abstammungsmythen der Venus: Die Liebesgöttin *Venus* (griech. Aphrodite) ist nämlich nicht nur als *Venus Urania* (die Schaumgeborene) das Symbol der himmlischen vergeistigten Liebe (Achtung), sondern stellt ebenfalls als *Venus Dione* (Tochter von Zeus und der Göttin Dione) die Göttin der sinnlichen Liebe dar. Die *drei Grazien* (griech. Chariten) als Göttinnen der Anmut können, je nachdem, welche Venus sie begleiten, Nutzen bringen oder Schaden anrichten: Als Begleiterinnen der Venus Urania umgeben sie geistige Liebe mit Anmut und verstärken die Achtung, im Gefolge der Venus Dione jedoch werden sie zu den Verführerinnen zum Laster. Um dieses ganze Durcheinander noch etwas komplizierter zu machen, kommt auch noch indirekt Gott *Apollon* ins Spiel. Zuständig für Gesang und Musik ist nämlich Apollo der *musagetes*, was schlicht *Musenführer* heißt. Appollon Musagetes spielt die Kithar, zu der der Chor aus Musen und Grazien singt, worauf sich Venus dann (!) zu den Tanzenden gesellt. Ausgestattet mit diesem Hintergrund versteht man dann auch, worum es Kant hier geht: *Hercules* (griech. Herakles), der antike Prototyp von Meister Proper und Superman in einer Person, hat erst seine Ställe auszumisten und allerlei Ungeheuer zu bezwingen, bevor er zu den Musen darf, weil er nämlich nur dann, wenn er ausgemistet und bezwungen hat, zum Leiter der Musen selbst wird, statt ihnen hinterher zu stolpern. Nur wenn er den Vorsänger macht, kommen die Schwestern (und Madame Venus inklusive) nicht auf dumme Gedanken, sondern verleihen der richtigen Seite Glanz, statt geradezu versehentlich dem Laster zu verführerischer Anmut zu verhelfen. – Wenn wir uns heute eher schwertun, die mythologischen Anspielungen zu entschlüsseln, so dürfte Kants Rückgriff auf dieses Vokabular doch für Schiller einfach eine entgegenkommende Geste gewesen sein, weil hier Kant offenbar versucht, in seiner Sprache zu sprechen.

29,12 von Jugend auf sei immerdar] Bibelanspielung auf Genesis 6,5 und 8,21. B14 [24]

29,21-37 die alten Moralphilosophen] insbesondere Cicero (s. *De officiis*, das Kant auch in der Übersetzung von Christian Garve kannte) und Seneca, auf den sich Kant schon 22,26 (B5) ausdrücklich bezieht. B13 [24 f.]

34,17-32 Hang (Fußnote)] Diese Ergänzung geht offenbar auf die von Kant schon in der Vorrede erwähnte Rezension aus den *Neuesten kritischen Nachrichten* zurück, in der der Rezensent (227 f.) ausdrücklich eine Definition des Begriffes anmahnt. B20 [28 f.]

35,18 das gute Herz] Rückgriff auf biblischen Sprachgebrauch: für *Herz* finden sich mehr als 500 Nachweise; nach Luther ist das Herz der Ort der Sünde schlechthin. – Mit seiner systematischen Plazierung setzt sich Kant deutlich von der Polarisierung Herz-gegen-Vernunft ab, denn im Unterschied zu der populären Auffassung Blaise Pascals – »Das Herz hat seine Gründe, die die Vernunft nicht kennt« (*Pensées*, IV. Fragment 277 ff.) – unternimmt Kant es ja gerade, genau die Gründe des Herzens zu erkennen und zwar innerhalb der Grenzen der *bloßen Vernunft*. B21 [29]

35,31 Apostels] Der Apostel ist Paulus. Röm 7,18. B22 [29]

36,21 perversitas] Evtl. Bibelanspielung Spr. 17,20: »qui perversi cordis est...«. Luther übersetzt: »Ein verkehrtes Herz findet nichts Gutes«. B23 [30]

37,8 er befolge das Gesetz] Bibelanspielung Röm 7,6 (vgl. Bibelstellenregister: in Kants Bibel unterstrichen); vgl. a. 2 Kor 3,6. B24 [30]

37,13 Was nicht aus diesem Glauben geschieht] Bibelanspielung Röm 14,23 (in Kants Bibel unterstrichen).

40,24 Hearne (und Fußnote)] Samuel Hearne (1745–1792), Begleiter on J. Cook. Vgl. *Des Captain J. Cooks dritte Entdeckungsreise*, übersetzt von Forster 1797 (! also nicht die direkte Quelle Kants), Bd I, Einleitung; die Erzählung dort S. 54 ff. B28 [33]

41,14 f. es sei in dem Unglück] Philipp Dormer Stanhope, 4. Earl of Chesterfield (1694–1733), *Briefe des Grafen Chesterfield an seinen Sohn Philipp Stanhope über die anstrengende Kunst ein Gentleman zu* B29 [33] *werden.* – Kant zitiert die Übersetzung von G. Gellius, Leipzig 1774–1777, Bd. II, 148.

B 31 [34] **42,10 Chiliasmus**] Die theologische Lehre von der Erwartung des tausendjährigen Reiches nach der Wiederkunft Christi (Bibel Off. 20,4 f.). – Zu Kants Übertragung des Dogmatik-Begriffs auf die Philosophie vgl. a. *Idee* A 404 (VIII, 27); *SdF* A 135 [VII, 81].

42,11 Zustand eines ewigen Friedens] Kants erste öffentliche Erwähnung dieser Formulierung, die der 1795 erschienenen Schrift den Namen gab. – Vgl. a. 167,6 (B 183).

B 30 [34] **42,32 ein Alter**] vermutlich ein Ausspruch des Sokratikers Antisthenes (4. Jh. v. Chr.); der Spruch findet sich in Johannes Stobaeus (5. Jh. n. Chr.), *Florilegium* (Vgl. *Archiv für Geschichte der Philosophie* 59, 1977, 280: Shmuel Sambursky, *Zum Ursprung eines nicht nachgewiesenen Zitates bei Kant*) – Von Kant auch zitiert in *EwF* B 85 [VIII, 365].

B 36 [38] **47,18 reatus, culpa, dolus**] Zur Begrifflichkeit siehe *MdS, Vorbegriffe zur Metaphysik der Sitten,* (R) B 23 [VI, 224].

B 37 [38] **47,26 Tücke des menschlichen Herzens**] Die im 17. und 18. Jahrhundert populäre Formulierung geht auf die Bibel zurück: Apg 8,22. Sie findet sich sowohl in frühen Traktaten zum Selbstbetrug, als auch bei z. B. Lessing. Vgl. hier den deutschen Titel des vielfach (und entsprechend unterschiedlich) übersetzten *The Mystery of self Deceiving* von Daniel Dyke, einem englischen Pfarrer aus Essex von 1643: *Nosce ti ipsum: das große Geheimnis des Selbs-Betrug [!] oder reiche und in Gottes Worte gegründete Betrachtung der grossen Betriglichkeit [!] und Tücke des menschlichen Herzens.*

B 38 [38] **48,14 f. sich blauen Dunst vorzumachen**] vgl. dazu nicht nur den naheliegenden Zusammenhang zum Tabakkonsum, sondern ebenfalls Kants Formulierung vom »Opium fürs Gewissen« (102,31).

48,27 Ein Minister] Robert Walpole (1676–1745), Earl of Oxford, erster mit unumschränkten Vollmachten ausgestatteter Minister von England (entspr. Premierminister). Vgl. dazu *Memoirs of Sir Robert Walpole,* ed. by W. Coxe, London 1789–1798.

B 38 f. [39] **49,4 der Apostel**] ist Paulus. Röm 3,23 (in Kants Bibel teilweise unterstrichen) und Röm 3,10.

B 42 [40] **51,1 der Dichter**] Ovid, *Metamorphosen,* XIII, 140 f. Kant zitiert frei »puto« statt »voco« (ich nenne). – Interessanterweise auch bei dem von Kant schon oben verwendeten Chesterfield zitiert (Angabe siehe Erl. zu 41,14 (B 29)), Brief vom 6.11.1747.

B 41 [40] **51,30 Fürst der Welt**] Bibelanspielung Joh. 12,31 u. 14,30.

54,6 in Adam] Bibelanspielung auf 1 Kor 15,22 mit Röm 5,12   B 45 [42]
(in Kants Bibel markiert).
54,31 Lügner von Anfang] Bibelanspielung Joh 8,44.
56,22 Adiaphora] Vgl. dazu Kants Erläuterung in seiner *Vorlesung*   B 47 [44]
über die Metaphysik, Ed. Erfurt 1821, 179: »Indifferent ist ein Gegenstand, so fern er weder ein Gegenstand der Lust noch der Unlust ist. Solche Gegenstände nennt man Adiaphora. Die Adiaphora können entweder ästhetisch oder logisch seyn; entweder nach Gesetzen der Sinnlichkeit, oder des Verstandes. Adiaphora aesthetica sind, die weder unangenehm noch angenehm, weder schön noch häßlich sind. Adiaphora logica sind, die weder gut noch böse sind. Einige sagen, es gäbe keine adiaphora. Adiaphora absoluta giebt es freilich nicht, wo ein Ding in keinem Verhältniß gut oder böse seyn sollte; allein in gewissen Fällen giebt es dergleichen doch; z. B. ob ich einem Armen das Almosen mit der rechten oder linken Hand geben soll, u.s.w. Wenn man aber eine Handlung, die unter ein Gesetz der Moralität gehört, unter die Adiaphora rechnen wollte; so wäre dieses höchst schädlich. Wo ein allgemein bestimmtes Gesetz ist; da gelten keine Adiaphora; wo aber kein allgemeines Gesetz ist, das etwas bestimmt, da kann es Adiaphora geben.«
58,2 guter Baum] Bibelanspielung Mt 7,17 (in Kants Bibel mar-   B 49 [45]
kiert).
58,24 Selbstliebe (Fußnote)] Vgl. a. a. O., 31 (B 16 [26]) zur me-   B 51 [45]
chanischen u. physischen Selbstliebe; 32 (B 17 [27]) zur vergleichenden Selbstliebe. Vgl. die Unterscheidung von Rousseau in »amour de soi-même« u. »amour propre« (*Discours sur l'inégalité* I,78-80).
60,12 Der zur Fertigkeit...] Offenbar eine Auseinandersetzung   B 53 [47]
mit J. Fr. Stapfer, *Sittenlehre*, 6 Bde, Zürich 1757–1766, insb. IV 306 f.: »Die Tugend ist nichts anderes als die Fertigkeit, so zu handeln, wie es das Gesetz erfordert.« – Vgl. dazu die Pointierung von Kant in *MdS* (T) A 9, 49 [VI, 383, 407].
61,31 1 Mos. I, 2] Gen 1,2: »Und die Erde war wüst und leer, und   B 54 [47]
es war finster auf der Tiefe; und der Geist Gottes schwebte auf dem Wasser« (in Kants Bibel findet sich neben dieser Textstelle die Randbemerkung: »Chaos«) von Kant hier im Bezug zu Joh 3,5: »Jesus antwortete: Wahrlich, wahrlich ich sage dir: Es sei denn daß jemand geboren werde aus Wasser und Geist, so kann er nicht in das Reich Gottes kommen« (In Kants Bibel sind »Wasser und Geist« unterstrichen).

B 55 [48] **62,13** neuen Menschen] Bibelanspielung Kol 3,9 und Eph 4,22. Dies ist die meistzitierte Bibelstelle in der *Religion*. – S.a. 96, 163, 220, 266, 269 (B 98, 178, 248, 305 n, 309 n.).

B 56 [49] **63,31** seine Pflicht] Vgl. Bibel Lk 17,10 (in Kants Bibel unterstrichen).

B 58 [49] **64,27** Phalaris] Juvenal, *Satiren*, III, 8,80 – Der Stier war ein Folterinstrument. – Von Kant mehrfach verwendetes Zitat, s.a. *KpV*, A 283 [V,158] und *MdS* (R), A 201 [VI, 334].

B 58 [49 f.] **64,28-33** Jedermann wird gestehen...] Kurzfassung des Beispiels aus der *Kritik der praktischen Vernunft*, A 54 [*AA* V,30]: »Ob er es tun würde oder nicht, wird er vielleicht sich nicht getrauen zu versichern...«.

B 61 [51] **66,34** das neue Herz] Bibelanspielung Ez 18,31.

B 62 [52] **67,37f.** sein angeborenes Pfund begraben] Ich danke Prof. G. Sala aus München für den Hinweis, daß Kants Angabe der Bibelstelle mit Luc 19,12–26 unvollständig ist, denn vom »vergrabenen Pfund« ist nur in der Parallelstelle Mt. 25,25 die Rede.

B 63 [52] **68,11** Es ist nicht wesentlich...] Dieses von Kant in der Handschrift sorgfältig korrigierte und ausdrücklich als solches gekennzeichnete Zitat ist leider bisher nicht nachgewiesen. Möglicherweise bezieht es sich aber auf den in diesem Abschnitt und auch sonst in der *Religion* häufig polemisch-kritisch zitierten J. F. Stapfer, *Sittenlehre*, Zürich 1757–1766, IV, 508,: »die Vernunft ... erkennt ... alles was dem Sünder als Sünder zu seiner Seligkeit zu wissen, zu glauben und zu thun nötig ist«. – Kant wiederholt das Zitat noch einmal, s.u. 189,13 f.

68,19 Parerga] vgl. *KdU* B 43 [II, 226]: »Zieraten (Parerga)..., d.i. dasjenige, was nicht in die ganze Vorstellung des Gegenstandes als Bestandstück innerlich, sondern nur äußerlich als Zutat gehört«.

B 67 [57] **73,12** Stoiker] vgl. hier Cicero, *Tusc.* I, 18: »appellata enim est ex viro virtus, viri autem propria maxime est fortitudo.«

73,18 Aufklärung] Anspielung auf den Vorwurf im *Religionsedikt* § 7, der Name »Aufklärung« diene zur Verschleierung verbotener Lehrinhalte: »Man entblödet sich nicht, die elenden, längst widerlegten Irrtümer der Socinianer, Deisten, Naturalisten und anderen Secten mehr wiederum aufzuwärmen und solche mit vieler Dreistigkeit und Unverschämtheit durch den äusserst gemissbrauchten Namen *Aufklärung* unter das Volk auszubreiten.« – Übrigens gab es zwar socinianische Sekten in Preußen, aber keine Sekten der Deisten und Naturalisten. Damit sind eindeutig die Aufklärungsphilosophen selbst gemeint. Der §7 behauptet also nicht, Sekten tarnten sich bisweilen unter dem Deckmantel, eigentlich zur Aufklärung zu gehören, sondern stellt die Aufklärung überhaupt unter Generalverdacht, der eben gerade »die wahre Aufklärung« des Christentums entgegensteht, also – mit den Worten des zeitgenössischen Theologen Fr. S. G. Sacks (*Pro memoria*, 1788, 12) – der »des Lichtes, so Christus des Welt angezündet hat«, mit der nun in der Tat Deisten und Naturalisten eher wenig anfangen konnten.

75,30 jener Kirchenvater] gemeint ist Augustinus, dem traditionell der (in seinen Schriften nicht nachweisbare) Spruch *virtutes gentium splendida vitia* zugeschrieben wird. B 69 [58]

76,7 ein Apostel] gemeint ist Paulus. Eph 6,12. B 71 [59]

77,24 Reich des Lichtes] Die Metaphorik von Licht und Finsternis durchzieht die biblischen Schriften von Gen 1,4 bis in die Bücher Hiob und Jesaja. Bezug hier Jes 5,20. B 72 [60]

78,2 ist in ihm von Ewigkeit] Bibelanspielung: Interpretierende Übersetzung von Joh 1,2, vgl. schon die Auslegung von Irenäus von Lyon, *Adversus haereses*, IV, 20, 1. B 73 [60]

78,4 das Wort] Bibel Joh 1,1f.; *das Werde!*: fiat lux! Gen 1,3f. – Kant formt allerdings auch hier die Ursächlichkeit um: Aus dem Wort, »durch das alle Dinge *gemacht sind*« (Joh 1,3) wird das Wort, »durch das alle Dinge *sind*« (Zeile 78,5) und zwar »um des vernünftigen Wesens in der Welt Willen« (ds., Z. 6ff.).

78,9 Abglanz] Bibel Hebr 1,3. B 74 [60]

78,10 In ihm] Bibel Joh 3,16; noch einmal zitiert s.u. 84,13 (B 81).

78,12 Kinder Gottes] Joh 1,12; Mt 5,45. B 74 [61]

78,29 Stand der Erniedrigung] vgl. die Unterscheidung der dogmatischen Christologie von *status exinanitionis* und *status exaltionis* (Stand der Erhöhung) nach Phil 2,5f.

84,7 Haller] Albrecht von Haller (1708–1777). Kant zitiert aus *Über den Ursprung des Übels* (1734). Die Textzeile lautet vollständig: »Denn Gott liebt keinen Zwang, die Welt mit …«. Vgl. *MdS* (T), A 33 [VI, 397] – Haller gehörte offenbar zu Kants Lieblingsdichtern. B 81 [65]

84,13 Also hat Gott] Bibel Joh 3,16; s.a. 78,10 (B 74).

84,17 Schematism der Analogie] Vgl. 149, 182, 231, 237 (B 160, 202, 262, 270); *KdU* B 255 [V, 351]; *Prol.* A 175f. [IV, 357]; *SdF* A 65 [VII, 45]; *Anthropologie* B 105f. [VII, 191f.]. B 82 [65]

85,6 Wer unter …] Bibel Joh 8,46. B 83 [66]

85,7 Billigkeit] Terminus der Rechtsphilosophie, s. *MdS* (R)

A 39 [VI, 234] – Vgl. dazu im Kontext der *Religion* auch die Vorlesungsnachschriften zur Rationaltheologie, *AA* XXVIII, insbes. 1295 ff.

B 84 [66] 86,7 f. Seid heilig] Bibel 1 Petr 1,16; Lev 20,7; Lev 11,45. – S.a. 174,1 (B 191); 214,14 (B 240).

B 85 [67] 87,6 Herzenskündiger] Bibelanspielung auf die wirkmächtige Lutherübersetzung für *qui novit corda Deus* Apg 15,8: »Und Gott, der Herzenskündiger, zeugte über sie«. Vgl. Apg 1,24; Lk 16,15; Ps 7,10; Jes 17,9. S.a. 132,2; 256,15. Im 18. Jahrhundert auch über die Grenzen der innerchristlichen Diskussion hinaus ein offenbar durchaus populärer Begriff, der z. B. auch bei Moses Mendelssohn zu finden ist (*Jerusalem oder über die religiöse Macht und Judentum*, Berlin 1783, letzter Absatz) – Von Kant das erste Mal 1791 verwendet in *Theodizee* A 221 [VIII, 269]; vgl. dann *MdS* (T), A 86, 101, 105 [VI, 430, 439, 441]; *SdF* A XXV [VII, 10].

B 86 [67] 88,4 Trachten nach ...] Bibel Mt 6,33.
B 87 [68] 88,9 das übrige ...] Fortsetzung Mt 6,33.

88,13 sein Geist gibt Zeugnis] Bibel Röm 8,16.

88,23 Furcht und Zittern] Bibel Phil 2,12.

88,29 Dieses findet ...] Vgl. hier die Formulierungen von J. Fr. Stapfer, *Grundlegung zur wahren Religion* [12bändige Dogmatik], Zürich 1746–1753, Bd. IX 624 ff., den Kant in diesem Abschnitt offensichtlich benutzt hat.

B 89 [69] 90,9 ob die Höllenstrafen ... ewige Strafen sein werden] ein vieldiskutiertes Streitthema der Zeit. Schon Lessing gibt 1773 einen Überblick über die verschiedenen Positionen und ihre Vertreter (*Leibniz, Von den ewigen Strafen*). S.a. A. G. Baumgarten, *Metaphysica*, § 791 (der von Kant verwendeten 2. Auflage von 1757) und insbesondere J. A. Eberhard, *Neue Apologie des Sokrates oder Untersuchung der Lehre von der Seligkeit der Heiden*, Berlin, 2. Aufl. 1776, 396 f., 417 f. – Hier argumentiert Kant eindeutig gegen die Auffassung von J. Fr. Stapfer (*Grundlegung*, Bd. V, 167 f.), der das Dogma der Ewigkeit der Höllenstrafen sowohl auf Vernunfteinsicht als auch auf Schriftauslegung gründen will. Kant nimmt damit in der Debatte die Position ein, die auch Johann August Eberhard (ebenso wie Karl Friedrich Bahrdt) vertreten hat. Der Ausdruck »Kinderfragen« verweist auf die in Fragen und Antworten abgefaßten Katechismen, die für den Konfirmationsunterricht verfaßt waren. Kant verwendete denn auch nachweislich einen Königsberger Katechismus der 30er Jahre zur Abfassung der *Religion*

(*J. N. J. Grundlegung der christlichen Lehre oder notwendige Fragen, deren Kindern vorzulegen, welche confirmieret und darauf zum heiligen Abendmahl gelassen werden wollten*, Königsberg bey Hartung [ca. 1733]).

90,12 Moore's Reisen] Francis Moore, *A General Collection Of Voyages And Travel*, London 1745, Übers. in Schwabe, *Allgemeine Historien der Reisen*, Bd. III, 1748.

91,22 Ende gut…] schon bei Luther zitiert im Kommentar zu Pred 7,9. B 91 [70]

92,17 daß alle Sünden] Bibel Mk 3,28 (von Kant in seiner Bibel markiert). B 92 [70]

94,9 keine transmissible Verbindlichkeit] entspricht der sozinianischen Sünden-Lehre, die Kant spätestens seit 1742/43 aus den Dogmatik-Vorlesungen von Fr. A. Schultz kannte. B 95 [72]

94,18 wegen der Unendlichkeit … worden] entspricht dem Sündenbegriff Anselm von Canterburys, den Kant hier ablehnt. Anselm v. Canterbury, *Cur Deus homo*, I, 21 »Quanti ponderis sit peccatum«. (Vgl. a. Thomas v. Aquin, *Summa Theologiae*, III Q 1, A. 2 ad 2: »Peccatum contra Deum commissum quandam infinitate divinae maiestatis«.) Auch der Gedanke 93,35 von der Unmöglichkeit eines »Überschusses« der guten Taten findet sich bei Anselm (a. a. O., I,20). – (Die Formulierung *nicht sowohl … sondern* wird von Kant einheitlich im Sinn von *nicht … sondern* gebraucht. Vgl. 123,26; 189,16).

95,22 gleichwohl aber] Wobbermin erläutert: »dies ist auch der oberste Grundsatz der kirchlich-orthodoxen Satisfactionstheorie, aus dem dann schon Anselm [von Canterbury] die… Alternative gezogen hat: aut poena aut satisfactio.« B 96 [73]

96,4 Anziehen des neuen] Bibelanspielung. Vgl. Anm. zu 62,13. B 98 [74]
96,6 abstirbt … leben] Bibelanspielung 1 Petr 2,24.
96,19 der erste Mensch (in der heiligen Schrift)] Anspielung auf Bibel Gen 3,16 und 19 (vgl. die Markierungen in Kants Bibel, Bibelstellenregister). B 97 [73]

96,26 in tierische Körper… Dewas] Die Quelle Kants dürfte hier John Zephaniah Holwell gewesen sein: *Holwells merkwürdige historische Nachrichten von Hindostan und Bengalen nebst einer Beschreibung der Religionslehren, etc. Aus dem Englischen. Mit Anmerkungen und einer Abhandlung über die Religion und Philosophie der Indier begleitet von J. K. Kleuker*, Leipzig 1778, S. 229. B 97 [74]

96,28 Malebranche] Nicolas Malebranche, *De la recherche de la vérité*, Paris 1675, Livre IV, chap. XI.

| B 98 [74] | **97,9** das Absterben] Bibel Gal 5,24 mit Röm 6,5.
| B 100 [75] | **98,17** an dem nichts...] Bibel Röm 8,1 (in Kants Bibel markiert).
| B 105 [78] | **102,28** Sei willfährig...] Bibel Mt 5,25 (in Kants Bibel markiert).

102,32 Opium fürs Gewissen] Interessante Parallele zur späteren (berühmteren und leider oft falsch zitierten) Formulierung von Karl Marx, *MEGA* I, 1, 1.113: Religion als »Opium des Volkes« [wohlbemerkt nicht: »Opium fürs Volk«!]. S.a. Kants Formulierung 48,14 »sich selbst blauen Dunst vormachen«. – Vgl. zur Fußnote außerdem 231,3 (B 262) u. Erl. zur Anspielung auf das *Religionsedikt* § 7.

| B 106 [78] | **103,13** durchs Recht] die Anwendung von Besitz-/Rechtskategorien auf die biblische Geschichte fand Kant auch bei dem im Vorwort erwähnten Joh. D. Michaelis, *Gedanken über die Lehre der Heiligen Schrift von Sünde und Genugtuung*, 1779, 23 ff.

103,17 Untereigentum... Obereigentum] Rechtstermini s. *MdS* (R), B 97 [VI, 270].

103,22 welches durch] dieser Absatz ist im Folgenden durchzogen mit Zitaten aus J. Fr. Stapfers Dogmatik, *Grundlegung zur wahren Religion*: »welches [Stapfer: welcher] durch seinen Abfall ... verlustig geworden«, Bd. III, 481; »und sich ... will«, Bd. VI, 172.

| B 107 [79] | **103,28** Herrschaft] Vgl. Stapfer, Bd. VI, 171, 175 u.ö.

103,29 die Stammeltern ... macht] wörtlich Stapfer, Bd. V, 536 u. Bd. VI, 172.

104,4-8 die Beherrschung ... zuzuschreiben haben] Vgl. Stapfer. Bd. V, 409.

| B 108 [79] | **104,21-26** sie also ... statt fand] vgl. Stapfer Bd. VII, 44 u. Bd. X, 401.

| B 107 [79] | **104,27** Charlevoix] P. de Charlevoix (1682–1761), Jesuitischer Missionar in Kanada, Historiker und Geograph. *Histoire de description générale de la Nouvelle-France*, Paris 1744. – Kant las die deutsche Übersetzung in Schwabe, *Allgemeine Historien der Reisen*, Bd. XVI, Leipzig u.a. 1758.

| B 110 [80] | **105,21** Fürst dieser Welt] Bibelanspielung Joh 14,30 (in Kants Bibel markiert). Vgl. oben 51,30 (B 41).

| B 109 [80] | **105,22** jungfräuliche Mutter (Fußnote)] Der historische Bezugspunkt dieser Fußnote dürfte Guillaume Postel (1510–1581) gewesen sein, der die Diskussion der Vererbung der Sünde durch den Zeugungsakt (zurückgehend auf Augustinus u. Tertullian) um den Geschlechts-Gesichtspunkt erweitert hatte: *Les très merveilleuses victoires des femmes du nouveau monde*, 1553. Zu die-

ser Fußnote, die ein Zusatz der zweiten Auflage ist, sind mehrere Entwürfe von Kant erhalten (s. *AA* XXIII,105-107). Neben Kants Sinn für Humor belegen diese Texte im übrigen ebenso wie die etwas geglättete Fußnote seine ausgezeichneten naturwissenschaftlichen Erkenntnisse zu einer Zeit, die gerade an Erklärungen von biologischen Zusammenhängen wie der Fortpflanzung (und übrigens auch der Atmung) meist nur eine Menge Kurioses hervorbrachte. Der Abt Lazzaro Spallazani (1729–1799) hatte erst 1785 die Zusammenhänge der Befruchtung anhand von Frosch-Experimenten nachgewiesen (und bei der Gelegenheit die künstliche Befruchtung entdeckt), auf die Kant hier zurückgreift.

106,8 nur als Eigentümer] Bibelanspielung Mt 4,8 ff. B110 [81]

106,12 bis zur größten Armut] Bibel Mt 8,20 (in Kants Bibel markiert); Lk 9,58. B111 [81]

106,21 Hypothese der Epigenesis] vgl. Kants Überlegungen zur Evolutionstheorie *KdU* B 376 ff. [V,422 ff.]. B110 [80]

107,10 Bahrdt] Karl Friedrich Bahrdt (1741–1792): »Wahrlich, so frei hat noch niemand sein Schicksal gewählt, so absichtlich hat kein Märtyrer der Wahrheit seine Hinrichtung veranstaltet...« (*System der moralischen Religion zur endgültigen Beruhigung der Zweifler...*, Berlin 1787, Kap. IX, X, 64.). Bahrdt hatte Kant im Dezember 1786 selbst ein Exemplar geschickt (vgl. AA, X,476). B111 [81]

107,18 Wolfenbüttelsche Fragmentist] der anonym schreibende Hermann Samuel Reimarus (1694--1768). Kants Bezug hier *Von dem Zwecke Jesu und seiner Jünger. Noch ein Fragment des Wolfenbüttelschen Ungenannten*, hrsg. v. G. E. Lessing, 1778: »Es war ... sein Zweck nicht gewesen, daß er leiden und sterben wollte; sondern, daß er ein weltlich Reich aufrichtete, und die Juden von ihrer Gefangenschaft erlösete: und darin war ihm seine Hoffnung fehlgeschlagen.«

107,26 fehlgeschlagene Absicht] Reimarus knüpft seine Interpretation an Mt. 27,46: »Mein Gott, warum hast Du mich verlassen?« – »Ein Geständnis, so sich ... nicht anders deuten läßt, als daß ihm Gott zu seinem Zweck und Vorhaben nicht geholfen«, a. a. O. B112 [81]

108,14 Freiheit der] Bibelanspielung Röm 8,21 (in Kants Bibel markiert) mit Mt 5,45 – vgl. a. 241. B113 [82]

108,26-29 so kam er] Bibel Joh 1,11 f. – vgl. 241,28, a 78,12.

109,1 f. ein Volk, das] Bibel Tit 2,13 f. (in Kants Bibel markiert) – vgl. a. 133,11 (B140).

B114 [83] 109,16 der Fürst] Bibelanspielung Joh 12,31; 14,30 (in Kants Bibel markiert) u. 16,11. Vgl. 51,30.
B115 [83] 110,12 f. die Pforten der Hölle] Bibel Mt 16,18.
B116 [84] 110,28 f. Wehret] Bibel Lk 9,50 (in Kants Bibel markiert); vgl. a. Mk 9,39 (in Kants Bibel unterstrichen).
111,14 wenn ihr] Bibel Joh 4,48.
111,18 im Geist und in der Wahrheit] Bibelanspielung Joh 4,23 (in Kants Bibel markiert und teilweise. unterstrichen) – vgl. a. 260 (B 299).
B119 [85] 113,8 Pfenniger] Johann Konrad Pfenniger (1747–1792), Züricher Theologe und Intimus von J. C. Lavater. *Appellation an den Menschenverstande, gewisse Vorfälle, Schriften und Personen betreffend*, Hamburg 1776, vgl. insb. No. VIII.
B120 [87] 115,16 z. B. wenn...] Bibelanspielung auf die Versuchung Abrahams Gen 22,1 (in Kants Bibel markiert); vgl. a. 252,31 (B 290).
– Kant verwendet die biblische Geschichte der »Versuchung Abrahams« noch ein drittes Mal in seinen veröffentlichen Schriften konsequent als Beispiel für das Primat der moralischen Urteilskraft, nämlich im *Streit der Fakultäten*, VII 63n: »Zum Beispiel kann die Mythe von dem Opfer dienen, das Abraham auf göttlichen Befehl durch Abschlachtung und Verbrennung seines einzigen Sohnes – (das arme Kind trug unwissend noch das Holz hinzu) – bringen wollte. Abraham hätte auf diese vermeinte göttliche Stimme antworten müssen: ›Daß ich meinen guten Sohn nicht töten solle, ist ganz gewiß; daß aber du, der du mir erscheinst, Gott sei[st], davon bin ich nicht gewiß und kann es auch nicht werden‹, wenn sie auch vom (sichtbaren) Himmel herabschallte.« – Als literaturgeschichtlicher Hintergrund könnte das sich in jeder erdenklichen Herzensqual des gottergebenen Abrahams ergehende Epos *Die Prüfung Abrahams* (1753) von C. M. Wieland die Gegenvorlage für Kant gewesen sein. Nur der Knecht Elisier argumentiert in Ansätzen im Namen des Gewissens (»Vergib mir den Zweifel / Herr! allein, mir ist's unmöglich, die furchtbare Stimme, / Die du zu hören glaubtest, für Gottes Stimme zu halten. / Nimmermehr kann ich ihn, den ewig Weisen und Guten, / Mit sich selbst in Widerspruch denken.«, I. Gesang, v. 344 ff.). Ansonsten provoziert der Text in seinem an Voyeurismus grenzenden detailfreudigen Blick auf väterlichen Gefühlsschmerz und kindliche Unschuld genau den Widerspruch, den Kant wiederholt formuliert (Ch. M. Wieland, Sämtliche Werke, Leipzig 1800). Nach Jachmann hat Kant Wieland

noch in den 90er Jahren (»noch in seinem achtundsechzigsten Jahre«) gelesen, seine frühen religiös motivierten Epen aber bevorzugt (Jachmann in seinem 10. Brief, s. R. Malter, *Immanuel Kant in Rede und Gespräch*, Hamburg 1990, S. 230).

115,25 f. verstellt sich] Bibel 2 Kor 11,14.   B121 [87]

116,8 f. Geschichtchen aus dem höllischen Proteus] Erasmus Francisci, *Der höllische Proteus oder tausendkünstige Versteller (nebst vorberichtlichem Grundbeweis der Gewißheit, daß es wirklich Gespenster gebe*, Nürnberg 1708.

117,11 magische Künste] Eindeutige Anspielung auf Friedrich   B122 [88] Wilhelm II. Es war allgemein bekannt und gern belästert, daß der König für spiritistische Sitzungen sehr empfänglich war und sich in seinen Entscheidungen allerlei geisterseherischem Unsinn beeinflussen ließ. (Vgl. schon 1787 Adrian Heinrich v. Borckes anonym erschienene *Geheime Briefe über die preußische Staatsverfassung seit der Thronbesteigung Friedrich Wilhelms des Zweyten*, Utrecht 1787). Insbesondere der Einfluß von Bischoffswerder (dem ersten Vertrauten Friedrich Wilhelms seit 1778), Hermes und Hillmer (den maßgeblichen Mitgliedern der IEK) beruhte nachweislich auf entsprechenden Taschenspielertricks mit einem »seherischen Medium« in Breslau ab August 1790. Die Wende in der Zensurpolitik und die zunehmende Distanz zu Woellner kann auf diesen Einfluß zurückgeführt werden. S. a. Einleitung.

117,14 sagen sie] »Sie« – das sind insbesondere die aufklärungsfeindlichen sog. Altgläubigen, aber auch z. B. mystische Strömungen wie die Rosenkreuzer. Die von Kant referierten Fragen finden sich als Fragen an die »Klüglinge« in der offenbar durch J. J. Spalding verbreiteten *Abhandlung über Religion* von Johann Christoph Woellner (also einem der Vorträge für Kronprinz Friedrich Wilhelm) von 1785, § 14: »Begreifet ihr die anziehende Krafte des Magneten?...«. Woellner schließt: »Es ist dies ein sehr demütiger Beweis, wohin wir mit unserm aufgeklärten Verstand und mit aller Gelehrsamkeit hingeraten können, wenn wir einen gewissen Punkt überschreiten wollen. Die Natur des Menschen bleibt uns immer ein Rätsel, das wir ohne Bibel und göttliche Offenbarung nicht erklären können«. (Abgedruckt in P. Schwartz, *Der Kulturkampf...*, 73-92, A s Einleitung.)

123,11-13 der Knechtschaft] Bibel 1 Petr 2,24 mit Rom 6,18 (in   B127 [93] Kants Bibel markiert).

123,27 nicht sowohl] Kant verwendet *nicht sowohl ... sondern*   B128 [93] konsequent im Sinn von *nicht ... sondern*. Vgl. a. 94, 132, 256.

B 135 [97]	129,11-27 Hobbes (Fußnote)] Zum Verhältnis Hobbes-Kant vgl. den ebenfalls 1793 erschienen zweiten Abschnitt des Aufsatzes *Über den Gemeinspruch: Das mag in der Theorie richtig sein, taugt aber nicht für die Praxis.*
B 137 [98]	131,33 Prinzip] Diese Formulierung findet sich schon in Kants Brief an Heinrich Jung-Stilling v. 1.3.1789. Vgl. dann *MdS* (R) B 33 [VI, 230].
B 139 [99]	132,2 Herzenskündiger] siehe Anm. zu 62,13.
	132,5 jedem] Bibelanspielung Lk 23,41.
	132,9 Volk Gottes] Bibelanspielung 1 Petr 2,10; Röm 9,25.
B 138 [99]	**132,25** man muß...] Bibel Apg 5,29 – vgl. a. 207,29.
B 140 [100]	133,11 das fleißig] Bibel Tit 2,13 (in Kants Bibel markiert) – vgl. a. 109,1.
	133,12 f. Rotte] Anspielung auf biblischen Sprachgebrauch: s. Num 16,4; Apg 17,5.
B 140 f. [100]	133,24 verkleinert] Vgl. Rousseau, *Emile*, erster Satz. S. Anm. zu 8,5-7 (B XII).
B 141 [100]	133,29 f. aus so krummem Holze...] Bibelanspielung Pred 1,15.
	134,1 stiften] Der Stiftungsgedanke knüpft traditionell an Ex 20,24; zur Entsprechung im Recht s. *MdS* (R) B 178 [VI, 367]; schon hier eine Parallele zum Frieden, der auch »gestiftet« werden muß, *EwF* B 18 [VIII, 349]. – Vgl. u. 204,13
B 141 [101]	134,14 daß das Reich] verkürzte Zeile aus dem *Vater unser*: Dein Reich komme. »Dein Wille geschehe auf Erden *wie im Himmel*« (Lk 11,2 – siehe Markierungen in Kants Bibel; Mt 6,10) – Vgl. ebenso 165,16; 203,7.
B 142 [101]	134,21 die unsichtbare Kirche] Bibelanspielung 2 Kor 4,17.
	135,1 Seelenhirten] Bezug Bibel 1 Petr 2,25.
	135,4 den obersten Diener des Staats] Anspielung auf Friedrich II. (den Großen): »Un prince est le premier serviteur et le premier magistrat de l'Etat.« – Am bekanntesten durch den *Antimachiavell*, aber mehrfach überliefert, teilweise als »le premier domestique«. Friedrichs Quelle könnnte seine H. Bolingbroke-Lektüre gewesen sein: »Even the king of such limited monarchy as ours is but the first servant of the people« (*Letters of the study and use of history*, 1735/36).
	135,11 die Kennzeichen der wahren Kirche] Wobbermin erblickt hier die altkirchlichen Termini der 4 Kirchenattribute *una, sancta, catholica, apostolica.* Zunächst einmal bezieht Kant sich hier jedoch eindeutig auf die *Kategorientafel*, und damit auf das Raster der vollständigen Bestimmung eines Begriffs (»Kirche«).

136,19 Illuminaten] der Zusammenhang mit dem (bei Kant pe- B144 [102]
jorativen) Begriff *Demokratie* deutet auf Adam Weishaupt (und
seinen Geheimbund in Ingolstadt), *Das verbesserte System der Illuminaten mit allen seinen Graden und Entwicklungen*, Ingolstadt 1788.
(Vgl. a. AA, X, 535).
137,7 Religionsglaube] zum Begriff *Religionsglaube* vgl. Shaftes- B145 [102]
bury (s.o. Anm. zu 5), Bd. I, 63, der *reiner Religionsglaube* als Ge-
genbegriff zu *Aberglauben* verwendet.
138,22 gottesdienstlich] dieser Begriff findet sich schon 1775 in B147 [103]
Kants sog. *Bekenntnisbrief* an Lavater vom 28.4.
140,3f. Herr, Herr!] Bibel Mt 7,21 (mit Bezug auf Ex 34,6) B148 [104]
(s. Markierungen zu Mt 7,21 in Kants Bibel) – S. a. 216, 272.
142,23 Tempel] im 18. Jahrhundert meist pejorativ gebraucht. B152 [106]
143,20 Machtspruch: da steht's geschrieben] Man könnte den B153 [107]
Satz *scriptum est* ohne Untertreibung eine biblische Redensart
nennen. Seine Häufigkeit erklärt sich allerdings wohl wesentlich
durch die damit angekündigten internen Rückbezüge.
146,19 erweiternden Denkungsart] entspricht der zweiten Ma- B157 [109]
xime der Denkungsart, vgl. *KdU* B159 [V, 295].
146,23 Georgii] *Alphabetum Tibetanum missionum apostolicarum* B156 [108]
commodo editum. Studio et labore Fr. Augustini Antonii Georgii
eremitae Agustini, Romae 1762. Kant dürfte die deutsche Aus-
wahlübersetzung verwendet haben: Giorgi, Antonio Agostino:
Das Alphabetum Tibetanum in Auszügen, aus dem lateinischen übers u.
bearb. von J. N. Eyring, 1768. – Die urgeschichtlichen Überlegungen
und ethymologischen Versuche Kants sind sachlich nicht haltbar.
Vgl. H.v. Glasenapp, *Kant und die Religionen des Ostens*, 81f.: »Die
Chazaren sind ebenso wenig wie ihr Name tibetanischen Ursprungs. Sie sind vielmehr ein westtürkischer Stamm, der im
8. Jahrhundert in Südrußland ein großes Reich errichtete und
deren Fürst Bulan im 8. Jahrhundert mit einem Teil des Volkes
zum Judentum übertrat. Ihre Macht wurde um 1016 von den
Russen gebrochen. Da das Wort ›Ketzer‹ erst im 12. Jahrhundert
aufkam, ist es unwahrscheinlich, daß es mit dem Namen der
Chazaren etwas zu tun hat, vielmehr ist es von ›Katharer‹ abzu-
leiten, als welche sich eine Sekte des Abendlandes bezeichnete
(von griechisch: Katharoi, die Reinen)«.
146,28 Manichäism] Kant versuchte, einen Zusammenhang
zwischen Tibetanern und Manichäern durch eine etymologische
Verknüpfung (Om mani padme hûm – Manichäer) zu begrün-
den. »Er nahm an, daß die Tibetaner die Hunnen bei ihrem Ein-

fall in Europa begleitet hätten und daß die Manichäer eine Sekte unter den Hunnen gewesen sein« (v. Glasenapp, a. a. O. 82).

B 158 [110] 148,12 Michaelis] s. Anm. zu 15,23.

B 158 f. [110] 148,18-20 Zu den Alten] Bibel Mt 5,43 f. (in Kants Bibel markiert) – vgl. a. 215 (B 241).

B 159 [110] 148,31 Die Rache] Kant bezieht sich auf Dtn. 32,35 und seine neutestamentliche Wiederaufnahme in Röm 12,19 (in Kants Bibel markiert).

B 160 [111] 149,19 Reland] Adrian Reland (1626–1718), holländischer Orientalist, *De religione mohammedanica libri duo*, Rhenum 1717, II, § 17.

149,22 Bedas] Diese (historisch wohl falsche) Art der Unterscheidung der älteren (»Bedas«) von den neueren Büchern (»Vedas«) dürfte zurückgehen auf *Holwells merkwürdige historische Nachrichten...* (A. s. Erl. zu 96,26), 187 f.

B 161 [111] 150,16 tot an ihm selbst] Bibel Jak 2,17 (s. Unterstreichungen in Kants Bibel).

150,22 alle Schrift] Bibel 2 Tim 3,16.

B 161 [112] 150,28 der Geist] Bibel Joh 16,13 (in Kants Bibel markiert) – vgl. a. 198,24.

B 162 [112] 150,29-31 belehrt – belebt] Bibelanspielung Spr 13,14.

150,37 f. man kann] sehr frei nach Bibel Joh 5,39 (in Kants Bibel markiert).

B 164 [123] 153,3 noch ein dritter] Anspielung auf J. S. Semler (1725–1791), *Zur Revision der kirchlichen Hermeneutik und Dogmatik*, Halle 1788. Semler, der führende evangelische Theologe des 18. Jahrhunderts, bezeichnet in der Vorrede Vernunft und Offenbarung als die »beiden Prätendenten«.

B 165 [113] 153,8 wer ihrer Lehre folgt] Bibel Joh 7,17 (siehe Markierungen in Kants Bibel).

B 168 [115] 155,18 streitende – triumphierende Kirche] Termini der christlichen Dogmatik: *ecclesia militans et triumphans*. Die Begriffe *fides mercenaria*, *fides servilis* und *fides ingenua* sind hingegen offenbar von Kant selbst.

B 169 [116] 156,17 f. Beide ... zusammen] Kants Ausgangspunkt für die folgenden Überlegungen entspricht dem J. Fr. Stapfers in seiner *Grundlegung zur wahren Religion*. Der Text im folgenden ist eine direkte Auseinandersetzung mit Stapfer. S. die folgenden Erläuterungen.

B 170 [116] 157,4 ff. 1. Vorausgesetzt...] Diese Darstellung der These der »merkwürdigen Antinomie« ist ein offen polemisches Spiel mit

Anmerkungen des Herausgebers

den Formulierungen von J. Fr. Stapfer, *Grundlegung*, Bd. VIII, 158 ff. und insb. 170 ff.

157,7 wenn ... ankommt] Stapfer, Bd. VIII, 170.
157,12 Botschaft ... Genugtuung] vgl. Stapfer, Bd. VIII, 158.
157,14 Juristen] vgl. G. Achenwall, *Prolegomena iuris naturalis* (Kant verwendete die 5. Auflage von 1763), § 85.
157,18 Acceptation ... Wohltat] Stapfer, Bd. VIII, 158.   B 170 [117]
157,26 Glauben ... himmlisch eingegeben] Stapfer, Bd. VIII, 557.
158,27 vorigen Satz] gemeint ist der logische Satz, also die These   B 172 [117] aus dem vorhergehenden Absatz.
159,33 ff. daß ... würde] Replik wieder auf Stapfer Bd. VIII,   B 173 [118] 170 ff.
160,8 Dem ersteren wirft man ...] vgl. Stapfer Bd. VIII, 11.   B 174 [118]
160,11 f. Unglauben – Gleichgültigkeit] Stapfer, Bd. VIII, 174.   B 174 [119]
160,27 Gottmenschen] kein biblischer Begriff, aber *theánthropos* erstmals bei Origenes (ca. 185-254), wenn auch der Sache nach wohl älter.
162,17 dem Unwesen] wörtliche Anspielung auf das *Religions-*   B 177 [120] *edikt* § 7: »Diesem Unwesen wollen Wir nun in Unsern Landen schlechterdings um so mehr gesteueret wissen ...«. Kant scheint sich an dieser Formulierung besonders gerieben zu haben, denn er retouchiert 1798 nach dem Tod Friedrich Wilhelms II. und der Entlassung von Woellner ironisch mit denselben Worten: »Diesem Unwesen ist nunmehr gesteueret« (*SdF*, A XXV [VII, 10]).
162,21 Verfall der Sitten] direkte Anspielung auf das *Religionsedikt*, (Vorsatz), das ausdrücklich als Maßnahme gegen die »Verfälschung der Grundwahrheiten des Glaubens der Christen und der daraus entstehenden Zügellosigkeit der Sitten« ankündigt wurde.
163,8 neuen Menschen] Bibelanspielung Kol 3,9 und Eph 4,22.   B 178 [121] Vgl. Anm. zu 62,13.
163,13-15 er erbarmet sich ...] Bibel Röm 9,18 (in Kants Bibel markiert).
164,9 damit Gott] Bibel 1 Kor 15,28 (in Kants Bibel markiert) –   B 179 [121] vgl. a. 184,11 und Fußnote.
164,10 Die Hüllen] J. Bohatec (*Kants Religionsphilosophie*, Hamburg 1938, 491) verweist auf Christian August Crusius (1715-1775), *Hypomnemata ad theologiam Propheticam*, o.O. 1764-1778, Bd. II, 251: »Quemadmodum est in embryone verum initium vitae hominis«.
164,17-21 ein Kind .. kindisch ist] Bibel 1 Kor 13,11.

B181 [122] 165,16 das Reich...] Bibel – vgl. Erl. zu 134,14.
B183 [124] 167,6 ewigen Frieden] S.o. 42,11 (B31) und Erl.
B186 [125] 169,27 Der jüdische Glaube] Kants Darstellung des Judentums folgt wesentlich J. S. Semler: *D. Joh. Salomo Semlers letztes Glaubensbekenntnis über natürliche und christliche Religion...*, hrsg. v. Chr. Gottfried Schütz, Königsberg 1792.
B191 [128] 174,1 wie ihr Vater] Bibelanspielung 1 Pter 1,16; Lev 20,7; Lev 11,45. Vgl. Erl. zu 86,7. S.a. 214,14.
B193 [129] 175,7 er bleibe...] Bibelanspielung Mt 28,20 (in Kants Bibel markiert).
B194 [129] 176,10 Nun war...] Kants Quelle für frühe Kirchengeschichte ist offenbar die *Christliche Kirchengeschichte* von Johann Matthias Schröckh (Leipzig 1772–1803), insb. Bd. 1.
B197 [131] 179,8 ungehindert] kritische Anspielung auf das *Religionsedikt*, insb. § 7.
B198 [132] 179,32 das Buch, was einmal da ist] Offenbar eine Anspielung auf das Religionsedikt § 7 mit der über die Biblischen Schriften hinausgehenden zusätzlichen Verpflichtung auf die sog. »Symbolischen Bücher« (also im Fall der protestantischen Kirche die beiden Katechismen Luthers, die Augsburger Konfession samt Apologie, die Schmalkaldischen Artikel und die Konkordienformel, bei der Lutherischen den sog. Heidelberger Katechismus) und den langwierigen Katechismusstreit.
B200 [133] 181,8ff. Wenn eine ... findet] direkte Anspielung auf das *Religionsedikt* § 2: »Daneben soll ... niemanden der mindeste Gewissenszwang zu keiner Zeit aufgethan werden, solange ein jeder ruhig als guter Bürger des Staates seine Pflicht erfüllt, seine jedesmalige besondere Meinung aber für sich behält und sich sorgfältig hütet, solche nicht auszubreiten«.
B201 [134] 182,2 dem Staate] Anspielung auf das *Religionsedikt* § 11: »so ermahnen Wir alle Unsere getreuen Untertanen, sich eines ordentlichen und frommen Wandels zu befleissigen, und werden Wir bei aller Gelegenheit den Mann von Religion und Tugend zu schätzen wissen, weil ein jeder gewissenloser und böser Mensch niemals ein guter Unterthan und noch weniger ein treuer Diener des Staates weder im Großen noch im Kleinen sein kann«; vgl. aber auch Rousseau, *Du contrat social* IV, 8, der ebenso einen Zusammenhang zwischen Religionsgesinnung und staatsbürgerlicher Zuverlässigkeit behauptet hat.
B203 [134] 183,6-9 Der Lehrer ... hat gezeigt] Bezug hier die *Bergpredigt*, Mt 5ff.

183,22 Seid...] Bibel Mt 5,12 (in Kants Bibel markiert und teil- B 203 [135]
weise unterstrichen).
183,23 Zusatz] Bibel Mt 5,19.
183,27 Scheidung] Bibel Mt 7,17 ff. (in Kants Bibel teilweise unterstrichen).
184,6 der letzte] Bibel 1 Kor 15,26. B 204 [135]
184,11 so Gott alles in allem ist] Bibel 1 Kor 15,28 (in Kants Bibel markiert) – S. a. 164,9.
185,15 Luc. 17, 21 bis 22] Bibel Lk 17,20-22 (s.a. Markierungen B 206 [136]
und Bemerkungen in Kants Bibel).
185,29 Bücher] Der stabilisierende Faktor des Geschriebenen gilt nach Kant generell: Jede Wissenschaft (mit Ausnahme der Philosophie) ist daher auch auf Schriftgelehrsamkeit angewiesen. S. *SdF* A 13 f [VII, 22].
186,3 Parsis] Kants Wissen über den Parsismus gründet wesentlich in der Forschung von Abraham-Hyacinthe Anquetil-Dupperon (1731–1805), der 1771 den Zoroaster (Zarathustra) zugeschriebenen altiranischen Text mit dem Titel »Zend-Avesta« populär machte. Kant bezieht sich offensichtlich auf die deutsche Übersetzung *Zend Avesta. Zoroasters Lebendiges Wort, worin die Lehren und Meinungen dieses Gesetzgebers von Gott, Welt, Natur, Menschen, ingleichen die Ceremonien des heiligen Dienstes der Parsen usf. aufbehalten sind.* Übersetzt von J. Fr. Kleuker, Riga 1776–1783. *Desturs* sind die Priester.
186,6 Zigeuner] Die indische Herkunft der Zigeuner wurde 1782 von J. C. Ch. Rüdiger festgestellt: *Von der Sprache und Herkunft der Zigeuner aus Indien*, Leipzig 1782. H. M. G. Grellmann kam 1783 zu dem gleichen Ergebnis: *Die Zigeuner*, Dessau / Leipzig 1783.
186,13 für verfälscht] Kant erläutert in der *Physischen Geographie* B 207 [137]
[IX, 399]: »Mohammed ... beschuldigte die Juden und Christen der Verfälschung der Heiligen Schrift.«
186,15 ihre alten] Kant verkennt offensichtlich den Umfang des jüdischen Schrifttums.
189,13f. was er ... habe] Zitat s.o. 68,11 (B 63). B 211 [139]
191,13 Man kann nicht wohl ... (Fußnote)] vgl. die nahezu wört- B 212 [140]
liche Entsprechung mit Kants Brief an A. J. Penzel schon vom 12. August 1777. Kant hat sich mehrfach mit heiligen Zahlen aller Art beschäftigt und gibt dort selbst C. de Pauw als Quelle an: *Recherches philosophiques sur les Egyptiens et les Chinois*, Berlin 1773, Bd. II.

B 213 [141]	**191**,32	Anklage] Bezug auf Bibel Lk 22,67 ff.
B 219 [145]	**197**,26	Solenne] von frz. solennel aus lat. sol(l)emnis: feierlich.
B 220 [145]	**198**,4-7	Das höchste Ziel... Liebe des Gesetzes] Anspielung auf den berühmten Paulus-Gesang der Liebe 1 Kor 13 »Nun aber bleibt Glaube, Hoffnung, Liebe, diese drei; aber die Liebe ist die größte unter ihnen« (v. 13) – allerdings auch hier in konsequenter Umdeutung zur »Liebe des Gesetzes«.

198,9 Gott ist die Liebe] Bibel 1 Joh 4,16 (u. 4,8).

198,23 als von beiden ausgehend] vgl. Bibel Joh 15,26 (in Kants Bibel markiert); augustinische Form der Trinitätslehre (im Unterschied zur Auffassung, der Heilige Geist gehe allein vom Vater aus).

198,24 er in alle] Bibel Joh 16,13 (in Kants Bibel markiert) – vgl. 150,28.

B 222 [147]   **199**,3 ff. im Namen des ... geliebten Gegenstandes] Anspielung auf biblischen Sprachgebrauch: Kant deutet auch hier die berühmte Formel aus der Apostelgeschichte (u. ö.) »Im Namen Jesu« konsequent um.

B 221 [146]   **199**,21 Brabeuta] Kampfrichter in der Antike; neuzeitlich der Vorsitzende bei Disputationen an der Universität.

199,34 Der Sohn] Bibel 2 Tim 4,1 (in Kants Bibel markiert) mit Mt 24,44.

B 222 [146]   **200**,19 Er wird] Bibel Röm 8,10 (Unterstreichungen in Kants Bibel).

B 225 [151]   **203**,7 daß das Reich] Bibel – vgl. Erl. zu 134,14.

B 227 [152]   **204**,13 ein Reich Gottes stiften] Stiftungsgedanke, s. o. Erl. zu 134,14.

B 231 [154]   **207**,29 Man soll] Bibel Apg 5,29 (in Kants Bibel markiert) – vgl. 132,25.

B 239 [159]   **213**,29 in aller Menschen Herz geschrieben] Bibelanspielung 2 Kor 3,2 – vgl. 245,17 (B 280).

B 240 [159]   **214**,18 bürgerliche] Zur Ablehnung des Eids s. a. *Theodizee* A 220 f. [VI, 150 f.].

B 241 [160]   **215**,11 enge Pforte] Mt 7,13 folgt unmittelbar auf die *Goldene Regel* (Mt 7,12); Kant notiert in seiner Bibel über »die Pforte ist weit« das Wort »Kirche« vgl. 108,30 (B 113) »Pforte der Freiheit«; insb. o. 14,11 (B XXII) u. Erl.

B 240 [159]   **215**,21 Ja, Ja!] Bibelanspielung Mt 5,37. Mt 5,37 enthält die Ablehnung des Eids (in Kants Bibel markiert und teilweise unterstrichen).

B 242 [160]   **216**,14 Endlich] Bibel Mt 22,37-40.

216,31 anvertrautes] Gleichnis von den zehn Pfunden, Lk 19,12 ff. B 243 [162]
– S. o. 67,37 f.
220,24 neuer Mensch] Bibelanspielung. S. Anm. zu 62,13. B 248 [163]
223,5-7 blind in Ansehung der Natur] Das Zitat konnte bisher B 251 [165]
nicht nachgewiesen werden. (Die Satzkonstruktion legt eine lateinische Vorlage nahe). Der Hrsg. ist für jeden Hinweis dankbar!
223,13 ein jeder Christ] Zitat mit verwickelter Quellenlage: Kant B 252 [166]
bezieht sich auf [Reimarus, vgl. Anm. zu 107,18] *Vom Zwecke Jesu...* § 20, aber zitiert nach dem Referat von J. S. Semler in *Beantwortung der Fragmente eines Ungenannten insbesondere zum Zweck Jesu und seiner Jünger*, Halle 1780, S. 16.
223,20 ff. Mendelssohn] Moses Mendelssohn, *Jerusalem oder über die religiöse Macht und Judentum*, Berlin 1783 (Sämtliche Werke III, S. 356). Von Kant sehr geschätztes Werk, auch zitiert in *SdF* A 80 [VII,52].
223,22 alles Ansinnen] J. K. Lavater hatte Mendelssohn 1763 öffentlich zum Religionsübertritt aufgefordert und damit einen Skandal verursacht, der ihn die Sympathien nahezu aller Denker der Zeit kostete.
227,12 machen wir] Bibelanspielung Jes 44,10. B 257 [168]
231,2 Gerechtigkeit, die] Bibelanspielung Röm 3,21 u. Röm 10,3 B 262 [171]
(in Kants Bibel markiert).
231,3 Trost] Anspielung auf das *Religionsedikt* §7. Der »Trost auf dem Sterbebette« wird dort als wesentliches Motiv für das Edikt selbst dargestellt: »Wir [halten] es für eine der ersten Pflichten eines christlichen Regenten [...], in seinen Staaten die christliche Religion, deren Vorzug und Vortrefflichkeit längst erwiesen und ausser Zweifel gesetzt ist, bei ihrer ganzen hohen Würde und in ihrer ursprünglichen Reinigkeit, so wie sie in der Bibel gelehrt wird, und nach der Überzeugung eines jeden Confession der christlichen Kirche in ihren jedesmaligen symbolischen Büchern einmal festgesetzt ist, gegen alle Verfälschung zu schützen und aufrecht zu erhalten, damit die arme Volksmenge nicht den Vorspiegelungen der Modelehrer preisgegeben und dadurch den Millionen Unserer guten Unterthanen die Ruhe ihres Lebens und der Trost auf dem Sterbebette nicht geraubet und sie also unglücklich gemacht werden«. Vgl. a. Fußnote 102,18-34 (B 105 n).
232,11 Opfer der Lippen] Bibel Hebr 13,15. B 263 [172]
233,12 Gebet-Rad] Gemeint sind sog. Gebetsmühlen. Kants B 265 [173]
Formulierung verweist auf die Quelle: P. S. Pallas, *Reise durch verschiedene Provinzen des Russischen Reiches*, Leipzig 1771, I, 385 ff.

(Zu den Gebetsfahnen: I, 354). – Gebetsmühlen dienen allerdings im Selbstverständnis der Lamaisten ebenso wie die Gebetsfahnen dem Aktivieren von Gebeten insbesondere für Analphabeten, da sie z.T. viele Meter geschriebene Gebete enthalten und die Schrift selbst in diesem Glaubenssystem für das Gebet von besonderer Bedeutung ist.

B 267 [174] 235,3 Der Wind] Bibel Joh 3,8 (in Kants Bibel markiert).

235,6 Wahnsinn, in welchem... Methode] Shakespeare, *Hamlet*, II,2: »Though this be madness, yet there is method in't«.

B 270 [176] 237,16 Wogulitzen] Die Wogulitschi / Wogulen sind ein westsibirischer Stamm zwischen nördlichem Ural und unterem Ob. Zum Bärenkult vgl. J. G. Georgi, *Beschreibung aller Nationen des Rußischen Reiches, ihrer Lebensart, Religion, Gebräuche, Wohnungen, Kleidungen und übrigen Merkwürdigkeiten*, Leipzig 1776; dort auch ein Kapitel über den Schamanismus (377 ff.).

B 275 [179] 241,28 Freiheit der] Bibelanspielung Röm 8,21 (in Kants Bibel markiert) – vgl. Erl. zu 108,26 f.

B 276 [179] 242,18 Dasjenige Joch] Bibel Mt. 11,30.

242,23 Meine Gebote] Bibel 1 Joh 5,3 (in Kants Bibel ganz unterstrichen).

B 279 [181] 244,9 Weise nach] Bibel 1 Kor 1,26.

244,13 was töricht ist] Bibel 1 Kor 1,26

B 280 [181] 245,17 ins Herz] Bibelanspielung 2 Kor 3,2 – vgl. 213,29.

B 281 [182] 246,24 *religio* (wie es jetziger Zeit verstanden wird)] Kant selbst übersetzt *religio* allerdings *OP*, XXI,81 anders: »Religion ist Gewissenhaftigkeit (mihi hoc religioni)[,] die Heiligkeit der Zusage und Wahrhaftigkeit dessen, was der Mensch sich selbst bekennen muß. Bekenne dir selbst! Diese zu haben wird nicht der Begriff von Gott, noch weniger das Postulat: es ist ein Gott gefordert«.

B 282 [183] 247,15 Beide ... sichert] Fast wörtliche Wiedergabe eines Abschnitts aus dem vielgelesenen und schon 1780 in mehrfachen deutschen Übersetzungen vorliegendem Buch des Skeptikers (und Montaigne-Freundes) Pierre Charron (1541–1603), *De la sagesse*, Bordeaux 1601, 152 ff. (Kant fand den Abschnitt wohl im Auszug von C. F. Stäudlins *Ideen zur Kritik des Systems der christlichen Religion*, Göttingen 1791, 474).

B 284 [183] 248,17 Dieser Mut,...] Anspielung auf *Was ist Aufklärung?*: »Habe Mut, dich deines *eigenen* Verstandes zu bedienen!« (A 481 [VIII, 35]). – Vgl. a. Anspielung unten 271,16.

B 288 [186] 251,18 Probabilismus] Wobbermin erläutert: »Wie er von den Jesuiten und den Redemptoristen (Alphons Ligouri) methodisch ausgebildet worden ist. Die klassische Formel des Probabilismus – schon 1577 von dem Dominicaner Bartholomäus de Medina aufgestellt – lautet: ›si est poinio probabilis, licitum est eam sequi, licet opositia est probabilitor‹«.

251,22 die sich selbst] Definition nach A. G. Baumgarten, *Ethica Philosophica*, Halle 1751, §173.

252,16 compellite intrare] Bibel Lk 14,23 (in Kants Bibel markiert): nötigt sie hereinzukommen. Für Augustinus der Erweis der Verpflichtung des Staates, der Kirche ggf. durch strafrechtliche Maßnahmen gegen unerwünschte Lehren zu helfen (*Epistulae* 93, 185). B 289 [186]

252,31 an Abraham] Bibel Gen 22 (in Kants Bibel markiert) – vgl. o. 115,16 und Erl. B 290 [187]

255,7 Sicherheitsmaxime] dieses Gedankenspiel wird seit seiner Reformulierung durch Blaise Pascal im 18. Jahrhundert (*Pensée*, nach der Zählung Louis Lafumas Nr. 418) auch unter dem Namen *Pascalsche Wette* diskutiert. B 293 [188]

256,15 Herzenskündiger] Vgl. Erl. zu 87,6. B 294 [189]

256,31 persischen Sprichwort] Kants Quelle konnte bisher nicht nachgewiesen werden. Die Schreibweise »Hadgi« verweist aber auf eine französische Quelle. Zur bisherigen Suche s. J. Bohatec, *Kants Religionsphilosophie*, Hamburg 1938, 519n., der folgende potentielle Quellen Kants ausschliessen konnte: Joh. Georg Gmelin (*Reise durch Sibirien*, 1751/52), Thomas Salmon (*Der gegenwärtige Staat von Persien*, 1731/32), John Chardin (*Voyages en Perse et autres lieux d'Orient*, IV, 1723), Nicolas Sanson (*Voyage ou Relation de l'Etat présent du royaume de Perse*, 1695), Paul Ricaut (*Histoire de l'Etat présent de l'Empire Ottoman*, 1670), Pitton de Tournefort (*Relation d'un Voyage du Levant*, 1718). Auszuschließen ist ferner die *Berlinische Monatsschrift*, die zwar Spruchsammlungen enthält, aber nicht den zitierten. – Der Hrsg. wäre für jeden weiteren Hinweis dankbar!

257,7 Ich glaube] Bibel Mk 9,24 (in Kants Bibel markiert). B 295 [190]

257,9 Asträa] nach Ovid, *Metamorphosen* I, 150. Asträa ist *Dike*, die Göttin der Gerechtigkeit. Nach Ovid lebte Asträa im goldenen Zeitalter unter den Menschen und lehrte Gerechtigkeit und Frieden. Als der Verfall der Sitten zunahm, verließen die Götter die Erde. Asträa ging als letzte erst im eisernen Zeitalter und wurde zum Sternbild Jungfrau. – Vgl. dazu die berühmte Formulierung aus der *Kritik der praktischen Vernunft*: »Zwei Dinge erfüllen das Gemüt…. der bestirnte Himmel über mir und das moralische Gesetz in mir«, *KpV* B 289 [V, 161].

B 299 [192]	260,20 Dienst der Herzen] Offenbar eine Anspielung auf das *Glaubensbekenntnis des Savoyischen Vikars* aus J. J. Rousseaus *Emile*, Buch IV: »Le culte que Dieu demande est celui du cœur« (1053) u. »Le culte essentiel est celui du cœur« (1090), allerdings bei Kant geändert in den Plural. Der B-Zusatz »(im Geist und in der Wahrheit)« (Bibelanspielung Joh 4,23; in Kants Bibel markiert) legt die Interpretation gegen eine Ende des 18. Jahrhunderts zunehmende sentimentalistische Tendenz auf den christlichen Begriff des »innerlichen Gottesdienstes« fest. – S. a. 111,18.
B 302 [195]	264,9 ohne Unterlaß] Bibel 1 Tess 1,2 u. 5,17.
B 303 [195]	265,5 Formel] gemeint ist Mt 6,9-13 (*Vater unser*).
B 304 [195]	265,7 zugleich] Bibel Mt 6,8 (in Kants Bibel markiert).
	265,14 der Wunsch] Bibel Mt 6,11.
B 305 [196]	266,6 Anziehen] Vgl. Erl. zu 62,13.
B 306 [196]	266,21 wenn ihr Glauben] Bibel Mt 17,20 ; Lk 17,6 (beide Textstellen in Kants Bibel markiert bzw. unterstrichen).
B 307 [197]	268,4 ff. Worte … David] Bibelanspielung 1 Sam 13,23.
B 309 [199]	269,9 Du sollst] Dtn 5,8; Ex 20,4.
B 309 [198]	269,31 neuen Menschen] Bibelanspielung s. Erl. zu 62,13, hier mit 1 Petr 2,5 u. Eph 2,21.
B 311 [200]	271,16 Es ist mühsam] Replik auf *Was ist Aufklärung?*: »Es ist so bequem, unmündig zu sein« (A 482 [VIII, 35]). – Vgl. Erl. zu 248,17.
B 312 [201]	272,17 ruft er] Bibel Mt. 7,21 (in Kants Bibel markiert) im Rückgriff auf Ex 34,6. – Vgl. a. 140,3; 216.
B 313 [201]	273,8 (unter den Scheffel)] Bibel Mt 5,15.
	273,18 an ihren Früchten] Bibelanspielung Mt 7,16. Vgl. Jes 17,9. – Vgl. a. 215,17.

Bibelstellenregister

Wer sich in der umfangreichen Literatur zu Kants Werk umsieht, stellt schnell fest, daß die Forschung bei dem Nachweis von Quellen immer noch in den Anfängen steckt. Die Gründe dafür sind vielfältig: Zunächst einmal stößt man arbeitstechnisch bei heute eher unbekannten Werken des 18. Jahrhunderts schnell auf Beschaffungsprobleme. Darüber hinaus war eine Angabe von Quellen oder auch nur die Auszeichnung von Zitaten zur Zeit Kants keineswegs üblich, da man sich offenbar darauf verlassen konnte, daß die Leser indirekte Zitate und andere Anspielungen bei einer deutlich überschaubareren Literatur einfach verstanden. Speziell bei Kant kommen allerdings noch zwei besondere Umstände dazu: Zum ersten sein legendäres Gedächtnis, das ihn in die Lage versetzte, in großem Umfang aus der Erinnerung auch an weit zurückliegende Lektüre und entsprechend freier zu zitieren, zum zweiten aber seine Vorliebe für Gespräche. Gerade in Werken, in denen es um Länderkunde oder – wie in der *Religion* – um fremde Riten und Gebräuche geht, dürfte so manche Anspielung auf Reiseberichte seiner Gäste zurückgehen, die Kant offenbar mit großer Neugierde ausfragte.

Die Quellenlage der *Religion* ist komplex. Kant bezieht sich wesentlich auf vier Quellengruppen: Zunächst einmal verwendet er die theologische Literatur des 18. Jahrhunderts, in der er sich – entgegen früheren Auffassungen – offenbar sehr gut auskannte.[1] Die zweite Gruppe bilden die von Kant umfangreich

---

[1] Das in diesem Zusammenhang gern angegebene und ausgesprochen mühsam lesbare Werk von Josef Bohatec (*Die Religionsphilosophie Kants in der »Religion innerhalb der Grenzen der bloßen Vernunft« mit besonderer Berücksichtigung ihrer theologisch-dogmatischen Quellen*, Hamburg 1938) ist jedoch mit ausgesprochener Vorsicht zu gebrauchen, da Bohatec einerseits dazu neigt, auch noch dort Quellen zu finden, wo es sich schlicht um theologische Gemeinplätze handelt, andererseits aber gerade die Quellen, die er begründet nachweisen kann, häufig nicht wirklich ausschöpft und teilweise gar nicht, teilweise aber auch schlicht falsch »belegt«. Darüber hinaus macht Bohatecs Laxheit im

konsumierten Reiseberichte der Zeit, insbesondere die große von J.J. Schwabe herausgegebene Sammlung *Allgemeine Historie der Reisen zu Wasser und Lande*.[2] Drittens bezieht sich Kant auf die zeitgenössische politische Religionsdebatte, also auf die gesetzlichen Bestimmungen und insbesondere das *Religionsedikt* (auch *Woellnersches Religionsedikt* genannt) und andere Dokumente des ihn selbst betreffenden Zensurstreits.[3] Die vierte Quellengruppe sind – wie die Thematik der *Religion* natürlich auch nahelegt – die Biblischen Schriften, die Kant nicht nur direkt zitiert, sondern auf die er sowohl inhaltlich als auch sprachlich durchgehend anspielt.

Die vorliegende Edition verzeichnet die eindeutig nachweisbaren Quellen in Anmerkungen. (Weitere Nachweise sind ausdrücklich willkommen!) Die ersten drei Quellengruppen sind darüber hinaus über das Namensregister erschließbar. Schon Vorländer hat jedoch die Notwendigkeit eines Bibelstellenregisters gesehen und in einem ersten Versuch um die siebzig Zitate und Anspielungen gesammelt. Das folgende Bibelstellenregister schreibt diesen Versuch in einer übersichtlicheren Form fort.

Das Register folgt in der Anordnung der Reihenfolge der Biblischen Schriften. Die Seitenzahlen der *Religion* sind nach der B-Auflage und der *Akademie-Ausgabe* (wie im Haupttext in eckigen Klammern) angegeben. Ein *n* kennzeichnet die Textstelle als Anmerkung Kants. Der entsprechend zugrunde zu legende Bi-

---

Ausweisen von Kant-Zitaten als solche (nämlich durch die gemeinhin üblichen Anführungsstriche, mit denen man eigene Aussagen von denen anderer Autoren zu unterscheiden pflegt) die Lektüre gelinde gesagt problematisch.

[2] *Allgemeine Historie der Reisen zu Wasser und Lande; oder Sammlung aller Reisebeschreibungen, welche bis itzo in verschiedenen Sprachen von allen Völkern herausgegeben worden, und einen vollständigen Bericht von der neuern Erdbeschreibung und Geschichte machen; wie auch der Sitten und Gebräuche der Einwohner, ihrer Religion, Regierungsart, Künste und Wissenschaften, Handlung und Manufacturen, enthalten sind*, 20 Bände, Leipzig (und in vielen Nachdrucken) 1746–1791.

[3] Vgl. *Novum Corpus Constitutionum Brandenburgico-Prussicarum*, Bd. VIII, 2175. Urkunde 237. Königliches Edikt, Potsdam 9. Juli 1788, in: *Publikationen aus den K. Preussischen Staatsarchiven*, Leipzig 1893, Bd. 35, 250–257. Vgl. dazu auch die *Einleitung* zu dieser Edition.

beltext folgt in der Luther-Übersetzung; wenn für das Verständnis notwendig, ist auch der lateinische Text nach der *Vulgata* hinzugefügt. Nähere Informationen zu Kants Umgang mit der betreffenden Bibelstelle finden sich ggf. in den Herausgeber-Anmerkungen direkt zum Text.

Kants Bibel

Obwohl Kants Bibel seit 1945 verschwunden ist, verfügen wir über etliche Hinweise über das von ihm besessene Buch: Es handelte sich um eine 1751 in Basel gedruckte Lutherübersetzung in einer schweizer Bearbeitung von Hieronymus Burckhardt.[4] Warum Kant eine von schweizerdeutscher Mundart geprägte Bibel benutzte, wird verständlicher, wenn man sich diese Bibelausgabe ansieht: Es handelt sich um ein für diese Zeit ausgesprochen kleines und verhältnismäßig leichtes Buch, das zu Recht in der Einleitung mit seiner »Zierlichkeit« wirbt; kurz gesagt: Es ist ein handliches Exemplar. Da Kant über ein beachtliches Gedächtnis verfügte, reichte ihm diese Ausgabe offenbar als Gedächtnisstütze und für Stellennachweise aus.[5]

In Kants Bibel befanden sich 32 Randbemerkungen und über 500 Unterstreichungen oder sonstige Markierungen, die Heinrich Borkowski[6] dankenswerterweise dokumentiert hat (eine in ihrer Auswahl nicht recht nachvollziehende Dokumentation fin-

---

[4] *Biblia, das ist: die gantze Heilige Schrifft, Alten und Neuen Testaments, Nach der teutschen Uerbersetzung D. Martin Luthers, Mit vorgesetztem kurtzen Innhalt eines jeden Capitels, Wie auch mit richtigen Summarien und vielen Schrifft-Stellen auf das allersorgfältigste versehen, Nach denen bewährtesten und neuesten Editionen mit grossem Fleiß ausgefertigt Samt einer Vorrede von Hieronymo Burckhardt, Der Heil. Schrifft Doctor, Basel bey Johann Rudolf Im Hof* – Ich danke der Marktkirche Goslar für die Möglichkeit, ein Exemplar dieser Bibelausgabe einzusehen.

[5] Kant zitiert dann auch nachweislich nie den von der hochdeutschen Lutherausgabe abweichenden Text (weder in Lautstand noch in den grammatischen, z.T. weitreichenden Abweichungen).

[6] Heinrich Borkowski, *Die Bibel Immanuel Kants*, Königsberg 1937 (= Aus der Staats- und Universitätsbibliothek zu Königsberg Pr. Nr. 4, Herausgegeben von Carl Driesch). Unpraktischerweise beziehen sich die Seitenangaben auf die heute nicht mehr verwendete und

det sich auch in der *Akademie-Ausgabe* XIX, 651—654), so daß sich Kants Arbeit mit seiner Bibel durchaus rekonstruieren läßt. Allerdings wurde in dieser Hinsicht bisher verhältnismäßig wenig getan. So ist der bis heute umfangreichste Versuch immer noch das 1896 erschienene Büchlein von C.W. von Kügelgen,[7] der sich um eine Zusammenstellung sämtlicher direkt zitierter Bibelstellen in Kants Gesamtwerk bemüht. Allein für die *Religion* gehen Kants Rückgriffe auf den Bibeltext jedoch schon weit über das von Kügelgen Zusammengetragene hinaus. Eine gründlichere (und vor allem übersichtlichere) Arbeit wäre also wünschenswert.

Das folgende Register der von Kant in der *Religion* verwendeten Bibelstellen verzeichnet deshalb – als ersten Schritt – auch die entsprechenden Notizen in Kants Bibel: Ein ★ verweist auf eine Markierung der Textstelle, Unterstreichungen sind im Bibeltext durch *Kursivdruck* wiedergegeben und die handschriftlichen Zusätze Kants wurden in [ ] ergänzt.

entsprechend schwerer greifbare Kant-Ausgabe von Rosenkranz und Schubert, Leipzig 1838–1842. Vgl. dazu auch die Rezension von Gerhard Lehmann in *DLZ*, 17. Juli 1938, Sp. 1011–1012.

[7] C. W. von Kügelgen, *Immanuel Kants Auffassung von der Bibel und seine Auslegung derselben*, Leipzig 1896. Auch Kügelgen zitiert nach Rosenkranz / Schubert.

Bibelstellenregister 309

Altes Testament

Gen 1,2★	B 54 [47]	Und die Erde war wüst und leer, und es war finster auf der Tiefe; und der Geist Gottes schwebte auf dem Wasser. [Randbemerkung: »*Chaos*«]
Gen 1,3	B 73 [60]	Und Gott sprach: Es *werde* Licht! (*fiat* lux!) und es ward Licht.
Gen 1,28★	B 106 [78]	Und Gott segnete sie und sprach zu ihnen: Seid fruchtbar und mehrt euch und *füllt die Erde und macht sie euch untertan* und herrscht über die Fische im Meer und über die Vögel unter dem Himmel und über alles Getier, das auf Erden kriecht.
Gen 2,16★	B 44 [42]	Und Gott der HERR gebot dem Menschen und sprach: *Du sollst essen* von allerlei Bäumen im Garten; 17 aber von dem Baum der Erkenntnis des Guten und des Bösen sollst du nicht essen; denn welches Tages du davon ißt, wirst du des Todes sterben.
Gen 3,4	B 45 [42] n	Da sprach die Schlange zum Weibe: Ihr werdet mitnichten des Todes sterben; 5 sondern Gott weiß, daß, welches Tages ihr davon eßt, so werden eure Augen aufgetan, und werdet sein wie Gott und wissen, was gut und böse ist.
Gen 3,6★	B 44 [42]	Und das Weib schaute an, daß von dem Baum gut zu essen wäre und daß er lieblich anzusehen und ein lustiger Baum wäre, weil *er klug machte*;
Gen 3,6	B 45 [42]	und sie nahm von der Frucht und aß und gab ihrem Mann auch davon, und er aß.
Gen 3,16★	B 97 [73] n	du sollst mit *viel Schmerzen* Kinder gebären;
Gen 3,19★	B 97 [73] n	*Im Schweiße deines Angesichts sollst du dein Brot essen*, bis daß du wieder zu Erde werdest, davon du genommen bist. Denn du bist Erde und sollst zu Erde werden.
Gen 6,5	B 14 [25]	Da aber der HERR sah, daß der Menschen Bosheit groß war auf Erden und alles Dichten und Trachten ihres Herzens nur böse war immerdar,
Gen 6,7	B 35 [37]	und er sprach: Ich will die Menschen, die ich gemacht habe, vertilgen von der Erde,
Gen 8,21	B 14 [25]	Und der HERR roch den lieblichen Geruch und sprach in seinem Herzen: Ich will hinfort nicht mehr die Erde verfluchen um der Menschen willen; denn das Dichten des menschlichen Herzens ist böse von Jugend auf.
Gen 22,1★	B 120 [87] Ansp. B 290 [187]	Nach diesen Geschichten *versuchte* Gott Abraham und sprach zu ihm: Abraham! Und er antwortete: Hier bin ich. 2 Und er sprach: Nimm Isaak, deinen einzigen Sohn, den du lieb hast, und gehe hin in das Land Morija und opfere ihn daselbst zum Brandopfer auf einem Berge, den ich dir sagen werde.
Ex 20,1	B 309 [199]	Du sollst dir kein Bildnis noch irgend ein Gleichnis machen, weder des, das oben im Himmel, noch des, das

Ex 34,6	B 312 [201] ind.	unten auf Erden, oder des, das im Wasser unter der Erde ist. HERR, HERR, GOTT, barmherzig und gnädig und geduldig und von großer Gnade und Treue! 7 der da bewahrt Gnade in tausend Glieder und vergibt Missetat, Übertretung und Sünde, und vor welchem niemand unschuldig ist;
Lev 11,45	B 84 [66] B 191 [128] B 240 [159]	Darum sollt ihr heilig sein, denn ich bin heilig.
Lev 20,7	B 84 [66] B 191 [128] B 240 [159]	Darum heiligt euch und seid heilig; denn ich bin der HERR, euer Gott.
Num 16,4	B 140 [100]	Da das Mose hörte, fiel er auf sein Angesicht 5 und sprach zu Korah und zu seiner ganzen Rotte: Morgen wird der HERR kundtun, wer sein sei, wer heilig sei und zu ihm nahen soll; welchen er erwählt, der soll zu ihm nahen.
Dtn 5,8	B 309 [199]	Du sollst dir kein Bildnis machen, keinerlei Gleichnis, weder des, das oben im Himmel, noch des, das unten auf Erden, noch des, das im Wasser unter der Erde ist.
Dtn 32,35	B 159 [110 f.]	Die Rache ist mein; ich will vergelten.
1 Sam 16,23	B 307 [197]	Wenn nun der Geist Gottes über Saul kam, so nahm David die Harfe und spielte mit seiner Hand; so erquickte sich Saul, und es ward besser mit ihm, und der böse Geist wich von ihm.
Ps 7,10	B 85 [67] B 139 [99] B 294 [189]	denn du prüfst Herzen und Nieren.
Ps 59,11	B 158 [110] n	mich meine Lust sehen an meinen Feinden. 12 Erwürge sie nicht, daß es mein Volk nicht vergesse; zerstreue sie aber mit deiner Macht, HERR, unser Schild, und stoße sie hinunter! 13 Das Wort ihrer Lippen ist eitel Sünde, darum müssen sie gefangen werden in ihrer Hoffart; denn sie reden eitel Fluchen und Lügen. 14 Vertilge sie ohne alle Gnade; vertilge sie, daß sie nichts seien und innewerden, daß Gott Herrscher sei in Jakob, in aller Welt. (Sela.) 15 Des Abends heulen sie wiederum wie die Hunde und laufen in der Stadt umher. 16 Sie laufen hin und her um Speise und murren, wenn sie nicht satt werden.
Pred 1,15		krumm kann nicht schlicht werden, noch was fehlt, gezählt werden
Spr 13,14	B 162 [112]	Die Lehre des Weisen ist eine Quelle des Lebens, zu meiden die Stricke des Todes.
Spr 17,20	B 23 [30]	qui perversi cordis est non inveniet bonum – Ein verkehrtes Herz findet nichts Gutes; und der verkehrter Zunge ist, wird in Unglück fallen.

Bibelstellenregister

Jes 5,20	B 72 [60] n	Weh denen, die Böses gut und Gutes böse heißen, die aus Finsternis Licht und aus Licht Finsternis machen, die aus sauer süß und aus süß sauer machen!
Jes 44,10	B 257 [168] u. ds. n	Wer sind sie, die einen Gott machen und einen Götzen gießen, der nichts nütze ist?
Jer 17,9	B 85 [67] B 139 [99] B 294 [189] B 313 [201]	Es ist das Herz ein trotzig und verzagtes Ding; wer kann es ergründen? 10 Ich, der HERR, kann das Herz ergründen und die Nieren prüfen und gebe einem jeglichen nach seinem Tun, nach den Früchten seiner Werke.
Ez 18,31	B 61 [51]	Werfet von euch alle eure Übertretung, damit ihr übertreten habt, und machet euch ein neues Herz und einen neuen Geist.

Neues Testament

Mt 4,8	B 110 [81]	Wiederum führte ihn der Teufel mit sich auf einen sehr hohen Berg und zeigte ihm alle Reiche der Welt und ihre Herrlichkeit
Mt 4,10*	B 110 [81]	Da sprach Jesus zu ihm: Hebe dich weg von mir Satan! denn es steht geschrieben: Du sollst anbeten Gott, deinen HERRN, und ihm allein dienen.
Mt 5	B 203 [134f.]	Matthäus 5
Mt 5,12*	B 203 [135] B 243 [161]	*Seid fröhlich und getrost*; es wird euch im Himmel wohl belohnt werden.
Mt 5,15	B 313 [201]	Man zündet auch nicht ein Licht an und setzt es unter einen Scheffel, sondern auf einen Leuchter;
Mt 5,16*	B 242 [160]	Also laßt euer Licht leuchten vor den Leuten, *daß sie eure guten Werke sehen* und euren Vater im Himmel preisen.
Mt 5,17*	B 241 [160]	Ihr sollt *nicht wähnen, daß ich gekommen bin, das Gesetz oder die Propheten aufzulösen*; ich bin nicht gekommen, aufzulösen, sondern zu erfüllen.
Mt 5,22*	B 240 [159]	Ich aber sage euch: Wer mit seinem *Bruder zürnet*, der ist des Gerichts schuldig; wer aber zu seinem Bruder sagt: Racha! der ist des Rats schuldig; wer aber sagt: Du Narr! der ist des höllischen Feuers schuldig.
Mt 5,24*	B 240 [159]	*so laß* allda vor dem Altar deine Gabe und gehe zuvor hin und versöhne dich mit deinem Bruder, und alsdann komm und opfere deine Gabe.
Mt 5,25*	B 105 [78] n	Sei *willfährig* [in Kants Bibel lautet die Übersetzung: »willfertig«] deinem Widersacher bald, dieweil du noch bei ihm auf dem Wege bist, auf daß dich der Widersacher nicht dermaleinst überantworte dem Richter, und der Richter überantworte dich dem Diener, und wirst in den Kerker geworfen. 26 Ich sage dir wahrlich: Du wirst nicht von dannen herauskommen, bis du auch den letzten Heller bezahlest.

Mt 5,28*	B 240 [159]	Ich aber sage euch: Wer ein Weib ansieht, ihrer *zu begehren*, der hat schon mit ihr die Ehe gebrochen in seinem Herzen.
Mt 5,34*	B 240 [159]	Ich aber sage euch, daß ihr *überhaupt nicht schwören* sollt, weder bei dem Himmel, denn er ist Gottes Stuhl, 35 noch bei der Erde, denn sie ist seiner Füße Schemel, noch bei Jerusalem, denn sie ist des großen Königs Stadt. 36 Auch sollst du nicht bei deinem Haupt schwören, denn du *vermagst nicht ein einziges Haar schwarz oder weiß zu machen.* 37 Eure Rede aber sei: *Ja, ja; nein, nein.* Was darüber ist, das ist von Übel.
Mt 5,39*	B 241 [160]	Ich aber sage euch, daß ihr *nicht widerstreben* sollt dem Übel; sondern, so dir jemand einen Streich gibt auf deinen rechten Backen, dem biete den andern auch dar. 40 Und so jemand mit dir rechten will und deinen Rock nehmen, dem laß auch den Mantel.
Mt 5,44*	B 159 [110] n. B 241 [160]	Ich aber sage euch: *Liebet eure* Feinde; segnet, die euch fluchen; tut wohl denen, die euch hassen; bittet für die, so euch beleidigen und verfolgen,
Mt 5,45	B 74 [61] B 113 [82]	auf daß ihr Kinder seid eures Vater im Himmel;
Mt 5,48*	B 84 [66] B 191 [128] B 240 [159]	Darum sollt ihr *vollkommen* sein, gleichwie euer Vater im Himmel vollkommen ist.
Mt 6,8*	B 304 [195] n	Euer *Vater weiß, was ihr bedürfet, ehe* ihr ihn bittet.
Mt 6,9	B 303 [195] f. n	Darum sollt ihr also beten: Unser Vater
Mt 6,10	B 141 [101] B 181 [122] B 225 [151]	Dein Reich komme. Dein Wille geschehe auf Erden wie im Himmel.
Mt 6,11	B 304 [195] n	Unser täglich Brot gib uns heute.
Mt 6,16*	B 242 [160]	Wenn ihr *fastet, sollt* ihr nicht sauer sehen wie die Heuchler;
Mt 6,33	B 87 [67]	Trachtet am ersten nach dem Reich Gottes und nach seiner Gerechtigkeit, so wird euch solches alles zufallen.
Mt 7,13*	B XXII [12] B 241 [160] u. n	Gehet ein durch die enge Pforte. Denn die Pforte [Kant notiert über »Pforte« »Kirche«] ist weit, und der Weg ist breit, der zur Verdammnis abführt; und ihrer sind viele, die darauf wandeln. 14 Und die Pforte ist eng, und der Weg ist schmal, der zum Leben führt; und wenige sind ihrer, die ihn finden.
Mt 7,16*	B 242 [160] B 312 [201]	*An ihren Früchten* sollt ihr sie erkennen.
Mt 7,17*	B 49 [45] n	Also ein jeglicher guter Baum bringt gute Früchte; aber ein fauler Baum bringt arge Früchte. 18 Ein guter Baum *kann nicht arge Früchte bringen, und ein fauler Baum kann nicht* gute Früchte bringen.
Mt 7,21*	B 148 [104]	Es werden nicht alle, die zu mir sagen: *HERR, HERR!*

Bibelstellenregister 313

	B 242 [160]	ins *Himmelreich kommen, sondern die den Willen* tun meines
	B 312 [201]	Vaters im Himmel.
Mt 8,20*	B 111 [81]	Jesus sagt zu ihm: Die Füchse haben Gruben, und die Vögel unter dem Himmel haben Nester; *aber des Menschen Sohn hat nichts, da er sein Haupt hin lege.*
Mt 11,30*	B 276 [179] n	Denn mein Joch ist sanft, und meine Last ist leicht.
Mt 12,28	B 141 [101]	So ich aber die Teufel durch den Geist Gottes austreibe,
	B 181 [122]	so ist ja das Reich Gottes zu euch gekommen.
	B 225 [151]	
Mt 13,31*	B 242 [160]	Ein anderes Gleichnis legte er ihnen vor und sprach: *Das Himmelreich ist gleich einem Senfkorn,* das ein Mensch nahm und säte es auf seinen Acker; 32 welches ist das kleinste unter allem Samen; wenn er erwächst, so ist es das größte unter dem Kohl und *wird ein Baum,* daß die Vögel unter dem Himmel kommen und wohnen unter seinen Zweigen. 33 Ein anderes Gleichnis redete er zu ihnen: Das Himmelreich ist gleich einem Sauerteig, den ein Weib nahm und unter drei Scheffel Mehl vermengte, bis es ganz durchsäuert ward.
Mt 16,18	B 115 [83]	diesen Felsen will ich bauen meine Gemeinde, und die Pforten der Hölle sollen sie nicht überwältigen
Mt 17,20*	B 306 [196] n	Jesus aber antwortete und sprach zu ihnen: Um eures *Unglaubens willen. Denn wahrlich ich sage euch: So ihr Glauben habt wie ein Senfkorn,* so mögt ihr sagen zu diesem Berge: Hebe dich von hinnen dorthin! so wird er sich heben; und euch wird nichts unmöglich sein.
Mt 22,37	B 242 [160]	Du sollst lieben Gott, deinen HERRN, von ganzem Herzen, von ganzer Seele und von ganzem Gemüte. 38 Dies ist das vornehmste und größte Gebot. 39 Das andere aber ist ihm gleich; Du sollst deinen Nächsten lieben wie dich selbst. 40 In diesen zwei Geboten hängt das ganze Gesetz und die Propheten.
Mt 24,44	B 221 [146] n	Darum seid ihr auch bereit; denn des Menschen Sohn wird kommen zu einer Stunde, da ihr's nicht meinet.
Mt 25,25	B 62 [52]	und fürchtete mich, ging hin und verbarg deinen Zentner in die Erde.
Mt 25,29	B 243 [161]	Denn wer da hat, dem wird gegeben werden, und er wird die Fülle haben;
Mt 25,35*	B 245 [162]	Denn *ich bin hungrig gewesen,* und ihr habt mich gespeist. Ich bin durstig gewesen, und ihr habt mich getränkt. Ich bin Gast gewesen, und ihr habt mich beherbergt.
Mt 27,46	B 112 [81]	Und um die neunte Stunde schrie Jesus laut und sprach: Eli, Eli, lama asabthani? das heißt: Mein Gott, mein Gott, warum hast du mich verlassen?
Mt 28,20*	B 193 [129]	Und siehe, ich bin bei euch alle Tage bis an der Welt Ende.
Mk 3,28*	B 92 [70] n	Wahrlich, ich sage euch: Alle Sünden werden vergeben den Menschenkindern, auch die Gotteslästerungen, womit sie Gott lästern;

Mk 9,24*	B 295 [190]	Ich glaube, lieber HERR, *hilf meinem Unglauben!*
Mk 9,39*	B 116 [84]	*Ihr sollt's ihm nicht verbieten. Denn es ist niemand, der eine Tat tue in meinem Namen, und möge bald übel von mir reden.* 40 *Wer nicht wider uns ist, der ist für uns.*
Lk 9,50*	B 116 [84]	Wehret ihm nicht; denn wer nicht wider uns ist, der ist für uns.
Lk 9,58	B 111 [81]	Und Jesus sprach zu ihm: Die Füchse haben Gruben, und die Vögel unter dem Himmel haben Nester; aber des Menschen Sohn hat nicht, da er sein Haupt hin lege.
Lk 10,9	B 141 [101] B 181 [122] B 225 [151]	saget ihnen: Das Reich Gottes ist nahe zu euch gekommen.
Lk 11,2*	B 141 [101] B 181 [122] B 225 [151]	Dein Reich komme. *Dein Wille geschehe auf Erden wie im Himmel.*
Lk 13,24	B 241 [160]	Ringet darnach, daß ihr durch die enge Pforte eingehet;
Lk 14,23*	B 289 [168]	Vulgata: ait dominus servo exi in vias et sepes et conpelle intrare ut impleatur domus mea. – Und der Herr sprach zu dem Knechte: Gehe aus auf die Landstraßen und an die Zäune und *nötige sie hereinzukommen, auf das mein Haus voll werde.*
Lk 16,3	B 243 [161]	Der Haushalter sprach bei sich selbst: Was soll ich tun? Mein Herr nimmt das Amt von mir; graben kann ich nicht, so schäme ich mich zu betteln.
Lk 16,15	B 85 [67] B 139 [99] B 294 [189]	Ihr seid's, die ihr euch selbst rechtfertigt vor den Menschen; aber Gott kennt eure Herzen;
Lk 17,6*	B 306 [196] n	Der HERR aber sprach: Wenn ihr *Glauben* habt wie ein Senfkorn und sagt zu diesem Maulbeerbaum: Reiß dich aus und versetze dich ins Meer! so wird er euch gehorsam sein.
Lk 17,10*	B 56 [48]	wenn ihr alles getan habt, was euch befohlen ist, so sprechet: Wir sind *unnütze Knechte; wir haben getan, was wir zu tun schuldig* waren.
Lk 17,20*	B 205f. [136]	*Wenn kommt das Reich Gottes? Das Reich Gottes kommt nicht mit äußerlichen Gebärden* [Erläuterung Kants: »sichtbarer Gestalt«]; 21 man wird [Kant korrigiert: »kann«] *auch nicht sagen: Siehe hier! oder: da ist es! Denn sehet, das Reich Gottes ist inwendig in euch.*
Lk 19,12-26	B 62 [52]	Ein Edler zog ferne in ein Land, daß er ein Reich einnähme und dann wiederkäme. 13 Dieser forderte zehn seiner Knechte und gab ihnen zehn Pfund [Kant ergänzt: »jedem eins«] und sprach zu ihnen: Handelt, bis daß ich wiederkomme! 14 Seine Bürger aber waren ihm feind und schickten Botschaft ihm nach und ließen sagen: Wir wollen nicht, daß dieser über uns herrsche. [Randbemer-

Bibelstellenregister

kung: »*Verschleuderten ihr Pfund*«] 15 Und es begab sich, da er wiederkam, nachdem er das Reich eingenommen hatte, hieß dieselben Knechte fordern, welchen er das Geld gegeben hatte, daß er wüßte, was ein jeglicher gehandelt hätte. 16 Da trat herzu der erste und sprach: Herr, dein Pfund hat zehn Pfund erworben. 17 Und er sprach zu ihm: Ei, du frommer Knecht, dieweil du bist im Geringsten treu gewesen, sollst du Macht haben über zehn Städte. 18 Der andere kam und sprach: Herr dein Pfund hat fünf Pfund getragen. 19 Zu dem sprach er auch: Du sollst sein über fünf Städte. 20 Und der dritte kam und sprach: Herr, siehe da, hier ist dein Pfund, welches ich habe im Schweißtuch behalten; 21 ich fürchtete mich vor dir, denn *du bist ein* harter Mann [Randbemerkung: »*verlangst Früchte des guten auch von verderbten Menschen*«]: du nimmst, was du nicht hingelegt hast, und erntest, was du nicht gesät hast. 22 Er sprach zu ihm: Aus deinem Munde richte ich dich, du Schalk. Wußtest Du, daß ich ein harter Mann bin, nehme, was ich nicht hingelegt habe, und ernte, was ich nicht gesät habe? 23 Warum hast du denn mein Geld nicht in die Wechselbank gegeben? Und wenn ich gekommen wäre, hätte ich's mit Zinsen erfordert. 24 Und er sprach zu denen, die dabeistanden: Nehmt das Pfund von ihm und gebt es dem, der zehn Pfund hat. 25 Und sie sprachen zu ihm: Herr, hat er doch zehn Pfund. 26 Ich sage euch aber: *Wer da hat, dem wird gegeben werden* [Randbemerkung: »*sich selbst was Gutes erworben hat, noch immer besser wird, als er gemacht war*«]; von dem aber, der nicht hat, wird auch das genommen werden, was er hat.

Lk 22,67   B 213 [141] n   und sprachen: Bist du Christus, sage es uns! Er aber sprach zu ihnen: Sage ich's euch, so glaubt ihr's nicht; 68 frage ich aber, so antwortet ihr nicht und laßt mich doch nicht los. 69 Darum von nun an wird des Menschen Sohn sitzen zur rechten Hand der Kraft Gottes. 70 Da sprachen sie alle: Bist du denn Gottes Sohn? Er aber sprach zu ihnen: Ihr sagt es, denn ich bin's. 71 Sie aber sprachen: Was bedürfen wir weiteres Zeugnis? Wir haben's selbst gehört aus seinem

Lk 23,41   B 139 [99]   Und wir zwar sind billig darin, denn wir empfangen, was unsere Taten wert sind; dieser aber hat nichts Ungeschicktes getan.

Joh 1,1*   B 73 [60]   Im Anfang war das Wort, und das Wort war bei Gott, und Gott war das Wort. 2 Dasselbe war im Anfang bei Gott. 3 Alle Dinge sind durch dasselbe gemacht, und ohne dasselbe ist nichts gemacht, was gemacht ist.

Joh 1,11   B 113 [82]   11 Er kam in sein Eigentum; und die Seinen nahmen
         B 275 [179]   ihn nicht auf. 12 Wie viele ihn aber aufnahmen, denen gab er

Joh 1,12	B 74 [61]	Macht, Kinder Gottes zu werden, die an seinen Namen glauben;
Joh 3,5*	B 54 [47]	Jesus antwortete: Wahrlich, wahrlich ich sage dir: Es sei denn daß jemand geboren werde aus *Wasser und Geist*, so kann er nicht in das Reich Gottes kommen.
Joh 3,8*	B 267 [174]	Der Wind bläst, wo er will, und du hörst sein Sausen wohl; aber *du weißt nicht, woher er kommt und wohin er fährt*.
Joh 3,13*	B 192 [129]	Und niemand fährt gen Himmel, denn der vom Himmel herniedergekommen ist, nämlich des Menschen Sohn, der *im Himmel ist*. [Randbemerkung: *Die Menschheit in ihrer natürlichen Reinigkeit*]
Joh 3,16*	B 74 [60] B 81 [65] n	Also hat Gott die Welt geliebt, daß er seinen eingeborenen Sohn gab,
Joh 3,17*	B 221 [146] n	Denn Gott hat seinen Sohn *nicht gesandt in die Welt, daß er die Welt richte, sondern daß die Welt durch ihn selig werde*.
Joh 3,18	B 221 [146] n	aber nicht glaubt, der ist schon gerichtet,
Joh 4,23*	B 116 [84] B 299 [192]	Aber es kommt die Zeit und ist schon jetzt, daß die wahrhaftigen Anbeter werden den Vater *anbeten im Geist* und in der Wahrheit; denn der Vater will haben, die ihn also anbeten. 24 Gott ist Geist, und die ihn anbeten, die müssen ihn im Geist und in der Wahrheit anbeten.
Joh 4,48	B 116 [84]	Wenn ihr nicht Zeichen und Wunder seht, so glaubet ihr nicht.
Joh 5,39*	B 162 [112]	›man kann das ewige Leben darin nur finden, sofern sie von diesem Prinzip zeuget‹. Suchet in der Schrift; denn ihr meinet, ihr habet das ewige Leben darin; und sie ist's, die von mir zeuget; 40 und ihr wollt nicht zu mir kommen, daß ihr das Leben haben möchtet.
Joh 7,16*	B 164 [113]	Jesus antwortete ihnen und sprach: Meine Lehre ist nicht mein, sondern des, der mich gesandt hat. 17 *So jemand will des Willen tun, der wird innewerden*, ob diese Lehre von Gott sei, oder ob ich von mir selbst rede.
Joh 8,44*	B 45 [42] n	*Ihr seid von dem Vater*, dem Teufel, und nach eures Vaters Lust wollt ihr tun. Der ist ein Mörder von Anfang und ist nicht bestanden in der Wahrheit; denn die Wahrheit ist nicht in ihm. Wenn er die Lüge redet, so redet er von seinem Eigenen; denn er ist ein Lügner und ein Vater derselben.
Joh 8,46	B 83 [66]	Welcher unter euch kann mich einer Sünde zeihen?
Joh 12,31	B 114 [83]	der Fürst dieser Welt
Joh 14,30*	B 109 [80]	Ich werde nicht mehr viel mit euch reden; denn *es kommt der Fürst dieser Welt*, und hat nichts an mir.
Joh 15,26*	B 220 [145]n	Wenn aber der Tröster kommen wird, welchen ich euch senden werde vom Vater, der Geist der Wahrheit, der vom Vater ausgeht, der wird zeugen von mir.
Joh 16,11	B 114 [83]	der Fürst dieser Welt

Bibelstellenregister

Joh 16,13*	B 161 [112]	der Geist der Wahrheit, kommen wird, der wird euch
	B 220 [145] n	in alle Wahrheit leiten.
Apg 1,24	B 85 [67]	HERR, aller Herzen Kündiger,
	B 139 [99]	
	B 294 [189]	
Apg 5,29	B 138 [99] n	Man muß Gott mehr gehorchen denn den Menschen.
	B 231 [154] n	
Apg 8,22	B 37 [38]	Darum tue Buße für diese deine Bosheit und bitte Gott, ob dir vergeben werden möchte die Tücke deines Herzens.
Apg 15,8	B 85 [67]	Und Gott, der Herzenskündiger, zeugte über sie und
	B 139 [99]	gab ihnen den heiligen Geist gleichwie auch uns 9 und
	B 294 [189]	machte keinen Unterschied zwischen uns und ihnen und reinigte ihre Herzen durch den Glauben.
Apg 17,5	B 140 [100]	Aber die halsstarrigen Juden neideten und nahmen zu sich etliche boshafte Männer Pöbelvolks, machten eine Rotte und richteten einen Aufruhr in der Stadt an und traten vor das Haus Jasons und suchten sie zu führen vor das Volk.
Röm 3,10	B 39 [39]	wie denn geschrieben steht: Da ist nicht, der gerecht sei, auch nicht einer. 11 Da ist nicht, der verständig sei; da ist nicht, der nach Gott frage. 12 Sie sind alle abgewichen und allesamt untüchtig geworden. Da ist nicht, der Gutes tue, auch nicht einer.
Röm 3,21	B 262 [171]	die Gerechtigkeit, die vor Gott gilt,
Röm 3,23*	B 39 [39]	Denn es ist kein hier Unterschied: *sie sind allzumal Sünder*
Röm 5,12*	B 45 [42]	und ist also der Tod zu allen Menschen durchgedrungen, dieweil sie alle gesündigt haben; 13 denn die Sünde war wohl in der Welt bis auf das Gesetz; aber wo kein Gesetz ist, da achtet man der Sünde nicht. 14 Doch herrschte der Tod von Adam an bis auf Moses auch über die, die nicht gesündigt haben mit gleicher Übertretung wie Adam, welcher ist ein Bild des, der zukünftig war. [Vgl. dazu Kant *AA* XXVIII, 1288]
Röm 6,5	B 98 [74]	So wir aber samt ihm gepflanzt werden zu gleichem Tode, so werden wir auch seiner Auferstehung gleich sein, 6 dieweil wir wissen, daß unser alter Mensch samt ihm gekreuzigt ist, auf daß der sündliche Leib aufhöre, daß wir hinfort der Sünde nicht mehr dienen.
Röm 6,18*	B 127 [93]	Denn nun ihr frei geworden seid von der Sünde, seid *ihr Knechte der Gerechtigkeit geworden.*
Röm 7,6*	B 24 [30]	Nun aber sind wir *vom Gesetz los und ihm abgestorben, das uns gefangenhielt, also daß wir dienen sollen im neuen Wesen des Geistes und nicht im alten Wesen des Buchstabens.*
Röm 7,18	B 22 [29]	Wollen habe ich wohl, aber vollbringen das Gute finde ich nicht.

Röm 8,1*	B 100 [75] n	So ist nun nichts Verdammliches an denen, die in Christo Jesu sind,
Röm 8,10*	B 222 [146]	So nun aber Christus in euch ist, so ist der *Leib zwar tot um der Sünde willen, der Geist aber ist Leben um der Gerechtigkeit willen.*
Röm 8,16	B 87 [67]	Derselbe Geist gibt Zeugnis unserem Geist, daß wir Kinder Gottes sind.
Röm 8,21*	B 113 [82] B 275 [179]	Denn auch die *Kreatur wird frei werden vom Dienst des vergänglichen* Wesens zu der herrlichen Freiheit der Kinder Gottes.
Röm 9,18*	B 178 [121]	So *erbarmt er sich nun, welches er will, und verstockt, welchen er will.*
Röm 9,25	B 139 [99]	Wie er denn auch durch Hosea spricht: Ich will das mein Volk heißen, das nicht mein Volk war, und meine Liebe, die nicht meine Liebe war.
Röm 10,3*	B 262 [171]	Denn sie erkennen die Gerechtigkeit nicht, die vor Gott gilt, und trachten, *ihre eigene Gerechtigkeit aufzurichten*, und sind also der Gerechtigkeit, die vor Gott gilt, nicht untertan.
Röm 12,19*	B 159 [110] f.	Die Rache ist mein; ich will vergelten, spricht der HERR.
Röm 14,23*	B 24 [30]	*Was aber nicht aus dem Glauben geht, das ist Sünde.*
1 Kor 1,26	B 279 [181]	Sehet an, liebe Brüder, eure Berufung: nicht viel Weise nach dem Fleisch, nicht viel Gewaltige, nicht viel Edle sind berufen.
1 Kor 1,27	B 279 [181]	Sondern was töricht ist vor der Welt, das hat Gott erwählt, daß er die Weisen zu Schanden mache;
1 Kor 13,11	B 179 [121ff.]	Da ich ein Kind war, da redete ich wie ein Kind und war klug wie ein Kind und hatte kindische Anschläge; da ich aber ein Mann ward, tat ich ab, was kindisch war.
1 Kor 13,13	B 220 [145]	Nun aber bleibt Glaube, Hoffnung, Liebe, diese drei; aber die Liebe ist die größte unter ihnen.
1 Kor 15,22	B 45 [42]	Denn gleichwie sie in Adam alle sterben, also werden sie in Christo alle lebendig gemacht werden.
1 Kor 15,26	B 204 [135]	Der letzte Feind, der aufgehoben wird, ist der Tod.
1 Kor 15,28*	B 179 [121] B 204 [135] B 204 [135] n	*auf daß Gott sei alles in allem.*
2 Kor 3,2	B 239 [159] B 280 [181]	Ihr seid unser Brief, in unser Herz geschrieben, der erkannt und gelesen wird von allen Menschen;
2 Kor 3,6	B 24 [30]	Denn der Buchstabe tötet, aber der Geist macht lebendig.
2 Kor 4,17 18	B 142 [101]	Denn unsre Trübsal, die zeitlich und leicht ist, schafft eine ewige und über alle Maßen wichtige Herrlichkeit uns, die wir nicht sehen auf das Sichtbare, sondern auf das Unsichtbare. Denn was sichtbar ist, das ist zeitlich; was aber unsichtbar ist, das ist ewig.

Bibelstellenregister 319

2 Kor 11,14	B 121 [87]	er selbst, der Satan, verstellt sich zum Engel des Lichtes.
Gal 5,24	B 98 [74]	Welche aber Christo angehören, die kreuzigen ihr Fleisch samt den Lüsten und Begierden.
Eph 2,21	B 309 [198] n	auf welchem der ganze Bau ineinandergefügt wächst zu einem heiligen Tempel in dem HERRN,
Eph 3,8-9	B 73 [60]	Mir, dem allergeringsten unter allen Heiligen, ist die Gnade gegeben worden, den Heiden zu verkündigen den unausforschlichen Reichtum Christi und für alle ans Licht zu bringen, wie Gott seinen geheimen Ratschluß ausführt, der verborgen war in ihm von Ewigkeit her, der alles geschaffen hat;
Eph 4,22	B 55 [48] B 98 [74] B 178 [121] B 248 [163] B 305 [196] n B 309 [198] n	So legt nun von euch ab nach dem vorigen Wandel den alten Menschen, der durch Lüste im Irrtum sich verderbt. 23 Erneuert euch aber im Geist eures Gemüts 24 und ziehet den neuen Menschen an, der nach Gott geschaffen ist in rechtschaffener Gerechtigkeit und Heiligkeit.
Eph 6,12	B 72 [59]	Denn wir haben nicht mit Fleisch und Blut zu kämpfen, sondern mit Fürsten und Gewaltigen, nämlich mit den Herren der Welt, die in der Finsternis dieser Welt herrschen, mit den bösen Geistern unter dem Himmel.
Phil 2,5*	B 74 [61]	Stand der Erniedrigung: 5 hoc enim sentite in vobis quod et in Christo Iesu 6 qui cum in forma Dei esset non rapinam arbitratus est esse se aequalem Deo 7 sed semet ipsum exinanivit formam servi accipiens in similitudinem hominum factus et habitu inventus ut homo 8 humiliavit semet ipsum factus oboediens usque ad mortem mortem autem crucis 9 propter quod et Deus illum exaltavit et donavit illi nomen super omne nomen. – Ein jeglicher sei gesinnt, wie Jesus Christus auch war: 6 welcher, ob er wohl in göttlicher Gestalt war, hielt er's nicht für einen Raub, Gott gleich sein, 7 sondern entäußerte sich selbst und nahm Knechtsgestalt an, ward gleich wie ein andrer Mensch und an Gebärden als ein Mensch erfunden; 8 er erniedrigte sich selbst und ward gehorsam bis zum Tode, ja zum Tode am Kreuz. 9 Darum hat ihn auch Gott erhöht und hat ihm einen Namen gegeben, der über alle Namen ist [Kant verweist auf »pag. 301«, d.i. 1 Kön 8,46]
Phil 2,12	B 87 [67]	Also, meine Liebsten, wie ihr allezeit seid gehorsam gewesen, nicht allein in meiner Gegenwart sondern auch nun viel mehr in meiner Abwesenheit, schaffet, daß ihr selig werdet, mit Furcht und Zittern.
Kol 3,9	B 55 [48] B 98 [74] B 178 [121] B 248 [163] B 305 [196] n B 309 [198] n	Lüget nicht untereinander; ziehet den alten Menschen mit seinen Werken aus 10 und ziehet den neuen an, der da erneuert wird zur Erkenntnis nach dem Ebenbilde

1 Thess 1,2	B 302 [195]	Gebet ohne Unterlaß
1 Thess 5,17	B 302 [195]	betet ohne Unterlaß,
2 Tim 3,16	B 161 [112]	alle Schrift, von Gott eingegeben, ist nütze zur Lehre, zur Strafe, zur Besserung,
2 Tim 4,1*	B 221 [146] n	So bezeuge ich nun vor Gott und dem HERRN Jesus Christus, der da zukünftig ist, zu richten die Lebendigen und die Toten
Tit 2,13*	B 113 [82] B 140 [100]	Jesu Christi, 14 der sich selbst für uns gegeben hat, auf daß er uns erlöste von aller Ungerechtigkeit und reinigte sich selbst ein Volk zum Eigentum, das fleißig wäre zu guten Werken.
1 Petr 1,16	B 84 [66] B 191 [128] B 240 [159]	Denn es steht geschrieben: Ihr sollt heilig sein, denn ich bin heilig.
1 Petr 2,5	B 309 [198] n	Und auch ihr, als die lebendigen Steine, bauet euch zum geistlichem Hause und zum heiligen Priestertum, zu opfern geistliche Opfer, die Gott angenehm sind durch Jesum Christum.
1 Petr 2,10	B 139 [99]	die ihr weiland nicht ein Volk waret, nun aber Gottes Volk seid, und weiland nicht in Gnaden waret, nun aber in Gnaden seid.
1 Petr 2,24	B 98 [74]	auf daß wir, der Sünde abgestorben, der Gerechtigkeit leben;
1 Petr 2,25	B 142 [101]	Denn ihr waret wie die irrenden Schafe; aber ihr seid nun bekehrt zu dem Hirten und Bischof eurer Seelen.
1 Joh 4,8	B 220 [145]	denn Gott ist Liebe.
1 Joh 4,16	B 220 [145]	Und wir haben erkannt und geglaubt die Liebe, die Gott zu uns hat. Gott ist die Liebe; und wer in der Liebe bleibt, der bleibt in Gott und Gott in ihm.
1 Joh 5,3*	B 276 [179] n	*Denn das ist die Liebe zu Gott, daß wir seine Gebote halten; und seine Gebote sind nicht schwer.*
1 Joh 5,19	B 3 [19]	Wir wissen, daß wir von Gott sind und die ganze Welt im Argen liegt.
Hebr 1,3	B 74 [60]	welcher, sintemal er ist der Glanz seiner Herrlichkeit und das Ebenbild seines Wesens und trägt alle Dinge mit seinem kräftigen Wort
Hebr 13,15	B 263 [172]	So lasset uns nun opfern durch ihn das Lobopfer Gott allezeit, das ist die Frucht der Lippen, die seinen Namen bekennen.
Jak 2,17*	B 161 [111]	Also auch *der Glaube, wenn er nicht Werke hat, ist er tot an ihm selber.*

Personenregister

Verzeichnet sind alle von Kant namentlich erwähnten Personen, ggf. mit den ausdrücklich zitierten Werken. Mit * gekennzeichnet finden sich die nachweisbaren indirekt erwähnten Personen. Die Seitenangaben beziehen sich auf die B-Auflage. Ein *n* kennzeichnet die betreffende Textstelle als Anmerkung Kants, ein *e* verweist auf eine Erläuterung des Herausgebers.

* Achenwall, Gottfried (1719–1772) 170 e
* Anquetil-Duperron, Abraham-Hyacinthe (1731–1805) 206 e
* Anselm von Canterbury 95 e, 96 e
* Antisthenes (4. Jh. v. Chr.) 30 e
  der Apostel s. Paulus
* Augustinus 9 e, 69 e, 220 e, 289 e

  Bahrdt, Karl Friedrich (1741–1792) 89 e, 111
* Basedow, Johann Bernhard (1723–1790) 4 e
* Baumgarten, Alexander Gottlieb (1714–1762) 89 e, 288 e
* Beloselsky, Alexander v. (1752–1808) XXII e

  Charlevoix, Pierre-François-Xavier de (1682–1761) 107
* Charron, Pierre (1541–1603) 282 e
* Cicero 13 e, 67 e
* Crusius, Christian August (1715–1775) 179 e

* Eberhard, Johann August (1739–1809) 89 e

* Francisci, Erasmus (1627–1680) 121 e
* Friedrich II. (der Große) (1712–1786) 142 e
* Friedrich Wilhelm II. (1744–1797) XIV e, 122 e

  Galilei, Galileo (1564–1642) XV
* Georgi, Johann Gottlieb (1738–1802) 270 e
  Giorgi, Antonio (Georgius Antonius) (1711–1797) 156
* Grellmann, Heinrich Moritz Gottlieb (1753–1804) 206 e

  Haller, Albrecht von (1708–1777) 81
  Hearne, Samuel (1745–1792) 28
  Hobbes, Thomas (1588–1679) 134
* Holwell, John Zephaniah (1711–1798) 97 e, 160 e
  Horaz
  Oden 4
  Satiren 26, 45

* Juvenal
  Satiren 58

Lavater, Johann Kaspar (1741–1801) 118, 252 e
* Leibniz, Gottfried Wilhelm v. (1646–1716) 9 e, 89 e
* Lessing, Gotthold Ephraim (1729–1781) 89 e
* Jesus v. Nazareth – namentlich nicht genannt. S. Sachregister »Lehrer«
* Liguori, Alphons M. de (1696–1787) 288 e
* Lukrez
  De rerum natura 197
* Luther, Martin (1483–1546) 21 e

Malebranche, Nicholas (1638–1715) 97
Mendelssohn, Moses (1729–1786)
  Jerusalem 85 e, 252
Michaelis, Johann David (1717–1791) 106
  Moral XXIV, 158
Moore, Francis 89

Newton, Isaac (1643–1727) 209 n

* Origenes (ca. 185–254) 174 e
* Ovid
  Metamorphosen 41, 295

* Pallas, Peter Simon (1741–1811) 265 e
* Pascal, Blaise (1623–1662) 21e, 293 e
* Paulus = *der Apostel* 22, 38 f.
* Pauw, Cornelis de (1739–1799) 212 e
  Pfenninger, Johann Konrad (1747–1792) 118 n

Phaedrus
  Fabeln 264
Plinius 287
Postel, Guillaume (1510–1581) 109 e

* Reimarus, Hermann Samuel (1694–1768)
  Vom Zwecke Jesu 111, 112 e, 252 e
  Reland, Adrian (1626–1718) 160
  Rousseau, Jean-Jacques (1712–1778) 5 e, 299 e
  Emile XI e, 140 e
  Du contrat social 201 e
  Rüdiger, Jacob Carl Christoph 206 e

Schiller, Friedrich (1759–1805)
  Anmut und Würde 10
* Schröckh, Johann Matthias (1733–1808) 194 e
* Schultz, Franz Albert (1692–1763) 95 e
* Semler, Johann Salomo (1725–1791) 164 e, 186 e f., 252 e
  Seneca 5, 13 e
  De ira 5 e
* Shaftesbury, A. A. Cooper, Earl of (1671–1713) 4 e, 9 e, 145 e
* Shakespeare, William (1564–1616)
  Hamlet 267 e
* Spallazani, Lazzaro (1729–1799) 109 e
* Stäudlin, Carl Friedrich (1758–1826) 282 e
* Stanhope, Ph. D., Earl of Chesterfield (1694–1773) 29 e
* Stapfer, Johann Friedrich (1708–1775)

Grundlegung 87 e, 106 ff. e, 169 e f., 171 e, 174 e f.
Institutiones 9 e
Sittenlehre 53 e, 63 e, 211 e
Stoiker 67–71
Storr, Gottlob Christian (1746–1805) XXIV, 20 e

* Tetens, Johann Nikolaus (1736–1807) 4 e

* Voltaire (1694–1778) 4 e

* Walpole, Robert (1676–1745) 38

* Weishaupt, Adam (1748–1811) 144 e
* Wieland, Christoph Martin (1733–1813)
  Die Prüfung Abrahams 120 e
* Wöllner, Johann Christoph v. (1732–1800)
  s. *Religionsedikt* XIV, XVI e, 67 e, 177 e, 198 e, 200 e, 201 e, 262 e
  Abhandlung über Religion 122 e
  Wolfenbüttelscher Fragmentist
  s. *Reimarus

Zoroaster [Zarathustra] 206, 212

Sachregister

Die Seitenangaben beziehen sich auf die Original-Ausgabe (B). Mit *
gekennzeichnet sind Stichworte, die zwar bei Kant namentlich nicht
vorkommen, aber doch der Sache nach zu finden sind. Ein *n* kennzeichnet die betreffende Textstelle als Anmerkung Kants.

Aberglaube 64 n, 115, 143, 267
– blinder 195
– Eid als 240 n
– gottesdienstlicher 174
– heidnischer 310
abergläubischer Wahn 302
abhängiges Weltwesen 75
Ablaßhandel 177
Abraham 120, 290
Absicht
– theoretische vs. technisch-
 praktische XXII
– u. Ausübung XII n
– u. Zweck VI
Absolution 89 n
Absonderung d. Wissenschaften
 voneinander XIX
Abstrahieren von Zwecken V
Abweichung vom moralischen
 Gesetz 12, 21, 26
Achtung X, 18
– vs. Bewunderung 56 f.
– u. Ehrfurcht 11 n
– Empfänglichkeit d. 18
– vor dem Gesetz X n, 51 n, 164
– u. Kinder 56
– u. Liebe XII n, 51 n
– für Offenbarung 152
– für die Pflicht 201 n
– für Sekten 269 n

– als Triebfeder d. Vernunft 19,
 71 n
– vs. Vernünfteln 153
– für die Wahrheit 241
Adäquatheit d. Beispiels 78, 79 ff.
Adeptenwahn 64
Adiaphora 9, 47 n
Administration 143
– vs. Gemeinde 227
– eines Gemeinwesens 227
Affekt vs. Leidenschaft 20 n
– Neigung 20 n
Afterdienst (cultus spurius) 229
– vs. Dienst 250
– u. Fetischmachen 275
– u. Religionswahn 256
Ägyptische Religion 213 n
Alexandrinische Kultur 206 n
allerpersönlichste Schuld 95
Allgemeine Anmerkun-
 gen 63 n ff.
allgemeiner Wille 137
Allgemeingültigkeit 281
Allgemeinheit d. Hanges 23
– d. Bösen 27
Allgemeinherrschaft vs.
 Krieg 30 n
allgenugsames Wesen 82 n
allsehendes Wissen 178 n
Almosengeben 301

Amerika 28
Analogie u. Anschaulichkeit 299
- u. Anthropomorphism 82 n
- u. Beispiel 81 n
- Schematism d. A. 82 n
- vs. Schluß 82 n
Analogon – Vernunft – Natur 296
- politischer Staat – ethischer Staat 130
Analytischer Satz apriori IX n ff.
Anarchie 180
Anbetung XI, 286, 307
- anbetungswürdig 283
Andacht 260, 307, 308 n
- Andachtsübungen 266
Andächtelei 264, 286 n
Änderung d. Herzens vs. d. Sitten 53
Anerbung d. Bösen (Erbsünde) 41, 41 n
Anerkennung d. Pflicht 12 n
anfechtendes Prinzip 140
Anfechtung d. Bösen 127
- d. Neigungen 309 n
angeboren Def. 8
- u. erworben 14
- ang. Schuld 37
Angemessenheit d. Lebenswandels 84
Angst 11 n
Ängstlichkeit 284
- u. Christentum 286 n
Anhänglichkeit 246
- an hist. u. statut. Kirchenglaubens 229
Anklagen d. Menschheit 29
Ankläger in uns 101
Anlagen, ursprünglich 19
- angeboren, erworben, zugezogen 21
- als Bestandstücke 19

- Forderungen d. moralischen A. 177
- zum Guten 19
- u. menschliche Natur 19
- natürliche A. zum Guten 243
- vs. Hang 27
- u. Laster 16
- d. moralischen Religion 160
- physische u. moralische A. 179
- u. Tat 48
- als Verbindungsformen 19
Anmaßung größerer Einsicht 118 n
Anmut
- vs. Nötigung 11 n
- u. Pflichtbegriff 11 n
- u. Würde 10 n ff.
Annäherung an die Vollkommenheit 181
Anordnungen, belästigende 239
Anpreisungsmittel 254
Anrufung Gottes 220
- u. Sinnesänderung 102
Anschaulichkeit u. Analogie 299
- für den praktischen Gebrauch 72
Anschauung, reine intellektuelle 85
Ansehen d. moralischen Gesetzes 76
- d. Schriftlichkeit 162
- durch Zwangsgesetze XIII
Ansprüche in Glaubenssachen 232
anthropologische Begriffe 279
- anthr. Nachforschung 15
Anthropomorphismus 81–83 n, 257, 282, 312
- u. Analogie 82 n

– notwendiger 81 n
– schädlicher u. nützlicher 213
– anthr. Fronglaube 214
anthropopathisch 178 n
Antichrist 205
Antinomie
– merkwürdige 169 ff.
– scheinbare 175
Apokalypse 202
Arabien 207 n
Arathavescau-Indianer 28
arcana 210 n
Arihman 212 n
Aristokratie 140, 144
– d. Priester 186
Armuzd 212 n
Asketik, moralische 60
Ästhetische Beschaffenheit d. Tugend 11 n
Asträa 295 n
Atheism 160
Auferstehung 191 n
Aufklärung 67, 182 n, 275, 279
Aufopferungen 258
Aufrichtigkeit 63, 261, 295 n
– vs. Bedrohung 281
– Gebet mit 303 n
– d. A. entgegengesetzter Hang 296 n
– u. Streit 280
Aufruhr 231 n
Auserwählte 245
auserwähltes Volk 188
Ausleger d. Schrift 153
Auslegung, gezwungene 158
äußere Erfahrung vs. innere Gesinnung 78
äußere Revolution 180
außerordentliche Direktion 118 n
Ausübung u. Absicht XII n

Authentizität 166
– d. Symbole 144
Autorität, öffentlich machthabende 131
– als gesetzgebendes Ansehen 237
– d. höchsten Gesetzgebers 95
– u. Klerus 278
– u. Wunder 116

babylonische Gefangenschaft 206 n
Bandwurm 41 n
Bannfluch 156, 196
Beamte 228, 251
– vs. Lehrer 237
Bedas u. Vedas 160
Bedingung, unbedingte IV
Bedrohung vs. Aufrichtigkeit 281
Bedürfnisse
– menschliche 128
– u. Gottesidee III
– u. Instinkt 20 n
– moralisches B. 63 n
– moralisch gewirktes B. IX
– u. Neigungen 16 n
– sittliches B. 136
– B. d. Vernunft 211
– B., Zwecke zu denken VII
– B. einer Zeit 22
Begeisterung d. Gemüts 59
– sittliche 306 n
Begierde 20, 20 n
Beginnen in Religionssachen 300
Begreiflichkeit d. Bösen 71 n
Begriff
– u. Beispiel 82 n
– d. Freiheit u. Pflichterkenntnis 57

- d. Gottheit 147
- d. Übersinnlichen 92 n
Beharrlichkeit im Guten 86
- beharrliche Maxime 53
Beimischungen, unlautere 115
Beispiel 204
- B. – Ideal – Idee 75
- ist Analogie mit Naturwesen 81 n
- zur Erläuterung d. Idee 235
- in d. Erfahrung vs. Urbild in d. Vernunft 79
- u. Urbild 192, 246
- B., Form d. Ideendarstellung 269 n
- vs. Idee als Vorbild 77
- u. Ideal 193
- u. symbolische Darstellung 270
- B., Schema u. Begriff 82 n
- u. notwendiger Anthropomorphismus 81 n
- u. Hypostase 79
- vs. Distanz 80
- u. Erfahrung 77
- u. Erscheinung 175
- und Faktum 238
- zur Introduktion 246
- d. Erfahrung ist entbehrlich 77, 78
- d. guten Menschen 56
- zur Nachfolge 76, 77, 113, 242
- aus d. Geschichte 235
- d. Lehrers 83
- vs. Überzeugung 239
- vs. Beglaubigung 246
- jeder Mensch soll Beispiel sein 78
- Beispiele, verleitende 128
Bekehrung zum Christentum 252 n

Bekenntnisse 105
- innerlich und äußerlich 276
- unredliches B. 292
- u. Glaube 261
- reuevolle 90 n
Belohnung 243
benevolentia 50 n
Berufung d. Menschen 215
Bescheidenheit d. Vernunft 124 n, 198
Beschränktheit d. Vernunft 81 n
Besitz d. Gnade 101
Besserung
- moralische 258
- u. Andacht 308 n
Bestechlichkeit d. Vernunft 104
Bestimmung
- d. Menschen, Elemente d. 15
- moralische 141
- d. Menschheit 283
Bestimmungsgrund d. Willkür 7 n, 77
- materialer IV
- formaler IV n
Beten 301, 302
- im Glauben beten 305 n
Betrug (Satanslist) 115, 310
- Betrugsneigung 260
Beurkundung 163
Beurteilung
- d. Lebenswandels 91 n
- d. Handlungen 288
Beweis
- u. Wunder 77
- aus d. Schrift 118 n
- Beweistümer äußerer Erfahrung 313
Bewunderung
- vs. bloß Pflicht 56 f.
- vs. Achtung 56 f.
- u. Beispiel 80

– für Tugend 56
Bewußtsein
– d. Fortschritts 100 n
– d. Glaubens 76
– mit B. gesetzwidrige Handlung 6
Beziehungspunkt aller Pflichten VIII
Bibel XVI
– A.T. Authentizität 252
– N.T. Authentizität 254
bigotterie 286 n
Bild, herrliches B. d. Menschheit 11 n
Bilderdienst 286 n
bildliche Vorstellung 72 n
Bildung vs. Pflichterkenntnis 57
Billigkeit 83
Bischöfe 144
Bitten
– Gott bitten 62
– u. Flehen 105
bloße Form d. allgemeinen Gesetzmäßigkeit IV
bloße Idee 71 n
– d. Gesetzmäßigkeit 77
Bösartigkeit 22, 23, 115
– vs. Bosheit 35
– d. Willkür 60
Böse, das
– böse – das Moralisch-Gesetzwidrige 21, 70
– böses Prinzip 127
– böse – Def. einzelner Mensch 5 ff., 12
– böse – menschliche Gattung 4 ff.
– d. Mensch ist böse Def. 26, 168
– von Natur böse 27
– b. u. verderbt 23

– Allgemeinheit d. Bösen 27
– Ursache d. Bösen 67
– drei Quellen d. Bösen 26
– Werkzeuge d. Bösen 134
– Böses u. Korruption 46
– Maximum d. Bösen 18
– Grund d. Bösen vs. Sinnlichkeit 31
Böse, das radikale 27, 35, 94
böse
– böser Geist 72
– böser Hang 241
– böses Herz u. guter Wille 36
– böser Mensch – gute Handlungen 24
– böser Mensch Def. 12
– böses positives Prinzip 70, 171
– böser Wille, schlechthin 32
boshafte Vernunft 32
Bosheit
– vs. Torheit 68
– vs. Unvorsichtigkeit 68
Brahma 4, 212 n
brutale Freiheit 134
Buch, heiliges 152
Bücher
– als stabilisierender Faktor 234
– aller Völker XVI
– u. Geschichtsglaube 194
Buchstaben vs. Geist d. Gesetzes 24
– buchstäblicher Sinn 158 ff.
Bund, alter und neuer 206 n
Bürger
– u. Untertanen 299
– im Reiche Gottes 149, 309
– eines göttlichen Staates
– bürgerliche Liebe 311
Buße
– u. Sinnesänderung 102
– u. Selbstpeinigungen 104

– B., Kasteiungen, Wallfahrten 258

Chadzaren 156 n
casus conscientiae 288
Charakter
– angeboren 8, 15
– u. einzelne Handlung 9
– guter 18
– d. Gattung 8, 21
– empirischer Ch. als Sinnenwesen 53 98
– empirischer vs. intelligibeler 35
– intelligibeler 54
– Gründung eines 55
– u. Gewohnheit 53
Charakter d. Glaubensarten 285 n
Chiliasm, philosophischer vs. theologischer 31, 205
China 207 n
Christentum
– u. Frömmigkeit 286 n
– u. knechtische Gemütsart 286 n
– Ursprung d. 189
christlich
– chr. Glaube 154
– chr. Moral 72
– chr. Religion u. chr. Glaube 248
– chr. Religion als natürliche Religion 236 ff.
– chr. Religion als gelehrte Religion 247 ff.
– chr. Wunder u. römische Geschichtsschreibung 194 f.
Christologie* –
– s. u. Jesus v. Nazareth*: Der Lehrer

– Sündlosigkeit u. Versuchung* 75, 79 f.
– Lebenswandel u. moralische Vollkommenheit 82 f., 191
– Bergpredigt* 230 n
– Lehre Christi 252
– Leiden u. Tod 75, 83, 111, 117, 191
– Testament 193
– stellvertretende Genugtuung* 170
– Wunder 116-118
– Auferstehung 191 n
– Himmelfahrt 191 n
– Wiederkunft Christi* 221 n
– Stifter als Verkünder d. Kirche 239 n
compellite intrare 289
complacentia 50 n
concupiscentia 20
corruptio 23
culpa 37
cultus 151, 168, 228
cultus spurius 229

Dankbarkeit u. Beispiel 80
Darstellung
– sinnliche 308
– d. Idee 182 n
– d. guten Prinzips 112
Dasein
– als Ganzes 92 n
– u. Geschehen 40
– Gottes u. Raumvorstellung 210 n
– in d. Zeit 86 n
– in Zeitabschnitten 92 n
Deduktion d. Idee d. Rechtfertigung 102
Demokratie 143, 144

Demut u. Selbstverachtung
  286 n
− demütige Denkungsart, vorgebliche 124 n
Demütigung d. Stolzes d. Wissenschaften XV
Denken d. Volks 278
Denkfreiheit 166
Denkungsart
− u. Sinnesart 54
− eingeschränkte 156
− erweiternde 156
− faule kleinmütige 68
− gemeine 116
− sich selbst entäußernde 124 n
− strenge 9
− sittliche 52 n
− unvertragsame 310
− verkehrende 36
− verkehrte 55
− vorgebliche demütige 124 n
− Reform u. Revolution d. 55
− Umwandlung d. 55
− d. menschlichen Oberherrn 312
Denkverbot 200 n
Depositum-Beispiel* V
Despotismus, geistlicher 269 n
− despotisch 276 n
− despotische Konstitution 277
Desturs 206 n
Determinismus 58 n
Deutungen, gezwungene 160
devotio 286 n
Dialektik d. Gewissens 288
Dichtung
− u. Glaube 3, 61
− u. Offenbarung 160
Diener
− d. Kirche 142, 227, 251
− als Beamte 228

− u. Favorit 310
Dienst (als cultus) 151, 168, 228
− vs. Afterdienst 225 ff., 250
− vs. Beherrschung 251
− Fetischdienst 276, 277
− Frondienst 286 n
− Götzendienst 270
− Hofdienst 230 n, 307
− Lohndienst 272
− Kirchendienst 228, 270
− Scheindienst 278
− Tempeldienst 270
− angeblicher D. Gottes 299
− innerer Gottesdienst 302
− mechanischer 264
− moralischer D. Gottes 298
− praktischer 308
− d. wahre D. d. Kirche 250
− zweiseitiger D. einer Kirche 248
− Dienst Gottes 146, 229 ff., 272
− »Dienst d. Herzen« 299
Ding vs. Sohn 73
Distanz u. Beispiel 80
Disziplin
− geistige 278
− d. Neigungen 69 n
Dogma 90 n
Dogmatik, moralische 60
− dogmatisch vs. praktisch 89
− dogmatischer Glaube 63 n
Doktrin 166
dolus malus 37
dolus 37
Dreieinigkeit 211-215
− dreifache obere Gewalt 212, 212 n
− dreifache Qualität Gottes 212

Echtheit d. Gesinnung 12 n
edler Wilder* 28, 28 n

Ehelosigkeit, Heiligkeit d. 195
Ehrbegierde 24
Ehre vs. Eigennutz 28 n
Ehrenwahn 256 n
Ehrerbietung gegen d. Gesetz 45 n
Ehrfurcht
– vor Gott 230 n
– vs. Scheu 11 n
– vs. Reiz 11 n
Ehrfurchtsbezeigung 286 n, 308
Ehrwürdigkeit 280
Eid als bürgerliches Erpressungsmittel 240, 240 n
Eifersucht 17
Eigendünkel 266, 286 n
Eigennutz 243
Eigentum d. Philosophie XVIII
Einbildungskraft 11 n
– verwilderte 121
Einfalt 279
– u. Vernunft 280
Einfluß auf Maximen 283
Einfluß
– übernatürlicher moralischer 302
– auf das Gemüt u. Gewohnheit 306 n
– d. Kirchenglaubens 181 n
– auf Gemüter vs. Gewalt 278
– d. Vorstellungen 113
Eingebung 143, 218 n
Einheit
– d. Ganzen, intellektuelle 99 n
– d. Geschichte 185
– intellektuelle 99 n
– d. Maximen vs. Moral 35
– d. obersten Maxime 39 n
Einschmeichelung 171, 286
Einsicht

– theoretische vs. praktische 92 n
– durch Beispiele 77
Einweihung durch Taufe 310
d. Einzelne vs. Gemeinschaft 134 ff.
Elend 89
Eltern, erste 41 n
Embryo 179
Empfänglichkeit 74
– sich selbst empfänglich machen 274
– d. Achtung 18
– d. Anschauungsvermögens 268
– d. Gemüts 260
– f. Gnade 101 n, 298
– fürs Gute 55
– moralische vs. natürliche 274
– für Vernunftreligion 246
– u. Würdigkeit 168
empirischer Glaube 175
Endabsicht
– u. Erdenwohl 114
– d. Vernunft 230
– d. Auslegung 161
Ende gut, alles gut 91 n, 105
Ende d. Lebens 90 n f.
Ende d. Welt 202
endliche vs. ewige Strafen 89 n
endliche vernünftige Wesen 133
Endzweck VII
– aller Dinge VIII
– u. Erfolg IX
– Idee d. moralischen 209
– moralischer 282
– moralischer E. d. Vernunft XII n
– sittlicher 147
– d. sittlichen Bestrebung 283
– subjektiver XI n

Sachregister

Engel
- willenlose 81 n
- d. Lichts 121
- gute 119

Entbehrlichkeit
- d. Erfahrungsbeispiels 77
- d. Überlieferung 179
- d. Geschichtsglaubens 204 n f.

Entscheidungsart, rigoristische 10
Entsündigung 172
Entwicklung zum Guten 67
Epigenesis, Hypothese d. 110 n
Erbauung 306 n
- d. Einzelnen vs. d. Gemeinschaft 308

Erbkrankheit 41 n
Erbschuld 41 n
Erbsünde 41 n
Erde – Himmel – Hölle 72 n
Erdenwohl 114
Eremiten 195, 264
Erfahrung
- u. Erscheinung 175
- u. Beispiel 78, 77
- u. Idee 297
- innere 78
- u. Offenbarung 167
- E.sbestätigung 157

Erfolg u. Endzweck IX
Ergänzung d. Mangelhaftigkeit 99 n
Erhabenes 11 n
Erhabenheit, Gefühl d. 59
erheucheltes Vertrauen 301
Erkenntnis
- historische 47 n, 276
- praktische 280
- theoretische 230 n
- Minimum d. 230 n
- übersinnlicher Dinge 145
- vs. Gefühl 165, 208
- u. Selbstbeobachtung 78

Erkenntnisprinzip, konstitutives vs. regulatives 92 n
Erklärung d. Bösen 45
Erlaubnis, Gebot, Verbot 10 n
Erlernbarkeit d. Tugend 13 n
Erleuchtung
- passive innere 115
- d. Menschengeschlechts 154

Erlöser 99
Erlösung 169
Erneuerung d. Gemeinschaft 310
erniedrigende Zwangmittel 182 n
Erniedrigung, Stand d. 74
Erpressung v. Opfern 301
Erreichbarkeit d. Idee 84
Erscheinung u. Erfahrung 175
- u. Tat 85

Erwählung 217
Erweckung sittlicher Gesinnung 59
Erweiterung d. Moral zur Religion IX
Erzählung (Geschichte) 279
Erziehung 296 n
»Es ist ein Gott« IX n ff.
»Es ist mühsam, ein guter Diener zu sein« 311
ethisch vs. politisch 132
ethischer Staat auf Erden 181
ewige vs. endliche Strafen 89 n, 217
Ewiger Friede 31
Ewigkeit, selige vs. unselige 89
exemplarischer Lebenswandel 174
Expiation 90 n, 102, 115, 177
Extreme u. Mittleres im moralischen Urteil 8 ff.

factum phaenomenen 26
Fakire 264
Fakta
- vs. Vernunft 145
- vs. Vernunftbegriffe 238, 248
- vs. Maxime 8
- vs. moralisch-gleichgültige Handlung 10 n
Fakultäten 41 n
Falschheit, innere 45 n
Familie 144
Fasten 301
Faulheit 243
- faule Denkungsart 68
- faules Vertrauen 301
fauler Fleck d. Gattung 38
Fegfeuer 89 n
Fehler, moralischer 109 n
Fehltritte 93
Feierlichkeit 151
- ethische 306 n
- u. Sinnesänderung 102
- öffentliche Spiele 258
Feiertage 291
Feind, unsichtbarer 68
Feindseligkeiten 17
Fertigkeit d. Tugend 53
Fessel
- Aberglaubens 195
- d. heiligen Überlieferung 179
Fetischdienst 276
Fetischglaube 277, 300
Fetischmachen
- u. Zaubern 273, 275, 277
- u. Gebet 302
fides elicita 248, 249
fides historice elicita 249
fides imperata 248, 250
fides ingenua 168
fides mercenaria 168
fides sacra 247

fides servilis 68, 249
fides statutaria 247
Finsternis, Reich d. 72 n, 108
Form vs. Materie d. Willkür X n
formal IV n
Formeln, bloß klassische 222
Formen d. Kirche 255
Förmlichkeiten u. Glauben 300
Fortpflanzungstrieb* 16
Fortschritt moralischer Einsicht 201 n
Fortschritt
- Bewußtsein d. 100 n
- kontinuierlicher 85, 99 n
- moralischer 55
- im moralischen Glauben 184
- u. Regentenpflicht 200
- in Religionsbegriffen 150
- F., Revolution u. Reform 180
Frage, spekulative 102
fragilitas 22
frei von Schuld 75
freie Wahl
- vs. Pflicht 282
- u. Anlage 48
freie Tugend vs. zwangsmäßige Rechtspflicht 138
Freie Meinungsäußerung 200 n
Freiheit 295
- Def. vs. Neigungen 68 n
- Glaubensfreiheit 182 n, 291 n
- zu Denken 291
- zur Freiheit reif 291 n f.
- d. Willens 179 n
- d. Willkür, Begriff d. 11, 58 n
- Spontaneität d. Willkür 12
- u. Spontaneität 58 n f.
- ohne Gesetz 32
- u. Gesetz 16 n
- u. moralische Natur 6

Sachregister

- u. Gerechtigkeit 127
- u. Kausalbestimmung 172
- u. Naturursachen 7
- Gebrauch d. 6
- gesetzlose äußere 134
- ohne Anarchie 180
- u. Geheimnis 218, 218 n
- d. Kinder Gottes 275
- Anfechtung d. 127
Freiheitsbegriff u. Gottesidee 58 n f.
Freiheitsgebrauch, Grund d. 40
Freiheitsgesetze 296
Freiheitslehren vs. Sklavensinn 108
Freistaat 143
Freundschaft 29
Freya 213 n
Friede, ewiger 31
Fröhlichkeit u. Mut 11 n, 242
Frömmigkeit 12 n
- vs. Tugend 313
- Frömmelei 286 n
- fromme Observanzen 276
- fromme Plackereien 276 n
- frommer Schrecken 201 n
Frondienst /-glauben 191, 277, 238, 251, 286 n, 291
- Hang zum Fronglauben 201 n
Furcht 168 270
- Gottes 282
- u. Zittern 87
- vor dem Tod 105 n
Fürst d. Welt 41 n, 107

Ganzes u. Tat 99 n
Gattung 67
- Charakter d. 21
- fauler Fleck d. 38
- Gattungsbegriff 27
- vernünftiger Wesen 135

Gebet
- mit Aufrichtigkeit 303 n
- vs. Bitte 304 n
- u. Erbauung 306 n
- Geist d. 302
- um Rache 158 n
- »Vater unser« 303 n
- Privatgebet 306 n
- Gebet-Rad 265
Gebote
- göttliche 138 n, 229
- fünf mohammedanische 301
- meine G. sind nicht schwer 276 n
- statutarische 231 n, 277
Gebrauch von Ideen, theoretischer u. praktischer 64 n
Gebräuche u. Gnadenmittel 301
Gebrechlichkeit 21, 36, 79
- Vorwand d. G. 104
Geburt vs. Ursache d. Bösen / Guten 8
Gefühl
- d. Achtung 11 n
- d. Erhabenheit 11 n, 59
- vs. Erkenntnis 165, 208
- inneres 164
- moralisches 18
- übersinnliche 87, 286 n
- u. Wahn 302
Gegner d. Guten 71
Geheimnis (3. Allg. Anm.) 64 n, 207 ff., 261, 263, 279
- d. Natur 210 n
- d. Politik 210 n
- u. Symbol 219
- geheime Feindseligkeiten 17
- geheimes Einverständnis 72
Gehorsam
- »Gehorche d. Obrigkeit!« XIII
- passiver 146

- u. Rebellion 33
- unbedingter 77
Geist, d. gute / böse 38
- böser 47, 72
- guter 91
Geistliche
- u. Gelehrter XIV f.
- u. Priester 152
- d. vernünftige 121
- Geistlichkeit, Herrschaft d. 311
Geldschuld 95
Gelehrsamkeit
- in d. Religion 233
- und Schriftauslegung 235
- als Hindernis 246
- u. profane Gelahrtheit 250
- Gelehrte 250, 279
- gelehrtes Publikum 194
Gemeinde 142, 227
Gemeinschaft
- vs. Einzelne 134 ff.
- d. ganzen Menschengeschlechts 129
- weltbürgerliche moralische 311
- d. Glaubens 300
- mit himmlischen Wesen 3
Gemeinwesen
- bürgerliches gemeines Wesen 118 n
- bürgerliches vs. ethisches G. 108
- politisch gemeines Wesen 130, 278, 309
- ethischgemeines Wesen 130, 225
- ethisches gemeines W. vs. Zwang 132
- kirchliches gemeines Wesen 276
- philosophisches gemeines Wesen 118 n
- vernünftig nachdenkendes gemeines Wesen 118 n
- Verstandeswelt als Gemeinwesen 225
- Form u. Verfassung d. 130
- als beharrlicher Zustand 237
- vs. Menge 133
- als Reich Gottes 226
- und Öffentlichkeit 226
- u. öffentliche Verpflichtung 149
Gemüt, fröhlich vs. knechtisch 242
Gemütsstimmung, fröhliche 12 n
Genugtuung 101, 170, 216, 240
- stellvertretende 172 ff.
- u. Gerechtigkeit 171
Gerechtigkeit 262
- u. fremde Genugtuung 171
- u. Gewissen 212 n
- u. Gütigkeit 212 n
- u. Heiligkeit 214
- ewige 101
- göttliche 94
- himmlische u. irdische 90 n
- oberste 83
Gericht, empirisches vs. göttliches 13 n
Gerichtshof
- menschlicher 95
- moralischer 99
Geschehen u. Dasein 40
Geschichte (Erzählung) als Vorstellungsform 106
Geschichte 249
Geschichtsglaube 161, 275, 279
- u. Bücher 194
- u. Wunder 193

– vs. Religionsglaube 281
Geschichtslehre 280
Geschicklichkeit IV n
Geschöpf Gottes 215
Gesellschaft,
– ethischbürgerliche 130
– partielle 133
– rechtlichbürgerliche 130
Gesellschaftstrieb 16
Gesetz
– u. Achtung X n
– u. Freiheit 16 n
– allein als Triebfeder 22
– bloße Idee eines 71 n
– heiliges 85
– Haß d. 11 n
– Joch eines 275
– Liebe d. 220
– unbedingt gebietendes 77
– moralisch schlechthin gebietendes 16 n
Gesetze
– d. Freiheit 10 n, 297
– d. Tugend 296
– moralische vs. statutarische 147
– Kenntnis d. 296
– Konstitutionalgesetze 277
– Tugendgesetze 131
– öffentliche Rechtsgesetze 131
– Zwangsgesetze 131
Gesetzgeber
– d. ethisch gemeinen Wesens 138
– u. ethische Zwecke 132
– Idee eines IX
– gemeinschaftlicher 137
– heiliger 211
– höchster 95
– moralischer 280
– unsichtbarer 278

Gesetzlichkeit als formaler Bestimmungsgrund IV n
Gesetzmäßigkeit
– bloße Idee d. 77
– bloße Form d. IV
gesetzwidrige Handlungen 6
Gesinnung
– Def. subjektives Prinzip d. Lebenswandels 271
– Def. Beobachtung aller wahren Pflichten 299
– Def. inneres Prinzip d. Maximen 10 n
– Def. Beschaffenheit d. Willkür 14
– u. Maximen 95
– u. Selbstbetrug 37
– d. Sohnes Gottes 98
– und Taten 85, 242
– u. Wahrnehmung 93
– u. Werden 101
– Gott mißfällige 100 n
– Belebung d. 303
– Erklärung d. 302
– heilige 99 n
– Herzensgesinnung 239
– lautere 91
– Mangel d. moralischen 293
– reinste moralische 99 n
– reine Religionsgesinnung 281
– Stärke d. 93
– subjektives Prinzip d. 92 n
– Unveränderlichkeit d. 86
– wahrhafte u. tätige 169, 273
gesitteter Zustand 29
gesund von Natur 5
Gewalt 278
  vs. Einfluß auf Gemüter 278
Gewaltenteilung 212
Gewissen 201, 261, 276, (IV § 4) 287 ff.

- (Gerichtshof) 221 n
- Grundlage d. 295 n
- u. Gerechtigkeit 212 n
- u. künftiger Richter 103
- G., Vernunft und Herz 219
- belästigen 309
- irrendes 289
- milde urteilendes 90 n
- Opium fürs 105
- Postulat d. 288
- richtendes 89
- Verletzung d. 293
- Vorwurf d. 105 n
Gewissenhaftigkeit
- vs. Aberglauben 240 n
- u. Glaubensbekenntnis 252 n
- gewissenhafte Menschen 276
Gewissenlosigkeit 289
Gewissensansprüche 177
Gewissensruhe, betrügerische 37
Gewissenszwang 200 n f.
Gewißheit
- vs. Hoffnung 80, 102
- vs. Glauben 289
- in d. Moralität 93
Gewohnheit
- d. Andächtelei 286 n
- u. Charakter 53
- im Gebet 306 n
- u. Kultus 190
- u. Moralität 43
Gewöhnung an Heuchelei 278
gewurzelt (radix – radikal) 27
gezwungene Deutungen 160
Glaube / Glauben
- Glaube Def. 247
- assertorisches Glauben 230 n
- Ausbreitung und Fortpflanzung d. 234
- dogmatischer 63 n

- empirischer (historischer) 175
- Erscheinungsglauben 290
- Fetischglaube 277, 300
- frei angenommener 247
- freier 182 n, 249
- Fronglaube 168, 191, 201 n, 291
- gebotener 247
- Geschichtsglaube 161, 275, 279, 290
- an Gnadenmittel 302
- an Geheimnisse 301
- u. Dichtung 3, 61
- an das Gesetz 24
- an Gott 211
- für jedermann 249
- glauben müssen – glauben können 176
- an die Tugend 77
- an die Zukunft 192 n
- als Handlung 261
- u. Förmlichkeiten 300
- an Wunder 116 ff.
- u. Verstehen 218 n
- an Geheimnisse 217 n
- vs. Gewißheit 289
- historischer 145, 149, 248
- jüdischer 252 n
- Kirchenglaube 145, 149, 228
- lebendiger 174
- Lohnglaube 168
- Offenbarungsglaube 154 ff., 247
- passiver 199
- politischer 186
- praktischer 76
- praktischer vs. theoretischer 173
- rationaler 174
- reflektierender 63 n
- Religionsglauben 145, 149

Sachregister

- reiner Religionsglauben 280
- seligmachender 168, 169, 229
- sich gerechtfertigt glauben 100 n
- Sklavenjoch d. 292
- statutarischer Kirchenglaube 152
- Vernunftglaube 145, 228
- Volksglauben 160
- Wahnglauben 301
- Wunderglaube 301
- wundertuender 305 n

Glaubensarten
- d. Völker 285 u
- vs. Religion 154
- erkünstelte 302

Glaubensartikel 290
Glaubensbekenntnis 151
Glaubenserklärung ohne Einschränkung 295
Glaubensformeln 90 n
Glaubensfreiheit 291 n
Glaubenslehre, christliche 236
Glaubensmeinungen 195
Glaubensprinzipien 177
- Glaubensprinzip »Gott ist Liebe« 220

Glaubensregeln 277
Glaubenssymbol 89 n, 214
Glaubensvermischung 207 n
Gläubige 296 n, 298
- Moralischgläubige 281

Glaubwürdigkeit von Nachrichten 145
Gleichgültigkeit vs. Widerstrebung 10 n
Gleichheit 17
- d. Sekten 269 n

Glückseligkeit IV n, 35, Def. 52 n, 70, 210, 243
- u. Gott 73

- physische 86, 100 n
- moralische 86, 100 n
- anderer IV n
- u. subjektiver Endzweck XI n
- u. höchstes Gut IX
- u. Glückwürdigkeit XIII n

Glückseligkeitsprinzip 53
- u. Gott 61

glückswürdig XIII n, 52 n
- Glückwürdigkeit u. Glückseligkeit

Gnade Def. 101 n
- u. Natur 266 f., 296 ff.
- u. Pflicht 174
- u. Tugend 314
- überschwengliche 300
- u. Ratschluß 217
- u. Rechtsanspruch 101

Gnadenmittel (4. Anm.) 296 ff.
- Begriff d. 298
- vs. Gnadenwirkungen 302

Gnadenwirkungen (1. Allg. Anm) 48 ff.
goldenes Zeitalter 3
gotische Religion 213 n
Gott
- d. Gott dieser Welt (Eigennutz) 243
- Ehrfurcht vor 230 n
- Furcht vor 282
- Glaube an 211
- als moralisches Wesen 271
- als moralischer Weltherrscher 139
- als moralischer Welturheber 236
- u. Glückseligkeit 73
- als Uhrmacher 82 n
- als Stifter d. Reiches Gottes 227
- als weltlicher Regent 186

- wohlgefallen 73, 229, 258, 272
- u. Welt 73
- als Vater 220
- »Gott ist Liebe« 220, 220 n
- als Seligmacher 220 n
- G.es Gebote als Pflichten 302
- G.es Güte 245, 309
- Idee d. dreifachen Persönlichkeit G.es 312
- Idee von 230 n, 302 n
- Liebe zu/für 282
- Liebe G.es 81 n
- mit G. reden 305
- Natur G.es 211
- Umgang mit 313
- unmittelbare Gegenwart G.es 268
- unmittelbarer Ratschluß G.es 178
- Ursprung d. Gottesbegriffs 147
- Vergegenwärtigung G.es 307 n
- was Gott tue / tun kann 227, 261
- Wille G.es 289
- »Wir machen uns einen Gott« 257, 257 n

Gottesdienst
- äußerer 308
- innerer 302
- als Götzendienst 270
- u. Dienst d. Herzen 299

Gottesfurcht 220 n
Gottesidee u. Freiheitsbegriff 58 n f.
Gottesverehrung, erheuchelte 308
Gottheit 283
göttlich gesinnt 74

Göttliche moralische Eigenschaften 311 f., s.
- Heiligkeit
- Gnade
- Gerechtigkeit

göttlicher Gesetzgeber 249
göttlicher Richter 169
göttlicher Staat auf Erden 203
göttliches Gericht u. reine Vernunft 13 n
Gottmensch 174 f.
Gottseligkeit 282, 313
- u. Hoffnung 286
- Gottseligkeitslehre 281, 283
Götzendienst 270
Grad d. Gesinnung 103
Grazien 11 n
Grenzen d. Vernunft 63 n, 124 n, 301
griechische Weltweise 108
Grund
- aller Maximen als Maxime betrachtet 6
- eigener Maximen 78
- erster G. d. Annehmung von Maximen 7
- d. Freiheitsgebrauchs, subjektiver 6
Grundsatz u. einzelne Tat 95
Grundsätze vs. Neigungen 69 n
Gründung einer Kirche 151
Gültigkeit
- praktische 78
- zu aller Zeit 114
Gunstbewerbung u. Religion 61
gut
- Def. einzelner Mensch 5 ff.
- menschliche Gattung 4 ff.
- moralische guter Mensch werden 67
- vs. zivilisiert 4

Sachregister

– gut (legal) 23
– bedingterweise gut IV n
– gute Meinung von sich 87
– gute Gesinnung 93
Höchstes Gut 282
– höchstes gemeinschaftliches G. 135
– in d. Welt VII
– u. Gott IX n ff.
– höchstes sittliches G. 136
– höchstes uns mögliches G. IX
– Idee vom höchsten G. VIII, 210
– gemeinschaftliches Gutes 226
– hohes G 81
Gutartigkeit, natürliche 28
das Gute
– »das Gute = a« 9 n ff.
– das erste wahre G. 69 n
– in d. Erscheinung 85
– Gegner d. G. 71
– lieb gewinnen 12 n
– Empfänglichkeit fürs G. 55
– Keim d. G. 67
– mangelhaftes G. 85
– Überschuß d. G. 100
guter Lebenswandel 174
guter – böser Mensch 178 n
guter Geist 91
guter Wille 259, 295
– u. böses Herz 36
Gütigkeit 86
– u. Gerechtigkeit 212 n
– gütiger Richter 222 n

habituelle Begierde 20
Habsucht 128
Haeretici 156 n
Handlung
– (einzelne) u. Charakter 9
– vs. Hang 42
– u. Maxime 6 ff.

Handlungen
– gesetzwidrige 6
– für Gotte bestimmte 299
– heilige 239, 258
– moralischindifferente 151
– Möglichkeit d. 259 n
Hang 20, Def. 20 n
– allgemeiner 21
– Begriff d. Hanges 24
– d. Aufrichtigkeit entgegengesetzter 296 n
– zum eigentlichen Bösen 21
– zum Fronglauben 201 n
– vs. Handlung 42
– u. Instinkt 20 n
– vs. Naturanlage 27
– u. Neigung 20 n
– zum passiven Glauben 199
– Hang, andere Staaten zu unterwerfen 183 n
– u. Tat 25, 26
– natürlicher 21
– physischer vs. moralischer 24 ff
– unvertilgbarer 60
Haß 11 n, 29, 240
Hausgenossenschaft 144
Hebräische Sprache 253
Heidentum 277
Heil 281
– Heil für Menschen 115
heilig
– h.es Buch 152, 198
– h.e Freiheit 201
– h.e Geschichte 199
– h.es Geheimnis 208
– h.es Gesetz 85
– h.e Gesinnung 99 n
– h.e Pflicht 266
– h.es Prinzip 84
– h.e Schrift u. Schriftsteller 194

- h.er Sohn 144
- h.er Wille 80
Heiliger 79
Heiliger Geist 212 n
Heiligkeit 283, 296, 310
- Ideal d. 74
- Vorschriften d. 242
- d. Gesetzgebers 214
- d. Gesetzes X
- d. Gesetzgebers 84
- d. Maximen 52
- d. Mönchsstandes 109 n
- vs. Versuchung 81 n
- als Ziel 240
Heiligste, was Vernunft lehrt 115
heiligstes Wesen VII
Heimlichkeiten u. Wissenschaft XIX
Hemmungen durch politische Ursachen 181
Herkules 11 n
Herr d. Welt 146
Herrschaft
- »über die Gemüter« 107, 132
- über sich selbst 20 n
Herrschsucht 128
Herz
- Bosheit d. H.ens 68
- Dienst d. H.en 299
- gutes / böses Def. 21
- neues 61
- ins H. geschrieben 239, 280
- H., Gewissen und Vernunft 219
- u. Wille Gottes 148
- u. Vernunft 116
Herzensänderung 53, 102
Herzensgesinnungen, lautere 168
Herzenskündiger 85, 96, 139, 294

Herzensvereinigung 144
Heuchelei 278
- innere 201 n
- erheucheltes Vertrauen 301
- erheuchelte Gottesverehrung 308
Heuchler 293, 296 n
Hierarchie
- vs. Freistaat 143
- monarchisch, aristokratisch, demokratisch 277
Hilfsmittel, Wunder als 117
Himmel u. Hölle 188
- Himmel – Erde – Hölle 72 n
Himmelfahrt 191 n
Himmelreich 202
Himmelsbürger 204
Himmelsgünstling 313
himmlisch
- h.er Beistand 298
- h.e Einflüsse 122, 267
- h.e Gerechtigkeit 90 n
- h.e Gefühle 286 n
- h.e Gabe 243
Hindernis
- d. moralischen Entschließung VIII
- in uns 283
- d. Pflichtbefolgung 70
- einer moralischen Gesinnung 268
- d. Besserung 49
Hindostan (Indien) 4
Hinduische Religion 212 n
Hindus 206 n
Hinduism u. Kleinmütigkeit 286 n
historische Erkenntnis, Nutzen vs. unfruchtbare Erkenntnis 47 n
historische Darstellung 184

Sachregister

Hochpreisung u. Sinnesänderung 103
Höchstes Gut 282
– höchstes gemeinschaftliches G. 135
– in d. Welt VII
– u. Gott IX n ff.
– höchstes sittliches G. 136
– höchstes uns mögliches G. IX
– Idee vom VIII, 210
– gemeinschaftliches G.es 226
– hohes G. 81
Hoffnung 61, 76, 168, 202, 219, 286
– Grund d. H. auf Genugtuung 171
– hinterlistige 242
– vernünftige 88
– vs. Gewißtheit 102
– d. Seligkeit 168
– u. Trost 102
– u. Vertrauen 263
Hölle – Erde – Himmel 72 n
Höllenstaat 204
Höllenstrafen 89 n
Hundsribben-Indianer 28 n
Hypostase 79
Hypothese
– d. Epigenesis 110 n
– Nutzen einer ersonnenen 97 n
– d. Spiritualismus 192 n
hypothesis 230

Ideal 205
– u. Urbild 74
– u. Begriff 133
– vs. Idee 73 ff.
– Ideal – Beispiel Idee 75
– Ideal/Urbild vs. Idee vs. Beispiel 78
– u. Beispiel 193

– d. Menschheit 83
– d. Heiligkeit 74
– d. Sohnes Gottes 103
Idee
– bloße I. eines Gesetzes 71 n
– bloße I. einer Kirche 227
– Formen d. Darstellung d. 269 n
– Gottes 136
– eines anderen Wesens III
– u. Anthropomorphismus 282
– d. dreifachen Persönlichkeit Gottes 312
– d. gebesserten Gesinnung 101
– u. Gebrauch d. Idee XII
– absoluter Gemeinschaft 136
– d. Gesetzmäßigkeit 77
– von Gott 230 n, 302 n
– einer heiligen Pflicht 266
– vom höchsten Gut III, VII, VIII, 210
– u. Ideal d. Kirche 142
– vs. Ideal 73 ff.
– vs. Ideal/Urbild 74
– Idee – Ideal – Beispiel 75
– eines machthabenden moralischen Gesetzgebers IX
– d. maximalen Bösen 18
– d. Menschheit 19
– aus d. Moral VIII
– eines moralischen Weltherrschers 211
– d. moralischen Gesetzes 18
– vs. Neigung 22
– d. Pflicht 57
– in praktischer Absicht 297
– u. Prinzip 73
– einer Rechtfertigung 101
– u. Selbstgefühl 284
– u. sinnliches Vorstellungsvermögen 259

- d. Sittlich-Guten 115
- u. Triebfeder 77
- d. übernatürlichen Beitritts 297
- und Überzeugung 239
- d. unbefleckten Empfängnis* 109 n
- u. Urbild 175, 220
- d. ursprünglichen Anlage 57
- d. Vernunft 13 n, 135, 182 n
- als Vorbild vs. Beispiel 77
- und Vorstellung 214, 141
- Kinder u. Fassung von I. n 308
- Personifikation d. 73, 99
- praktische Gültigkeit d. 78
- praktischer Nutzen d. 110 n
- Realität d. 76
- überschwengliche 298
- Vernunftidee vs. Offenbarung 267
- von einer I. Gebrauch machen 297

Ideen
- moralisch-transzendente 63
- überschwengliche 63 n

Idol 286
Idololatrie 257 n, 286, 309
Illuminatism 64 n, 143
imperium 251
improbitas 22
impuritas 22
Inder 160
Indeterminismus u. Zufälligkeit 59 n
Indien (Hindostan) 4
Indifferentisten 9
Indifferenz d. moral. Urteils 39 n
Innere, das 132, 209
- innere Erfahrung, vermeinte 64 n
- innere Erfahrung 78
- innere Falschheit 45 n
- inneres Gefühl 164
- innere Gesinnung u. äußere Erfahrung 78
- innerer Gottesdienst 302
- innerer erster Grund 71
- innere Heuchelei 201 n
- inneres Licht 255

Innerliches vs. Öffentlichkeit 137
Instinkt
- moralischer 109 n
- gutherziger 24
- u. Hang 20 n

intellektuell vs. sinnlich 259 n
intellektueller Bestimmung 98
intelligibel
- int.er Charakter 54
- int.e Tat 26
- int.e vs. sensibele Tat 39 n
- Intelligibeles vs. Sinnenwesen 99

Introduktion 157
- Mittel d. 232
- durch Wunderglauben 116
irrendes Gewissen 289
Irrglauben 155
Irrtum 290

jedermann
- verständlich XXVI
- überzeugend für 280

Jehovah 188
Jesus von Nazareth*: s. »Lehrer« u. Christologie
Judaism u. Menschenhaß 285 n f.
Juden
- Verhältnis zu Gott 159 n
- Zerstreuung 206 n

Sachregister 345

– körperliches Abzeichen 190
Judentum 186-191, 252
– Belohnungen u. Strafen 188
– u. Christentum 108 ff., 190, 252 n
– u. Dreifache Gottesvorstellung 213 n
– u. Gewissen 186
– u. Kultus 189
– u. Messias 186
– politischer Glaube 186
– als politisches Gemeinwesen 186
– J. ist keine Religion 186
– das spätere J. 160
– Theokratie 186
jüdischer Glaube 154, 185 ff.
– als Inbegriff statutarischer Gesetze 186
Jugendunterweisung 282
jungfräuliche Mutter 109 n
jüngster Tag 4
Juristen 170

Kampf vs. Streit 70
– Kampf um Freiheit 127
Kanzelrede vs.Wissenschaft 154, 282
Kasuistik 288
katholischer Glaube 154
– katholisch vs. protestantisch 156
Keim d. Guten 5, 50, 67
Ketzer 156, 156 n, 289
Kinder
– u. Achtung 56
– Kinderfragen 89 n
– u. Gebetsühungen 308
– Kinderunterweisung XXVI
– Kindespflicht 282
Kirche

– Def. 142
– Kirchenglauben 228
– als allgemeine Vereinigung 237
– als »weite Pforte« 241 n
– als sinnliche Form 226
– gemeines Wesen nach Religionsgesetzen 226
– vs. Religion 277
– auf statutarischen Gesetzen errichtete 228
– Kirche, Haus u. Staat 292 n
– als Repräsentantin d. Idee 144
– allgemeine 184
– Anspruch d. 183 n
– bloße Idee einer 227
– Idee d. K. vs. Form 142
– Kennzeichen d. wahren 142
– Name einer 149
– eine auf Prinzipien gegründete 238
– sichtbare vs. unsichtbare 142, 227, 237
– Stiftung einer 226
– streitende 168
– triumphierende 203
– wahre 168
u. Staat XIV f., 118, 164
Kirchendienst 270
Kirchenformen 277
Kirchengehen 300, 308 ff.
Kirchengeschichte 183 ff.
– allgemeine 189
Kirchenglauben 145
– statutarischer 152
– als Vehikel 181 n
Kirchenpflicht 241
– statutarische 239
Kirchensatzungen 150
Kirchenunterricht 198
Kirchenwahn 265 n

kirchliche Glaubenseinheit 182 n
Klagen d. Priester 177
kleinmütige Denkungsart 68
Kleriker 250
- u. Laien 164, 179
Klerus 277
Kluft zw. gut und böse 72 n
Klugheit u. Glückseligkeit 70
Klugheitsmittel 294
klüglich vs. sittlich 244
- klüglich u. Pflicht 280
knechtische Gemütsart u. Christentum 286 n
knechtischer Gottesdienst 270
Kneph 213 n
Kommunion 300, 310 f.
Konfessionenstreit 251, 265 n, 269 n
Konstitution vs. Organisation d. Gemeinwesens 227, 277
Konstitutionalgesetze 277
- d. juridischen Gemeinwesens 137
kontinuierliches Werden 55, 99 n
konzentrische Kreise XXII f.
Konzilien 255
Körperlichkeit als Strafe 97 n
Korruption u. Böses 46
Kraft zur Besserung 48 ff.
Kreuzzüge 196
Kriechende Gunsterwerbung 286 n
Kriecherei 266
Krieg 30 f.
- aller gegen alle 134
- Geißel d. menschlichen Geschlechts 30 n
- gegen die Vernunft XIX
Kritik, öffentliche XIII
Kritik d. reinen Vernunft 259 n

Kultur
- d. Aufrichtigkeit 295 n
- Laster d. 18, 29
- Triebfeder zur 18
Kultivierung d. Anlage zum Guten 56
Kultus
- alter 190
- u. Religion XXIII
- u. Rechtfertigung 267
Kunst, Natur, Tugend 11 n
- Künste u. Wissenschaften IV n
- Kunstlehre XXII
- Kunsttrieb 20 n

Lähmung d. Vernunft 120
Laie u. Klerus 164, 179, 278
Laster 36, 69 n
- u. Anlage 16
- d. Kultur / Zivilisierung 18, 29
- u. Natur 17
- d. Rohigkeit 17
- teuflische 18
- viehische 17
Latitudinarier 9
Lauterkeit 143
Läuterung u. Gebet 305
Leben als Ganzes 103
Leben-Jesu-Forschung* 110 n
lebendes Wesen 15
Lebenswandel
- guter 145, 304 n
- u. Beispiel 77
- u. Erscheinung 85 f
- Gott wohlgefälliger 266
- Glaube an den 169
- neuer 284
- subjetives Prinzip d. 271
- u. vollendetes Ganzes 85 f.
Lehre

Sachregister

- allgemeingültige 281
- u. Beispiel 75
- Lehrer 142
- geistliche 290
- menschlicher 82
- vs. Beamte 237
- einer Kirche u. Glaubensgewißheit 294
- »d. Lehrer« (Jesus von Nazareth*)
- s.a. Christologie*
- d. L. 82, 117, 238, 245
- L. d. Evangeliums 191, 203, 245, 303 n, 313
- weiser L. 116, 240 n
- Meister 112 n
- göttlich gesinnter Mensch 74, 80
- natürlich gezeugter Mensch 79
- Held dieser (biblischen) Geschichte 114
- Selbstmord, Sühnetod u. Symbol 110 n
- Urbild d. Nachfolge 245 f.
- exemplarischer Lebenswandel 276 n
- Stifter als Verkünder d. Kirche 239 n
- Lehrlinge, moralische 56
- Leichtgläubige 122 n
- Leiden, physische vs. moralische 105 n
- u. Versuchungen 76
- Leidenschaft u. Neigung 20 n, 128
- Leitfaden in Glaubenssachen 287
- Leitmittel, bloßes 170
- historischer Glaube als L. 167
- Lenksamkeit durch Grundsätze 69 n

Licht vs. Finsternis 72 n
Liebe 50 n
- lieb gewinnen, das Gute 12 n
- u. Beispiel 80
- bürgerliche 311
- Liebe einen jeden als dich selbst 242
- d. Gesetzes 220
- Gottes 81 n, 282
- Gottes zur Menschheit 176
- »Gott ist Liebe« 220
- vernünftige 51 n
- d. Mensch sucht etwas, das er lieben kann XII n
- vgl. Selbstliebe
List 294
Lohndienst 272
Lohnglauben 274
Loretto 264
Lossprechung 89 n, 169, 221 n
- u. Gerechtigkeit 102
Lüge und Eid 241 n
Lügner v. Anfang 45 n
Lust, Unlust u. Erkenntnis 166
lutherischer Glaube 154

Macht
- d. Triebfedern 71 n
- unsichtbare 271
- d. Vorstellungen 89
Mächte d. Bösen 115
magische Künste 122 n
- mag. Einfluß d. Glaubens 177
magnetische Kraft, Ursache d. 122 n
Majestät d. Gesetzes 11 n
Malabarküste 207 n
Mangel
- an Aufrichtigkeit 296 n
- eines Daseins in d. Zeit 86 n
- an Glauben 77

- unserer Gerechtigkeit 84
- d. moralischen Gesinnung 293
- d. Tat 176
- eines vereinigenden Prinzips 134
- d. Zutrauens 115
- mangelhafte Gesinnung 99 n
- Mangelhaftigkeit, beständige 86

Manichäism 156 n
männlicher vs. weiblicher Ursprung d. Bösen 110 n
Märtyrertum 289
maschinenmäßiger Gang d. Natur 30 n
Materialism d. Persönlichkeit 192 n
Materie vs. Form d. Willkür X n, 25
Maxime
- d. kontinuierlichen Annäherung an die Idee 229
- vs. Faktum 8
- d. Glaubens 173
- als Grund aller Maximen 6
- u. Handlung 6 ff.
- d. Heiligkeit 54
- d. Tuns vs. Maxime d. Wissens 173
- vs. Naturtrieb 7
- u. Regel 7
- u. allgemeine Regel 12
- d. Selbstliebe 51 n
- u. Tat 53
- u. Triebfeder 12
- u. Ursache 14
- beharrliche M. 53
- Bestimmtheit d. M. 9
- entgegengesetzte M. 7
- oberste Maxime d. Willkür 25

Maximen
- u. Gesinnung 95
- d. Vernunft 64 n
- kann man nicht beobachten 6
- d. theoretischen u. praktischen Vernunft 122 n
- besondere 6
- Einheit d. 35
- Grund aller 6
- innerer erster Grund 71
Maximum d. Bösen 18
mechanisch dienen 264
- mechanische Kirchenformen 277
Mekka 294 n, 301
Menge
- die 152, 277
- vs. Gemeinwesen 133
Mensch
- d. einzelne vs. Gemeinschaft 14, 129
- allgemein als Gattung 8 (s. a. Charakter) 8
- als Tiergattung 109 n
- als eigener Richter 104
- als Mensch betrachtet 148
- als Sinnenwesen 259 n
- Gott wohlgefälliger 73, 171
- Idee u. Erscheinung d. M.en 13 n
Menschen
- zur Freiheit geschaffen 292 n
- Verbindung d. M. untereinander 128
- als Werkzeug 226
Menschengeschlecht 133, 279
Menschenhaß 29, 285 n f.
Menschennatur, sinnliche 141
Menschenpflicht, allgemeine 74
Menschensohn 212 n
Menschheit 15, 212 n

Sachregister 349

- in moralischer Vollkommenheit 73
- überhaupt 281
- Anlage d. 17
- herrliches Bild d. 11 n
- Würde d. 283
Menschkinder 214
Menschlichkeit u. Beispiel 80
merkwürdige Antinomie 169 ff.
messianisches Reich Gottes 206 n
ministerium 237, 251
ministri 251
Mischung im moral. Urteil 39 n
Mißbrauch
- d. Glaubens 291
- d. Worte 67
Mißdeutung d. Gesetze 241
Mißfallen Gottes 96, 100 n
Mitbrüder im Kirchenwahn 265 n
Mithra 212 n
Mitleid 24
Mitteilbarkeit
- d. Religion 232
- u. Geheimnis 209
- Mitteilungsfähigkeit 157, 232
Mittel
- Def. 298
- und Zweck 250
Mitteldinge, moralische 5 ff., 9
Mittleres d. Extreme 39 n
Modifikationen derselben Kirche 185
Möglichkeit d. Offenbarung 198
Mohammedanism
- moh. Glaube 154
- u. Stolz 286 n
- moh. Paradiesvorstellung 160
Monarchie 144

Mönchsleben / -stand 195, 109 n, 264
Mongolen 156 n
Monotheismus 147
Moral
- u. Idee Gottes III
- u. Zwecke V ff.
Moralgesetz u. Ansehen 76
moralisch
- m.e Anlage 71 n
- m.e Asketik vs. Dogmatik 60
- m.e Besserung 87 f.
- m.es Gefühl 18, 165
- m.er Gerichtshof 99
- m.es Gesetz als Triebfeder 12, 18
- m. gesetzgebende Vernunft 76
- moralisch-gleichgültige Handlung 10 n
- m.e Mitteldinge 5 ff., 9
- m.e Natur d. Menschen 6
- m.es Reich Gottes 206 n
- m.e Unglauben 77
- m.er Weltherrscher, Idee d. 211
- m.es Werturteil 93
- moralischpassiv 285
Moralisten 177
Moralität
- als Gewohnheit 43
- als Heiligkeit 296
- und Innerliches 138
- u. Legalität 137 f.
moraliter bonus – bene moratus 23
Moralphilosophen, die alten 13 n
Mosaische Gesetzgebung 246
Mühe vs. Nutzen 258
Musaget 11 n
Muster u. Symbol 110 n
Mut 67 f., 88

– M., auf eigenen Füßen zu stehen 284
– u. Fröhlichkeit 11 n
– zur Tugend 202, 286 n
mysterium 210 n
Mystik u. Vorstellung 114
– mystischer Einfluß d. Glaubens 177
– mystische Schwärmerei 195
– mystischer Sinn 160

Nachfolge, Idee u. Beispiel 76, 77
Nachsagen unbegreiflicher Dinge 117
Nachsichtigkeit Gottes 213
Nachstrebung 74
Natur 282
– Natur-Begriff Def. als moralische Natur 6
– u. moralisch-gut 6
– von N. böse/gut Def. 7
– . Gnade 266 f., 296 ff.
– . Gattung 21
– N., Kunst, Tugend 11 n
– u. Laster 17
– N.- u. Vernunftgesetz 300
– rohe 128
Naturalisten 118 n
– Naturalist (in Glaubenssachen) 231 f.
– naturalistischer Unglauben 174
Naturanlage vs. Hang 27
Naturfehler 70
Naturforscher u. Wunder 121
– Unwissenheit u. Naturforschung 122 n
Naturgesetz
– Hoffnung auf neue N.e 123 n
– u. Schöpfung 215

– N.e u. sicherer Vernunftgebrauch 122 n
– vs. sittliches Gebot 10 n
natürlich
– natürlich-ehrlicher Mensch 313 f.
– n.e Neigungen 69
– n.es Unvermögen 274
Naturstand 28
Naturtrieb Def. 7
Naturursachen und Freiheit 7
Naturvollkommenheit IV n
Naturwunder 123 n
Naturzustand
– juridischer vs. ethischer 131
– ethischer 131
Navigatorinseln 28
Nebenbuhlerei 17
Neid 18, 128
Neigung 7
– Möglichkeit einer 20
– u. Hang 20 n
– u. Herrschaft über sich 20 n
– N., Instinkt u. Leidenschaft 20 n
Neigungen
– an sich betrachtet 69
– Anfechtungen d. 309 n
– Bewußtwerdung d. 68
– Disziplin d. 69 n
– feindselige 128
– vs. Grundsätze 69 n
Neith 213 n
neuer Mensch 54, 98
– n Mensch u. alte Schuld 97
Neuseeland 28
Nichtgute, das 9 n
Nichtstun 64 n
Nichtswürdiger V, 38
Norm d. Kirchenglaubens 166
Nötigung

Sachregister 351

- vs. Anmut 11 n
- durch Furcht u. Hoffnung 168
- durch Vernunft IX
- d. Volks durch Geistliche 290
Notwendigkeit, objektive 77
Nutzen
- von Geheimnissen 210 n
- d. Kirchenglaubens 182 n
- positiver u. negativer N. d. Spekulation 102

Oberhaupt als oberster Diener 142
oberste Maxime d. Willkür 25
Objekt d. Maxime 22
Odin 213 n
Offenbarung
- u. Erfahrung 167
- u. Gelehrsamkeit 247 ff.
- als Mittel 232
- u. Schrift 161
- u. Vernunftreligion XXI
- u. Zufälligkeit 167
- angebliche 160
- beständig geschehende 180
- kontinuierlich fortdauernde 234
- vermeintliche innere 267
Offenbarungsgesetz 290
Offenbarungsglaube 154 ff.
Offenherzigkeit vs. Aufrichtigkeit 295 n
Öffentlichkeit 238
- als notwendiger Bestandteil d. Gemeinwesens 226
- u. Beispiel 242
- d. ethischen Staates 181
- u. Geschichte 185, 191 n
- öffentl. Angelegenheit, Gemeinde-Gebet als 306 n
- öffentl. Beschuldung d. Tugendprinzipien 135

- öffentl. Denkfreiheit 166
- öffentl. Gesetzbuch 144
- öffentl. Gesetze d. ethischgemeinen Wesen 132
- öffentl. Gesetzgebung 137
- öffentl. Glaubensarten 301
- öffentl. Kritik vs. Zensur XIII
- öffentl. machthabende Autorität 131
- öffentl. Offenbarung 147
- öffentl. Religionsveränderungen 199 n
- öffentl. Rechtsgesetze 131
- öffentl. Veranstaltung 151
- öffentl. Vereinigung 152
- öffentl. Verpflichtung 149
- öffentl. Völkerrecht 30
- öffentl. werden 225 ff
- öffentl. Zusammenkunft 300
- Vernunftreligion als öffentl. Religionsglaube 227.
officiales 237, 251
officium liberum 272
officium mercenarium 272
officium sui generis 225
omnipraesentia phaenomenon 209 n
omnitudo collectiva 237
Opfer 264
Opium fürs Gewissen 105 n
opus operatum 286 n
Ordnung
- d. Natur u. Wunder 120
- d. Triebfedern 23
- moralische 250
- natürliche 71 n
- neue O. d. Dinge 180
- sittliche 23, 56
- sittliche O. d. Triebfedern 34
- übersinnliche O. d. Dinge 178 n

Organisation vs. Konstitution d.
  Gemeinwesens 227, 277
Orient – Okzident 196
Orthodoxe 118 n, 156

paccatum originarium 25
Pädagogen 4
Palästina 264
Papst / Papsttum 144, 196
Paraklet 93
Parerga 63 n
Parias 206 n
Parsis 206 n
parteiloses Urteil IX
passiv
– p.r Gehorsam 146
– p.e innere Erleuchtung 115
– moralischpassiv 285
Patriarch 144
peccatum in potentia 42
peccatum derivativum 25
Persönlichkeit 15, 15 n ff.
– d. Idee 99
– Anlage d. 18
– Materialism d. 192 n
perversitas 23
Pfaffentum 269 ff. (IV § 3), 276
– u. Staat 196
– u. Wissenschaft 196
– u. Gnadenmittel 311
Pflichtbegriff IV n
– u. Anmut / Würde 11 n
– = Idee eines moralischen
  Gesetzgebers X n
Pflicht
– von eigener Art 135
– vs. Bewunderung 56 f
– P., ein Gemeinwesen zu gründen als officium sui generis
– u. Gnade 174
– gegen die Menschheit 135

– als Privatpflicht 225
– allgemeine Menschen-
  pflicht 74, 210 n
– bedingterweise IV n
– besondere 238
– eine besondere Regel 242
– heilige 266
– Kindespflicht 282
– schuldige 282
– Staatsbürgerpflicht und ethische 133
– unbedingte 288
Pflichten
– allgemeine Regel d. 242
– Beziehungspunkt d. VIII
– bürgerliche 278
– ethischbürgerliche 230 n
– gewisse 231 n
– als Gebote Gottes 302
– Kirchenpflichten 240
– gegen Menschen 146
– unmittelbar auf Gott bezogene 230 n
– wahre 138
– in d. Welt XI n
– Zahl d. VIII
Pflichtbeobachtung u. Gottesidee III
Pflichtbestimmung 11 n, 282
Pflichterkenntnis 229
– u. Gottesidee III
pflichtmäßig vs. aus Pflicht 22
Pforte d. Freiheit 113
Pharisäer 213 n
Philosophen 4, 71
Philosophie
– Eigentum d. XVIII
– eine d. Kirche dienstbare 179
– phil. gemeines Wesen 118 n
– phil. Religionslehre XIX
– phil. Theologie XV

Sachregister

Phrase, Wunder als Phrase 121
Phta 213 n
physisch
– ph.er Mensch 98
– ph.er Zustand 86
Pietismus 286 n
Politik u. Religionsfreiheit 201 n
– politisch vs. ethisch 132
– politische Idee d. Staatsrechts 182 n
– politische Macht u. Religion 133
Polytheism 159, 189
populäre Vorstellungsart 114
Postulat d. Gewissens 288
Prädeterminismus 58 n f.
Prädisposition u. Hang 20
praktisch
– vs. dogmatisch 89
– benutzen vs. theoretisch erkennen 64 n
– prakt.e Vernunft u. Wunderglauben 122 n
– prakt.er Satz, objektiv u. subjektivpraktischer XI n
– prakt.er Gebrauch moralischer Begriffe 102
Prälat 144, 270
pravitas 23
Predigt XXVI
Preis d. Tugend 38
Priester 139, 177
– u. Geistliche 152
– Priesterreligion, älteste aller Dichtungen 3
Prinzip
– d. äußeren Rechts 137
– d. guten Lebenswandels 174
– u. Idee 73
– d. reinen Vernunftreligion 180

– d. Selbstliebe 50 n
– allgemeines moralisches 68
– Herrschaft d. guten 225 ff.
– konstitutiv vs. regulativ 92 n
– oberstes P. d. Schriftauslegung 161
– oberstes verbindendes 277
– positives 70
– praktisches regulatives 182 n
Prinzipien
– d. Sittlichkeit 277
– fehlerhaft genommene 278
Privatangelegenheit, moralische 141
Privatgebet 299, 306 n
Probabilismus 288
Problematisches Annehmen 230
propensio 20
Proselyten 206 n
Protestantismus 251, 292
– prot. vs. katholisch 156
Prüfung d. Gesinnung 100 n

Quelle
– drei Quellen d. Bösen 26

Rache 158 n
– als süßes Gefühl 241
radikal (radix – gewurzelt) 27
– rad.e Verkehrtheit im Herzen 36
– s. radikal Böse
Rationalist, reiner 231 f.
Raum – Analogie zur Gottesvorstellung 210 n
Rausch 20 n
Realität
– objektive u. praktische XIII n
– objektive R. d. Idee 76
reatus 37
Rebellion vs. das Böse 33

Recht = das Heilige, was in d.
   Welt ist 240 n
– Prinzip d. äußeren Rechts 137
Rechtfertigung
– Idee einer 101
– u. Kultus 267
– Mittel d. 262
– sich gerechtfertigt glauben 100 n
Rechtgläubigkeit 195
Rechtsanspruch u. Gnade 101
Rechtspflichten – Religionspflichten XIII
reflektierender Glaube 63 n
Reflektion u. Wissen 63 n
Reform vs. Revolution 54, 180
Regel
– u. Maxime 12
– d. Willkür 7
– vs. Neigung 7
Regenten
– (weltbürgerliche) sind Laien 164, 250
– Regentenpflicht u. Fortschritt 200
– Gott als Regent 211
Regierung u. öffentliche Religionslehren 118
regnum divinum partium 206 n
Reich
– d. Finsternis 108
– Gottes in uns 299
– d. Lichts vs. Finsternis 72 n
– d. Natur vs. d. Freiheit 112
– d. Tugend 130
– Bürger im R. Gottes 309
– zwei R.e 73 n
rein
– aus Pflicht 22
– reinste moralische Gesinnung 99 n

– Reinigkeit d. Anlage 59
– Reinigkeit d. Gesinnung 99
Reiz vs. Scheu vs. Ehrfurcht 11 n
religio 281
Religion
– ist das Erkenntnis aller unsere Pflichten als göttlicher Gebote 229 f.
– allgemeine 230 n
– allgemeine Menschenreligion 233
– Begriff d. R. u. Vernunft 234
– diese oder jene 154
– geoffenbarte 231
– gottesdienstliche vs. rein moralische 147, 151
– in aller Menschen Herzen geschriebene 239
– innere 295 n
– moralische 62
– natürliche vs. gelehrte 231, 232 f.
– Quelle d. 234
– als Dienst 225 ff.
– auf Erden 183
– u. Freiheit 295
– vs. Glaubensarten 154
– d. Gunstbewerbung 61
– d. guten Lebenswandels 61
– d. guten Lebenswandels 269
– vs. Inbegriff besonderer Pflichten 230 n
– vs. Kirche 277
– u. Kultus XXIII
– vs. Pfaffentum 225 ff.
– u. Staat 181
– in uns vs. außer uns 255
– reine Vernunftreligion 228
– und Vernunft 268
– Religionsgesetze 226
– Tauglichkeit einer 233

– vollständige 245
– wesentlicher Charakter d. 233
– Zoroasters 212 n
Religionen, Verschiedenheit d.
  Religionen 183 n
Religionsbegriff u. Tugend-
  begriff 283
Religionsbekenntnis, unredli-
  ches 292
Religionsedikt* s. Einleitung
Religionsfreiheit u. Staat 200
Religionsglaube
– vs. Geschichtsglaube 281
– reiner 145, 280
– seligmachender 278
Religionsideen, unlautere 61
Religionskriege 196
Religionsstreitereien 155, 164,
  182 n, 195
Religionswahn 256 n, 260
– schwärmerischer 268
Reparation 90 n
Repräsentant d. Menschheit 99
Republik
– unter Tugendgesetzen 136
– freier verbündeter Völker 30 n
Reue, späte 89 n
Revolution
– u. Reform 54, 180
– äußere 180
– neue, jederzeit gefährliche 180
– öffentliche 110 n
– politische 153
– im Menschengeschlecht 79
Rezeptivität (Sinnlichkeit) 26
Richter
– u. Gewissen 103
– Gott als 169 211, 231 n
– gütiger 222 n
– Ketzerrichter 288
– Menschen als 132, 231 n

– im Menschen 104
– durchs Recht 106
– Richterspruch Gottes 96
– Richterurteil u. Wunder-
  glaube 121
– richtendes Gewissen 89
– richtende Vernunft 39 n
Richtmaß d. Lebenswandels 175
Rigorist 9
rohe Menschen 20 n
Rotte vs. Volk 140
Rubikon 156
Rückfall ins Böse 88, 129, 284
Rührung 306 n
Ruttren 4

salto mortale d. Vernunft 178
Satanslist u. Betrug 115
Satzungen verschiedener Völ-
  ker 185
Schadenfreude 18
Scham u. Sinnenlust 109 n
Schaman 270
Schein von Tugend 29
Scheindienst 278
Schema 198, 299
– u. Beispiel 82 n
– u. Schema d. Begriffs 82 n
– vs. Schluß 82 n
– Sch., Vorstellung, Ideal 133
Schemata d. vier Pflichtbeobach-
  tungen 299
– Privatgebet 299
– Kirchengehen 300
– Taufe 300
– Kommunion 300
Schematism d. Analogie 82 n
– Sch. d. Objektbestimmung
  82 n
Scheu vs. Ehrfurcht 11 n
Schicksal, künftiges 89

Schleichwege im Glauben 300
Schluß vs. Schema 82 n
Schmeichelei 284
Schmerz d. Überwindung d.
  Bösen 98
Schönes u. Erhabenes 11 n
Schöpfer 211, 215
Schranken
– unserer Natur 46
– d. Vernunft 64 n, 122
– d. Vernunfteinsicht 90
– menschlicher Einsicht 232 f.
Schrift
– u. Tradition 152
– u. Offenbarung 161
– u. Vernunft XXIII
Schriftausleger 153
Schriftauslegung 115, 158 ff., 235, 278
– durch Gelehrsamkeit 241
– vs. Nutzen d. Schrift 47 n
– oberstes Prinzip d. 161
– durch Vernunftreligion 241
Schriftgelehrsamkeit 163
– u. Klerus 277
– u. Vernunftreligion 164 ff.
Schriftgelehrter 162
Schriftlichkeit u. Ansehen 162, 198
Schriftsinn 115
Schuld 72, 75, 169
– angeborene 37
– unvorsätzlich u. vorsätzliche 37
Schulden, neue 94
Schwäche 71 n
– d. Herzens 21, 259
– menschlicher Natur 145
Schwärmerei 64 n, 115, 143, 165, 267, 286 n
– finsterste 87

– mystische 195
– d. ewigen Friedens 31
– schwärmerische Einbildung 313
– schwärmerischer Wahn 302
Schwere, Ursache d. 122 n
secreta 210 n
Seele u. Tiere 97 n
Seelenerhebendes 283
Seelenhirten 142
Sehnsucht, durch bloße S. gelockt 170
sein u. werden 86 n
Sekten, Gegeneinanderstellung d. Sekten 269 n
– Sektenbildung 183 n
– Sektenspaltung 143
– Sektierertum 144
Selbstbeobachtung 78
– Grenzen d. 6
– u. Täuschung 87
Selbstbesserung 61
Selbstbetrug 37, 310
Selbstbeurteilung*, Grenzen d. 61
Selbsterhaltungstrieb* 16
Selbsterkenntnis
– u. Gewissen 103
– empirische 101
Selbstliebe 24 33 50 170
– als Prinzip 50 n
– u. Vernunft 50 n
– u. Wohlgebehagen IV n
– d. Wohlwollens vs. d. Wohlgefallens 50 n
– mechanische 16
– physische 16
– vernünftige vs. moralische 51 n
– vergleichende 17
Selbstpeinigung 12 n, 104

Sachregister

- unnütze 258
Selbsttäuschung 267, 298
- S. – Täuschung anderer 38
- erkünstelte 311
Selbstverachtung 286 n
- u. Demut 286 n
selig u. wohlgefällig 76
Seligkeit, Bedingung d. 293
Seligmachung 172
- seligmachender Glaube 168
Seltenheit d. Wunder 123 n
sensibele Tat 26
Siba (Sheeva) 4
Sicherheit, moralische 294
Sicherheitsmaxime 293
Sicherheitsprinzip d. Herkunft 199 n
Siewa (Sheeva) 212 n
Sinn, moralischer vs. buchstäblicher 159 n
Sinnenlust u Böses 109 n
Sinnenwelt 72
- u. Tat 99 n
Sinnenwesen
- empirischer Charakter d. Menschen 98
- vs. intelligibeles 99
Sinnesänderung 85, Def. 98, 305 n
- als Aktus 100 n
- Zustand vor, in u. nach d. 96
Sinnesart u. Denkungsart 54
Sinnlich vs. intellektuell 259 n
sinnliche Darstellung
- u. Bilderverbot 309
- d. Gemeinschaft 308
- sinnl. Vorstellungsart 192 n
sinnliche Menschennatur 141
Sinnliches – Übersinnliches 82 n
Sinnlichkeit (Rezeptivität) 26

- oft beschuldigte 115
- vs. Böses 31
- Triebfedern d. 71 n
- u. Vernunft 11 n, 32, 71 n
Sittenänderung 53
Sittengesetz 139 n
Sittenlehre u. Adiaphora 9
Sittenlosigkeit, innere 135
sittlich gut vs. gesittet 23
- sittlich-böse u. Sünde 95
- sittliches Gebot vs. Naturgesetz 10 n
- Sittlich-Gut 71 n
- sittliche Ordnung 56
Sittlichkeit
- Prinzipien d. 277
- als Kausalität in d. Welt XIII n
Siwen (Sheeva) 4
Sklavensinn u. Freiheitslehren 108
sklavische Gemütstimmung 11 n
Sohn
- heiliger 144
- vs. Ding 73
- Isaak* s. Abraham
Sohn Gottes 74
- Gesinnung d. 98
- Reinigkeit d. S. G. 99
- Stellvertreter, Erlöser u. Statthalter 99
- als Urbild 174
sollen – können 50, 58 n, 60, 76
- (Gebot – Tunlichkeit) 54
Sophisterei 123 n
Spekulation, positiver u negativer Nutzen d. 102
- spekulative Frage 102
Sphären XXII f.
Spiel, frommes Spielwerk 265
Spiritualismus 192 n

Spontaneität, absolute 12
- vs. Zufälligkeit 59 n
Sprachen 252
- aller Völker XVI
- tote 162
- Verschiedenheit d. Sprachen 183 n
Sprung Schema – Schema d. Begriffs 83 n
spuria 286 n
Staat
- u. Kirche XIV f., 118, 164, 270, 278
- u. ethischer Zweck 132
- St., Haus u. Kirche 292 n
- u. Moral 177
- u. Pfaffentum 196
- u. Religion 181
- u. Religionsfreiheit 200
- und unmoralische Gesetze 139 n
- ethischer u. politischer 130
- göttlicher 309
Staaten 134
- schädliches Zusammenschmelzen d. 183 n
- Verhältnis d. 30
Staatsbürgerpflicht u. ethische Pflicht 133
Staatsrevolutionen 153
Stand d. Erniedrigung 74
Stand d. Unschuld 42, 43
Stärke d. Gesinnung 93
Statthalter Gottes 196
status belli 135 n
Statuten 255
- Formen und Observanzen betreffende 238
- Statute d. ethischen gemeinen Wesens 138
- statutarische Gesetze 139

stellvertretende Genugtuung 172 ff.
stellvertretender Sühnetod 99
Sterbesakramente* 89 n ff., 105 n
Stifter
- d. reinen Kirche 276 n
- d. Religion (vs. Lehrer) 239
Stiftung 276
- d. Gemeinde 254
- einer Kirche 226 f., 254
Stoiker 67, 68-71
Stolz 286 n
- d. Wissenschaften XV
Strafe
- Höllenstrafen 89 n
- als St. empfinden 100 n
- u. neuer Mensch 98
- u. Übel 97 n
- unendliche 95
Straflosigkeit 89 n
Streit
- vs. Kampf 70
- zweier Glaubensprinzipien 177
- d. Fakultäten XIV ff.
- streitende Kirche 168
- Streitigkeiten in Glaubenssachen 280
Strenge u. Gewissen 91 n, 104
Subjektives Prinzip d. guten Lebenswandels 271
Sublimierung 270
Sünde
- Def. 95
- in Gedanken 240
- u. Glaube 24
- Sünder 39
Sündenfall 41 n
- Vorstellungsart d. Schrift 43-45
Sündenschuld 95

Sachregister

Supernaturalist 232 f.
Symbol 205, 214, 294
- u. Anthropomorphismus 215
- u. Auslegung 159 n
- u. Geheimnis 219
- praktischer Nutzen 110 n
- willkürliche S.e 144
- d. Volksglaubens 161
symbolische Darstellung 270
symbolische Vorstellung 160, 202, 262
Synkretisten 9
synthetische empirische Sätze XI n
- synthetischer Satz apriori IX n
System
- aller Handlungen 272
- historisches vs. Vernunftsystem XXII
- wohlgesinnter Menschen 136

Tapferkeit 67
Tat
- u. Anlage 48
- u. Erscheinung 85
- u. das Ganze 99 n
- u. Gesinnung 85
- u. Hang 26
- u. Maxime 53
- u. Sinnenwelt 99 n
- intelligibele vs. sensible 26, 39 n
- sensibel / empirisch 26
Taufe 300, 310
Täuschung
- vorsätzliche 260
- anderer u. Selbsttäuschung 38
- u. Selbstbeobachtung 87
Teleologie' als Natureigenschaft X ff. n

Tempel
- u. Kirchen 152
- Gottes u. neuer Mensch 309 n
- Tempeldienst 270
Temperament d. Tugend 11 n
Teufel 107 f., 107 n
- teuflische Laster 18
- teuflisches Wesen 32
Thaumaturgie 64 n
Theben 309 n
Theodizee 97 n
Theokratie 139
- jüdische 108
Theologie – biblische u. philosophische XIII f., XV
- Theologie u. Wissenschaft XIV f.
theoretisch erkennen vs. praktisch benutzen 64 n
- theoretische Einsicht 172
Theorie vs. Geschäfte 118
Thor 213 n
Tibet, Gebetsformeln, Gebetsfahnen, Gebetsrad 265
- Tibetanischer Glaube 156 n
Tiere, vernunftlose 97 n
- tierisches Wesen 32
Tierheit 15, 16 f.
Tilgung d. Schuld 170
Titel XXI f.
Tod, d. moralische Tode d. Vernunft 268
Todesurteil für Ketzer 289
Tofoa 28
Torheit 70
- vs. Bosheit 68
Tradition u. Schrift 147, 152, 234
Trägheit 298
Träumerein, schöne 160
Treue im Bekenntnis 296 n
Trieb zum Geschlecht 20 n

Triebfeder
- u. Achtung 19
- u. Idee 77
- zur Kultur 18
- u. Maxime 12
- u. Neigungen 16 n
- Tr.n d. Sinnlichkeit vs. d. Vernunft 71 n
- Tr.n d. Sittlichkeit 244
- Tr., Vernunftgesetz u. Sinnenantrieb 33 f.
- Tr.n, Vermischung d. 21
- entgegengesetzte Tr.n 12
- für sich hinreichende 18
- moralisches Gesetz als 12
triumphierende Kirche 168, 203
Trost 89 n, 102, 262
Tröster 92
- am Sterbebett 105 n
Trostlosigkeit 93
Tücke d. Herzens 37
Tugend 67, 243, 295 n
- Def. als Fertigkeit XXV, 53
- Def. fest gegründete Gesinnung 11 n
- Gesetze d. 296
- u. Gewohnheit 53
- u. Gnade 314
- als Mut zur Tugend 286 n
- vs. Tugenden 13 n
- als Vereinigungspunkt 129
Tugendbegriff u. Religionsbegriff 283
Tugendgesetze 131
- und Heiligkeit 242
Tugendlehre 281, 283
u. Gottseligkeitslehre 282
Tugendschein 29
Tugendwahn 266
Tun
- vs. Wünschen 62

- u. Wissen 173

Übel
- d. Lebens 98
- u. Strafe 97 n
Überlegenheit anderen gegenüber 17
Überlieferung, Entbehrlichkeit d. 179
übermenschlich 80
Übernatürliches 63 n, 263, 274, 296 ff.
- u. Vernunftgebrauch 64 n
- übernat. Handlungen 273
- übernat. Offenbarung u. Wunder 117
Überredung, Fetischglaube als Ü. 300
Überschuß d. Guten 100
Überschwenglichkeit 95
- überschwengliche Ideen 63 n
Übersetzungen 163
Übersinnliches
- Begriffe d. Übersinnlichen 92 n
- Übersinnliches erkennen 145
- Übersinnliches – Sinnliches 82 n
- übersinnlich 259 n, 267
- übersinnliche Wirkung u. Zaubern 273
- übersinnliche Ordnung d. Dinge 178 n
- Gefühle übersinnlichen Ursprungs 87
Übertretung d. göttlichen Gebotes 95
Überzeugend für jedermann 276
Überzeugung u. Offenbarung 294

Sachregister

– innere 279
Übung d. Gesinnung 100 n
Uhrmacher (Gottesanalogie) 82 n
Umkehrung d. Triebfedern 34
Unabhängigkeit unserer Willkür 16 n
unbedingter Glaube 249
unbegreiflich 71 n
Unbegreiflichkeit
– unbegreifliche Ergänzung 210
– d. Bösartigkeit 47
d. Anlage zum Guten 58
– d. Herzensänderung 60 f.
Undankbarkeit 18
Unendlichkeit Gottes 95
Unerforschlichkeit d. eigenen Herzens 7 n, 61
Unergründliches 71 n, 72
Ungelehrte 163, 176
– (Laien) 249 f.
Unglauben 289, 295
– naturalistischer 174
– moralischer 77
– Ungläubige 155, 263, 289
Ungleichartigkeit d. Grundsätze 73 n
Universalhistorie 183
Universalmonarchie 30 n, 183 n
universitas vel omnitudo distributiva 237
Universität XIV f.
unlautere Religionsideen 61
Unlauterkeit 22, 36, 53, 298
unmoralische Gesetze 139 n
Unrecht und Genugtuung 240
Unrechtsbewußtsein 287, 289
Unredlichkeit
– d. Auslegung 161
– im Bekenntnis 292

– sich blauen Dunst vorzumachen 38
– im Glauben 293
Unschuld
– Stand d. 42, 43
– natürliche 60
Unsicherheit im Urteil 294
Unsichtbares 299
– unsichtbare Macht 271
Unsterblichkeit 236
Untauglichkeit zum Beispiel 81
unter Menschen sein 128
Untergang d. Staates 153
Unterlassung 70
Unterordnung d. Triebfedern 34
Untertan
– u. Bürger 299
– zweier Reiche 73 n
– Untertanentreue 278
Unterwerfung 284
– gehorsame 277
Unterwürfigkeit 146, 272
Unvermögen
– natürliches 274
– zum Guten 284
– moralisches 63 n
– d. Erkenntnis 145
Unvorsichtigkeit vs. Bosheit 68
Unwahrhaftigkeit im Glauben 291
Unwissender 279
Unwissenheit d. Naturforscher 122 n
unwürdig 68, 76, 80
Urbild
– U. / Ideal vs. Idee vs. Beispiel 78
– u. Beispiel 99 n, 175, 192
in d. Erscheinung 174
– u. Exempel 174
– u. Ideal 74

- u. Idee 220
- d. Menschheit 192
- d. sittlichen Gesinnung 74
- in d. Vernunft vs. Beispiel in d. Erfahrung 79

Ursache
- d. Bösen vs. Unterlassung 70
- u. Maxime 14
- einer Ursache 39

Ursprung
- Def. 39
- Vernunft- vs. Zeitursprung 40 ff.
- willkürlicher 239
- d. Bösen 39 ff.
- ursprüngliche vs. zufällige Anlagen 19
- ursprünglicher Gebrauch d. Willkür 42

Urteil
- parteiloses IX
- d. künftigen Richters 103
- über Pflicht 272

Urteilen 288
Urteilskraft 288
- Verstimmung d. 38

Urteilsspruch aus Gnade 101

Vater 269 n
- gesetzgebender moralischer 144
- Gott als 220
- Vater – Sohn – Geist 220

»Vater unser« 303 n

Vehikel
- Kirchenglauben als 181 n
- d. Introduktion 153
- d. Religion 173

Venus 11 n
Veränderungen d. Kirchenglaubens 255

Veranschaulichung d. Idee für Kinder 308
Verantwortung 101
Verbindlichkeit
- allgemeine 281
- unbedingte 280
- transmissible 95
- Vorstellungsart d. 10 n

Verbrechen, das einzelne 95
Verdammung 221 n, 294 n
Verdammungsurteil 39 n, 101
verderben, sich wechselseitig v. 128
Verderbnis d. Vernunft 31
Verderbtheit 23, 115

Verdienst
- Glaube an ein 172
- d. Glücks 37
- aus Gnade 101

Veredelung 284
Verehrung 146, 245
- moralische 281
- wahre 149
- vs. Befolgung 312
- Gottes 256
- unsicherbarer Wesen 269

Vereinigung aller Menschen 307 n
Vereinigungsprinzip d. Gemeinwesens 130
Vereinigungspunkt für alle 129

Verfall
- ins Böse 3, 49
- d. Sitten 177

Verfälschung von Glaubenssätzen 247
Verfeinerung durch Vernunft als Betrug 244
Verführer 72
verführerischer Geist 48
Verführung ins Böse 48

Sachregister

Vergegenwärtigung Gottes 307 n
Vergleich d. Menschen untereinander 128
Vergütung d. Bösen 85 n
Verhältnis Gott – Mensch 262, 312
Verkehrtheit 23, 115
– vs. Bosheit 36
– radikale 36
Vermischung d. Triebfedern 21, 51 n
Vermögen d. Vernunft 71 n
Vernunftideen vs Offenbarungen 267
Vernachlässigung d. Gottesdienstes 177
Vernunft
– für sich praktische 19
– praktische, aber dienstbare 19
– subjektiv-praktische 288
– theoretischer u. praktischer Gebrauch d. 301
– Bedürfnis d. 211
– Bestechlichkeit d. 104
– boshafte 32
– d. moralische Tod d. 268
– genötigt durch IX
– gesetzgebende 19
– Grenzen d. 63 n
– Schranken d. 64 n, 90, 122
– Idee d. 13 n, 135
– Lähmung d. 120
– Maximen d. 64 n
– moralisch richtende 39 n
– moralischgesetzgebende 129
– passive 265 n
– Reife zur 292 n
– *salto mortale* d. 178
– Triebfedern d. 71 n
– Verderbnis d. 31

– verdrossene 61
– Stärke d. 70
– u. Sinnlichkeit 71 n
– V., Herz und Gewissen 219
– vs. Fakta 145
– vs. Offenbarung 147 ff., 293
– als Analogon d. Natur 296
– u. bezauberte Welt 123 n
– u. Einfalt 280
– u. Herz 116
– u. Klerus 277
– u. Religionsbegriff 234
– u. Schrift XXIII
– u. Sinnlichkeit 11 n
Vernunft- u. Naturgesetz 300
Vernunftbedürfnis 147, 211
Vernunftbegriff
– Religion als 234
– reiner praktischer 236
– vs. Faktum 238
Vernünfteln 45, 199 n, 217, 283
– vs. Achtung 153
– Vernünftelei 93 n, 118 n
Vernunftgebrauch
– u. Wunderglaube 121
– Entwicklung d. 46
– u. Übernatürliches 64 n
Vernunftglaube
– bloßer 145
– praktischer u. moralischer 248
Vernunftidee
– und Ausführung 150
– als Triebfeder 174
– u. Urbild 174
vernünftiges Wesen 15
– andere mögliche 8
– vernünftige Weltwesen 73
Vernünftler 279
Vernunftliebe 51 n
Vernunftrecht 94

Vernunftreligion
- objektive Einheit d. 182 n
- u. Schriftgelehrsamkeit 164 ff.

Vernunftsinn d. Vorstellung 114

Vernunfturprung vs. Zeiturprung 40 ff.

Vernunftverwandte Lehren 235

Vernunftvorstellung vs. empirischer Grund 40

Versäumtes nachholen 92 n

Verschiedenheit
- d. Glaubensarten 154, 182 n
- d. Kirchglaubens 167 ff.

Versinnlichung 279
- als Repräsentation 299
- u. Analogie 82 n
- d. Reichs Gottes 269 n

Versöhnungslehre 284
- Versöhnung mit Gott 169

Verstandeserleuchtung 64 n

Verstandeswelt 225
- als Herrschaft d. guten Prinzips 225

Verstehen u. Glauben 218 n

Versuche einer Kirche 150

Versuchung 48
- zum Bösen 80
- u. Leiden 76
- d. Selbstbetrugs 38
- u. Preis d. Tugend 39

Vertrauen 87
- Bewußtsein d. 76
- faules 243, 301

Vertraulichkeit
- u. Reiz 11 n
- zu Gott 313

Verwerfung, ewige 89 n, 263

verwilderte Einbildungskraft 121

Verzweiflung, wilde 94

Vielgötterei 286 n

virtus phaenomenon XXV, 53
virtus noumenon XXV, 54
vitiositas 23

Volk
- vs. Rotte 140
- auserwähltes 188
- moralisches 141
- V. Gottes 137 ff., 139

Völker
- Glaubensarten d. 285 n
- roheste 188
- Temperamentseigenschaften (Mentalität) 285 n f.
- verschiedene Satzungen d. 185

Völkerbund 30 n, 31

Völkerrecht 134
- allgemeines u. machthabendes 182 n

Völkerzustand, äußerer 29

Volksglauben 160

Völlerei 17

Vollkommenheit IV n, 88
- moralische 136

Vorbild u. Ideal 84

Vorgeben göttlicher Autorität 150

Vorherbeschließen 178 n

Vorhersehen 178 n

Vorsatz
- fester 12 n
- u. Schuld 37
- u. Maxime 260

Vorspiegelung d. Nutzens 278

Vorstellung
- bildliche 72 n
- u. Einfluß 113
- auf menschliche Weise 81 n
- d. moralischen Lebenswandels 75
- u. Mystik 114

Sachregister 365

– u. Probierstein 76
– V., Schema, Ideal 133
– schauderhafte 73
– seelenerhebende 245
– als Triebfeder 89
Vorstellungen, mächtige 89
Vorstellungsart 81 n
– populäre 114
– d. Verbindlichkeit 10 n
– d. unbefleckten Empfängnis* 109 n
Vorstellungsvermögen u. Idee 259
Vorurteile 197
Vorwand
– d. Gebrechlichkeit 104
– d. Unvermögens 61
Vorwürfe d. Gewissens 105 n

Wahn
– Def. 256 n
– W., Wunder zu tun 298
– d. Eigendünkels 266
– gottesdienstlicher Pflicht 182 n
– zu zaubern 273
– in d. Taufe 310
– d. Himmelsgünstlings 313
– Adeptenwahn 64
– abergläubischer 267, 302
– Kirchenwahn 265 n
– schwärmerischer 268, 286 n, 302
– Tugendwahn 266
– überschleichender 299
Wahnglauben 301
Wahnsinn 256 n
– u. Betender 303 n
– d. Schwärmerei 143
Wahrhaftigkeit 240
– aus Ängstlichkeit 35

Wahrheit im Geglaubten 291
Wahrnehmung u. Gesinnung 93
Wallfahrt
– nach Mekka 301
– nach Loretto, Palestina 264
Was kann ich wissen?
– s. Grenzen / Schranken d. Vernunft
Was soll ich tun?
– »was wir tun müssen« 63, 200
– »was wir tun sollen« 172, 227
Was darf ich hoffen? 244
– »was Gott tut« 63, 199, 210 n, 227
– »was Gott unseretwegen getan hat« 172
– »was aus dem Rechthandeln herauskomme« VII
Was ist d. Mensch?
– s. anthropologische Nachforschung
Waschgebot 301
Wechselliebe 18
weiblicher vs. männlicher Ursprung d. Bösen 110 n
Weisheit 68, 70
– gebrechliche W. d. menschlichen Willens 312
– höhere 141
– menschliche 93 n
– d. Schöpfung 307
Weissagung 202
weitere u. engere Pforte / Sphäre XXII
Welt
– künftige 243
– u. Gott 73
Weltanfang 47
Weltbeste 75, 201, 266
weltbürgerliche moralische Gemeinschaft 311

Welterhalter Wischnu 4
Weltherrscher 284
− moralischer 139
− Wille d. 180
Weltregierung u. Religion 202
− in Analogien 212 n
Weltreligion 237
− allgemeine 255
Weltrepublik 31
Weltrichter 211 n, 245
Weltschöpfer Brahma 4
Weltschöpfung, Endzweck d. IX
Weltuntergang 4
Weltweise 279
− griechische 108
Weltwesen 146
− vernünftige XI n, 73, 192 n
− das allervernünftigste 16 n
− abhängiges 75
Weltzerstörer Siwen 4
Werden
− u. Sein 86 n
− kontinuierliches 99 n
Werkzeuge d. Bösen 134
Wert, moralischer 146
Werturteil, moralische 93
Wesen göttlicher Abkunft 148
− höheres moralisches heiligstes allvermögendes VII
Wesentliches aller Religionen 158
Wetteifer 18
Widerstrebung vs. Gleichgültigkeit 10 n
Widerstreit d. Maximen 176
»wie wirken« u. »wohin wirken« VI
»wie Gott verehrt sein wolle« 147 ff.
Wiedergeburt u. Herzensänderung 54

wild
− w.e Gesetzlosigkeit 17
− w.e Verzweiflung 94
Wilde 28 n
Wille
− heiliger 80
− göttlicher 289
− göttlicher gesetzgebender 147
− guter 295
− guter u. böser 36
− schlechthin böser 32
− unbedingt gehorchender IV n
− zum Bösen 69 n
− d. Weltherrschers 180
− Gottes u. eigene Vernunft 147
− W., daß eine Welt überhaupt existiere IX
− unsichtbarer Wesen 271
Willensbestimmung u. Zweckvorstellung VI ff.
Willkür 172, 259 n
− Bestimmungsgrund d. IV, 77
− böse 10 n
− freie 11, 21, 71
− Objekt d. 25
− Spontaneität d. 12
− subjektiver Bestimmungsgrund d. 25
− ursprünglicher Gebrauch d. 42
− d. Ausleger 198
− u. Moralgesetz 18
− d. Menschen 6
− menschlicher Gesetzgeber 138 n
− u. Vorstellung 16 n
willkürliche Vorschriften 151
Wirkung auf Gott 303 n
Wischnu 4, 212 n
Wissen
− allsehendes 178 n

Sachregister

- assertorisches 230 n
- vermeintes 93 n
- u. Tun 173
- u. Gewißheit 290 ff.
- u. Reflektion 63 n

Wissenschaft
- u. Geheimnis XIX
- u. Theologie XIV f.
- historische 253

Wohldenkende 272

Wohlgefallen 73, 99 n, 200, 220, 298
 am Gesetz (Kindespflicht) 282
- Gottes 54, 96, 169, 214
- u. Schuld 101
- göttliches 256, 303
- moralisches 245

Wohlgesinnte 141

Wohltätige Folgen d. Tugend 11 n

Wohltätigkeit 245

Wohlwollen Gottes 214

wollen – können III

Wollen – Befolgung 22

Wollust 17

Worte, bloße 90 n

Wunder 64 n, 77 f., (2. Allg. Anm) 116 ff., 246
- theistische, dämonische, englische (agathodämonische), teuflische (kakodämonische) 119
- alte u. neue 118
- u. Geschichtsglaube 193
- in uns wahrnehmen 298
- d. Offenbarung 247

Wunderglaube, theoretischer 122

Wundertäter 119

Wunsch

- bloßer 62
- erklärter 302
- gemeinschaftlicher 307 n
- tatenlose W. 312
- nach Glück 89
- aller Wohlgesinnten 141

Würde
- als moralisches Prinzip 68 n
- d. Menschheit 283
- u. Pflichtbegriff 11 n
- einer Lehre 239

Würdigkeit 203, 211, 220 n, 274
- Def. moralische Empfänglichkeit 168
- W., glücklich zu sein 52 n

Wurzel d. Denkungsart 23

Zänkereien u. Religionskriege 155

Zaubern 273, 274

Zauberworte 240 n

Zeit 178 n
- Dasein in d. 86 n

Zeitabschnitte vs. Zeiteinheit 92 n

Zeitbedingtheit 166

Zeitbedingungen 85

Zeitursprung vs. Vernunftursprung 40 ff.

Zendavesta 206 n

Zensur XIII, 200, 278
- geistliche XIV f.
- u. Zerstörung d. Wissenschaften XIV f.

Zerrüttung d. Staates 153

Zersplitterung d. Staaten 183 n

Zeugung, natürliche u. übernatürliche 110 n

Zigeuner 206 n

Zirkel IV n, 51 n, 70

Zivilisierung 4

– Laster d. Z. 29
zufällige vs. ursprüngliche Anlagen 19
Zufälligkeit
– d. Erfahrung 167
– u. Indeterminism 59 n
– vs. Spontaneität 59 n
Zufälligkeiten d. Lebens 178 n
Zufriedenheit 51 n, 86, 100 n
Zugenprinzip 266
Zukunft
– Glauben an die 192 n
– glückliche 89
– unser Wissen von d. 244
zukünftige Glückseligkeit 202
zumutbare Pflicht 236
Zumutung d. Glaubens 217 n
Zuneigung Def. X n
Zurechnung 6, 15, 43
– vs. Erklärung 260 n
– innerlich u. äußerlich 38
– u. freie Willkür 35
zurechnungsfähig-böse 25
zusammenhängender Religionsbegriff 153
Zusammenstimmung, zufällig vs. gewollt 226
Zustand gesetzloser äußerer Freiheit 134
Zutrauen 92
Zwang
– äußerer 137
– vs. ethischgemeines Wesen 132
Zwangsfreiheit 132
Zwangsgesetze XIII, 131, 187

Zwangsmittel 132
– erniedrigende 182 n
Zweck
– Def. X n
– gemeinschaftlicher Z. d. Guten 134
– letzter Z. d. Religion 236
– Naturzweck 30 n
– öffentlicher Religionsglauben als letzer 228
– u. Absicht VI
– u. Endzweck VII f., X n
– aus Moral VI
– u. Mittel 283
– d. Naturvollkommenheit IV n
– aus sittlichen Grundsätzen VIII
Zweckbeziehung u. Willensbestimmung VI
Zwecke
– Bedingung aller IV
– formale Bedingung aller Z. VII
– Beziehungspunkt d. Vereinigung aller VIII
– ethische Z. u. Staat 132
Zweckmäßigkeit d. Freiheit / Natur VIII
Zweckvorstellung vs. Zweckbeziehung VI
– Zweckvorstellung u. Moral V
zweckwidriger Gebrauch d. Anlagen 19
zwei Reiche 73 n
Zweifel im Glauben 295